武汉大学 | 两岸及港澳法制研究书系

海峡两岸海洋事务合作的
法律机制研究

叶正国 | 著

2017 年国家社科基金青年项目
"遏制台湾当局南海政策'去中国化'的法律策略研究"
（批准号：17CZZ037）

武汉大学青年学术创新团队
"两岸及港澳法制的理论与实践"阶段性成果

九州出版社
JIUZHOUPRESS 全国百佳图书出版单位

图书在版编目（CIP）数据

海峡两岸海洋事务合作的法律机制研究 / 叶正国著
. -- 北京 : 九州出版社，2018.8
　　ISBN 978-7-5108-7461-1

　　Ⅰ．①海… Ⅱ．①叶… Ⅲ．①海峡两岸－海事处理－
司法协助－研究 Ⅳ．①D993.5

中国版本图书馆CIP数据核字(2018)第205854号

海峡两岸海洋事务合作的法律机制研究

作　　者	叶正国　著
出版发行	九州出版社
地　　址	北京市西城区阜外大街甲 35 号（100037）
发行电话	(010)68992190/3/5/6
网　　址	www.jiuzhoupress.com
电子信箱	jiuzhou@jiuzhoupress.com
印　　刷	北京九州迅驰传媒文化有限公司
开　　本	720 毫米 ×1020 毫米　16 开
印　　张	18
字　　数	326 千字
版　　次	2018 年 9 月第 1 版
印　　次	2018 年 9 月第 1 次印刷
书　　号	ISBN 978-7-5108-7461-1
定　　价	55.00 元

前　言

　　海洋是两岸联结的地理纽带，海洋事务是两岸合作的重要领域，两岸海洋事务具有整体性和复合依赖关系，必须合作才能增进双赢。两岸海洋事务合作可以整合两岸海洋资源，维护海上秩序，保障国家的海洋主权和主权权益，推动两岸参与国际海洋事务的进程，增进两岸政治互信和国家认同。在两岸关系和平发展框架下，两岸在"九二共识"的基础上不断推进海洋事务领域的制度化协商，很多两岸协议涉及海洋事务，在各自海洋事务立法也有很多涉对方的规定。然而，两岸海洋事务合作在政治层面面临着结构化政治困境，在法律层面也存在着规范缺失难题，二者交互影响，致使海洋事务合作产生范围不广、深度不够和前进乏力等问题，亟待解决。

　　两岸海洋事务合作必须镶嵌在两岸关系的背景中，以善意、诚意和同理心进行建设性对话和良性互动，相关法律机制的建构既要符合两岸关系的现状，又要坚持海洋事务的特性，更要满足两岸海洋事务合作发展的需要。为此，本文以两岸关系和平发展和制度化协商作为研究背景，以"一个中国"框架作为研究前提，以两岸海洋事务合作及其法律机制为主要研究对象，在总结两岸海洋事务合作实践的基础上，通过分析相关两岸海洋立法和两岸协议，并探讨两岸海洋事务合作的实践轨迹，引入其他社会科学的理论资源对两岸海洋事务合作的治理转向、法理基础和法制建构等问题进行系统研究，从而建构起两岸海洋事务合作法律机制研究的基本框架。本文共为六章，分为五部分。

　　第一章是两岸海洋事务合作的政治结构化困境，主要通过梳理和分析两岸海洋合作的历史、实践和问题，提出"一中争议"及其造成的政治结构化困境是海洋事务合作及其法律建构的根本问题。同时，海洋事务合作对两岸来说都非常重要，存在着机会结构来超越政治困境实现两岸合作，并可以累积两岸政治互信的突破口。根据关系标准，两岸海洋事务可以两岸间与两岸外海洋事务，两岸在二者方面的合作模式和法律机制并不完全相同。由于两岸关系的特殊性和海洋事务的交互性，两岸海洋事务合作迄今先后经过了倡议期、接触期、波折期和制度化时期。两岸海洋事务合作涉及两岸关系的诸多重大复杂问题，自身的优势和劣势并存，外部的机会与威胁同在。

第二章是两岸海洋事务合作的治理转向，通过对两岸海洋事务合作的政治难题和泛政治化以及海洋合作的实践趋向的分析，认为如果两岸海洋事务合作想要超越政治结构化困境，必须转向合作治理，并建构与之相应的法律机制，即"合作治理——法律机制"框架。目前，两岸合作面临着理论上的"主权——治权"难题和实践中的议题政治化的双重困境，应通过两岸合作治理来避免政治纷争。两岸海洋事务合作治理在本质上是两岸公权力机关和私人主体共同参与海洋事务合作的制度安排，有效性与合法性是基石。这需要构建以内部机制为核心的开放式多层复合治理结构，包括治理框架的双轨制、治理进程的差序化、治理模式的多元化和治理主体的网络化。法律机制与两岸海洋事务合作治理之间存在着相互促进和交互依赖的关系。

第三章是两岸海洋事务合作的法治建构，探讨合作治理为两岸海洋事务合作法治化带来的思维转向、价值导向和规范架构以及何种法治化才能推进两岸海洋事务合作治理等问题。这是两岸海洋事务合作法理内涵的宏观论述。由于两岸关系的特殊性和海洋事务的复杂性，功能主义法治观、回应型法治模式和交涉性法治关系使两岸海洋事务合作法律机制实现规范依据的封闭性和价值认知的开放性。因此，两岸应在"一个中国"的宪制基础上依据近程法制、中程法制和远程法制的思路不断进行体制整合、制度整合和平台整合，通过规范两岸公权力机关与私人主体的关系、公权力机关的关系以及两岸与国际社会的关系，进而达到维护海洋权益和增进两岸互信的双重目标。在这个过程中必须完善法制建构的政治约束、民意整合机制的规范化以及政策和法律的交融互动等互嵌机制。

第四章是两岸海洋事务合作的法制体系，在整体上分析两岸海洋事务合作法律机制在法规范体系层面的基本框架，包括法律原则、法律形式、法律规制、法律程序和争端法律解决机制等问题。这是两岸海洋事务合作法律机制的规范体系。由于两岸海洋事务合作治理的多中心和过程的协商性，权威和权力具有多极性，在坚持平等互惠、弹性透明、预防风险和权益导向等法律原则基础上，只要符合权威授权、规范载体和规制意图生成的规范性文件都是两岸海洋事务合作的法律形式，总体上分为硬法和软法。虽然各种法律形式的位阶不同，只要符合实体有效性和程序有效性的要件都具有法律效力。由此，两岸法律规制共同体逐渐扁平化，规制工具不断组合和规制过程趋向平等协商，法律规制过程从"制度 – 精英"逐渐转向"制度 – 社会"模式。基于此，两岸应不断完善公权力机关的利益诉求表达—协商谈判—达成共识—实施推动和公众参与等法律程序机制，并建构类型化多元的争端法律解决机制。

第五章是两岸间海洋事务合作的法律治理，探寻只涉及两岸的海洋事务合作法律治理中存在的问题及其制度完善的路径。这是两岸海洋事务合作法律机制的重点。以往，两岸间海洋事务合作治理往往采用各自推动与协议衔接、法制建构的政策导向和发挥私人主体的中介功能等方式推进，具有一定的生成机理，也面临诸多现实困境。因此，两岸应该重塑基于"关系法"的两岸共治、基于作用法的社会协同和基于组织法的共识形成的法律治理框架，并通过完善各自域内海洋事务立法、健全两岸协议体系、创新行政规制手段、审视两岸司法机关角色和建构海洋事务合作组织等法律治理路径，但须由核心制度、支持性制度和技术性制度组成的法律治理体系配套。

第六章是两岸外海洋事务合作的法律协调，讨论了两岸在共同涉及其他主体的海洋事务合作中双方及与国际法相关机制的协调问题，主要包括法律基础、法律关系和法律模式。这是两岸海洋事务合作法律机制的热点和难点。由于受国际政治的影响，两岸外海洋事务合作处于多重复合博弈结构中，必须对主权海洋事务和非主权海洋事务做出合情合理的规范安排。基于国际法特别法理，台湾享有一定的对外交往权能，并可以通过法律技术解决相应的法律障碍，在此基础上可以"两岸"模式来解决相关身份、名义和地位的问题，并建构与之相应的法律归因的二阶构造确定行为归属及其责任承担，并在先行协商机制上基于选择策略渐进式进路和采用灵活多样的法律方式。

目　录

导　论

一、研究背景

海洋占全球面积的百分之七十，是生命的起源和摇篮。随着陆地资源的不断枯竭，人类逐渐进入大规模利用和开发海洋的时代，海洋将为人类社会的繁荣和发展做出新的贡献。2001 年联合国公布的《21 世纪议程》提出 21 世纪是海洋的世纪，2008 年联合国确定每年的 6 月 8 日为"世界海洋日"。在这种背景下，一方面海洋在国际社会的战略地位也明显上升，成为最为复杂的国际政治角力场，另一方面国际合作对海洋事务的发展日益重要，各国要共同应对海洋问题。我国受"重陆轻海"思维的禁锢，长期以来对海洋重视不够，直到 21 世纪初两岸几乎同时将海洋提高到事关国家的主权、安全和发展利益的地位。大陆地区在十八大提出建设海洋强国的战略举措[①]，台湾地区也先后提出"海洋立国"和"海洋兴国"的战略。一部两岸海洋史就是整部近现代中国史的缩影，甲午战败割台和国民党退守台湾是东海和南海问题的滥觞，正是两岸分隔才让国际政治势力有空可入，加上《国际海洋法公约》让海域划界冲突激化。我国维护海洋主权及其权益的形势日益严峻，东海和南海问题逐渐复杂化、冲突化、法律化和国际化。

60 多年来，海洋是两岸问题产生的地缘因素，也是两岸关系和平发展的地理纽带。海洋事务是两岸"主权"和"治权"最为模糊的地带，海洋事务合作涉及两岸政治定位、国际空间、军事互信等问题，关系到两个法域的法律体系融合以及与国际法的衔接。两岸民间交往衍生的海上犯罪问题使两岸必须接触，这使 1990 年《海峡两岸红十字组织在金门商谈达成有关海上遣返协议》对两岸执行海上遣返事宜进行初步规定，这是两岸交往制度化的开始。2008 年以来，

[①]　十八大报告指出："提高海洋资源开发能力，发展海洋经济，保护海洋生态环境，坚决维护国家海洋权益，建设海洋强国。"

在两岸关系和平发展框架下两岸在海洋事务方面沟通和联系越来越多,《海峡两岸海运协议》《海峡两岸渔船船员劳务合作协议》《海峡两岸共同打击犯罪及司法互助协议》和《海峡两岸海关合作协议》等两岸协议对部分海洋事务事宜进行了制度性安排。近年来,两岸举办了各种层次的海洋事务合作学术研讨会和交流会①,两会就石油共同开发和渔业合作议题不断进行沟通,两岸事务负责部门也通过建立的常态性沟通联系机制就海洋事务议题展开协商。两岸海洋事务合作应超越政治分歧,累积政治互信,在海洋资源共同开发、渔民权益保护、生态环境保护、海洋航行自由、海洋安全和海洋领土主权保护等方面进行全方位、多层次的合作。

目前,两岸政治关系定位一时不能解决,而海洋事务合作却是势在必行。由于两岸政治互信不足和台湾政治生态的复杂性以及两岸海洋利益的分歧,两岸海洋事务合作仍然面临着以"承认争议"为核心的政治结构化困境和挑战。两岸必须转换合作方式,通过制度化协商构建相应的法律机制推动两岸海洋事务合作,共同维护国家的海洋权益和民众的海洋利益。虽然两岸海洋事务合作的法律机制需要依托政治现状,但可从方法论的视角强化一般法律特性,把握政治性和规范性之间的平衡。

二、研究意义

海洋是我国和平崛起的必经之路,海洋问题关系着我国主权统一和领土完整。两岸海洋事务合作的法律机制研究涉及宪法、海洋法尤其是海洋行政法、两岸法制和国际法等多重领域,既是一个国内问题也涉及国际因素,既是一个具体问题又涉及两岸关系的整体发展,既是一个法律问题又无处不在政治阴影中,既是需要政策言说和理论建构,更需要法理阐释和规范建构,既是两岸海洋事务合作的实体整合研究,更是两岸海洋事务合作的方法转换研究。基于此,本文的研究具有较重要的理论和实践意义。

本书是实践描述性研究。两岸海洋事务合作及其法律机制的实践轨迹非常丰富。在两岸关系研究中,政策的身影无处不在,很多理论和制度设计都是以政策为背景的,这也影响到两岸海洋事务合作的实践。因此,对两岸海洋事务

---

① 2008 年以来两岸举办涉及海洋事务交流的会议,大多是由官方主办与资助或授权非官方机关主办,公权力机关负责人以各种名义到会,如 2014 年 8 月在汕头举办的"海峡两岸海洋经济产业合作与发展研讨会";相关学术研讨会往往也有公权力部门的资助,相关负责人也会沟通交流。

合作及其法律机制的现状进行描述性研究，总结其规律和实践经验，对法律机制的建构非常重要。这可以对两岸海洋事务合作中的问题和经验做一个概貌研究，理顺两岸海洋事务合作的制度现状和实践逻辑。通过梳理和分析台湾地区在现有国际海洋事务组织中的身份和资格等问题，探讨两岸在海洋事务合作中的政治关系问题。

本书是理论分析性研究。两岸海洋事务合作领域的理论研究和制度建构滞后，尤其是学理论述的滞后使大陆缺乏话语权，因此两岸海洋事务合作的法律机制对相关问题进行全面的理论阐释，力争创造性地建构有说服力的理论，提升在两岸海洋事务合作上的话语权。两岸海洋事务合作的法律机制作为开启两岸海洋事务法治研究领域的新起点，不仅可以拓宽两岸关系研究的学术领域，也为海洋法的研究提供了新的研究方向，而且希望对两岸海洋事务合作提出一个学术框架或方法论来看待两岸海洋事务合作的方式，突破两岸海洋事务中的政策言说思路，推动两岸法制研究的深入，完善两岸关系和平发展法律机制的理论体系，促进国内法与国际法衔接机制的完善。

本书是法律解释性研究。法律解释性研究对两岸海洋事务合作非常重要，可以通过解释挖掘两岸相关法律文本的制度资源，利用现有的法律机制构建两岸海洋事务合作的法律秩序，同时两岸涉及海洋事务的合作案例也为相关研究提供了典型案例，更为提高了构建性研究的针对性。两岸在海洋事务合作方面虽然没有制定基础性的两岸协议，也没有对其专门立法，但是很多两岸协议都涉及海洋事务，两岸各自涉对方海洋事务立法和法律实践丰富，通过研究可以对解决两岸在法律层面的相关问题提供法律基础和方案。两岸海洋事务合作的法律机制可以为我国海洋执法提供强有力的法律依据，提高维护我国海洋权益的能力，切实打击海洋领域的违法犯罪，保护海洋生态环境。

本书是规范建构性研究。虽然两岸关系通过各种渠道不断推进，由于受国际政治环境和台湾内部政治生态的影响，不确定性仍然是两岸合作存在的最大问题。十八届四中全会公报指出："运用法治方式巩固和深化两岸关系和平发展。"法治最终需要通过相应的法律机制来实现，目的在于实现两岸海洋事务合作的稳定性和可预期性，推动两岸海洋事务合作的正当化、规范化和程序化。海洋事务合作是两岸问题的聚集地，通过法律机制推动两岸海洋事务合作不断发展。这样可以不断积累政治互信，探讨相关制度安排，用法律手段增进"一个中国"框架的共同认知，突破两岸关系和平发展的瓶颈，早日实现祖国和平统一。

三、研究现状

两岸海洋事务合作的法律问题是最近法学研究的热点，尤其是南海和东海问题。近年来，两岸海洋事务合作的学术研讨会非常多[①]，涉及两岸海洋事务合作的论文逐年增多。

（一）文献概况

两岸海洋事务比较复杂，迄今没有学者通过论文或专著对两岸在整个海洋事务的合作全面探讨。其中，最为代表性的是由两岸学者共同撰写的《南海地区形势评估报告》，是迄今为止最为全面的关于南海地区两岸合作的连续出版物。

1. 关于两岸海洋事务合作治理的研究

两岸海洋事务合作治理必须结合两岸治理和海洋治理中来论述，对其研究不可避免要对二者先进行研究[②]。在两岸治理研究方面，台湾学者张亚中认为两岸治理将两岸关系做"去主权化"处理，建构一个以两岸人民利益为优先，顾及两岸公权力机关基本政策需求的架构。[③]周叶中、祝捷在《两岸治理：一个形成中的结构》一文中对两岸治理的性质、功能、工具及组织主义等问题做了全面处理，最终提出两岸治理尚在形成中。[④]刘国深在《试论和平发展背景下的两岸共同治理》一文认为两岸可以区分政治与行政层面的事务，双方公权力部门可主动地进行适度的战略收缩，让两岸民间社会的力量进一步释放出来，成为

---

① 据不完全统计，2008 年以来两岸举办的各种形式的海洋事务合作研讨会有 2008 年 11 月在厦门举办的"海峡两岸海洋合作问题"学术研讨会、2009 年 11 月在金门举办的"两岸海洋油污染紧急应变交流研讨会"，2012 年 5 月在上海举办的"南海渔业资源养护与开发研讨会"、2012 年 12 月在金门举办的"两岸海洋事务与管理研讨会"、2013 年 6 月在上海举办"两岸海洋合作前景研讨会"、2013 年 9 月份在广东汕头举办的"两岸共同维护中华民族领土主权和海洋权益研讨会"、2013 年 5 月在北京举行"第一届比较法北京论坛：南海问题与海洋法治会议综述"、2012 年 7 月在海口"第十届海峡两岸南海问题学术研讨会"、2013 年 7 月"南海当前法理挑战与两岸合作学术研讨会"、2013 年 12 月在南京举办的"两岸南海问题研究圆桌论坛"、2014 年 10 月在台中举办的"南海安全形势与两岸关系"学术座谈会、2013 年 6 月在台北举办的"大陆海上执法单位整合之现实与前景研讨会"、2010 年 5 月在台中举办的"第四届海洋事务论坛：海洋事务与两岸合作的新思维"学术研讨会、2014 年 5 月在台北举办的"2014 年两岸海域执法教育训练交流研讨会"。

② 这方面研究成果主要有李秘：《两岸治理：两岸和平发展的新动力机制》，《台湾研究》2010 年第 1 期；康仙鹏：《两岸治理——"两岸关系"思维的检视与突破》，《台湾研究集刊》2010 年第 4 期；颜钰：《两岸治理研究综述》，《广州社会主义学院学报》2012 年第 3 期。

③ 参见张亚中：《全球化与两岸统合》，联经出版事业股份有限公司 2003 年版；张亚中：《论两岸治理》，《问题与研究》2003 年 11、12 月。

④ 参见周叶中、祝捷：《两岸治理：一个正在形成中的结构》，《法学评论》2010 年第 6 期。

引导和推动两岸和平发展新的力量，成为两岸公权力部门合理有效的补充。唐桦在《两岸合作治理的结构要素和实践机制》一文中提出认同要素、逻辑要素和载体要素是处理两岸共同事务过程中的三个结构性关键要素，采取正确的策略，通过优化治理结构、整合参与资源、激发合作动力和培育文化意识四种途径来构建两岸合作治理模式。在海洋治理方面，大多文章提出海洋事务的特性需要推进各个主体在不同层面上合作，解决人类在海洋发展中面临的共同问题，法律是两岸海洋治理的基本保障。① 张晏瑲在《论海洋善治的国际法律义务》一文中提出法治、公众参与、透明化、基于共识之决策、责任制、公平与兼容并蓄、回应性以及一致性是海洋善治的要素，这已部分地被国际条约以及国家实践所支持，但是尚未在全世界范围内取得一致认可。

关于两岸海洋事务合作治理的研究。两岸学界并没有明确提出该概念，但很多学者提出两岸在海洋事务合作过程中要充分发挥私人主体的作用，通过协商对话的方式，重视东协、亚太安全合作理事会等国际组织的作用，并研究了"东协方式"和第二轨道外交模式，这就是两岸海洋事务合作治理的实质内涵。② 最有代表性的著作，台湾学者徐铭谦在《从海洋治理的视角看两岸海洋事务合作之发展与合作》一文中从治理的角度超越统"独"争议，融合两岸与海洋的观点，在很多两岸共同关注、符合两岸人民共同利益的海洋事务议题上构建两岸海洋治理模式。台湾学者胡敏远在《从"广大兴28号"事件探讨"维护区域稳定"的国防政策》一文提出除在检视政策基础上进行公权力部门整合外，两岸可以"半官方模式"方式共同开发南海，以两岸合作为平台与周边国家进行对话与交流。③ 大陆学者李秘在《两岸南海合作：性质、空间和路径》一文将两岸在南海的合作分为两岸内部经济事务合作、国际经济体系中的合作与国际政治体系中的合作，在此基础上探索具体的合作内容和合作路径。

2. 关于两岸海洋事务法律与政策的研究

两岸各自海洋法律与政策是两岸海洋事务合作的前提。随着近年来海洋地

① 这方面研究成果主要有张晏瑲：《透过海洋治理展现国家海洋权益保障软实力》，《国际学术动态》2014年第5期；林文谦：《企业与环境第三部门：海洋委员会之研究》，《政策研究学报》第9期，2009年7月；张晏瑲：《海洋治理与海洋法》，五南图书出版股份有限公司2010年版。

② 这方面的主要研究成果有许金彦：《"非官方模式"在台日关系中的问题与盲点——兼论台日两地的海权争议》，《东亚论坛季刊》2009年6月；葛洪亮：《东协对南海政策的建构主义解析》，《全球政治评论》2014年7月。

③ 胡敏远：《从"广大兴28号"事件探讨"维护区域稳定"的国防政策》，《空军学术双月刊》2014年2月。

位的重视，两岸学界对自身的法律、政策、体制的反思不断增多。学界认为两岸在海洋法制建设上都取得了很大成就，但海洋事务在两岸的地位越来越重要，面临的威胁主要来自海上，两岸一方面应遵守相应的国际法条约，另一方面也完善各自的法律制度和政策，改革海洋事务管理体制，逐步转向综合性管理体制，建立"海洋事务委员会"或者成立"海洋事务部"。① 也有学者从国际法或国际政治的视角来探讨两岸的海洋政策变迁，如林诚在《国际法视野下的中共海洋战略》一文中认为大陆的海洋战略不论从空间、内容或是手段上看都经历了在国际法的框架下不断深化发展的历程。

两岸学界对对方海洋事务政策和法律的研究也比较深入，举办了很多涉及对方的海洋事务政策和法律的研讨会②。很多台湾学者将大陆近来的海洋事务措施作为"海洋强国"的重要政策方式和手段，大陆学者也对台湾的海洋事务的相关法律和政策进行了全面梳理。③ 林文程的《中国全球布局中的海洋战略》一文介绍中国发展海洋战略的目的、过程和现况，分析中国全球布局中的海洋战略，并探讨中国发展海权所面临的一些考验。④

当然，两岸东海和南海政策也成为学界研究的热点。很多文章认为美国的战略转向对中国的南海政策影响非常大，台湾在钓鱼岛和南海主张立场上经历了由强到弱的软化过程，马英九上台后虽然有一定的改变，但存在着很大的局限性，甚至存在诸多失当的言语与行动，这既有台湾内部政治生态的影响，也

---

① 这方面的主要研究成果有向力：《海上行政执法的主体困境及其克服——海洋权益维护视角下的考察》，《武汉大学学报（哲学社会科学版）》2011 年第 5 期；赵晞华、蔡浩志的《由"以警代戍"之行政组织法理析述海域执法与国防安全政策之实践》，《军法专刊》2014 年 1 月；胡念祖：《我国海洋政策或海洋事务教育之现况与展望》，《教育资料与研究双月刊》2006 年 6 月；姜皇池：《论"中华民国"第一批专属经济海域暂定执法线之法理基础》，《台大法学论丛》第 37 卷第 2 期，2008 年 6 月；金永明：《论中国海洋安全与海洋法制》，《东方法学》2010 年第 3 期；金永明：《论南海问题特质与海洋法制度》，《东方法学》2011 年第 4 期；胡念祖：《对海洋部之总体观》，《海洋及水下科技季刊》2009 年 4 月；林建志：《暂订执法线法律性质初探》，《海洋事务论丛》2006 年 7 月；陈荔彤：《海洋事务管理机制——以海洋部之设立为中心》，《台湾海洋法学报》2008 年 12 月；胡念祖：《台湾海洋事务部之设立：理念与设计》，"国家政策季刊"创刊号。

② 例如 2012 年 8 月在台湾举办的"大陆海洋发展的前景分析"学术研讨会；2013 年在台北举办的"大陆海上执法单位整合之现实与前景"研讨会。

③ 这方面的主要研究成果有李明杰、丘君、王勇：《台湾地区的海洋政策及其特点》，《海洋开发与管理》2009 年第 11 期；李明杰：《台湾地区海洋问题研究》，中国社会科学出版社 2011 年版；高少凡、李文堂：《黄岩岛争执与中国南海政策之转变》，《亚太研究通讯》2013 年 7 月；李明杰：《台湾地区海洋问题研究》，中国社会科学出版社 2011 年版。

④ 参见林文程：《中国全球布局中的海洋战略》，《全球政治评论》2011 年 10 月。

是因为台湾自身的东海和南海争端的尴尬地位与角色。①

两岸学界对两岸海洋事务的法律和政策进行比较，从而分析两者的异同。② 周继祥、徐铭谦的《两岸海洋政策之比较》和张晏瑲、赵月的《两岸海洋管理制度研究》从立法、行政和执法三个层面比较两岸的海洋治理制度，审视共同存在的问题以及与总体性理念差距，并提出改进建议。冯梁、王维、周亦民在《两岸南海政策：历史分析与合作基础》一文认为两岸根据形势变化采取了不同对策，但从发展脉络看，两岸南海政策具有相当程度的一致性，应抓住两岸关系和平发展的机遇，将合作意愿转变为现实。傅崐成、褚晓琳在《两岸渔业协会制度比较及启示》一文认为两岸渔业协会制度各自存在优势和劣势，应积极开展彼此间的交流与合作，取长补短，为两岸渔业更好的发展提供坚实的保障。

3. 关于两岸间海洋事务合作的研究

两岸在实践中存在着合作，尤其是在台湾海峡，相关的法律问题一直以来都是学界研究的重点之一，形成了一批丰硕的研究成果，东海和南海上两岸间合作问题下文将专门列出。

目前，全面探索两岸海洋事务合作的著作没有找到，但相关的学术论文已经开始出现，最有代表性的是台湾中山大学海洋事务研究所的硕士李佳人在《从全球化的观点论两岸海洋事务合作策略之研究》学位论文提出两岸海洋事务存在国际化接轨不足、缺乏共同的沟通平台及机制等问题，两岸海洋事务在全球化海洋事务议题难以迅速顺利实践合作及接轨，两岸应在近程可由低政治敏感性海洋事务建立相应的合作机制解决两岸间海洋事务之问题；在远程通过建立符合国际规范之海洋法律体制、建立海洋专责机构、协调两岸海洋综合管理等方面促使两岸海洋事务在全球化海洋事务的趋势下完善发展并实践合作。③

两岸在具体海洋事务领域合作的研究丰硕，主要集中在以下几个领域：一是两岸海洋执法、打击海上犯罪与司法互助的研究。两岸学界都认为只有通过

---

① 这方面研究成果主要有王伟男：《台湾当局在钓鱼岛问题上的立场演变》，《太平洋学报》2012年第12期；弋胜：《台湾当局对中日东海争端的政策态度分析》，《东南亚之窗》2014年第1期；戎振华、邹珲：《现实困境与未来调整：台湾南海政策评析》，《台湾瞭望》2004年第1期；姜皇池的《论台湾对东海争端之政策与立场：法律叙述与解构》，《台湾大学法学论丛》2010年3月。

② 这方面的研究成果主要有黄文吉、林展义：《海峡两岸海洋科学园区比较之研究》，《公共事务评论》2006年6月；林志勇：《海盗罪之研究——以国际法与两岸刑法为例》，《警大法学论集》2010年10月；周成瑜：《两岸走私及"偷渡"犯罪之研究》，学林文化事业有限公司2004年版。

③ 参见李佳人：《从全球化的观点论两岸海洋事务合作策略之研究》，台湾中山大学海洋事务研究所硕士论文，2011。

海上执法合作、共同打击犯罪和司法协助才能最终遏制海洋违法犯罪问题，这就需要两岸在相关两岸协议和两岸各自立法的基础上不断创新合作模式，并不断剖析现有机制的问题、联系机制等。① 大陆学者祝捷的《论两岸海域执法合作模式的构建》一文在对两岸海域执法存在的政治困境、法制困境、体制困境分析的基础上，提出执法海域、联系主体和合作形式三个要素，应按照"从容易的事务性领域向困难的政治性领域"的思路推进。② 台湾学者周成瑜的《两岸协议与共同打击犯罪海上犯罪之研究——以受雇大陆渔船船员问题及走私大陆农、渔、畜产品类犯罪为中心》。二是海洋经济合作方面的研究，有很多学者认为海洋经济是两岸海洋事务合作的先行区域，由于政治敏感性低，可以采取多种形式灵活推进。③ 在这个过程中可以由闽台先行合作，合作的形式包括公司、渔业开发和建设实验区等方面。④ 褚晓琳的《两岸合作开发南海渔业资源法律机制构建》一文提出两岸在政策、法律和技术层面的一致性、默契性和互补性决定了双方南海渔业合作是可行的，可基于《海峡两岸经济合作框架协议》已搭建的制度化平台，由两岸经济合作委员会成立南海渔业工作小组，通过签订协议的方式构建南海渔业资源合作开发法律机制。三是海洋文化合作方面，学界认为两岸应协调两岸相关法律，并制定相应的法律保护海洋文化，加强两岸海洋文化交流，并可以签订相应的两岸协议，尤其是在保护水下文化遗产方面具

---

① 这方面科研成果主要有周成瑜：《两岸海上犯罪问题与对策》，《军法专刊》第51卷第3期，2005年3月；宋艳慧的《海峡两岸海上执法司法合作机制的完善》，《海峡法学》2014年第；孙书贤和黄任望：《海峡两岸海上执法交流与合作前景初探》，《太平洋学报》2009年第1期；马明飞：《论海峡两岸海上共同执法合作机制》，《大连海事大学学报（社会科学版）》2012年第4期。

② 参见祝捷：《论两岸海域执法合作模式的构建》，《台湾研究集刊》2010年第3期。

③ 这方面研究成果主要有刘千稳、邓启明：《海峡两岸海洋渔业资源联合开发与养护研究》，《科技与管理》2014年第1期；孔艳杰、隋舵：《海峡两岸合作开发东海、南海油气资源探析》，《学术交流》2008年第11期；陈泽浦、霍军：《海峡两岸南海资源合作开发机制探析》，《中国渔业经济》2009年第6期；黄硕林、董莉莉：《基于海峡两岸经济合作协议的两岸渔业经济合作》，《水产学报》2011年第1期；赵玉榕：《台湾渔业产能与两岸整合》，《台湾研究集刊》2007年第4期；褚晓琳、傅崐成：《两岸合作开发南海渔业资源规划研究》，《中国海洋法学评论》2012年第2期。

④ 这方面研究成果主要有陈朝宗、杨敏：《构建平潭两岸海洋经济合作先行区的战略构想》，《福建行政学院学报》2013年第4期；林晖、许珠华：《浅谈闽台海洋经济合作》，《海洋开发与管理》2014年第5期；林琬玲：《试论两岸对于台湾海峡海洋环保合作机制之构建——以闽台合作为中心》，《中国海洋法学评论》2007年第2辑。

有迫切性。① 四是海洋安全方面，这方面的研究包括海上搜救机制、打击海盗、军事安全合作、非传统安全等方面，尤其是非传统安全方面可以先行推进，张文生、李美霖在《海峡两岸在夏金海域的非传统安全合作研究》一文提出海峡两岸在厦金海域开展非传统安全合作的较大空间，但要克服一些现实困境，其中包括管辖权的冲突问题、合作与联系的机制问题、合作协议的签署问题、突发事件的处理问题。史晓东在《两岸军事安全互信机制研究》一书中认为海上安全互信是两岸军事安全互信的重要领域。② 除此之外，两岸在海洋环境保护和海洋科技交流等领域也有很多学者研究。③

关于两岸间海洋事务合作的法律问题。两岸尤其是台湾对两岸间海洋事务合作制定了一系列相关法律文件，制定了一系列相关制度，学界对相关法律制度进行了系统的研究，包括"海峡中线"、限制水域和禁止水域、海运、船员合作等相关法律问题。④

4. 东海南海争端及两岸各自的对策研究

关于东海和南海争端等方面的研究。有学者从东海和南海争端的复杂化和国际化是美国的南海政策、"亚太再平衡"政策、日本国内政治与海洋政策的衍生，总体来讲，东海和南海问题与中美关系的发展密切相关，构建一种面向未

---

① 这方面科研成果主要有赵亚娟：《海峡两岸保护水下文化遗产的法律基础》，《中国海洋法学评论》2010 年第 2 期；高莉芬：《蓬莱神话的海洋思维及其宇宙观》，《政大中文学报》2006 年 12 月；李佳丽：《海峡两岸在水下文化遗产保护方面的合作研究》，《中国海洋法学评论》2007 年第 2 辑；邱文彦：《台北港环境影响评估与水下文物保护——兼论海峡两岸合作的展望》，《中国海洋法学评论》2010 年第 2 期；刘斌：《台湾海峡水下文物保护合作研讨会综述》，《中国海洋法学评论》2010 年第 2 期；林守霖：《海峡两岸残骸强制打捞的法律问题》，《中国海商法年刊》2010 年第 2 期。

② 参见史晓东：《两岸军事安全互信机制研究》，九州出版社 2014 年版。

③ 参见萧真美：《十年来两岸科技交流》，《中国大陆研究》2000 年 1 月。

④ 这方面研究成果主要有陈朝怀：《台湾"海峡中线"之法律定位探讨》，《军法专刊》第 51 卷第 5 期，2005 年 5 月；黄异：《限制水域及禁止水域的意义》，《军法专刊》第 46 卷第 1 期，2000 年 2 月；黄忠诚：《台湾海峡之航行制度》，《军法专刊》第 48 卷第 10 期，2002 年 10 月。

来的新型大国关系对东海和南海争端的解决具有重要意义。① 东南亚各国对南海争端的立场和态度并不一致，东盟及东盟论坛暂时不能成为东南亚各国集体行动的平台，其中越南的南海主张应该引起我国的重视。②

关于国际海洋法与东海南海问题争端的关系研究。一是对东海南海争端的法律基础性问题进行研究，很多文章通过对历史文件的梳理翔实而确凿地得出中国政府一直对钓鱼岛和南海诸岛进行了开发经营，按照相关国际法享有无可争辩的主权，其他各国所谓的国际法依据并不成立，各国应采取一定行动避免《联合国海洋法公约》在南海适用的冲突与困境。③ 管建强在《国际法视角下的中日钓鱼岛领土主权纷争》一文中认为《开罗宣言》、《波茨坦公告》、《日本投降书》、同盟国最高司令部作出的第 677 号指令、《中日联合声明》等既是构成对日本主权限制的基本文件，也是中国享有钓鱼岛主权的法律依据。④ 二是对东海和南海问题解决方式研究，很多学者认为岛屿主权和海域划界争端非常复

---

① 这方面研究成果主要有王传剑：《南海问题与中美关系》，《当代亚太》2014 年第 2 期；杜兰：《从"重返"到"再平衡"——奥巴马政府第二任期的东南亚政策》，《东南亚纵横》2013 年第 8 期；张瑶华：《日本在中国南海问题上扮演的角色》，《国际问题研究》2011 年第 3 期；杨继龙：《论南海争端中的日本因素》，《太平洋学报》2013 年第 12 期；张宇权：《干预主义视角下的美国南海政策逻辑与中国的应对策略》，《国际安全研究》2014 年第 5 期；鞠海龙：《中美海洋与岛屿战略：对撞抑或相容？》，《人民论坛》2014 年 7 月；高兰：《亚太地区海洋合作的博弈互动分析》，《日本学刊》2013 年第 4 期；Bill Hayton,The South China Sea——The Struggle for Power in Asia, Yale University Press 2014.HansDieter-Evers,Understandingthe South China Sea: An Explorative Cultural Analysis,IJAPS Vol.1 No.1, 2014. Robert D. Kaplan,Asia's Cauldron: The South China Sea and the End of a Stable Pacific, Random House,2014. Richard Pearson: East China Sea Tensions Perspectives and Implications,The Maureen and Mike Mansfield Foundation, Washington, D.C,2014. Tatsushi Arai, Shihoko Goto, and Zheng Wang:Clash ofNationalIdentities:China, Japan, and theEastChina Sea Territorial Dispute, asia Program Woodrow Wilson International Center for Scholars,2014。

② 这方面研究成果主要有孙国祥：《论东协对南海争端的共识与立场》，《问题与研究》2014 年 6 月；Aileen S.P. Baviera:China-U.S.-ASEAN Relations and Maritime Security in the South China Sea,Weighing the Rebalance Policy Brief Series,2014。

③ 这方面研究成果主要有邢广梅：《中国拥有南海诸岛主权考》，《比较法研究》2013 年第 6 期；江河：《国际法框架下的现代海权与中国的海洋维权》，《法学评论》2014 年第 1 期；张卫彬：《国际法上的"附属岛屿"与钓鱼岛问题》，《法学家》2014 年第 5 期；宋燕辉：《南（中国）海主权与海域争端：中国与美国的潜在冲突》，《中国海洋法评论》2012 年第 2 期；陈荔彤：《台湾之海域纷争》，《台湾国际法季刊》2004 年 4 月；许文彦：《论岛屿在海域划界的定位与盲点：以中、日海权争议为例》，《兴国学报》2008 年 1 月；赵国材：《论中越陆地边界与北部湾水域划界争端之法律解决及尚未解决之南海议题》，《军法专刊》第 57 卷第 2 期，2011 年 2 月；FlorianD upuy and Pierre-Marie Dupuy, A Legal Analysisof China's Historic Rights Claim inthe South China Sea, The American Journal of International Law,Vol 107,2013。

④ 参见管建强：《国际法视角下的中日钓鱼岛领土主权纷争》，《中国社会科学》2012 年第 12 期。

杂，和平方法公平解决争端尤其是政治协商解决是可行的方法，但在解决前可以先按照海洋法公约和相关协议进行临时安排，共同进行渔业和油气资源等开发，为主权争端解决积累经验，这个过程中要及时构建相应的法律保障机制。①廖文章在《海洋法上共同开发法律制度的形成和国家实践》一文探讨共同开发制度所涉及的相关法律问题，并介绍一些国家的实践；②刘复国在对区域性南海对话合作机制的实践和发展分析后认为未来官方的磋商可能代替第二轨道。③三是围绕菲律宾向国际海洋仲裁法庭提起仲裁的研究，大多研究成果都是围绕着国家海洋法庭的管辖权和中国的对策展开。④四是关于南海断续线的研究，目前学界关于"U型线"的法律性质或地位主要有"历史性权利线""历史性水域线""岛屿归属线"和"国界线"等学说。近年来要求两岸明确"U型线"性质的国际压力不断加大，成为国内外学界南海问题研究的热点。⑤

关于两岸在东海和南海争端中的对策研究。一是台湾的对策研究，台湾处

①　这方面研究成果主要有周怡、谢建新：《论东海渔业合作的国际法模式》，《法学评论》2014年第3期；金永明：《中日东海问题原则共识内涵与发展趋势》，《东方法学》2009年第2期；葛红亮、鞠海龙：《南中国海地区渔业合作与管理机制分析——以功能主义为视角》，《昆明理工大学学报（社会科学版）》2013年第1期；罗婷婷：《南海油气共同开发制度关键问题探讨——以其他海域共同开发经验为借鉴》，《中国海洋法学评论》2010年第2期；张相君：《区域合作保护南海海洋环境法律制度构建研究》，《中国海洋法学评论》2011年第1期；龚迎春：《争议海域的权利冲突及其解决途径》，《中国海洋法学评论》2008年第2辑；孙国祥：《再探东北亚安全：东海海洋争端的和平解决》，《全球政治评论》2007年4月；Feiock Richard C.，"The Institutional Collective Action Framework"，The Policy Studies Journal,Vol.41,No.3,2013。

②　参见廖文章：《海洋法上共同开发法律制度的形成与国家实践》，《人文暨社会科学期刊》，第3卷第2期，2007。

③　参见刘复国：《当前区域性南海问题对话合作机制》，《亚太研究论坛》2002年3月。

④　这方面研究成果主要有王建文、孙清白的《论中菲南海争端强制仲裁管辖权及中国的应对方案》，《南京社会科学》2014年第8期；毛俊响：《菲律宾将南海争端提交国际仲裁的政治与法律分析》，《法学评论》2014年第2期；王勇：《论＜联合国海洋法公约＞中"强制性仲裁"的限制条件——兼评菲律宾单方面就中菲南海争议提起仲裁》，《政治与法律》2014年第1期；江河：《南海争端的国际法研判及韬略筹划——以中菲南沙群岛主权争端为视角》，《南京师大学报（社会科学版）》2012年第3期。

⑤　这方面研究成果主要有宋燕辉：《美国对南海周边国家历史性水域主张之反应》，《问题与研究》1998年10、11月；金永明：《中国南海断续线的性质及线内水域的法律地位》，《中国法学》2012年第6期；贾宇：《南海问题的国际法理》，《中国法学》2012年第6期；罗婷婷：《九段线法律地位探析——以四种学术为中心》，《中国海洋法学评论》2008年第1辑；俞剑鸿：《法理上站得住脚的南海U型线》，《中国评论》2014年8月号；Masahiro Miyoshi, China's "U-Shaped Line" Claim in the South China Sea: Any Validity Under International Law? Ocean Development & International Law. Vol 43,No1,2012. Zou Keyuan, China's U-Shaped Line in the South China Sea Revisited, Ocean Development & International Law.Vol 43,No1,2012。

于东海和南海争端的边缘，成为争端各方拉拢的对象。台湾学界积极探讨台湾在东海和南海的权益空间，回应台湾当局声称在"主权"归属"中华民国"所有，但可以共同开发，重视彰显台湾的"国际存在"和维持台美、台日关系的稳定性是主要现实考量，定位为"国家安全"尤其是海事安全为导向的动态政策体系，对大陆在主权合作的建议置之不理，但在有时也与大陆保持着一定程度的默契。① 这可以从日本"购岛"事件、"台日渔业协议"和"广大兴案件"背后对两岸合作的担忧。② 二是大陆的对策研究，很多学者认为应根据历史事实和国际法来确认南海主权，中国应采用政治协商方式解决海洋事务争端，但也应该充分做好通过法律机制解决争端的准备，重视国际法院的判例和国际海洋法法庭的意见，在面对其他国家侵害我国海洋主权的措施，应该采取相应的反制手段，包括完善法律制度和提出针对性的措施和政策。③

---

① 这方面研究成果主要有郭祥荣：《论台湾在东海权益的争取空间》，《东亚论坛季刊》2007年9月；刘复国：《国家安全定位、海事安全与台湾南海政策方案之研究》，《问题与研究》1990年4月；许金彦：《从海权争议看台日关系：以东海暂定执法线为例》，《东亚论坛季刊》2008年9月；Mathieu Duchatel:Taiwan's policy towards the East and South China Sea Disputes:Implication for Cross-Strait Relations,10th Symposium on "China-Europe Relations and the Cross-Strait Relations",2013. Yann-huei Song:Recent Developments in the South China Sea:Taiwan's Policy, Response, Challenges andOpportunities,the "Managing Tensions in the South China Sea" conference,2013。

② 这方面研究成果主要有郭拥军：《试析马英九当局对日本"购岛"事件的反应》，《现代国际关系》2012年第11期；王伟男：《"台日渔业协议"的背景、内容及可能影响》，《太平洋学报》2013年第7期；朱中博：《台日渔业谈判历程及其对钓鱼岛局势的影响》，《当代亚太》2013年第6期；刘海潮：《"台日渔业协议"及其对两岸东海合作的影响分析》，《中国评论》2014年12月号；蔡翼：《从中菲渔业争端谈海疆维护》，《中国评论》2013年7月号；李明峻：《南海争端的未来发展与我国的因应之道》，《台湾思想坦克》2014年11月号；李正义、宋燕辉：《南海情势发展与我国应有的外交国防战略》，研究报告，"行政院研究发展考核委员会"编印，1996年10月；Yann-Huei Song The South China Sea Workshop Process and Taiwan's Participation, Ocean Development & International Law, Vol41,No3, 2010。

③ 这方面研究成果主要有吴士存：《南海问题面临的挑战与应对思考》，《行政管理改革》2012年第7期；王秀卫：《我国海洋争端解决的法律思考：＜联合国海洋法公约＞座谈会观点综述》，《中国法学》2012年第6期；曲波：《南海周边有关国家在南沙群岛的策略及我国对策建议》，《中国法学》2012年第6期；刘文博、王丽霞的《钓鱼岛争端的战略态势与中国的应对方略》，《东北师大学报（哲学社会科学版）》2014年第3期；陈剑峰：《分而治之：南海问题管控路径研究》，《国际观察》2014年第1期；曾勇：《从"黄岩岛模式"看中国南海政策走向》，《世界经济与政治论坛》2014年第5期；张宇权：《干预主义视角下的美国南海政策逻辑与中国的应对策略》，《国际安全研究》2014年第5期；金永明：《日本"国有化"钓鱼岛行为之原因及中国的应对》，《太平洋学报》2012年第12期；葛勇平：《南沙群岛主权争端及中国对策分析》，《太平洋学报》2009年第9期；杜德斌、范斐、马亚华：《南海主权争端的战略态势及中国的应对方略》，《世界地理研究》2012年第2期。

5. 关于两岸在东海和南海合作的研究

随着我国海洋争端的热化，相关研究逐年增多，围绕着两岸合作事务的领域与潜力、障碍、难题和应对之策等方面进行了全面的剖析。相关研究成果既有从政治学和国际关系学科来探讨两岸在东海和南海问题上合作的原因、领域及其方式进行探讨；[①] 也有学者从国际法角度尤其是法律争端解决的角度对相关问题进行了深入研究。[②]

学界认为两岸共同维护南海主权及其权益是两岸的共同责任，目前两岸维护南海主权既存在一定的机遇，也面临一定的挑战，两岸应按照先易后难、循序渐进、民间合作先行、先功能性合作后政治性合作的方式推进合作，可以从低敏感度的议题着手进行，建立南海合作议题对话论坛和危机管理对话渠道，进而协商台湾参与国际海洋事务的资格问题。[③] 宋燕辉在《两岸南海合作：原则、策略、机制及国际参与研析》一文认为依据"九二共识"，如果台湾有机会参加南海问题的区域安全对话机制，将对两岸南海合作大有帮助，更能为两岸政治对话累积必要的互信与动能。林红在《论两岸在南海争端中的战略合作问题》一文认为两岸在南海合作的内部因素是两岸能否搁置争议、构筑互信和建立必要的沟通平台，外部因素则主要是美国的阻挠和南海周边国家的分化。李金明在《海峡两岸在南海问题上的默契与合作》一文认为两岸在"U 型线"的法律地位和维护南海主权方面存在一定的默契，随着两岸关系的和平发展，两岸在南海问题上合作的可能性不断提高。也有很多学者从国际法的角度来探讨台湾或两岸合作开发的相关法律问题，赵国材在《从国际法观点论海峡两岸共同合作开发南海油气资源》一文认为海峡两岸必须先达成共同开发的共识，再在国际法框架下与其他国家进行广泛交流。[④]

在东海问题合作方面，有学者认为两岸在此领域的合作主要包括共同维护

① 参见郭震远：《两岸涉海合作问题探讨》，《中国评论》2014 年 9 月号；孙国祥：《两岸海洋事务合作可行性之刍议》，《中国评论》2014 年 7 月号。

② 参见严峻：《两岸海洋战略合作与主权维护：争端法律解决机制的视角》，《中国评论》2014 年 7 月号。

③ 这方面研究成果主要有蒋利龙、安成日：《试论海峡两岸在南海问题上合作维护民族利益的可能性》，《东北亚学刊》2013 年第 5 期；艾明江：《当前南海危机中的两岸合作及其走向》，《理论导刊》2009 年第 11 期；蒋国学、江平原：《台湾的南海政策与两岸南海合作》，《新东方》2013 年第 1 期；吴慧、商韬：《两岸合作维护海洋权益研究》，《江淮论坛》2012 年第 5 期；林若雯：《东协与中国达成〈南海行动宣言〉的意涵与台湾的因应之道》，《新世纪智库论坛》2011 年 9 月。

④ 参见赵国材：《从国际法观点论海峡两岸共同合作开发南海油气资源》，《军法专刊》第 56 卷第 5 期，2010 年 10 月。

钓鱼岛主权和进行共同开发，无论从共同财产、两岸融合、民族感情和经济利益等角度看两岸都应合作。沈惠平在《试析两岸在钓鱼岛问题上合作的动力和路径》一文提出两岸可以适时成立两岸钓鱼岛事务协调小组和成立两岸钓鱼岛共同开发委员会，共同开发利用钓鱼岛及其附近海域的资源等。[①]张亚中教授在《两岸共同维护钓鱼岛主权：国际政治的观点》一文提出要确保钓鱼岛的主权或是整个中华民族的海域权利，须从两岸政治合作开始，将该列屿属于第二次世界大战后的政治安排后进行相应的法律秩序重塑和安排。

6. 台湾参与"国际海洋事务"及两岸合作研究

"国际海洋事务"对台湾的生存发展非常重要，台湾当局一直将参与"国际海洋事务"作为其争取"国际空间"的重中之重。两岸尤其是台湾学界这此关注度非常高，形成了一系列的研究成果。

关于国际海洋事务法律发展的研究。这方面的研究主要是通过探讨国际海洋事务的相关法律发展，掌握国际海洋法发展的最新趋势，从而为台湾参与"国际海洋事务"和两岸合作提供相应的法律基础，尤其是 WTO、国际渔业组织和 APEC 等与台湾紧密相关的海洋事务的法律问题。[②]台湾具有较强的远洋渔业捕捞能力，但随着国际渔业资源的减少和国际海洋法对边界海域的国内化，专属经济区的渔业资源受沿海国的管制，致使台湾在客观上只承担相应的义务而没有相应权利的局面，这使得台湾的远洋捕捞业面临着一系列的法律困境。[③]

---

① 参见沈惠平：《试析两岸在钓鱼岛问题上合作的动力和路径》，《现代台湾研究》2014 年第 3 期。

② 这方面研究成果主要有宋燕辉：《亚太国家接受与海事安全相关国际规范现况之研究》，《台湾国际法季刊》2004 年 10 月；宋燕辉：《迅速释放被扣押的渔船：国际海洋法庭审理富丸号与兴进丸号案例（日本诉俄罗斯）暨其对台湾的意涵》，《台湾国际法季刊》2007 年 9 月；孙光民：《"亚太安全合作理事会"下的海事安全合作》，《问题与研究》1999 年 3 月；王冠雄：《析论国际海洋法中之岛屿制度——以日本"冲之鸟"礁为例》，《律师杂志》2006 年 12 月号；周怡：《从国际法论台湾海峡的法律地位》，《中正大学法学集刊》2002 年 8 月；张晏瑢、林财生：《WTO 架构下技术型贸易障碍协定在渔业议题上之适用》，《军法专刊》第 49 卷第 10 期，2003 年 10 月；陈荔彤：《国际海洋法论》，元照出版有限公司 2008 年版；Nguyen Hung Son:ASEAN-Japan Strategic Partnership in Southeast Asia:Maritime Security and Cooperation,BEYOND,2015。

③ 这方面研究成果主要有周怡：《沿海国拒绝他国入渔专属经济区之研究》，《育达科大学报》2009 年 12 月；高圣惕：《台湾参与区域性渔业管理组织——论大西洋鲔类保育委员会对台湾动用贸易制裁之 05-02 号前置性决议的合法性》，《政大法学评论》2007 年 10 月；姜皇池《论联合国＜跨界鱼类种群协定＞——台湾参与国际渔业组织之突破？或困境之加深？》，《台大法学论丛》第 31 卷第 6 期，2002 年 11 月；Ying-Ting Chen:Fishing Entity Enforcementin High Seas Fisheries,Cambridge Scholars Publishing,2014.

　　关于台湾参与"国际海洋事务"的策略问题。有学者认为台湾在法理上应以"国家"名义参与"国际海洋事务",但大多数学者认为台湾采用间接或迂回的手段的策略最为可行,以务实的态度先从不敏感的议题入手,重视海洋海上非传统安全,并强化建设自身的能力,可以透过区域性的"信心安全建立措施",举办海洋事务互信会议和参加海上联合搜救等方式参加,在国际海洋法条约和国际组织的章程下进行实际利益与国家地位的衡量。① 例如,台湾学者蒲国庆在《台湾向国际海洋法法庭申诉之研究》一文提出台湾放弃以"主权国家"而以"捕鱼实体"身份,以国际海洋法有关养护与管理生物资源的工作需要所有参与者共同努力的观点向国际海洋法庭起诉。②

　　关于两岸在海洋事务方面合作之研究。有学者提出两岸可以通过各种形式实现两岸海洋事务合作,如成立远洋渔业公司或远洋渔业协会。③ 台湾学者张子扬在《后 ECFA 时代两岸海洋事务合作之展望》一文中指出两岸在有效养护和开发海洋生物资源、和平利用国际海上要道、基于管辖权公平划分海域边界展开合作,在海洋争端解决方面仍然要通过协商方式。④

　　(二)文献评述

　　从研究视角来说,大多学者主要从"治权"的视角来探讨两岸海洋事务合作的相关问题,在此视角下必然会涉及"主权"等高度敏感性的政治问题,也面临着两岸公权力机关的承认问题,最终的对策仍然摆脱不了政治魅影,而且仅是对策性研究,缺少前瞻性研究,更是遮蔽了两岸海洋事务合作的市场机制和非官方模式等合作模式,更是忽视了公意作为合法性基础的问题。

　　从研究层次来说,大多数学者是对两岸海洋事务合作进行中观和微观层次的研究,如两岸远洋渔业合作问题以及南海合作问题,没有学者从宏观的层面论证海洋事务合作在两岸关系合作的地位和作用,也没有对两岸海洋事务合作

---

　　① 　这方面研究成果主要有淡志隆:《我国参与国际海洋事务合作策略刍议》,《海军学术双月刊》2011 年 12 月;姜皇池:《台湾参与国际渔业组织:国家地位与实际利益间之衡量》,《台湾国际法季刊》2005 年 3 月;Dr Warwick Gullett, Taiwan's Engagement in the Developing International Legal Regime for Fishing: Implications for Taiwanese Officials and fishers, "Law of the Sea and the Fishery Development in Taiwan", Kaoshiung City, 10 December 2004;姜皇池:《国际海洋法庭对涉及台湾争端有无管辖权》,《台湾国际法季刊》2005 年 3 月;詹启明译:《从国际法分析台湾的海洋主张》,《台湾国际法季刊》2005 年 3 月。

　　② 　参见蒲国庆:《台湾向国际海洋法法庭申诉之研究》,《台湾国际法季刊》2004 年 10 月。

　　③ 　参见何姗、舒展:《成立闽台远洋渔业协会的思考与构想》,《台湾农业探索》2013 年第 6 期。

　　④ 　参见张子扬:《后 ECFA 时代两岸海洋事务合作之展望》,《亚太研究通讯》2011 年 7 月。

整个进行分析和探讨。

从研究方法来说，在基本方法层面现有两岸海洋事务合作及其法律机制的研究遵循了两岸关系研究的政策言说和理论建构的方法，大多基于对两岸海洋事务的政策和现实分析的基础上构建出相应的理论模型或对策建议，对未来两岸海洋事务合作进行预测①。在具体研究方法上，很多论著将政治学等学科的理论应用到两岸海洋事务合作问题上，大多是政治分析、经济分析、比较分析和制度分析的方法。

在研究学科分布上，大多采用的政治学和经济学的分析方法，还有很多研究只是对两岸的海洋立法和海洋政策的叙述。很少有运用法律方法研究的，即使有也大多是从国际法的角度探讨的，更不用说对整体法律机制的系统研究了。法律研究主要集中在共同执法和打击海上犯罪方面，尤其对两岸外海洋事务合作的法律机制的探讨非常少。这主要是相关法律制度的缺位使两岸运用法律方法解释和分析海洋事务合作存在着一定的局限性，运用国际法分析主要是基于台湾"国际空间"的现实需要。

从研究关切来说，大陆学界主要是探讨两岸在东海和南海争端主权合作问题，而对台湾海峡的关切比较少；台湾学界对两岸海域执法、打击海上犯罪等台湾海峡领域的海洋问题研究比较多，重视两岸海洋事务合作中的法律问题；对两岸在东海和南海问题研究，两岸学界认为应该先从"U型线"的法律地位和不涉及敏感争议的区域或事务上可以优先合作。国外对两岸海洋事务的研究主要集中在东海和南海争端上，主要是对中国"九段线"法理依据的质疑，多是一种国际政治和国际法的研究，强调维护各国在南海地区的"利益"。

在研究范式上，"立场定位"范式是两岸相关研究成果中共同体现的，台湾学者站在台湾方面的立场，与大陆保持一定的区隔，有的研究成果或者具有"台独"或"独台"倾向，或者假设"台湾主体性"的前提②，立场直接决定各自的策略选择。大陆学者则在一个中国原则基础上展开论述，但逐渐呈现出相对灵活的策略选择，具有较强的包容性。

从研究热点来说。"议题化"是两岸海洋事务合作的共识，但两岸海洋事务

---

① 关于政策言说和理论建构方法的详述，参见祝捷：《海峡两岸和平协议研究》，香港社会科学出版社有限公司 2010 年版。

② 参见李明峻：《"台湾"的领土纷争问题——在假设性前提下的探讨》，《台湾国际法季刊》2004 年 4 月。

的类型多样，大部分海洋事务都需要相互合作，而不同海洋事务的难易程度并不一样。因此，两岸海洋事务合作的研究在全面展开的同时，也出现以下两个方向议题聚焦的趋势：一是基本不会引起争议的议题，这是两岸可以在现阶段解决的，如两岸海洋执法和司法协助事项；二是两岸亟需合作的事项，但又不涉及主权问题的，如两岸在东海和南海问题合作的路径和方法等研究。

在科研时间跨度上，2008年以后两岸海洋事务合作的研究开始增多，这在科研成果形式上也可以体现，大多关于两岸海洋事务合作的论述都是论文或科研报告形式，专著则相对较少。其中的原因除与东海和南海争端的激化有关外，更重要的是两岸关系的和平发展为两岸海洋事务合作提供了机遇，很多学术研讨会背后都有官方的资助或参加，这在一定程度上促进了学界对此问题的关注，这也说明两岸海洋事务合作的研究受政治变迁的影响。

总体来说，本领域研究尚处于起步阶段，公开发表的专著及论文数量有限，现有的成果多是宏观描述和体系构建，规范化、实证化和精细化程度不够。两岸学界对两岸海洋事务合作持正面的看法，只是在合作的方式和路径上存在差异。虽然两岸海洋事务合作及其法律机制研究呈逐渐增多的趋势，但现有的研究成果多是对个别海洋事务合作的研究，并且受政治因素影响注重建构性研究或对策性研究，并且很多并没有实践性，多是政治学、政策学和经济学等方面的探讨，缺少对两岸海洋事务合作的法律规范分析。基于此，本书着重从两岸海洋事务合作的整体层面和法律层面进行总体构建，试图为两岸各个领域的海洋事务合作法律机制研究提供研究框架。

四、研究思路

两岸海洋事务合作的法律机制具有整体有机性，既与两岸关系的发展进程密切相关，又具有自身的特殊性和层次性，根据海洋事务类型建构不同的法律机制，但又具有密切相关性。因此，可以将两岸海洋事务合作的法律机制研究分为宏观、中观和微观三个层次。宏观性研究侧重于在整体上提出关于两岸海洋事务合作法律机制的宏大叙事式的理念和方向性研究，如两岸海洋事务法律机制是什么，为什么需要法律机制，与其他领域的法律机制有什么不同，等等。微观性研究侧重于对两岸海洋事务合作中的具体法律问题研究，如两岸海洋事务合作协议中的联系主体问题，两岸某个涉对方海洋事务立法的规范适用，等等。根据两岸海洋事务合作的实践可知，目前宏观性研究和微观性研究都具有一定的局限性，要么过于空洞，要么不具备想相应的制度与社会条件。这就要求我们先对两岸海洋事务合作的法律机制进行中观性研究，既化解宏观性研究无法解决的问题，又为具体法律制度的适用创造条件。因此，本文将两岸海洋事务合作的法律机制研究定位于中观研究，以法律化为导向，区分两岸间海洋事务和两岸外海洋事务，对相应规范的法理、内容和适用全面分析，即"一个基点、两个类型、三个层次"，试图探寻符合两岸关系现状和海洋事务发展需要的两岸海洋事务合作的法理基础、法律逻辑、法制框架和法律实践。

基于此，本书立足于推动两岸海洋事务合作制度化、规范化和常态化的目的，基于两岸关系和平发展的法治化，在"一个中国"框架的前提下，清晰地认识到两岸未统一的事实，对两岸海洋事务合作的历史、实例和现有机制等问题进行全面探讨，采用有针对性的策略，提出符合两岸关系现状和发展前景的两岸海洋事务合作的法律框架，在此基础上进行精细的法律制度设计。本书拟分五部分，共六章，按照"合作转向—法理基础—法制建构"脉络进行阶层式递进分析。

第一部分阐述了本书的问题意识。主要在对两岸海洋事务合作实践回顾的基础上，发现以"承认争议"为核心的政治结构化困境是两岸海洋事务合作的根本问题，它不仅贯穿于两岸海洋事务合作的历史，也影响着两岸海洋事务合作的未来发展。如果想进一步推进两岸海洋事务合作的进程，必须对政治结构化困境有所因应。同时，海洋事务在两岸事务中具有典型性和特殊性，海洋事务合作共识的形成有助于政治结构化问题的解决。本部分共一章。

第二部分提出两岸海洋事务合作应转向"合作治理—法律机制"框架，发现两岸海洋事务合作治理与法律机制之间存在着相互依赖和相互促进的关系。具体来说，在两岸政治结构化困境中，两岸海洋事务合作不能建立在对主权和治权重构的基础上，这使两岸海洋事务合作泛政治化。在借鉴其他理论资源、分析制度规定和总结实践经验基础上构建了两岸海洋事务合作治理结构，探讨法律机制与两岸海洋事务合作治理之间的交融互动关系。本部分共一章。

第三部分在法理层面探讨了两岸海洋事务合作的法治建构问题。具体来说，在"合作治理—法律机制"框架下两岸海洋事务合作法治化生成于合作治理也服务于合作治理，两岸建构功能主义法治观、回应型法治模式和交涉性法治关系，在此基础上完善内在构造和健全互嵌机制解决规则空泛和碎片的问题，以破解各个主体的政治对立、利益分歧和价值冲突带来的合法性难题，实现基于规范的合作治理。本章是本书的法理探讨。本部分共一章。

第四部分主要探析了两岸海洋事务合作的法制体系问题。法制体系是两岸海洋事务合作法治化的依托，但需要保持自治性和开放性平衡，在制定和实施过程不断形成规范。既要推进两岸海洋事务合作法治化的进程，又要为两岸海洋事务合作的实践提供法律依据。本部分共一章。

第五部分析了两岸海洋事务合作的具体法律制度建构问题。由于两岸间海洋事务和两岸外海洋事务所涉及的相关问题有所不同，需要分别建构与之相适应的法律制度，故将其分开探讨。本部分共两章。

五、研究方法

任何研究要有方法自觉，方法是为解决实际问题，即真实世界的真问题，无须刻意追求。本书侧重于在整体上对两岸海洋事务合作的法律机制问题，在层次上属于两岸关系法制研究的中观层面。因此，本书研究方法分为基本方法和具体方法两个层面，前者在总体上决定了两岸海洋事务合作法律机制问题的分析框架和论证结构，就两岸关系研究来说主要包括政策言说和理论建构两种[①]；后者是对具体问题的研究方法，根据不同的问题可以采用不用的方法。本书采用的基本方法是理论建构，先通过相关实践和法律文件提出两岸海洋事务合作逐渐走向合作治理，并分析它与法律机制之间的交互关系，以此来解释两岸海洋事务合作的实践，并由两岸海洋事务合作的实践来验证，在此基础上对未来两岸海洋事务合作的法理和法制进行预测。

基于两岸海洋事务合作本身的特性，本书主要从以下几种具体方法入手试图探寻两岸海洋事务合作的趋向及其法律机制问题。

（一）规范分析法

法学研究的目的在于拟定及说明现行有效的法规范，"围绕规范"也是本书作为法学研究范畴的内在要求。[②]规范分析法以两岸各自的立法和两岸协议为分析对象，关注法的价值和实体内容及其变迁，阐释、检验相关法律文本的含义与实效。两岸涉对方海洋事务立法数量大、类型多、跨度长，通过分析可以发现两岸海洋事务合作与立法的进程具有同步性。本书通过分析相应法律条文

---

① 在两岸关系研究中，政策言说方法以邵宗海的《两岸关系》为代表；理论建构方法以包宗和、吴玉山主编的《争辩中的两岸关系》为代表。

② 参见［德］卡尔·拉伦茨:《法学方法论》，陈爱娥译，商务印书馆 2003 年版，第 120 页。

及其解释发现两岸海洋事务合作的法律依据和形式。

（二）实例分析法

法是实践之知，两岸海洋事务合作的法律机制尤其如此。两岸在共同执法、海上搜救、油气开发等领域已经有相关的合作实践，也存在类似渔业这样的正在协商的实例。此外，两岸在司法实践中也有很多涉及民众的案例。这些都是本书分析的基本素材。本书通过对这些实例剖析原因，总结规律，发现实践惯例，发现法律制度的问题，并总结经验和教训。

（三）社会科学分析法

法具有自洽性，但也有一定的外在性。两岸海洋事务合作的法律机制是一个复杂的系统工程，应符合与两岸关系的现状，这需要分析相应的政治、经济和社会条件，法律制度的制定和实施要与政治环境和制度环境契合。公共选择理论、博弈论、机制设计理论、场域理论和公共治理理论等将作为这部分内容的分析工具。

六、基本概念

概念是社会科学研究的核心，是学科自在性的象征和理论化程度的标志，但任何概念都必须来源于实践又能指导我国认识实践。[①] 两岸关系错综复杂，在相关研究用词必须非常谨慎，形成了很多本领域独有的概念，但还有一些概念或范畴学界并没有达成共识。同样，海洋事务范围广和专业性强，有许多专业概念，具有特定内涵。在这种情况下，本书对相关概念的处理必须慎之又慎，尤其是有必要在此对作为基本概念的"两岸间海洋事务"和"两岸外海洋事务"加以澄清和界定。

"两岸间"与"两岸外"海洋事务也是两岸海洋事务的基本分类，本书中相关法律机制也据此建构。这种分类并非本书首创，而是建立在学界和实务界对两岸相关事务的表述和界定的基础上。实务界最先出现"两岸间"表述的是1996 年8 月交通部与外经贸部先后公布《台湾海峡两岸间航运管理办法》与《台湾海峡两岸间货物运输代理管理办法》，这里的"两岸间"明确将国际船只排除在"两岸航线"之外，随后在两岸海运谈判和其他两岸事务的表述中，"两岸间"就成为对只涉及两岸作为一个中国内两个主体间关系的重要官方表述之

---

① 参见［英］卡尔·波普尔：《科学发现的逻辑》，查汝强、邱仁宗、万木春译，中国美术学院出版社 2008 年版，第 335—54 页。

一，很多涉及强调"一个中国"的法律文件都采用了"两岸间"的表述。学界在此基础上对涉及两岸事务进行全面的分类，将两岸事务区分为"两岸内""两岸间"和"两岸外"事务，这种分类最先见于周叶中教授和祝捷副教授的《论海峡两岸大交往机制的构建》一文。在该文中作者将"两岸内"界定为两岸在各自有效管辖领域内的场域；"两岸间"体现为两岸各种类型和各个层次的协商机制，保留对己方有效管辖的治理权；"两岸外"则主要是规范两岸在国际社会的交往机制，受到来自国际社会因素的制约。①

本书综合和发展了上述对"两岸间"和"两岸外"的界定，按照关系标准对两岸海洋事务进行分类，认为在两岸海洋事务中只涉及两岸而不关涉国际第三主体的海洋事务是"两岸间海洋事务"，反之则是"两岸外海洋事务"。这里没有采用"两岸内"表述是因为两岸海洋事务必然涉及两岸的关系，直接或间接地涉及两岸公权力关系甚至两岸政治关系，并不是纯粹的只涉及两岸民众的海洋事务，即"两岸内海洋事务"不在本书的研究范围。基于此，两岸间海洋事务是指只是两岸之间的海洋事务，是内向型事务，不涉及其他国家和地区，包括两岸在东海和南海事务中只关系两岸而没有其他国家和地区参与的事务。两岸外海洋事务主要涉及其他国家和地区的海洋事务，是外向型事务，与国际海洋事务存在交叉关系，即除"南海问题"和"东海问题"外，还包括涉及两岸的其他国际海洋事务。

因此，本书之所以运用两岸间海洋事务和两岸外海洋事务的分类，而不运用"台湾海峡海洋事务"和"国际海洋事务"的分类或其他，除了语言严谨的需要和表述的方便外，最主要的考虑不将"东海与南海事务"纯粹归为国际海洋事务。东海和南海问题在学界通指各国在南海和东海的相关岛屿归属和海域划界等事务产生的争端，两岸在东海和南海存在着不涉及其他国家的纯粹两岸关系的海洋事务，如东沙群岛领域的海洋事务，如果将南海与东海事务全部归为国际海洋事务则有将其国际化之嫌，与我国的南海和东海政策甚至台湾政策不符。

---

① 参见周叶中、祝捷：《论海峡两岸大交往机制的构建》，载黄卫平、汪永成主编：《当代中国政治研究报告（第十辑）》，社会科学文献出版社 2013 年版。

第一章　政治困境中的两岸海洋事务合作

海洋事务是两岸合作交流的重要环节、重要纽带和重要领域。两岸海洋事务合作既是海洋事务的客观要求，又是两岸关系和平框架的重要组成部分。由于政治关系定位问题没有解决，两岸目前仍然处于政治对立，海洋事务是两岸事务中最为敏感的地带，是两岸关系发展的缩影。"承认争议"是两岸政治对立的外在形式和政治困局的核心，是两岸海洋事务合作的真正障碍。[①] 迄今为止，很多台湾地区领导人都以海洋事务为工具实现自身的政治目的。纵观两岸海洋事务合作发展和目前两岸关系和平发展架构的实质意涵，可以发现两岸海洋事务合作因政治对立而起，因政治互信而推动，因政治困境而受挫，两岸海洋事务合作史就是两岸政治关系史。虽然两岸关系和平发展为海洋事务合作提供了良好的机遇，但也政治困局依然如影随形。既然两岸海洋事务合作对两岸关系和平发展至关重要，可以两岸海洋事务合作为突破口，积累两岸政治互信，从而超越两岸政治的结构化困境，创造两岸合作的机会结构。落实到具体层面，本书通过 SWOT 分析法探讨，可以发现两岸海洋事务合作自身的优势和外在机遇不断增多，但劣势和威胁依然不少。

第一节　趋向合作的两岸海洋事务

大陆与台湾之间的台湾海峡是两岸连接的地缘纽带，无论是政治、经济、军事和社会交往都需要以海洋作为桥梁，海洋事务与两岸关系的发展密切相关，这也是两岸海洋事务合作的地理因素。随着两岸关系的和平发展，两岸在海洋

---

① "承认争议"即大陆和台湾由于"一中争议"，在是否承认对方根本法以及依据根本法所建立的公权力机关问题上所存在的争议。参见周叶中、祝捷：《论海峡两岸大交往机制的构建》，载黄卫平、汪永成主编：《当代中国政治研究报告（第十辑）》，社会科学文献出版社 2013 年版。

事务领域的合作也不断深化，成为两岸合作的重要领域之一。

一、作为描述类型的两岸海洋事务

海洋作为一个整体空间，是立体式的，包含海岸、海水、海平面、海床、底土和海空等，虽然每一部分都有其特殊性，但并不是分隔开来的，需要进行整体的开发和保护。因此，人类对海洋的利用是多方面的，海洋事务（Ocean affairs）具有"多相性"，其并不是一个学术概念，而是一个类型，只能用来描述而不能定义。因为概念可以被定义，但类型只能进行描述，前者可以对特定对象进行准确而全面的概括，后者是对某对象在数量及强度上整体符合类型的表现。[1] 因此，海洋事务泛指所有和海洋有关的事务，包括海洋政策、海洋产业、海洋安全、海洋环境与资源和海洋文化等。海洋事务作为总体性、动态性和实务性的类型，范围主要取决于人类对海洋与海岸地带的认知和开发利用的程度。[2] 目前，根据联合国秘书长每年需要向联合国大会提出关于海洋事务的年度报告内容，其范围可以包括海洋空间、海洋运输、海事安全、海洋环境保护、海洋科学与技术、海洋资源和能源开发、海洋外交与国际合作，等等。[3] 海洋事务既有国别性又有全球性，每个国家按照相关国际海洋法享有自身的海洋主权和权益，但任何国家和地区的海洋事务都有涉外性。

我国的海域主要由渤海、黄海、东海三个边沿海、封闭海的南海以及台湾以东的太平洋海区构成，海域总面积约 470 万平方公里，海洋国土面积达 300 多万平方公里，海岸线全长 18400 公里，加上岛屿岸线长为 32000 公里，有大小岛礁 7500 余个。虽然两岸从陆地上看是分离的，但从海洋上看是一体的，两岸尤其是台湾的生存发展对海洋具有高度依赖性。两岸面临的主要安全威胁也来自海洋，海洋事务合作对两岸都非常重要。台湾是典型的海岛地区，处于太平洋与台湾海峡之间的重要位置。陈水扁在第二任期就职后的新闻座谈会上提出"两岸关系""WTO 的规范""拼经济"和"海洋国家"是台湾现阶段面临的最严重挑战，是台湾永续发展的根基。[4] 两岸自恢复民间交往后，海洋事务问题

---

① 参见 [德] 卡尔·拉伦茨：《法学方法论》，陈爱娥译，商务印书馆 2005 年版，第 100 页。

② 台湾多使用"海洋事务"一词，大陆在 1998 年《中国海洋事业的发展》和 2008 年《国家海洋事业发展规划纲要》等海洋政策文件中使用"海洋事业"，但近来开始在政策文件中使用海洋事务一词，如 2013 年发布的《国家海洋事业发展"十二五"规划》中就多次提到，外交部也在 2009 年设立"边界与海洋事务司"。

③ 参见胡念祖：《海洋事务之内涵与范畴》，《海洋及水下科技季刊》2007 年第 10 期。

④ 参见胡念祖：《四件"放在心上"的事与外交部》，《中国时报》2004 年 6 月 14 日。

就是两岸需要直面的问题，在海洋事务上两岸应相互支持和相互补充，共同维护我国的海洋权益。自 2008 年以来，两岸海洋事务合作逐渐由单向、个案、间接和局部转向双向、通案、直接和全面。两岸海洋事务的重叠是维护"一个中国"的重要利益基础，这也是两岸共同管理和规制海洋事务的基础，加上海洋事务具有高度技术性、快速变化性和较大开放性，海洋事务需要两岸共同处理，单靠一方要么不能解决，要么不能协同增效，特别是海洋国土和主权需要两岸共同维护，两岸在海洋事务领域的合作势在必行。① 目前，虽然两岸海洋事务合作具有很大进展，但由于两岸关系的特殊性、敏感性和脆弱性，两岸在海洋事务方面存在着相互依赖的关系，但由于受政治情势的影响，很多海洋事务还由两岸各自负责，在实践中造成了很多问题。如两岸在钓鱼岛问题上具有共同利益，但台日签署渔业协议就分化了两岸行动的一致性。

因此，两岸海洋事务是针对涉及两岸事务类型的海洋事务或涉及海洋事务的两岸事务的概括性意指。它并不是一个概念，而是一种类型，只能用来描述而无法定义。两岸海洋事务的范围既取决于地缘客观存在，也依赖于两岸海洋事务合作实践的发展，主要包括维护海洋主权及其相关权益、海洋生物资源保育、渔业资源保护、渔民权益保护、海洋环境保护、海上交通安全保障、紧急救助、旅游开发、海上执法和海事安全，等等。②

二、两岸海洋事务的分类

海洋是联系两岸的脐带，即使在两岸对峙时期，海洋事务上也存在着千丝万缕的关系，自 1987 年台湾开放探亲后，随着两岸交流的发展，两岸海洋事务越来越多。两岸海洋事务纷繁复杂，关系到两岸合作的诸多领域，只有对其进行类型化，才能对两岸相关海洋事务进行全面而详细的探讨。具体说来，两岸海洋事务分为以下几种：

第一，以关系为标准，可以分为两岸间海洋事务和两岸外海洋事务。两岸间海洋事务指只是两岸之间的海洋事务，是内向型事务，不涉及其他国家和地区；两岸外海洋事务主要是涉及其他国家和地区的海洋事务，是外向型事务，与国际海洋事务存在交叉关系，不仅包括南海和东海问题，还包括两岸在国际海事组织或北极等领域海洋事务。

第二，以内容为标准，可以分为政治性事务、经济性事务、文化性事务和

---

① 参见孙国祥：《两岸海洋事务合作可行性之刍议》，《中国评论》2014 年 7 月号。

② 参见李佳人：《由全球化的观点论两岸海洋事务合作策略之研究》，中山大学硕士学位论文，2011 年 7 月。

军事性事务。政治性事务如南海岛屿的领土主权的维护,经济性事务主要包括海洋资源的保护和海洋经济的发展,文化性事务是指对两岸海洋文化资源的搜集、整理、保护和利用,如航海记录、海洋信仰习俗和航海技术,军事性事务是两岸在涉及海洋的军事问题的事务。

　　第三,以时际为标准,可以分为传统海洋事务和非传统海洋事务,传统海洋事务主要是指海洋领土主权和主权权益维护、渔业资源维护和海洋环境污染防治等,非传统海洋事务主要是新形势下两岸海洋事务中需要共同解决的问题,如海洋气候变化、海上打击恐怖主义、海洋基因资源和海洋生物多样性保护等。大多数海洋事务在非传统安全事务范围内。

　　第四,以范围为标准,可以分为基本海洋事务和具体海洋事务。基本海洋事务主要涉及海洋空间,指海洋主权及其相关主权权利的事务,而具体海洋事务包括海洋环境保护、海上搜救、航道安全维护等。

　　第五,以性质为标准,海洋事务可以分为海洋社会事务与海洋科技事务,前者主要涉及海洋法律、政策、外交、执法和管理等方面,后者主要包括对海洋及其事物规律的认知、开发和利用。

　　根据以上分类,不同具体海洋事务可以按照相应的标准进行不同的分类,一般来说两岸间海洋事务与两岸外海洋事务与政治性海洋事务与事务性(这里指非政治性,采用的是一般含义,不同于海洋事务中的"事务"一词)。各个具体海洋事务在该矩阵中都有相应位置(图1-1)。

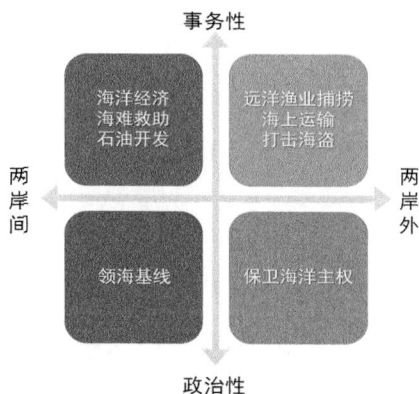

图 1-1　两岸海洋事务合作矩阵图

注：本图并未穷尽所有具体海洋事务。

资料来源：作者自制

三、两岸海洋事务合作及其类型

随着两岸的交流互动不断增多，两岸逐渐以开放性和建设性的合作关系代替单向性和否定性的对抗关系，合作是两岸关系和平发展的主旋律。海洋事务是两岸合作的起点，《金门协议》《汪辜会谈共同协议》和 2008 年以来签订的大多两会协议都涉及海洋事务。合作是为了实现那些仅靠单个组织无法达成的共同目的，与整合、互赖、开放、包容、对话、沟通等具有内在联系。[①]一般来说，合作可以分为功能性合作与制度性合作，前者是民间自发形成的，以市场机制和社会关系为纽带；后者是通过制定法律、签订协议、构建组织体系等制度化机制，由公权力机关起主导作用。两者既相互独立，也相互依存，功能性合作是制度性合作的基础，当其发展到一定程度时必然需要通过制度化推动进一步合作，制度性合作是功能性合作的保障。[②]海洋的整体性、流动性和公共性，使海洋事务具有跨界性、不确定性和复杂性，两岸在海洋事务上相互依赖，在分散化的权威情况下，两岸单方采取的基于自身利益的决策无法达到集体最优的效果。[③]例如，台湾海峡的非法捕捞问题一直居高不下的重要原因就是两岸没有签署渔业合作协议（图 1-2），《两岸海运协议》的签署使两岸航运业蓬勃发展（表 1-1）。

---

① See T.Himmelman, "Communities Working collaboratively for Change", In M.S.Herrman（eds.）.Resolving Con。

flict: Strategies for Local Government. Washington.D.C.:International city/county Management Association, 1994,pp.27-47。

② 参见曹小衡:《海峡两岸经济一体化的选择和定位》,《台湾研究》2001 年第 3 期。

③ Feiock Richard C., "The Institutional Collective Action Framework",The Policy Studies Journal, Vol.41, No.3,2013。

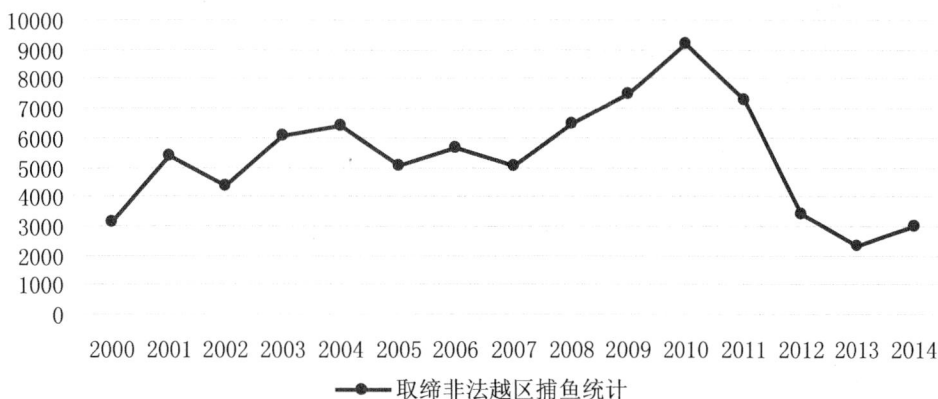

图 1-2 台湾地区取缔越区捕鱼大陆船只趋势（2000—2014）

资料来源：作者自制，根据"海巡署"网站数据。

	2008 年	2009 年	2010 年	2011 年	2012 年	2013 年
货运总量 （万吨）	5670	5780	6130	6000	6250	5965
集装箱 （万 ETU）	126	140	163	174	188	201
客运 （万人次）	100	139.4	147.1	156.2	164.4	156
直航客运 （万人）	0	1.6	2.9	5.0	13.7	20.5
福建—— 金马澎 （万人次）	100	137.8	144.2	151.2	150.7	135.6

表 1-1：两岸海上运输量统计表（2008—2013）

资料来源：《两会协议执行成果总结回顾》[①]

两岸海洋事务合作具有以下几个方面的特征：一是两岸海洋事务合作的主

---

① 《两会协议执行成果总结回顾》，海峡两岸关系协会网，http://www.arats.com.cn/，最后访问日期：2014-10-22。

体多元，两岸海洋事务合作并非完全通过公权力机关的合作实现的，在实践中很多民间海洋事务组织或个人之间共同形成了两岸关系合作的领域。随着国台办和陆委会常态性沟通机制的建立，两岸海洋事务合作主体更加多元化；二是两岸海洋事务合作的跨界性，海洋没有明显的边际，很多海洋事务具有流动性，需要两岸共同应对，单靠自身力量无以应对时，两岸才要求对方予以协助，这是一种被动型的合作；三是两岸海洋事务合作的议题化、共识化和阶段化，由于两岸政治定位问题没有解决，海洋事务问题不能一揽子解决，只能根据实践的需要将相关问题议题化，各个议题之间具有受选择性，两岸基于平等原则，必须达成共识才可以进一步推进海洋事务合作，这说明阶段化进行海洋事务合作；四是两岸海洋事务合作形式逐渐趋向制度化，两岸海洋事务合作开始时由于受两岸政治关系的影响，双方不断争取中国的正统性，民间基于实践的需要最先对渔业合作等事务进行合作。随着两岸关系的逐渐缓和，尤其是区域经济整合的需要，海洋事务合作由两会通过两会协议的方式进行，迄今已经签订了数份关于海洋事务的协议，未来将逐渐形成多元规范结构。

两岸海洋事务合作可以按照不同的标准分为不同类型，主要有以下两种分类方法：

一、以时际为标准，两岸海洋事务合作分为预防性合作、常态性合作与救济性合作。预防性合作是由于海洋事务具有复杂性、突发性、风险性和不确定性，很多不能用解释和预测，两岸应做好防范工作和信心建立措施来防止情况发生，如两岸海上冲突管控；常态性合作是两岸在海洋事务管理、科研和开发等事项上的合作，如合作开发油气资源；救济性合作是两岸在海洋事故发生后基于减少受灾和人道主义关怀等目的进行合作，如两岸海难联合搜救。

二、以关系为标准，两岸海洋事务合作分为互补型合作、同质型合作、分配型合作与补偿型合作。详言之，第一是互补型合作，两岸在海洋事务领域各有优势，如果能够实现优势互补，可以实现互利共赢。例如，在海洋经济领域，台湾自 20 世纪 60 年代就开始在海洋环境调查、海洋生态维护、远洋运输与捕捞等方面取得了较快的发展，而大陆自 20 世纪 90 年代才开始在海洋基础研究和海洋油气勘探等领域取得了一定的进步，但在海洋化工、能源等领域还比较落后，两岸在这些方面各自具有优势和不足，两岸刚好可以互补。[1] 第二是同

---

[1]　参见潘锡堂：《推动两岸经济合作》，《海峡导报》2014 年 9 月 1 日，第 25 版。

质型合作。两岸在同一海洋事务领域并行不悖，但为获得更大多数利益或维护海洋秩序可以相互合作，如两岸在海上搜救和海洋执法领域，两岸都有各自的执法权，但合作可以实现执法或打击犯罪的最优化。第三是分配型合作。目前两岸处于分离状态，两岸对海洋临时界限的划分、资源分配和相关责任义务的承担，应明确权属、设计战略规划和监督实施。对渔业、油气等资源的分配也应制定相关协议，在两岸外海洋事务上都要承担相应的责任。第四是补偿型合作。任何一方的海洋行动都可能具有外部性，海洋具有地理上的无界性，大陆产生的海洋环境污染和采砂可能会影响到台湾，台湾的过度捕捞也会影响大陆，因此两岸各自的行为可能影响对方。当然，这个合作结构比较复杂，利益难以协调。

第二节　两岸海洋事务合作的发展回顾

两岸海洋事务合作是两岸关系逐渐缓和的起点。海洋事务合作是公共政策议题，必须符合两岸关系发展的现实状况，两岸海洋事务的境况是两岸关系的缩影（表1–2）。回顾两岸60多年来的海洋事务关系的发展历程，对构建两岸海洋事务合作机制具有重要意义。总体上说，两岸海洋事务合作分为以下几个阶段：

一、两岸海洋事务合作的倡议期（1949—1990.9）

随着国民党败退台湾，依据"动员戡乱时期临时条款"和1949年5月19日颁布"台湾省戒严令"在台湾实行"山禁海禁"，海岸有海防警戒，海港入出关卡检查。同一时期，大陆实行武力解放台湾的政策，加之冷战东西方两岸阵营的对峙，为保护和维护新中国安全，两岸海上往来全部切断。台湾海峡进入处于军事对峙时期，其间台湾单方面以所谓"海峡中线"为界禁止大陆渔民在台湾一侧捕鱼。1979年1月1日《告台湾同胞书》的发表标示着大陆台湾政策的转变，提出停止武力攻击、和平统一祖国的主张，主张两岸"三通"、结束军事对峙状态和扩大两岸交流。1979年8月，大陆倡议就两岸海上运输问题同台湾航运界协商，并对台湾船舶开放各对外开放港口，为保障航行安全，大陆开放了灯桩和海岸电台，两岸救助部门也建立了搜救热线。在此背景下，1981年10月12日国家海洋局做出与台湾海洋部门建立联系的6条决定，要共同研究和发展海洋事业的大政方针。[①]这开启了两岸交流的新时代。然而，台湾当局坚持"不接触""不谈判"与"不妥协"的原则拒绝与大陆交往，1987年国民党当局在岛内外的压力下废除"台湾省戒严令"，解除台湾本岛的戒严，同年11月2日开放两岸探亲政策。当然，这一时期在两岸外海洋事务合作中也有一定的合作或配合，如在1974年西沙反击战和1988年南沙海战中台湾曾两次协助大陆。

二、两岸海洋事务合作的接触期（1990.9—2000.5）

随着两岸交流衍生除了很多私渡、走私、劫船等问题不断冲突台湾的"不接触、不谈判"政策，尤其是1990年7、8月份大陆渔船"闽平渔5540号"和"闽平渔5202号"被台湾海巡部门以不人道的方式遣返，造成46死的结局，引起了大陆的强烈谴责和国际社会的关注。[②]在这种背景下，台湾当局为解决大陆人员的遣返问题通过红十字会与大陆商谈，后在1990年9月11日—13日，中国红十字会总会秘书长韩长林等与台湾红十字组织秘书长陈长文等对海上遣返议题进行了协商，达成《海峡两岸红十字组织在金门商谈达成有关海上遣返协议》，这是两岸分隔以来签署的首份事务性协议，标志着两岸关系已经进入象征性的解冻期。

蒋经国去世后台湾内部政治生态发生了变化。台湾成立负责大陆事务的"陆委会"，并在1990年成立海基会，1991年台湾废除"动员戡乱时期临时条款"。此一时期，中央台办和国台办成立，1991年成立海协会。1991年海基会和国台办在北京商谈"两岸共同防制海上犯罪"的程序性问题相关事宜，当时大陆的代表唐树备以国台办副主任的身份出席。1992年香港会谈确立"九二共识"，这是两岸海洋事务合作的基石。1993年《汪辜会谈共同协议》就准备在当年内对"有关共同打击海上走私、抢劫等犯罪活动问题""协商两岸海上渔事纠纷之处理"等议题进行事务性协商。民间的海洋事务交流也开始兴起，1991年国家海洋局第二研究所的苏纪兰教授、台湾大学研究所的庄文思教授和美国佛罗里达州立大学的薛亚教授共同发起在杭州举办首届"海峡两岸海洋科学研

---

① 参见杨文鹤等：《二十世纪中国海洋要事》，海洋出版社2003年版，第89—90页。

② 《"闽平渔5540号"事件》，华夏经纬网，http:// www.huaxia.com / lasd/twzlk/zzsj /2003/06/475150.html，最后访问日期：2014年10月27日。

讨会",这是两岸科学界最早的民间学术交流平台①。两岸开始重视海洋立法,"海域二法"在 1991 年经台湾"行政院"核定后 1992 年送"立法院"审议,1997 年完成立法程序,1999 年公布"领海基线",大陆也完成相关立法,两岸保持默契,并没有直接抵触。1993 年颁布了"两岸人民关系条例",中间对涉及大陆人员的海洋执法进行了规定。1998 年成立的"农委会渔业署"主要就是为了解决两岸的渔事纠纷、海上渔船交易、雇佣大陆渔工和大陆渔船"越境"等问题。1992 年汪辜会谈中,就主张在南海议题上两岸合作。20 世纪 90 年代海峡两岸分别派出海洋科学调查船,对南海环流问题进行合作研究。

在两岸航运问题上,因为主权问题比较敏感,1996 年 8 月交通部颁布的《台湾海峡两岸间航运管理办法》,单方面规定了两岸直航的基本事项,而台湾则以"境外转运中心"避开主权争议。1997 年 4 月,福州、厦门和高雄间的海上试点直航开始运行,两岸资本的船公司使用方便旗船经高雄港转运外贸中转货物。同年,海基会与海协会委托的香港船东协会协商 1997 年香港回归后的"台港航运问题"。1998 年 3 月,两岸定期集装箱班轮航线开通,运输两岸货物的船舶经第三地换单不换船航行两岸港口。此外,两岸在私渡、海上救助和渔业等领域逐渐接触,如 1999 年 2 月 1 日澎湖"县长"赖峰伟打算派人到大陆,要求大陆约束和取缔渔船在澎湖海域使用滚轮式拖网作业等严重破坏海洋生态环境的行为。虽然 1994 年生效的《国际海洋法公约》引发了东海和南海争端的升级,但由于涉及国家政治符号等问题,两岸外海洋事务合作依然没有进展。

这一时期,两岸海洋事务合作随着两岸关系的解冻而开启,但多是基于相关压力需要解决相关问题而不得以进行,主要以低敏感度的相关事务性议题为主,两会成为两岸海洋事务合作的主要联系主体,主要方式是既有单方行动也有双方对话。

三、两岸海洋事务合作的波折期(2000.5—2008.5)

2000 年前后两岸越来越重视海洋,大陆在 1998 年发表《中国海洋事业的发展白皮书》,2002 年十六大报告指出要"实施海洋开发",2003 年国务院正式提出"逐步把我国建成海洋强国"的战略目标,并指出要加强海洋综合管理,2006 年时任总书记、国家主席和军委主席胡锦涛在会见海军党代表时公开提出

---

① 截至 2014 年,海峡两岸海洋科学研讨会已经举办了十届,已经成为两岸海洋科技交流的重要平台之一。

中国是一个海洋大国，要建设强大海军，引起世界各国注意。台湾2000年以来提出"发展海洋经济，促进经济成长"，在2000年初成立"海岸巡防署"，陈水扁上台后坚持"海洋立国"的政策，2001年发表"海洋政策白皮书"，2004年发布"国家海洋政策纲领"，"行政院"成立"海洋事务推动委员会"，2005年制定"海洋事务政策发展规划方案"，2006年再修订颁布"海洋政策白皮书"，2007年颁布"海洋教育政策白皮书"。然而，两岸各自对海洋事务的重视并没有推进两岸海洋事务合作的进程。台湾认为海洋事务涉及公权力行使，具有一定程度的政治性，海基会是唯一获得授权的民间团体，两岸可以就任何议题坐下来谈，但大陆采取"听其言，观其行"的政策，并没有恢复两会管道，改用"行业对行业、民间对民间"的模式。台湾对此以"两岸人民关系条例"的授权条款否认民间团体的协商成果，如2006年大陆宣布已经与两岸渔业发展协会、台湾地区渔业福利发展协会和"中华国际渔业观光协会"等团体就渔业劳工合作等问题经协商后达成共识，可以由两岸民间渔业组织签署相关协议，但台湾方面以没有授权为由拒绝。两岸海洋事务合作由于台湾内部的政治环境变化，一方面是两岸海洋事务合作的需求不断上涨，尤其是加入WTO使两岸"三通"不能回避，另一方面是台湾内部政治分歧不断阻碍两岸海洋事务合作，两岸海洋事务合作处于波折期。然而，台湾单方面的政策和法律制定，实现了金马地区与厦门的通航。

这一时期，大陆极力推动两岸海运事业的发展，颁布了很多政策支持，而台湾当局不断制造各种分歧，阻碍两岸海洋事务合作。两岸在海洋事务领域的官方交往渠道中断，民间渠道仍然在不断推进。这也充分说明台湾内部政治生态对两岸海洋事务合作影响非常大，是两岸关系冷热的晴雨表。

四、两岸海洋事务合作的制度化时期（2008.5—2016.5）

马英九于2008年5月20日上任后，两岸关系在"九二共识"基础上快速发展，两岸海洋事务相关的交流和协商也逐渐提上议事日程，管道也不断多元化。两会机制的制度化对话机制得以恢复，迄今已经签署了21份两会协议，其中有很多涉及两岸海洋事务合作，两岸海洋事务合作的制度化机制不断完善。2008年11月《海峡两岸海运协议》等协议生效，2008年11月15日海峡两岸首航开始，大陆方面总共有63个港口（其中有48个海港，15个河港），随后增加至72个直航港口，台湾方面开放的港口为13个，两岸在货物和人员往来等方面不断改进，实现了两岸人员往来和货物运输方面的成本大大降低，使两岸的经济交流与合作更为密切，货运量不断增加，对台湾地区的经济发展起到了重要作用。随后在执行过程中几项攸关台湾地区经济发展动力的议题进行了积极的沟通，推动两岸船舶运输和车辆互通，简化通关作业程序，发展海运快递等业务。2009 年农业部渔业局局长李建华访问台湾"农委会渔业署"达成两岸渔业合作共识，2009 年底《海峡两岸渔船船员劳务合作协议》生效后，两岸同意在符合双方各自雇佣渔船船员规定的前提下进行近海和远洋渔船劳务合作，并采取了不同的管理方式。台湾方面对此持"境外雇佣、境外作业、过境暂制"的政策，雇佣大陆船员需要通过台湾的中介机构向大陆经营公司要求外派，双方签订劳务合作合同，渔船和船员也要签订相关合同，经营主体承担连带责任。2010 年成立代表公权力机关背景的"两岸渔业合作基金会"。2009 年《海峡两岸共同打击犯罪及司法互助协议》签署后，两岸设立了联系窗口，建立了海上治安动态通报、合作打击海上违法犯罪、联合开展海上救助处突、常态化互访交流等警务合作机制。2009 年 4 月在西印度洋遭索马里海盗挟持的台湾远洋渔船"稳发 161 号"，大陆多方协助，终将颜胜男等共 28 人返回高雄港。[1]

　　这一时期，两岸通过公权力直接沟通、国共交流合作平台（如两岸在水产品相关的农产品达成共识后由双方政策做成决策）、地方政府交流和民间团体合作等方式先行达成两岸海洋事务共识，有的民间组织的协商有公权力代表参与，专业性的民间组织成为公权力机关的桥梁，然后由两会达成相关协议或两岸各自做成政策。因此，两岸海洋事务合作逐渐形成多元管道并行、齐头并进的趋势。

表 1-2：两岸海洋事务合作大事年表

时间	事情	备注
1974	西沙反击战	默许通行
1979	《告台湾同胞书》发布	提议"三通"
1988	南沙海战	提供协助
1990	《海峡两岸红十字组织在金门商谈达成有关海上遣返协议》	开始接触
1991	海峡两岸海洋科学研讨会	学术交流
1993	《汪辜会谈共同协议》签署	两会机制

---

　　[1] 《曾遭索马里海盗挟持 台湾渔船船长谈大陆军舰接护》，中国新闻网，http: // www.chinanews.com / tw/ tw-mswx/ news/2010/03-06/2155362.shtml，最后访问日期：2014-11-28。

1995	台湾推出"境外航运中心"方案	回应"三通"
1997	福州、厦门和高雄间的海上试点直航，结束商船不能直航的历史	间接直航开启
1998	两岸定期集装箱班轮航线开通	通案安排
2000	台"陆委会"正式公布"两岸小三通影响评估及规划方向"政策文件	台湾政策放开
2001	金门、马祖与福建沿海地区的海上客货运开通	金门、马祖与大陆间航线运行
2002	台"中国石油公司"同大陆"中国海洋石油总公司"签署共同开采台湾海峡石油和天然气的合约 台湾省渔会访问团与中国对外承包工程商会就大陆渔工输台问题达成三项共识	公私协力方式合作
2005	7月13日，厦门与金门间的海域抛设航标工作开启	地方公权力机关合作
2008	《海峡两岸渔船船员劳务合作协议》签署 2月17日，大陆籍"同安号"载运旅客抵金门水头港区锚泊时，发生火灾，金门港区没有消防船，金门方面要求大陆自厦门派出四艘救难船支援 两岸搜救力量合作在海峡西部搜索部分"华航"空难遇难者的遗体及飞机残骸 《海峡两岸海运协议》签署，"三通"正式运行	重启制度化协商
2009	《海峡两岸共同打击犯罪及司法互助协议》签署	作为整体合作领域的一部分
2010	《海峡两岸经济合作框架协议》（ECFA）签署 在夏金水域开始进行海峡两岸海上联合搜救演练	建立组织化机制、多部门共同参与

资料来源：作者自制

第三节　两岸海洋事务合作的争议性议题

海洋事务几乎涵盖了两岸交往的各个领域，也涉及两岸政治关系定位、台湾的"国际空间"和军事安全互信机制等问题。在两岸关系和平发展框架下，两岸在交流与合作中一方面避免使用主权符号，但两岸海洋事务合作仍然存在着政治困境，"一中争议"是核心。虽然两岸希望在实践中务实推动海洋事务的制度化协商，但两岸政治问题在海洋事务合作中具体表现为结构化的特征。

一、基于政治互信的两岸海洋事务合作

政治关系定位问题是两岸关系的核心问题，直接决定了两岸合作的深度和高度，这个问题既受到内部宪制性规定的约束和政治环境现实的羁绊，又受到国际法与国际政治现实的框范。两岸政治关系定位的核心在于"一中争议"，尤其是大陆如何对待"中华民国宪法"和"中华民国政府"。然而，政治关系定位问题是一个动态性过程，需要先对国家尚未统一特殊情况下的两岸政治关系进行合情合理的安排，两岸在"承认争议"的基础上通过两岸交流与合作累积政治互信。由于国内外各种因素和两岸政治主张的结构性分歧，只有在两岸合作的基础上，两岸关系才能进一步发展，才能最终走向统一。[①] 两岸需要从中华民族振兴和整体利益的高度寻找两岸政治关系发展的突破口，放宽历史的眼界，以包容的态度对待，创新合作方式，以两岸命运共同体为认知目标，打破僵化的两岸政治结构，规避两岸交流中的政治风险，为化解两岸法统层面的政治分歧创造条件，最终实现两岸的心灵契合。

两岸关系和平发展就是在这一背景下产生。2005 年 4 月 29 日胡锦涛与连战会谈会后发表《两岸和平发展共同愿景》，揭开两岸关系和平发展的新局面。2006 年 4 月 16 日胡锦涛会见连战时提出"和平发展"应是两岸关系的主题。2007 年 10 月十七大报告再次提出"和平发展"的主题。2008 年 5 月国民党执政后两岸关系走上和平发展的轨道。2008 年 12 月 31 日胡锦涛在纪念《告台湾同胞书》时发表了题为《携手推动两岸关系和平发展，同心实现中华民族伟大复兴》，自此和平发展成为两岸关系的主轴。两岸关系的和平发展是基于台湾岛内政治情势、两岸关系的实际状况和国际政治环境为实现两岸共赢而做出的战略决断，是矛盾与合作、一体与分殊共存的过程，具有对立统一的辩证逻辑，最终目标是实现祖国和平统一。两岸关系和平发展框架为两岸合作提供了政治互信，两岸在特定领域为共同利益通过对话与合作找到解决问题的方案，构建特定领域的沟通协商机制，进而外溢到其他领域中，扩大合作领域。

两岸海洋事务合作就是在两岸关系和平发展基础上推进的。海洋是两岸关

---

① 参见尹宝虎：《两岸政治分歧之解在于两岸合作》，《首届两岸和平论坛会议论文集》，上海，2013 年 10 月 11—12 日。

系的地理纽带，海洋事务对两岸的联系最为密切，海洋事务合作也是两岸关系和平发展的重点领域。两岸海洋事务合作融汇政治关系定位、军事安全互信和国际空间的问题，这需要两岸充分把握机遇分阶段进行，先进行共同调查和科研，然后向合作管理和共同养护；先有民间合作机构开始再到两岸公权力机关合作再到两岸海洋事务合作共同体；先侧重两岸间海洋事务合作，再在两岸外海洋事务上进行合作。2008 年到 2016 年，两岸海洋事务合作的领域不断拓宽，这是建立在两岸政治互信的基础上。

然而，台湾地区的反服贸运动说明两岸关系和平发展和制度化协商的政治互信仍然不足。马英九当局仍然坚持"九二共识、一中各表"的政治主张，实行"不统、不独、不武"的两岸政策，按照"先经后政、先易后难、先急后缓"的思路推进，大陆则希望进行政治协商谈判，终止敌对状态，签署和平协议，或者在事务性商谈中进行政治性协商。两岸关系的主体和动力都是两岸同胞，尤其是台湾同胞的态度至关重要。[①] 经济合作并没有带来政治认同的提高，政治领域的分歧成为两岸进一步交往的障碍，两岸尤其是台湾民众对两岸经济关系发展不确定感和危机感逐渐增加。从两岸民众都支持的两岸合作制度化的思路来看，两岸以更加积极、务实的态度推进两岸合作，在合作中逐渐凝聚共同期待、达成共识和累积互信。2013 年 6 月习近平会晤吴伯雄时对两岸关系提出了"增进互信、良性互动、求同存异、务实进取"的四点意见。两岸海洋事务合作未来从积极进行能源勘探与开发，从东沙岛的北部海域转向西部和南沙群岛的海域；两岸联合规划保护海域生态环境方案，由两岸合作领头推动，形成两岸海洋事务合作区，甚至可以建立国家海洋生物公园；配合两岸海运直航线路（金门—厦门，台中—平潭）进行海事安全与相关海洋事务合作；联合推行养护海洋资源政策；联合进行 U 形线法理研究和历史档案研究合作；对南海和钓鱼岛事务发展进行谈判协商；建立两岸的海洋管理机关（国家海洋局——中国海警部队；"台湾海洋委员会"——"海巡署"）的共同合作协商机制。[②]

两岸海洋事务合作是重复博弈的过程，两岸应通过协调彼此的政策立场，

---

① 参见严安林：《两岸关系和平发展制度化理论研究》，九州出版社 2013 年版，第 95—96 页。

② 参见刘复国：《两岸海事安全合作之探讨》，《首届两岸和平论坛会议论文集》，上海，2013 年 10 月 11—12 日。

在具体的行动上相向而行，逐步解决政治难题。①2013 年 3 月 22 日，国台办主任张志军提出解决两岸关系政治难题的三个思路：一是正视这些问题，不要人为设置禁区；二是积极思考，努力探寻解决之道；三是要先易后难、循序渐进，逐步积累共识。② 海洋事务合作是两岸合作的重点领域，具有紧迫性和现实性，但目前两岸海洋事务合作还停留在低层次、局部性和个案性的，在海洋资源开发、海洋渔业养护、海洋环境保护、海洋考古和海上旅游观光等领域亟须两岸合作，两岸海上军事和政治层面的合作机会出现的概率也在上升。③ 两岸在海洋事务合作中找到可行的模式可以逐渐"外溢"到其他领域，有助于进一步增进两岸政治互信。两岸政治关系定位是一个动态过程，两岸在南海和东海问题上合作为破解历史政治难题提供机遇，共同维护国家海洋主权权益和民族整体利益高于一切，这为两岸在一些敏感的政治问题上妥协提供政治正当性和民意支持，如在"中华民国"相关法律行为效力的问题上可能达成共识。④

二、争议性议题及其政治结构化问题

两岸在海洋事务合作上有着各自的利益考量，但要依赖对方获得实现自己的目标。两岸在海洋事务合作中有很多争议性议题，这些议题对两岸来说都非常重要，两岸领导人和相关部门负责人也多次提出要通过协商达成共识，总是因为两岸存在着政治结构困境。当然，这个过程也存在一定的机会结构。

（一）争议性议题的产生

两岸几十年的隔绝，加之受到国际政治的影响，政治、经济和社会等领域不断分化，民族和国家认同产生了危机。台湾存在着省籍分化、阶层分化、地域分化和年龄分化等，如对中国的认同不同代际的态度也不一样；台湾公权力机关也存在着分化现象，行政机关相对比较积极主动，而"立法院"比较保守，绿营"民意代表"不断以人民之名抵制。大陆民众总体上认同台湾是中国的一部分，对台政策由中央统一制定，但各地在两岸海洋事务合作的方式和进度等

---

① 参见严安林：《如何推动与构建台海两岸之间的持久和平》，《首届两岸和平论坛参会论文集》，上海，2013 年 10 月 11 日—12 日。

② 《张志军就解决两岸政治问题提出三点看法》，新华网，http://news.xinhuanet.com/politics/2013-03/22/c_115120340.htm，最后访问日期：2014-10-11。

③ 《两岸海洋联手成台湾最大筹码》，新华网，http://www.huaxia.com/sy2013/thsp/4037494.html，最后访问日期：2015-01-19。

④ 《严峻：两岸海洋合作陷台湾于危机是假命题》，中国台湾网，http://www.taiwan.cn/plzhx/hxshp/201408/t20140801_6807897.htm，最后访问日期：2015-01-16。

方面也存在着一定的分化，各个机关在两岸交往中的利益、地位和作用也不相同，所承担的相应责任也不一样。两岸的分化是中国内战的产物和争夺正统性的产物，在信息化和全球化的背景下，两岸关系的和平发展是各方的最大共识，不断深化交流与合作融合是大势所趋。两岸在一些海洋事务议题上存在着体系耦合，合作符合两岸的共同利益，如船员合作，或在一些议题上不是完全耦合的，但经过合作协调是可以达成共识的，如共同打击海上犯罪等。然而，由于两岸政治关系问题，加上利益和观念等不同，一些议题虽然总体上符合两岸和平发展的需求，也符合两岸人民的总体利益，存在着结构性困境，如渔业合作。此外，在两岸间或两岸内部各个阶层、地域和代际的人民的利益、立场等不同，这些议题可能转化为争议性议题。这里需要说明的是，争议性议题并不一定是政治性议题，只是两岸在政治层面没有达成一致性意见，进而间接性影响到政治运作。在两岸最初的事务性交往过程中，只是偶尔涉及争议性议题，但随着两岸海洋事务交往逐渐深入，涉及的利益逐渐多元化和复杂化，争议性议题会越来越多。通过分析这些争议性议题可以发现，这些争议性议题背后是两岸政治立场的分歧。换句话说，很多争议性议题是两岸政治层面的分歧在技术层面的体现（参见表1–3）。

表1–3：两岸在海运协商主要争议性议题的立场与结果

议题	大陆立场	台湾立场	协商结果
航线的定位	两岸航线	参照国际航线管理	通过限定通航船舶为两岸航商所有在两岸登记的船舶，间接表示为"国内航线"。
外国航运公司参与的问题	对两岸航线经营的资格限制为两岸或两岸合资的海运公司	没有限制	仅两岸航商所有在两岸登记的船舶，在香港登记的比照适用，外国船舶不得参与。
港口开放	大陆开放所有对外营运的港口	以四个国际商业港为限，工业港以专案处理	台湾开放11个港口，包含4个国际商港、1个工业港和6个国内港

| 旗帜悬挂 | 只挂公司旗或双方商定的标志旗，进港不挂对方旗帜。 | 通过协商解决 | 搁置争议，同意参照1997年台港的安排，两岸登记船舶自进入对方港口至出港期间，船舯及主桅不挂旗；另加挂公司旗帜作为识别。 |
| 船舶及船员证照的承认与检查 | 双方需要检验有关证书，必要时另纸签注 | 大陆若不能比照国际规范承认，则须另行协商 | 双方在船舶通信导航、证照查验、船舶检验、船员服务、航海保障、污染防治及海事纠纷调处等方面，依航运惯例、有关规范处理，并加强合作。 |

资料来源：作者自制

（二）结构性矛盾中的争议性议题

两岸交往存在着各种结构化的矛盾，各主体的利益和观念不同是争议性议题产生的关键，可以说争议性议题就是结构化困境的反射。具体来说，两岸存在的结构化困境主要包括以下几方面：一、两岸政治和经济合作的结构性矛盾。两岸海洋事务合作也依循"议题化""阶段化"和"共识化"的路径。台湾内部存在族群矛盾和统"独"之争，民众在两岸问题上的立场不同，会引起更多纷争，精英主导的两岸交往可以少受岛内政治生态影响。两岸合作初期带来的经济收益掩盖了这种矛盾，在特定时刻政治层面和经济层面的不协调往往会激化相应的矛盾。二、两岸市场与社会的结构性矛盾。全球化的到来增加了台湾参与国际竞争的压力，台湾经济对外部尤其是对大陆存在着较大的依赖，市场需求主导两岸政策的制定，市场对社会的影响非常大。台湾内部的民主政治仍然是社会需求主导，民众可以通过选举或其他方式影响两岸政策的制定，民主制度作为"社会稳定器"避免市场对社会的过度干预，均衡和协调市场和经济之间的关系。两岸合作在很大程度上是一种市场需求，台湾的市场比较小，是外向型经济，大陆经济容量比较大。因此，两岸交往过程中主导经济活动的原则与主导政治活动的原则是不同的，即市场经济条件下存在着经济与政治分离的二元结构，资本的目的在于追求利润，但也会带来负面的社会后果。虽然两岸在平等互惠的基础上进行合作，但事实上强化了两岸的不平等结构，市场力量因为其更加强大的动员能力而获得了更多的参与机会和"说话"权利，而台湾普通民众依然需要通过民主程序保护自身的需求，中下层和中小型企业的受惠比较少，并没有带动社会参与。三、台湾"宪政架构"的结构性矛盾。"中华民国"的"宪政体制"是按照孙中山的五权宪法思想设计的，但台湾数次"宪政改革"后,"立法院"已经代替了"国民大会"成为代表民意的机构,原有的"宪政架构"已经发生实质改变,在实践中出现了"权责不符"的情形,行政机关和立法机关之间存在着难以消解的张力。①台湾的政治生态逐渐多元化,国际社会、两岸、地方政治、党派政治、社会组织呈现出彼此影响与渗透的局面,行政机构与立法机构的冲突也日益剧烈,这在一定程度上影响了两岸海洋事务合作的进程。②

同样,两岸海洋事务合作协商谈判过程中也存在着结构性矛盾。根据薛林(Schelling)所提出的谈判结构理论,谈判是许多结构的组合,可以将谈判的过程和要素按照一定的标准分隔做结构化的分析。③一般来说,大多学者在对两岸谈判的结构分为价值结构、议题结构、环境结构、成员结构和权力结构等五个方面。④在两岸海洋事务合作的谈判中也适用上述几个结构,但由于是对整个两岸海洋事务合作的谈判分析,应对上述结构内涵做出调整后再进行分析。详言之,第一,价值结构是指谈判结果价值偏好的顺序和各种代价的评估,即两岸希望通过海洋事务合作谈判所要达到的目的。⑤对大陆来说主要有维护国家主权、积累政治互信和推动国家的和平统一,等等;对台湾来说主要有推动经济发展、拓展"国际空间"和提高政治地位,等等,两岸的价值偏好排序并不一样,大陆以"一个中国"为底线,而台湾则在"国家安全"和经济利益之间衡量。第二,议题结构是对谈判相关问题的组合和选择,包括议题的界定、范围、性质、数量和顺序等。例如,大陆认为两岸海洋事务合作谈判是国内海洋事务议题,最好先签订基础协定,然后再就具体议题谈判,而台湾则认为是多边或对等实体的议题,先就个别问题谈判,不主张签订基础协定。两岸渔业合作谈判就因为议题结构问题产生很多分歧,迄今仍然没有解决。第三,环境结构是

---

① 《朱立伦:"修宪"一定要做,须跨党派讨论》,中评网,http:// www.crntt.com/doc/ 1035/3 /1/0/103531023.html?coluid=7&kindid=0&docid=103531023&mdate=1216143319,最后访问日期:2015-03-20。

② 参见周育仁:《强化行政与立法部门协调沟通机制之研究》,"财团法人国家政策研究基金会","行政院研究发展考核委员会"编印,2011年8月。

③ See Schelling, T.C.,The Strategy of Conflict,Cambridge Ma:Harvard University Press,1980,PP.22-52.

④ 参见李岳牧:《中国大陆对台谈判模型之研究——"汪辜会谈"后续事务性商谈案例分析(一九九三——一九九四年)》,淡江大学硕士学位论文,1995年6月。

⑤ 参见包嘉源、张志清、林光:《两岸海运通航谈判之结构分析》,《航运季刊》第14卷第2期,2005年6月。

指谈判所处的制度环境和任务环境。① 前者是制度对谈判提出的规范性要求，后者是外部社会条件对谈判的实质性要求。虽然前者的规定比较明确，是一种硬性要求，但可以进行修改，如相关法律，后者只是对谈判的软性要求，但对谈判目标设定和实现起着决定性影响，在较长一段时间保持规定，如政治生态。例如，两岸海洋事务合作既受两岸相关法律规定的影响，又受两岸的政治生态影响。第四，成员结构是指参与谈判的组成和参与人员分布。大陆一般是由相关行政机构官员以各种身份和各个过程参与，同时由海协会和其他组织构建平台，并根据情况需要选择参与人选，但台湾除了行政机构官员、海基会或相关组织的参与外，还要受立法机构的监督，甚至监察机构和司法机构的审查或法律解释，甚至也要考虑在野党代表等。这说明两岸的成员结构也不一样，这直接影响着谈判过程，20 世纪 90 年代渔业合作谈谈的反复和台湾的成员结构有一定的关联。第五，权力结构是指使谈判结果能够以本身所希望的方式符合或达成预定目标的能力，主要包括对议题的总体实力、某一特定议题的能力和谈判能力。② 在不同的海洋事务议题上，两岸的"权力结构"并不一定完全一样。例如，"三通"议题大陆则持有绝对优势的筹码，但在渔业合作议题虽然大陆掌握主动，但台湾仍能掌控，就没有十分的必要性，这也适用于台湾在南海的合作。

（三）争议性议题解决的机会结构

　　两岸海洋事务合作的过程是相关议题提上议程、拟定方案、达成共识、实施和评估的各个阶段总和。由于两岸的结构化矛盾不断发生变化，两岸合作议题是否会成为争议性议题，或者争议性议题如何顺利实施，存在着非遍历性。所谓非遍历性是指过去不能准确预测未来，过去的平均数不能准确预测未来的概率分布的这样一个场景，某一时点上事件的概率分布不同于另一时点上事件的概率分布。两岸很多议题的制定、实施和评估的任何一个环节都存在不确定性，随时可能成为争议性议题，但正是非遍历性才使两岸合作存在着机会结构。需要说明的是，争议性议题并不是冲突性议题，虽然两岸尤其是台湾内部各团体的利益和立场迥异，但仍然可以利用两岸的"分化"寻找机会结构突破结构化困境。两岸海洋性事务的机会结构主要在台湾方面，受台湾内部政治和经济

————————

① 这和其他著作中所指谈判的"环境结构"所指的谈判地点、沟通管道、期限压力和会场座次等内涵并不一致。这主要是因为两岸在实际谈判中这些因素影响很小，并且更适用于具体议题的谈判。

② 参见刘必荣：《不对称结构下之谈判行为分析》，《东吴政治学报》第 2 期，1993 年 3 月。

影响尤为明显。因此，大陆应拓宽两岸间的交往管道，与各界人士、各党派和各机构进行合作，尤其是中小企业、中产阶层与中南部民众的沟通交流，在交流过程中各主体不断重新审视和修正各自的主张。

根据上述分析，两岸在海洋事务合作中因为海洋事务的不同，具有不同的函变趋势（图1-3）。具体来说，两岸海洋事务的合作成果为因变量 y，两岸海洋事务合作事项为自变量 x，k 为一定时期两岸关系状况的常数，b 为一定时期两岸外关系的常数，因此两岸海洋事务合作的函数可以组成反比例函数：y=k/x+b。在两岸关系和平发展的背景下 k 是正数，在国际政治状况有利于两岸时 b 是正数，x 根据海洋事务的复杂性逐步正向排列。

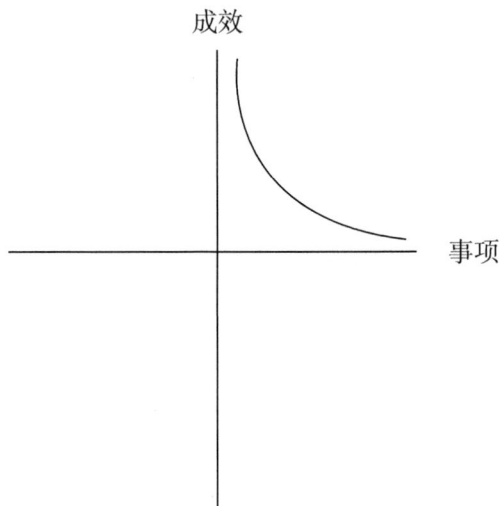

图 1-3　两岸海洋事务合作的函数关系图

资料来源：作者自制

第四节　两岸海洋事务合作的 SWOT 分析

虽然政治困局是两岸海洋事务合作的总体态势，但两岸政治关系的缓和带来了一定的机遇。因此，政治在两岸海洋事务合作中的影响不能一刀切，还需要结合其他因素进行总体分析，为未来合作的推进寻找新的因素。SWOT 分析又称为态势分析法，最早用来分析企业的优势（strengths）、劣势（weakness）、机会（opportunities）和威胁（threats），适用于企业决策，后来扩展至各个领域，也适用于两岸海洋事务合作领域。

一、两岸海洋事务合作的优势分析

随着两岸海洋事务相互依赖的加深，合作是两岸实现共同利益的必由之路，但两岸仍然存在着很多深层次的矛盾。由于各种因素的制约，两岸在海洋事务合作议题上必须坚持务实可行的思维，两岸海洋事务合作的积极因素不断出现，合作的机会不断上升，合作的领域不断扩大，时间在两岸这边，尤其是两岸间海洋事务领域。

（一）两岸海洋事务的互赖关系

与两岸其他领域相比，两岸海洋事务合作的优势非常明显。海洋在一个国家经济社会发展中的地位不断提高，不仅已经成为新经济增长点，而且对保障国家安全等都起着重要作用。海洋是连接两岸的地缘优势，两岸的海洋事务和范围存在很多重叠，虽然两岸在很长时间内彼此隔绝，一旦两岸关系缓和后，海洋事务合作的需求就不断出现。两岸在海洋事务上相互依赖。在东海和南海问题上，台湾与大陆合作可以避免被边缘化或排除在外，大陆在很多证据等问题上也需要台湾的合作。[1]在台湾海峡，海洋事务具有跨界性，很多涉及对方，需要对方的协助，只有二者相互协作才能最大程度地维护海洋权益，如台湾在打击大陆渔船非法和越界捕鱼方面效果有限（图1-4），只有通过两岸签署渔业合作协议才能最终解决该问题。2014年10月23日时任台湾地区"行政院长"江宜桦表示："希望海巡署等相关单位加强取缔，同时也责成陆委会、农委会等单位以台日渔业协议为师，尽快与大陆签署渔业协议，促进双方渔业发展。"2014年12月27日"行政院海洋事务推动小组"通过的决议也认为签署渔业合作协议将有助于稳定两岸渔业及海域秩序。[2]另一方面，台湾需要通过发展海洋经济提振岛内经济形势，而大陆也需要通过海洋打破美国的"军事包围"。两岸在海洋资源开发存在竞合关系，海洋环境保护和海洋技术等方面相互补充，在维护国家海洋主权和海洋权益上是一致的。在政治性问题没有解决前，两岸在海上航行安全、渔业资源、水下资源的运用和打击海盗等非传统安全方

---

① 参见谢台喜：《两岸如何维护南海主权和海洋权益》，《海军学术双月刊》第45卷第5期，2011年10月。

② 《"行政院海洋事务推动小组"第十三次委员会议记录》，"行政院海洋事务推动小组"全球资讯网，http://www.cga.gov.tw/GipOpen/wSite/lp?ctNode=7489&mp=cmaa，最后访问日期：2015-3-16。

面完全可以相互合作，如台湾对外能源需求比较高，但海洋技术缺乏，尤其是深海钻探技术，两岸进行能源的勘探开采合作具有一定的正当性，会受到民意的支持；大陆在维护南海和钓鱼岛主权等事务上需要台湾的协助。

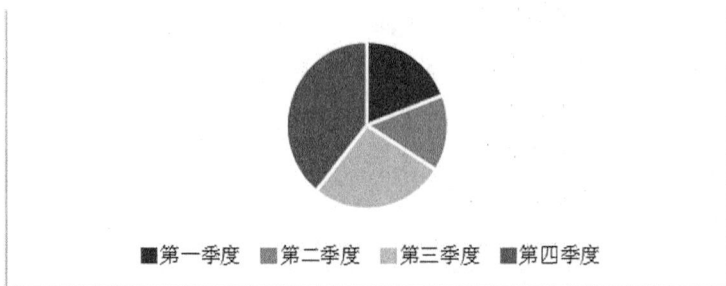

■第一季度　■第二季度　■第三季度　■第四季度

图 1-4　2014 年台湾取缔越区捕鱼大陆籍船只时间对比图

资料来源：作者自制，根据台湾"海巡署"网站的数据。

（二）两岸海洋事务合作的实践经验

两岸的交往与实践与海洋存在着密切联系，早年便有 20 世纪 70 和 80 年代台湾在两次中越海战中提供帮助，两岸海洋事务合作不断进行，尤其是民间性、经济性和学术层面的合作。民间海洋事务交往一直在进行，即使在民进党执政的八年，两岸民间亟须解决两岸渔工合作问题。台湾海峡是两岸海洋事务发生联结的重要地点，但因为两岸分隔，台湾当局对金马水域、台澎领海、澎湖内水与嘉南内水、澎湖水道水域、海峡航道水域的管理方式并不一样，大陆上虽然没有明确承认或否认，并未采取破坏行为。[①] 此外，两岸在台湾海峡中尊重对方在各自一侧进行管辖，没有特殊理由一般不跨越，这在一定程度上成为合作的默契，也是台湾心理上的安全保障。

经济性合作也在不断进行，两岸的经济区域融合等政策也为两岸海洋事务合作提供了契机。台湾的"中油"早在 1994 年就与中国海洋石油总公司有过油气勘探合作的尝试，双方又与 2008 年底签署了《合作意向书》《台潮石油合约延长探勘期限修改协议》等一揽子协议。大陆接受台湾参与印度尼西亚"南海地区潜在冲突非正式会议"，2009 年 11 月提出"东南亚教育与训练网络共同计划"是两岸海洋事务合作的里程碑。2014 年 8 月 15 日在上海举行"甲午战争反思暨两岸海洋合作学术研讨会"，来自海峡两岸的 50 多位专家学者认为值甲

---

① 参见傅崑成：《海洋法专题研究》，厦门大学出版社 2004 年版，第 376—377 页。

午海战爆发 120 周年之际，两岸应共促两岸海洋领域的理论研究与实践创新，推进两岸海洋事务合作的进程，拓展两岸海洋事务合作的路径。① 大陆接受台湾参与印度尼西亚"南海地区潜在冲突非正式会议"，两岸学者在会上相互支持，共同维护中华民族的海洋权益。民间性和经济性的海洋事务合作为未来的两岸公权力机关的合作提供了良好的信任和实践基础。2008 年以来，两岸在海洋事务领域逐渐拓展合作范围，虽然台湾在南海和钓鱼岛问题上声称不与大陆合作，但两岸间海洋事务合作不断增加，并逐渐走向制度化和常态化，如自 2009 年起海峡两岸海洋执法部门在厦门—金门海域针对海上违法采砂、违法倾废和电炸毒鱼等进行联合执法，两岸海上搜救演练和海难救助更是形成了正式合作机制。

（三）两岸的海洋法律和政策主张基本一致

两岸在海洋事务方面的争端是"非对抗性矛盾"，即可以通过协商和谈判处理而不需要外部冲突的形式解决的矛盾，不同于两岸与日本等国在海洋主权方面的"对抗性矛盾"。在两岸的海洋政策上，两岸都在摆脱传统"重陆轻海"的思路，认识到海洋对于自身发展的重要性，2000 年左右双方都制定了相关法律法规、组建了涉及海洋事务的委员会、重组海洋事务管理机关、发布海洋政策白皮书、推动海洋行动计划和拟定海洋发展规划。台湾海洋政策主要按照"维护海洋权益、发展海洋事业"的主导方针，台湾各界对海洋问题特别重视，虽然个别领导人在南海和钓鱼岛问题上立场模糊，但总体来说都在持续加强海洋政策的制定与实施，具有循序渐进、政策与举措并举等特点。两岸在南海问题上的立场和主张相近，认为南海诸岛及其周边海域是中国的固有疆域，两岸都主张用和平谈判协商的方式解决，主权归中国，而资源可以共同开发。② 虽然台湾多次表示在南海问题上与大陆在主权部分没有合作空间，但并未表示在争端法律解决机制上也不合作。③20 世纪 90 代初期时任台湾"国防部长"孙震曾表示"不会阻止也不会排除与中共交换意见，探讨和平发展与管理南沙群岛的可能性。"1994 年，台湾地区陆委会委托学者研究撰写了《两岸就南海诸岛事

① 《海峡两岸学者：反思甲午战争之痛 共促两岸海洋合作》，新华网，http://news.xinhuanet.com/tw/2014-08/15/c_1112098392.htm，最后访问日期：2015-02-11。

② 1993年台湾当局发布的"南海政策纲领"中明确表示："南沙群岛、西沙群岛、中沙群岛及东沙群岛，无论就历史、地理、国际法及事实，向为我国固有领土之一部分，其主权属于我国。"具体内容为："主权在我，搁置争议，和平互惠，共同开发。"

③ 参见严峻：《两岸海洋战略合作与主权维护：争端法律解决机制的视角》，香港《中国评论》2014 年 7 月号。

务进行对等合作可行性之研究》报告。台湾"经济部能源局"提议成立"两岸能源合作工作小组",台北与北京各成立秘书处,在南海及东沙群岛海域勘探合作。两岸外海洋事务合作因为国内外势力的介入下,台湾一方面坚持主张"中华民国"的名义主张,马英九上台后先后几十次对介入南海和东海事务的外国发表声明反对和抗议,大陆也强力维护中国的海洋主权和权益。20 世纪 90 年代初期台湾当局建立了以"内政部"为首组成的南海小组,定期开会,拟定南海政策草案。后来,在南海问题上几乎没有政策。

两岸在东海和南海问题的主张基本上是一致的,在涉及我国海洋主权及其权益的问题上基本上没有太多冲突,如两岸都坚持南海 U 型线,而且大陆的《领海及毗连区法》和台湾的"领海及邻接区法"在两岸海域划界上并无实质冲突。大陆在 1996 年 5 月 15 日的公告中表示:"中华人民共和国政府将再行宣布中华人民共和国其余领海基线。"当时公布的领海基点、基线主要包括大陆部分领海和西沙群岛的领海基线,虽然包含了金马地区,但未触及台湾、澎湖、东沙、中沙、钓鱼岛等地区,直到 2012 年 10 月才将钓鱼岛及其列屿公告;台湾的"领海及邻接区法"第 3 条规定:"中华民国'领海'之基线及'领海'外界线,由'行政院'订定,得分批公告之。"台湾在 1999 年 2 月 10 日公告"'中华民国'第一批'领海'基线、领海及邻接区外界线"将台湾本岛、澎湖、钓鱼岛、东沙及中沙等海域,并没有公布金马地区的"领海"基线,2009 年对其修正也将其"留白"。① 这样两岸通过"一包括、一省略",而且两岸在南沙群岛的基线仍沿用传统 U 型线主张。虽然两岸在钓鱼岛及其列屿同时公告了基线,但台湾采用正常基线法并没有具体点,而大陆则主要采用了直线基线法,划定了具体基点,并无实质冲突。此外,1997 年中日签署渔业协定将暂定执法线可以避开了北纬 27℃线以南涉及台湾的区域,而 2013 年"台日渔业协议"也划定在此线以南。

(四)两岸海洋事务联系渠道的多元化

两岸在海洋事务上建立各种联系主体制度,最先是两岸红十字会的联系,后两会机制的建立,随着张王会的成功举办,两岸事务机关常态化沟通联系机制的建立,可以对涉及两岸海洋事务的重大问题直接沟通联系。除此之外,在实践中有关涉及海洋事务的社会组织、公司和个人也建立了密切的联系渠道,

---

① 时任"行政院长"吴敦义表示搁置争议、共创双赢是两岸的共识,保持留白是为避免产生不必要的争端。

虽然两岸公权力机关的全面接触仍有很多困难，但可以通过联系渠道实现两岸公权力机关间接沟通，如两岸经合会中的代表就有很多公权力机关的代表，可以就海洋经济相关议题进行协商。

二、两岸海洋事务合作的劣势分析

海洋事务自身存在着复杂性，两岸海洋事务管理体制也不健全，加上价值差异、利益纠葛和外部势力的干扰，台湾当局在两岸海洋事务合作方面没有积极推动，被动应对，这些都是两岸海洋事务合作的劣势。

（一）两岸海洋事务的复杂性

两岸海洋事务是个系统性和整体性的概念，具体内容包罗万象，海洋政策散见于各个部门的决策中，几乎各个机关都会涉及。两岸海洋事务合作需要建立在互信的基础上，才能进行充分的交流与沟通，搭建成熟的官方交流管道与平台，但两岸的互信基础仍然比较薄弱。有的海洋事务合作涉及两岸的"主权争议"，领域比较广泛，事项非常复杂，有的海洋事务具有突发性和不确定性，而且存在着一定的风险性。因此，两岸海洋事务合作需要根据不同情况分类处理。除此之外，海洋经济事务合作需要大量的资金、技术和人力，虽然大陆在一定程度上可以满足人力和资金的需求，但海上开发风险大，面临着很大不确定，加上大陆的海洋钻探技术这几年才不断发展，远洋能力逐步提高，981平台达到一定的技术水平，但还是和国际先进技术存在很大差别。这些现实问题使得两岸海洋事务合作"说难行更难"。

（二）两岸海洋事务管理制度的协调难题

虽然两岸的海洋制度都是在国际海洋相关条约的基础上制定的，在法律制度上具有一定的相似性，但海洋事务错综复杂，很多具体的海洋事务管理法律制度、管理体制等方面存在着很多差异。台湾方面的海洋管理制度相对比较全面，但也存在海洋管理机构之间的协调难题，由"海洋委员会""农委会"等十几个部门联合管理，"海巡署"负责执法，要与各个部门协调和联系。而大陆虽然近年来不断加强海洋立法，但还是存在很多差距，还需要很多配套措施才能最终完成机构改革。两岸海洋管理体制和制度存在很多差异，海洋事务领域都是有多个部门管理，大陆虽然经过2013年国务院机构改革和职能调整，海洋事务由国家海洋局和海事局等联合管理，海洋执法成立了国家海警局，但由于涉及旧的法律法规调整以及多个机构的人员安置、机构改革和职能调整，配套制度没有跟上，面临着新问题，还需要进一步深化改革才能完成。① 因此，两岸海洋事务的管理体制在体制、平台和制度等方面存在着很多差异，加上两岸海洋事务涉及范围比较广泛，各个部门之间存在自身的利益，协调起来相对比较困难，缺少对口的联系部门，加之有的海洋事务，必须通过陆委会和国台办，以及海协会和海基会联系，存在一定的体制梗阻。

（三）台湾当局的态度日趋消极

马英九在竞选政见中对两岸海洋事务合作持积极态度，表示要在渔区、渔工、检疫和保育等问题上与大陆协商，但后来对两岸海洋事务的态度日趋消极。② 除了台湾内部难以达成共识外，海洋事务合作涉及两岸的政治关系问题。马政府认为在"主权互不承认、治权互不否认"的情况下，两岸外海洋事务合作存在一定的困难。③ 台湾在政治经济利益上存在着张力，一方面是两岸海洋事务合作可以为台湾带来经济利益，但他们担心失去政治利益，另一方面，台湾处在大陆和其他国家的夹层中，无论倒向何方都会打破现有的平衡，为另一方所打击，维持现状才能获得最大政治利益。两岸内海洋事务合作虽然在油气、渔业和救助等领域有所发展，但获得的经济利益是否对等还存在着很大的不确定性，这也是台湾参与海洋事务合作的态度消极，动力不足。两岸海洋事务合作大多是台湾方面基于客观的压力而推动的，马英九在东海问题上积极主动，但在南海问题上坚持走一步看一步的态度。这是因为台湾当局没有选票压力，南海政策迟迟不出来，而且南海问题的实质是经济利益争夺的问题，涉及渔权、资源探勘、石油、油气开发等。在钓鱼岛问题上，因为其涉及台湾渔民的捕鱼问题，直接关系到选票，台湾当局对此关注比较多。2011 年 7 月 15 日台湾"新闻局长"杨永明表示台湾在南海区域拥有"主权"，目前台湾不会就南海争议与大陆讨论。2012 年 4 月 26 日台湾陆委会主委赖幸媛在"立法院内政委员会"表示因为有主权争议，"中华民国政府"不会与大陆共同处理钓鱼台与南海主权问题。2016 年 5 月蔡英文当局的南海政策逐渐走向"去中国化"，两岸共同政

---

① 参见钱昊平、李薇放：《"大部制"：艰难推进一年间》，《南方周末》2014 年 10 月 10 日。

② 《马萧竞选的海洋政策》表示"稳定两岸关系，确保台海和平，参与全球保护海洋与渔业永续的规范，承担共同责任。""保障生计渔业，严格取缔大陆渔民越界捕捞""检讨现有措施，加强两岸渔区、渔工、检疫、保育等问题的海事协商，以保护两岸共享的渔业资源。同时，研究开放大陆水产品限量、限地、限时进口之可行性，透过两岸协商与海上强力执法，消除大宗水产品走私交易，确保检疫与'国境'安全。"

③ 《陆委会：南海问题不单独与美国、大陆合作》，凤凰网，http://news.ifeng.com/taiwan/3/detail_2012_05/04/14315890_0.shtml?_from_ralated，最后访问日期：2014-07-13。

治基础丧失，难以合作。

三、两岸海洋事务合作的机会分析

虽然美日等国对两岸合作解决海洋争端的阻碍明显强化，台湾当局对两岸合作解决海洋争端也呈现出消极态度。然而，台湾地区陆委会屡次表态不与大陆在海洋主权方面合作，但并没有否定其他领域的合作。随着两岸关系的快速发展，海洋事务合作的机会逐渐增大。

（一）两岸互信和交往不断增多

随着两岸关系的和平发展，两岸在"九二共识"基础上存在着一定的政治互信，信任是两岸海洋事务合作得以实现和深入的核心机制，其中巩固和增进两岸同胞的相互信任是两岸海洋事务进一步发展的关键。虽然两岸仍然存在很多的历史隔阂、政治矛盾、利益纠葛和价值差异，互信基础仍然很薄弱，但随着两岸民众的交往，歧见已经大大降低，总体上是呈上升趋势的。信任是一个动态过程，只有通过互动交流才能构建起来，并且是在时间的积累中逐渐发展起来的，分为理性选择的信任和基于社会和关系的信任，前者是对利益联结的信任，后者是针对非利益因素的信任。[①] 对于理性选择的信任，两岸都希望通过采取合作性策略行为能够获得期待的利益算计，从而实现共赢，对台湾来说，两岸海洋事务合作是拓展台湾"国际空间"的契机，推动海洋产业发展的时机；对大陆来说，两岸合作解决海洋事务争端可以凝聚两岸民众的向心力，扩大台湾同胞对中国的认同感，推动国家和平统一的进程。对于基于社会或关系的信任，两岸在海洋事务合作中积累了很多经验，在海洋事务领域的诉求基本一致，并且已经建立了相关的海洋事务合作制度，未来通过两岸在海洋事务领域的不断合作与互动建构，以同情理解的方式通过开放与交流、沟通与对话增进两岸的视域融合，建构合作型信任关系。[②]

随着两岸关系的和平发展，两岸的交往不断扩大，两岸人民在 2014 年往来超过 800 万人次，两岸航班每周有 840 班，两岸经贸往来 1972 亿美元（台湾统

---

① 参见沈惠平：《两岸互信的巩固和深化：理论视角和现实路径》，《台湾研究集刊》2014 年第 5 期。

② 基于社会或关系的信任，根据祖克尔从发生学的角度界定主要有三种机制：一是基于交往经验产生的信任；二是基于特征的信任；三是基于制度的信任。See Lynne G. Zuker, "Production of Trust: Institutional Sources of Economic Structure,1840-1920", in Organizational Behavior, B.M.Staw and L.L.Cummings,1986（8）:53-111。

计为 1647 亿美元），台湾成为仅次于香港的全球第二大人民币离岸中心，赴台的大陆学生达 70000 人，两岸婚姻达 30 万对。[①] 对台湾来说，两岸海洋事务合作尤其是两岸外海洋事务合作是拓展台湾"国际空间"的契机；对大陆来说，两岸海洋事务合作可以凝聚两岸民众的向心力，扩大台湾同胞对中国的认同感，推动国家和平统一的进程。两岸经济社会等各个层面的交往，必然带动两岸海洋事务合作的推进，为两岸海洋事务合作提供了机遇。

（二）"一个中国"框架新论述的提出

随着两岸关系进入"深水区"，两岸在各自规定的基础上构建新的思维框架，来寻找两岸的最大公约数，"一个中国"框架就是两岸的初步共识。在 2008 年 12 月 31 日胡锦涛在纪念《告台湾同胞书》发表 30 周年座谈会上指出："1949 年以来，大陆和台湾尽管尚未统一，但不是中国领土和主权的分裂，而是上个世纪 40 年代中后期中国内战遗留并延续的政治对立，这没有改变大陆和台湾同属一个中国的事实。两岸复归统一，不是主权和领土再造，而是结束政治对立。两岸在事关维护一个中国框架这一原则问题上形成共同认知和一致立场，就有了构筑政治互信的基石，什么事情都好商量。"2012 年 7 月，时任全国政协主席贾庆林在第八届两岸经贸文化论坛上指出："一个中国框架的核心是大陆和台湾同属一个国家，两岸关系不是国与国的关系。两岸从各自现行规定出发，确认这一客观事实，形成共同认知，就确立、维护和巩固了一个中国框架。在此基础上，双方可以求同存异，增强彼此的包容性。"[②]2012 年 11 月，十八大报告中指出："两岸双方应恪守反对'台独'，坚持'九二共识'的共同立场，增进维护一个中国框架的共同认知。"2013 年 2 月习近平会晤连战时表示："只要两岸双方都秉持民族大义，巩固反对台独、坚持九二共识的基础，增进共同维护一个中国框架的认知，两岸各领域合作的前景就是宽广和光明的。"连战指出两岸政治对话与谈判将是无可避免的课题，应该建立"平衡、对等、有效"的政治架构。2013 年 6 月 13 日吴伯雄提出："两岸各自的法律、体制都主张一个中国原则，都用一个中国架构定位两岸关系，而非国与国关系。"2013 年 7 月 24 日，国台办主任张志军在第二届海峡两岸"中山论坛"闭幕式致辞时表

① 《林中森语中评：没九二共识基础行吗？》，中评网，http: // www.crntt.com/doc / 1035/7/0 / 3/103570396.html?coluid=7&kindid=0&docid=103570396&mdate=0114101145，最后访问时间：2015-01-19。

② 《贾庆林：增进政治互信就是要维护和巩固一个中国的框架》，新华网，http://news.xinhuanet.com/politics/2012-07/28/c_112558468.htm，最后访问日期：2014-10-11。

示："我们积极评价国民党方面明确表示两岸各自法律和体制均实行一个中国原则，都以一个中国架构定位两岸关系。"

"一个中国"框架正视了两岸现有的法律制度基础，强化了整个中国的主权论述，弱化了两岸的治权话语论争，拓宽了两岸政治合作的空间。[①] 本质是两岸同属一个中国，这既体现两岸的政治立场，也能搁置两岸的政治争议，创造两岸政治互动和互信的空间。[②] 可以说，"一个中国"框架比"九二共识"和"一中原则"等相比内容更加明确具体、立场更加中性化、形式更加多样、内容更加丰富、范围更加广泛。它从两岸各自规定出发，从法理层面强调"一国"的客观存在，更具有弹性空间，有利于化解台湾内部对政治性议题的过分敏感，是对两岸关系的动态规划，搁置了主权和治权的争议，有助于两岸在更大程度上凝聚共识，拓展两岸合作领域。[③] 这使得两岸在海洋事务合作中解决一般法律的合法性问题，在一定程度上化解了主权和治权话语之争，拓展了两岸海洋事务管理部门的空间，提高了两岸海洋事务合作的层次。

（三）国际情势倒逼两岸海洋事务合作

南海周边国家的合作尤其是菲律宾和越南的合作，甚至区域外大国不断介入，这是两岸合作的外因。台湾如不与大陆方面合作，或不借助大陆力量，是难以维护东海和南海主张的。台湾之所以能够在太平岛长期驻守，一部分原因是其他国家要考虑到大陆的反应。在很长一段时间内，两岸分别主张共同拥有的海域边界，在海域争端问题上各自努力，互不协商，更没有合作，临近国家不断蚕食我国海洋边界，使得海洋事务逐渐复杂化，对两岸非常不利，两岸应正面回应这些危机与挑战，跨越政治藩篱，通过强化双方的互通与合作维护共有权益。如两岸在"U形线"的性质问题必须保持一致，否则无法赢得国际社会的信服。当然，两岸外海洋事务也和两岸关系紧密相连，重大事件影响两岸外海洋事务合作的进程，如在"广大兴号事件"中，台湾"国安会"和"总统府"最初顾及美国的利益，避免台菲闹僵，没有及时主动应对，结果引起内部反弹，在民意压力下强烈应对。东海和南海争端的持续发酵会对引起台湾民众关心海洋事务，并逐渐认识到美日等国在海洋事务方面的真实意图，主要威胁

①　参见毛启蒙：《从"主权"与"治权"的话语透视两岸关系》，《台湾研究集刊》2014年第4期。

②　参见李秘：《"一个中国框架"的内涵》，《中国评论》2014年第7号。

③　参见陈桂清：《浅析"一个中国框架"》，《中国评论》2012年第12号。

和危害并不来源于大陆，并且随着两岸海洋事务合作的实践和经验逐渐增多，两岸合作维护海洋主权的意识会不断上涨，进而通过民意或选举迫使台湾当局积极与大陆合作，如 2013 年钓鱼岛局势不断紧张，台湾很多民众主张两岸合作保钓，并一度付诸行动迫使台湾当局表态。

台湾在南海争端上如不与大陆方面合作，或不借助大陆力量，是难以维护其主张的。2010 年以来，日本、越南、菲律宾等国在中国综合国力不断增强的情势下为了保持自身的利益，采取了一系列行动试图巩固并扩大对相关海域、经济专属区和岛礁的占据和对海洋资源的占有、开发，甚至不断通过联合演习等方式抱团合作，将中国在南海和东海地区的合法存在作为"中国威胁论"的佐证大肆宣扬，将南海和东海问题炒作为国际热点问题，置中国于国际舆论漩涡中。2014 年 3 月，越南武装巡逻舰两次接近太平岛，台湾"海巡署"在驱离时，对方鸣枪挑衅，台湾也开枪示警。美国与台湾在东海和南海事务中也存在着很多裂缝，虽然美国提出冻结南海建设的呼吁，但台湾一直在进行太平岛的基础设施项目，并在 2014 年 9 月 13 日由外事主管部门重申南沙、西沙、中沙及东沙群岛都是"中华民国"的固有疆域，"主权"不容置疑，未来将秉持"主权在我、搁置争议、和平互惠、共同开发"原则，共同维护区域的和平稳定，呼吁各方通过协商解决争端。而"美国驻台协会"前处长司徒文认为台湾的主张"不合法"、不实际，应依《联合国海洋法公约》主张拥有太平岛 200 海里经济海域，放弃"九段线"。2014 年 4 月 28 日《美菲加强防御合作协议》，2014年 12 月美国国务院发表了"海洋界限——中国在南中国海的海洋主张"的报告对"九段线"的法律效力质疑。①

（四）海洋事务对两岸的发展非常重要

台湾是一个四面环水的岛屿，海洋是其生存的命脉，马英九推行"蓝色革命、海洋兴国"的海洋政策。中国领导人也多次在不同场合表示中国不仅仅是陆权国家，如李克强总理访问希腊时就提出了中国的海洋观。海洋主权和海洋权益攸关中华民族的核心利益，海洋事务合作的意义不仅仅止于维护中国领土完整，更是解决台湾经济发展迟滞和缓解资源和能源困境的需要。这是因为海洋经济是现代经济的新动力，海洋产业是大陆的经济支柱产业之一，在台湾更是占到经济生产总值的 5% 之上，两岸在海洋事务领域合作可以发展海洋产业，

---

① See "Limits in the Seas NO.143 China: Maritime Claims in the South China Sea", Decemeber 5 2014。

优势互补，是台湾走出经济低迷的重要道路。台湾内部能源和资源匮乏，93%的能源需要进口，在陆地资源开发殆尽的情况下，而海洋能源和海洋资源对台湾具有重要战略利益，东海和南海的油气资源和渔业资源开发是台湾的必由之路，两岸合作开发将为其增加有利地位。[1] 南海和东海对大陆来说具有重要的战略地位，是中国成为海洋大国的重要平台，开发海洋资源已经成为国家重要的海洋政策，如国务院办公厅近日下发的《能源发展战略行动计划（2014—2020）》就明确提出："加快海洋石油开发"。

四、两岸海洋事务合作的威胁分析

海洋事务合作既受台湾内部环境的影响，也受国际政治环境的影响，目前两岸海洋事务合作的外部环境存在着很多不确定性，深刻影响着两岸海洋事务合作的广度和深度。

（一）台湾政治环境的双重复杂性

台湾内部的政治环境面临着双重复杂性，不仅内部政治关系复杂，同时所处的国际政治环境也非常复杂，在一定程度上使两岸海洋事务合作需要应对多重政治博弈，尤其是受台湾内部复杂的政治生态影响。[2] 早在1994年时任海协会常务副会长唐树备就说："目前两岸事务性商谈中存在的一些障碍来自台湾方面内部意见的不一致。"[3] 在台湾的生态背景下，两岸在任何领域的合作，可能引起台湾内部的世代矛盾、阶级矛盾、蓝绿矛盾等冲突和爆发，何况两岸海洋事务合作可能涉及高位阶的政治议题，肯定会被不同的政治势力作为政治手段。"台独"势力反对两岸海洋事务领域的进一步合作，将大陆作为"假想敌"，而"独台"势力则要求和大陆对等，以"中华民国"之名寻求与大陆对等的政治地位。此外，台湾和日本签署了"渔业协议"使台湾民众暂时扩大了渔权，双方的渔业冲突大大降低，而南海议题民众的认知度则比较低，但对大陆渔船"越界"等事务则比较敏感，这使两岸海洋事务合作的民意支持度也不太高，台湾是选举政治，民众不关注的议题，政党没有动力进一步推动。例如，虽然两岸

---

① 参见陈胜业：《从海洋法规范论台湾海域资源争议法制》，台湾海洋大学硕士学位论文，2006年6月。

② 参见淡志隆：《我国参与国际海洋事务合作策略刍议》，《海军学术双月刊》第45卷第6期，2011年12月。

③ 《唐树备接受＜望＞周刊记者采访时的谈话》，国台办网站，http://www.gwytb.gov.cn/lhjl/la2008q/job/6th/201101/t20110108_1684624.htm，最后访问日期：2014-12-22.

民间和学界不断呼吁两岸南海事务合作，但台湾当局比较被动和保守，对其战略安全定位层次较低，未视作核心利益，立场不够坚定并缺乏连贯性，但一旦南海有事，在野党必然攻击执政党。

此外，台湾与日本的关系比较友好，东南亚各国则是台湾重点发展的区域合作关系，在这种国际政治环境下，台湾的处境十分微妙，不与大陆合作是基于现实的最优选择。例如，在南海问题上，台湾当局一直处于比较尴尬的境地，自身实力不够，更没有国家愿意与之对话，与大陆合作则担心民进党的干扰和美国的干预，没有动作的话则又担心引起岛内民众不满。

（二）台湾的"国际空间"难题

台湾的"国际空间"是两岸关系发展过程中的重要问题，大陆采用的是"阶段式""议题化"和"共识化"的方式来对其进行合情合理的安排。这是因为国际空间是一个国家对外主权的主要体现，个案处理是为防止产生"一边一国""两个中国"的结果。两岸在国际社会应该坚持主权的同一性，只是存在主权代表权或行使权的争议，任何国际空间的安排都不能造成"两个中国""一边一国"或"台独"，在海洋领域的国际空间也应该遵循该原则。当然，有一些国际海事组织或国际海洋条约必须以主权国家名义加入，两岸不能同时以国家的名义在场。在实践中，台湾参与很多区域或国际渔业合作组织。目前，在台湾参加的国际组织中，很多组织是国际海事组织，台湾作为"捕鱼实体"往往以"中华台北""台湾"或"中国台湾省"的名义和"会员"及"观察员"等身份加入。[1] 台湾在国际海洋空间上的让步较大，主要是因为海洋资源关系到台湾民众的切身利益，不参与国际海洋组织，将会导致台湾切身利益受到损失，而国际海洋组织为了扩大自身的范围，也往往愿意将台湾纳入自身体系。[2]

台湾当局一直希望台湾在南海以及东海议题上能够扮演一定的角色，不断以"中华民国"的名义发声，以彰显国际存在，拓展台湾在"国际"海洋事务上的话语权。[3] 应该转化为两岸在国际场域的合作，主张协商解决争议。台湾当局在一定程度上默示外国力量的进入，甚至希望通过在海洋事务中扮演的角色达到"台独"或"独台"的目的，这是两岸外海洋事务合作中的难题。虽然在

---

① 参见阮淑君：《捕鱼实体在国际渔业组织中法律地位之研究》，台湾海洋大学硕士论文，2006年6月。

② 参见姜皇池：《台湾参与国际渔业组织：国家地位与实际利益间之衡量》，《台湾国际法季刊》第2卷第1期，2005年3月。

③ 参见徐青：《以史为鉴看台日渔业协定》，《中国评论》2013年6月号。

中国国家海洋安全和领土主权维护上，台湾是不可缺少的主体，两岸在海洋事务上合作才能实现互利双赢，然而大陆为了维护一个中国原则，拒绝台湾参与和其他五方的谈判和签署《南海各方行为宣言》。因此，台湾的"国际空间"问题是两岸外海洋事务合作的根本症结。

（三）两岸军事安全互信机制没有建立

台海军事是两岸军事对峙的主要领域，台湾在海洋事务上往往以"国家安全"理由制定很多针对大陆的法律和政策，重要原因之一就是两岸军事安全互信机制没有建立。两岸军事安全互信机制既包括缓和乃至最终结束两岸军事敌对行为的机制，又包括联合对付"第三方"的机制。军事安全互信机制是两岸为了维护两岸和平，减少在军事领域的误判而促进两岸不断建立相应机制，不仅是军事方面的互信机制，而且也需要促进两岸安全措施的建立（表1-4）。早在2005年4月29日国共两党会谈后发表《两岸和平发展共同愿景》就指出："促进正式结束两岸敌对状态，达成和平协议，建构两岸关系和平稳定发展的架构，包括建立军事互信机制，避免两岸军事冲突。"然而，台湾一直要求大陆停止武力解决台湾问题，将其视为两岸军事安全互信机制的前提，但大陆为防止国家分裂必须保留武力维护领土主权，二者之间存在结构性矛盾。军事安全是政治的延伸，在政治问题没有解决前，两岸军事安全互信机制的构建难以推进。①

表1-4：台湾地区在两岸通航安全方面的主要立场

评估项目	评估的结果
军事安全	认为两岸直航对台湾可能出现立即的威胁；对"国防"安全冲击不可忽视，"国防"成本增加。
政治安全（包含国际关系）	认为大陆将"直航"视为"一个国家内部的事务"，并主张一个中国原则及"一国两制"，"矮化"了台湾，可能压缩台湾的"国际地位"，影响各国对台政策，对"国家主权"构成严重伤害。
经济安全	对大陆市场的依赖将大幅上升，造成产业空洞化及失业等问题
社会安全	影响社会安定；冲击社会治安；增加疫病防治的成本；加速社会融合，衍生相关问题；增加社会福利负担，需调整教育政策。

资料来源：作者自制

---

① 参见孙国祥：《再探东北亚安全：东海海洋争端的和平解决》，《全球政治评论》第18期，2007年4月。

两岸在海洋权益与海洋安全上的利益高度重叠，但两岸军事安全的核心在台湾海峡，海洋军事安全关系我国整体的发展和安全，两岸在海洋领域的军事安全互信是两岸军事安全互信机制建立的关键。同时，两岸安全互信可以提高两岸在应付战争危机的能力，例如在南沙群岛，大陆军队驻守 7 个岛礁，而台湾则控制着太平岛和中洲礁，太平岛上可以有飞机跑道，一旦发生战争，离台湾岛有 1500 公里以上，舰船航行至少需要两天。如果建立了军事安全互信机制，两岸则可以守望相助，在平时可以建立互助协作机制。[①] 由于两岸并没有建立重大军事行动通报等军事安全行为合作机制，即使两岸存在共同军事安全焦点也无法实现有效合作，无法确定对方的意图，风险在评估环节被扩大。台湾的防务安全一致以来依赖美国，涉外安全主要是与美国合作，在两岸没有结束敌对状态下，大陆是台湾的唯一假想敌。美国曾经建议台湾就台海军事安全进行对话，但最终台湾并没有接受，美国后来因为一旦军事安全互信机制建立影响美国对台军售和美国亚太战略的转移，美国对台湾在中美关系中扮演的角色有新的期待，两岸军事安全互信机制的建立可谓遥遥无期。[②]

（四）美国政府的亚太战略

近年来，东海和南海争端的增多和加剧与美国 2010 年以来的插手、干涉直接有关。美国亚太再平衡战略是美国全球战略调整的一部分，主要目的在于保持其全球的霸权地位，平衡中国在亚太地区不断扩散的影响力，进而遏制和围堵中国崛起，确保其亚太地区的领导地位。[③]美国前国务卿希拉里 2009 年 7 月访问泰国，正式提出美国要重返亚洲，并随之进行诸多外交和军事动作，美国开始多管齐下、拉拢盟友、操作议题，推进美国主导的亚太一体化，实现自身利益最大化。日本借此迫使美国在中日钓鱼岛争端上站队，菲律宾则趁机利用美国实力挑起中菲争端。可以说，海洋事务是美日实现亚太战略的跳板，东海和南海问题是美国亚太再平衡战略的重要组成部分，钓鱼岛和南海的政策从 20 世纪 90 年代开始已经由中立到有限介入，到 2010 年以后更是积极介入，美国在东海和南海问题上不会希望看到两岸联手。这影响了台湾当局的立场和态

---

① 参见王卫星：《建立两岸军事安全互信机制　共同维护中华民族领土主权完整》，《首届两岸和平论坛参会论文集》，上海，2013 年 10 月 11 日—12 日。

② 参见林正义：《美国与台海两岸信心建立措施》，《问题与研究》第 44 卷第 6 期，2005 年 11、12 月。

③ 参见黄华玺：《再平衡 VS.核心利益——美国重返亚洲对中国南海政策之影响》，台湾政治大学硕士学位论文，2014 年 1 月。

度，例如 2011 年 11 月《亚洲周刊》曾报道台湾和美国在太平岛设立电子侦察站，在情报资讯方面合作；大陆划定东海防空识别区，台湾当局一开始是持中立的立场，后来将其视为"不友好的措施"。[①]2010 年 7 月 23 日希拉里在东盟地区论坛会议演说中指出中国对几乎整个南海都享有主权的主张"缺乏法律依据"，各国应以符合国际法的形式尤其是 1982 年的《联合国海洋法公约》明确对南海的主权主张。2011 年 11 月奥巴马在澳大利亚宣布将美国的战略重心转至亚太地区，正式推动亚太再平衡战略，在"东亚峰会"抛出南海议题，拉拢成员建立盟友关系。2013 年 3 月奥巴马宣布将美国军事重心由欧洲转向亚太，针对 2013 年 11 月中国设立东海防空识别区，美国的亚太再平衡政策开始调整，开始调整对华政策，随之美国给东南亚国家提供 1500 万左右美元的援助，支持海上防务建设；2014 年 4 月，奥巴马访问日本，宣布钓鱼岛适用于"美日安保条约"第五条。2014 年 7 月，随着南海情势日益紧张，美国提出三项冻结行动建议："一是停止设立新的前哨战；二是停止在岛礁上进行工事；三是停止在争议地区进行针对他方经济活动的单边行动。"2014 年 7 月和 8 月，美国太平洋陆军副司令加里·哈拉和美国参谋长联席会议主席马丁·登蒲赛先后访问越南，重申将支持越南在南海问题平衡中国影响，希望推进与越南在海上安全方面的合作。2015 年 3 月 17 日美国第七舰队司令托马斯称东盟各国应联合建立海上力量在南海巡航，并为此提供支持。[②]美国的亚太再平衡战略也影响了周边国家的海洋战略，调整了在南海和东海的立场，尤其是日本开始基于牵制中国崛起、保护自身航道安全和争夺在东海和中国谈判的主动权等因素开始逐渐介入南海争端。

　　虽然美国没有官方文件指出台湾在该战略中的地位，但台湾的角色在官员发言、智库报告和学界的讨论中经常出现，事实上是美国亚太战略的重要一环。[③]台湾地区"立法委员"林郁方去美国访问时，美方跟他谈不希望两岸联手

---

① 《中美关系的战略折冲与台湾的选择》，中评网，http://www.crntt.com/doc /1034 /0/7/4 /103407468.html?coluid=7&kindid=0&docid=103407468&mdate=1031000541，最后访问日期：2014-10-31。

② 《美军司令号召东盟国家在南海巡航，中方回应》，中评网，http://www.crntt.com/doc/1036/7/4/1/103674103.html?coluid=202&kindid=11694&docid=103674103&mdate=0320190304，最后访问日期：2015-03-20。

③ 参见严安林、张建：《台湾在美国亚太再平衡战略中的角色——美国、台湾和中国大陆的不同认知》，《中国评论》2014 年第 10 期。

处理钓鱼岛与南海问题。[①] 台湾在安全上依靠美国，美国要确保台湾在战略博弈中站队，在很多问题上不断阻止两岸关系的和平发展，而台湾不会以损害美台同盟的代价来与大陆合作。两岸在南海和东海问题上一定范围的对抗是美国所需要的，但一定程度上又是台湾的利益所在，台湾也多次向美国承诺，在南海主权问题上绝不与中国大陆合作。美国一直反对台湾在太平岛增强防卫装备，一是不希望台湾介入纷争增加复杂性，二是防止两岸在南海合作，尤其是在太平岛受到突然侵袭时，可能会迫使大陆和台湾采取"任务性合作"。"国防部副部长"杨念祖在接受《国防新闻》专访时针对南海问题表示主权议题没有妥协空间，台湾成为中国的一部分的话，美国在亚太地区将会失去重要利益。当然，海洋权益和海洋安全对台湾来说非常重要，在海洋问题上日本、菲律宾与台湾之间有冲突和矛盾，美国也在尽力协调台、日和菲律宾等各方的利益关系，在"广大兴号"案件中大陆将受害人定义为"中国渔民"，公开支持台湾，强烈谴责菲律宾，这样使得美国主动敦促菲律宾满足台湾的诉求，避免两岸合作打破美国的南海战略。

---

① 《林郁方：两岸在钓鱼岛与南海合作是弊多于利》，环球网，http://taiwan.huanqiu.com/taiwan_opinion/ 2013-03/3699258.html，最后访问日期：2014-12-22。

第二章　两岸海洋事务合作的治理转向

政治结构化困境是两岸海洋事务合作的现实，在"承认争议"问题没有解决前，政治逻辑是两岸合作的主线。虽然在两岸关系和平发展框架下，合作是两岸共识，也为两岸各界所主导，但合作实践仍然迟迟不前。这主要是两岸合作的政治基础、性质和地位等问题并没有解决，"主体—治权"框架的核心国家主权归属于全体人民，政府代表人民行使主权，治权本身蕴含着主权在场的理念，具有很强的局限性，不可能回避或搁置两岸的"承认争议"问题。随着两岸关系进入深水区，两岸合作已经出现了泛政治化的现象。在这种背景下，两岸逐渐走向合作治理，以回避实体、一元和结构思维的政治问题，而从关系、合意和过程思维思考两岸合作的基础。可以说，两岸合作治理不仅是一种解释视角和分析工具，也是一种方法论和认识论取向，更是两岸合作的基本样态和实践趋向，对两岸海洋事务合作起着思维转向、价值导向和规范架构等作用。因此，两岸海洋事务合作如果想要突破政治结构化困境，合作治理是必由之路。两岸海洋事务合作治理在实践中已经初具雏形，除了它作为两岸合作治理的重要组成部分，更重要的原因是海洋事务的特殊性和全球海洋治理的驱动。囿于两岸关系的现状，海洋事务合作治理必须通过差异性安排、过程性建构和情境性应对等策略推进和创新，形成模式二元化、进程差序化、方式多样化、主体网络化的治理结构。合作治理与制度之间存在着交融互动关系，良法在各个主体平等参与的理性程序机制中产生，合作治理需要法律保障才能最终实现善治，而制度则是良法善治的载体。法律作为制度性事实是制度的核心，两岸海洋事务合作治理与法律机制之间也是交融互动的关系。

第一节　两岸海洋事务合作治理的生成机制

虽然两岸已经建立了共识和互信，但一些难度较高的政治性问题影响着两岸在各领域的合作。卡尔施密特认为："实际权力和法律上的最高权力的关系是主权概念中的一个基本问题。所有的难题都在于此。"[①] 主权问题是两岸关系的"元问题"，两岸在"九二共识"基础上可以暂时搁置"一个中国"的具体涵义，但治权却充满争议，尤其是将其与主权纠缠在一起使两岸问题更加复杂化，影响着两岸各个领域的交往。因此，应在考察两岸交往实践的基础上，将治理尤其是合作治理融入两岸合作过程，规避"主权—治权"框架带来的问题，重塑两岸关系的框架。

一、两岸海洋事务合作的政治难题

虽然主权是现代国家最基本的表征，但从概念史的方法来考察，主权和国家并不是天然联系在一起，国家拥有主权是现代社会的一种法权安排，国家规制主权是国家垄断法律创制权的前提。主权是一个内涵广阔而动态演进的概念，不同国家、时代或学者的主权观念不同。博丹和霍布斯认为主权是一个国家永久的、绝对的和最高的统治权力，用以表示拥有某一领土的合法性问题根本在于直接的或被授权的神权或历史权威，以主张君主专制，反对宗教神权，维护国内世俗秩序。近代以来，主权逐渐出现了转向：一是主权逐渐从国家主权转移到人民主权。国家主权着重强调主权的外部性和行使者，人民主权强调主权的内部性和拥有者，二者既存在一定程度的区别也存在一定的联系，人民一般是以国家为限，国家是建基于人民的基础上。在现代社会，国家作为一种政治组织形式，主权由人民授予国家行使，国家可以要求人民服从主权。二是从国内层面逐渐转向国际层面，从 1648 年结束欧洲三十年战争的《威斯特伐利亚和约》承认了民族国家的领土主权和国际法主体资格，到全球化时代国家主权向国际社会的不断让渡，国家的绝对主权观逐渐走向相对主权观。三是从政治主权逐渐转向法律主权，政治主权与法律主权是主权基本分类，但二者并不相同，随着全球化的到来，政治主权仍然归属于国家，但法律主权逐渐由国家独享而

---

① ［德］卡尔·施密特:《政治的概念》，刘宗坤等译，上海人民出版社 2003 年版，第 16 页。

逐渐从国家分离出一部分让与其他主体，变为在国家主导下的多层分配，这样使得国家和主权在各自空间得到解放，使主权的受限性和绝对性的张力得以消解，化解了主权国家和国家主权之间的排他性关系。①两岸虽然没有统一，处于政治对立的地位，但主权没有分裂，尤其是主权所有权属于包括大陆同胞和台湾同胞在内的整个中国人民，在国际上主权代表权的争夺，在"一个中国"内是法律主权的行使问题，两岸主权的争议主要是主权行使权和主权代表权的分歧，在"九二共识"的基础上不断务实合作，推动两岸关系不断和平发展。

治权并不是严格意义上的法律术语，甚至也不是国际公认的政治术语，而是一个嵌入中国语境的政治表述。在根据实践话语理论，语言是权力关系的一种工具或媒介，语言交流并不是纯粹的沟通行为，而总是涉及被授予特定社会权威的言说者与在不同程度上认可这一权威的听众之间结构复杂的历史性权力关系网，语言关系总是符号权力的关系，符号权力是一种构建现实的权力。②治权概念充满歧义，有学者认为治权就是"管辖权"（jurisdiction）③，有学者认为治权就是高度自治权④，有学者认为治权和主权之间是交叉关系⑤，也有学者认为治权作为政府统治的权力缺乏充足的理论论证和实践支持⑥。"治权"的模糊性主要是政治立场问题决定的，其具体含义需要根据不同场景确定。孙中山的权能分治学说最早提出"治权"作为一种政府性权力，区别于人民享有管理政府的"政权"。英国在20世纪80年代针对香港问题提出以"主权换治权"的解决方案，自此"治权"和主权乃至国家统一问题结合在一起。随后台湾当局为解决应对两岸局势的发展而产生的政治交往难题，"国家统一委员会"在1992年8月1日通过的"'一个中国'的涵义"的决议文提出"中华民国"的"主权""及于整个中国"，而"治权"仅及于台澎金马，马英九上台后明确提出"主权互不承认，治权互不否认"的两岸关系政策，这表明主权和治权成为两岸交往和国

---

①　参见屠凯：《单一制国家特别行政区研究：以苏格兰、加泰罗尼亚和香港为例》，《环球法律评论》2014年第5期。

②　参见[法]布迪厄、[美]华康德：《实践与反思：反思社会学导引》，李猛、李康译，中央编译出版社2004年版，第190—200页。

③　参见刘国深：《试论和平发展背景下的两岸共同治理》，《台湾研究集刊》2009年第4期。

④　参见王邦佐、王沪宁：《从"一国两制"看主权和治权的关系》，《政治学研究》1985年第2期。

⑤　参见王英津：《论两岸关系研究中"主权—治权"分析框架的缺陷及替代方案（上）》，《中国评论》2014年6月号。

⑥　参见伍俐斌：《试析两岸关系中的"治权"概念》，《台湾研究》2014年第3期。

家统一的核心问题。^①不过，大陆官方迄今并没有承认"主权—治权"的表述，也不可能承认台湾的治权。这是因为政治统一性关键在于主权者的代表性，主权者、宪政安排和统治机关形塑了政治统一性，在两岸问题上治权是基于主权而衍生出来的事务性管辖权，是国家主权的内在体现，主权和治权具有同一性，主权是根本，治权是表现，换言之，治权归属于主权，主权体现于治权，治权与主权行使权之间相互交叉。^②所谓话语权力是指权力蕴含的强制力量或支配力量，无论任何话语都是按照一定的顺序安排组织起来的符号和权力关系运作的产物，具有特定的存在模态。^③"治权"由台湾当局提出并与"主权"交织在一起主要是在无力与大陆争夺中国代表权的正统性和"中华民国"的政治符号功能式微的背景下，基于对政治架构的主体性和台澎金马的实际控制权的政治关切重建两岸关系叙述和话语，对抗大陆"一国两制"的话语优势。^④尤其是马英九的"互不承认主权，互不否认治权"实质就是自己不承认对方代表国家主权，对方不要反对己方对外的独立权力如"外交权"，因为国家主权只需要一个政府代表，台湾也没有对"治权"范围加以限定。由于大陆对主权统一的决心不可动摇，台湾利用治权的模糊性换取大陆的注意力转移，即"虚化主权，坐实治权"，在两岸关系中获得伸缩的战略空间，从而实现完全自治的"对等政治实体"^⑤甚至"形式统一，实质分离"的"一国两治"^⑥。换言之，"中华民国"的"主权"或"国号"是台湾抗拒统一的"表"，而"治权"是其"里"，二者结合可能逐步为"独台论""两国论"和"一边一国"提供佐证。例如，马英九在

---

① 全文表述为"海峡两岸均坚持'一个中国'之原则，但双方所赋予之涵义有所不同。中共当局认为即为'中华人民共和国'，将来统一以后，台湾将成为其辖下的'特别行政区'。我方则认为'一个中国'应指1912年成立迄今之'中华民国'，其主权及于整个中国，但目前之治权，则仅及于台澎金马。台湾固为中国之一部分，但大陆亦为中国之一部分。"参见"'一个中国'的含义"，"行政院大陆委员会"网站，http://www.mac.gov.tw/ct.asp?xItem=57875&ctNode=5645&mp=1&xq_xCat=1992，最后访问日期：2014-10-20。

② 参见陈鸿惠：《邓小平关于主权与治权的重要观点》，《中国评论》2014年第12号，第204期。

③ 参见[法]福柯：《知识考古学》，谢强、马月译，生活·读书·新知三联书店2004年版，第221页。

④ 参见毛启蒙：《两岸关系研究中"治权"译法的法政治学考辨》，《海峡两岸关系法学研究会学术年会"两岸关系与法治思维"论文集》，北京，2015年1月31日—2月1日。

⑤ 参见张亚中：《"两岸统合"：和平发展时期政治安排的可行之路》，《北京大学学报（哲学社会科学版）》2014年第1期。

⑥ 参见沈君山：《坚持原则，回避对立——建立两岸过渡关系》《远见杂志》1992年9月，第75期。

2008 年 5 月就职演说中指出："两岸问题的最终解决的关键不在主权争议，而在生活方式与核心价值。"因此，主权和治权是两岸的高位阶政治争议，用"主权—治权"的框架来解释两岸关系，在很多议题上存在争议。

主权和治权话语的提出是台湾试图是以"权力"问题为名来解决两岸交往中的"主体"问题，实质上仍然坚持传统哲学的"主体性"来思考两岸关系，将双方进行主次或主客体分割维持名分秩序。如果大陆接受台湾的治权话语可能会固化两岸关系，拓展了台湾官方的"外交关系"，最终伤害国家的主权统一。① 这一主张存在着内在张力，台湾一方面在很多场合尤其是国际社会上充分利用这一话语来构筑两岸政策，从而凸显台湾的"主体性"和"中华民国"的存在感，例如 2011 年 5 月马英九在出席"世界国际法学会亚太区域会议"时表示："台湾无法、也不会承认大陆的主权，但也不应、更不会否认大陆当局在大陆有效实行统治权的事实。"② 另一方面这一话语包含着促进两岸政治谈判的意涵，在实践中却不想解决两岸政治定位问题，一直不与大陆签订"和平协议"和建立军事互信机制，这是表现出话语的实践困境。因此，"主权统一、治权分立"并不容纳于现有的国家政治理论、制度和实践，无法打破两岸政治僵局，两岸在各个领域中交流与合作充满了政治话语和面临着政治难题，也使台湾内部无法凝聚共识，致使台湾当局的两岸政策左支右绌。随着两岸关系逐渐走向深水区，两会协议已经远远超出"民间性、功能性、经济性、事务性"的范围，这即是两岸关系和平发展深化的标志。两岸各领域合作必须面对主权和治权的问题，完全压制并非良策，但笼统接受也会带来不可预料的后果，在摒弃"主体—权力"或"权力—主体"框架的基础上，确立宪制基础、行使规范和协商机制，先部分承认台湾的管辖权，逐步扩大范围，巩固和扩大两岸关系和平发展的政治、经济、社会和文化基础。③ 这种从"行为"或"实践"的角度来解释和总结两岸合作模式，真正"搁置争议、共创双赢"，最终推进两岸合作的领域和进程，从而在实践中逐渐通过交往理性解决两岸政治关系定位问题。

---

① 参见李秘：《台湾"治权"问题论析》，《中国评论》2014 年 5 月号，第 197 期。

② 《马英九出席"2011 年世界国际法学会亚太区域会议"开幕典礼》，"行政院大陆委员会"网站，http://www.mac.gov.tw/ct.asp?xItem=95340&ctNode=5628&mp=1&xq_xCat=2011，最后访问日期：2014-11-12。

③ 参见杜力夫：《也谈两岸关系中的主权和治权》，《中国评论》2014 年 11 月号，第 203 期。

二、两岸合作的泛政治化

两岸合作议题可能影响到台湾各阶层的利益，在现有的两岸状况下，两岸合作的议题逐渐政治化，支持者认为两岸海洋事务是振兴台湾经济和发展两岸关系的重要举措，而反对者则会认为两岸合作必然"倒中卖台"，最后必然演化为"中国之争"和统"独"之争。随着两岸合作的加深，争议性议题政治化的问题会越来越多，其逻辑起点是合法性问题，最终归结于大众意见的重要性。

（一）两岸合作议题的政治化

所谓政治化是指把一个议题纳入政治领域的要求或行为，即把当前与政治无直接关联的议题变成政治的，从而进入大众争论和政治竞争中。政治化进程主要有三个构成要素：一是意见分歧；二是争论增强；三是大众回应。[①] 政治议题一般是涉及权力冲突的议题，两岸在海洋事务合作中较少涉及两岸内部的政治性议题，大多都是非政治性议题，并没有直接的政治意图。两岸合作议题是建立在双方自愿的基础上，任何一方不为改变对方的议题选择施加影响。一般来说，两岸合作议题是否属于政治性议题主要取决于其主观意图，如果两岸的某些议题是为了达到一定的政治目的，虽然某些争议性议题可能会有溢外的政治效应，但这是一种自然而然的过程，并不是一种主动的过程，政治效应只是结果之一。例如，两岸的船员合作协议并没有政治性意图，也没有附加任何政治条件，如果经过合作，改善了双方的形象，增加了相互了解，从而改善了两岸的政治关系，这是溢外效应。两岸合作的政治影响是两岸互动演进过程中的产物，只有当以政治意愿来看待并运用这些结果时，这些非政治性议题的协调过程中就产生了政治意图，这些议题才逐渐政治化了。两岸合作议题政治化是对两岸合作权威的一种反抗，由于受到两岸内部政治因素的影响，政治化进程被触发，对某个议题存在着意见分歧、动员和大众意识觉醒等阶段。台湾内部的政治环境比较复杂，两岸任何合作议题都可以作为内部政治斗争的工具。

（二）两岸合作议题政治化的逻辑演进

政治化与两岸合作议题所需要的权威相关联，权威越高所需要的合法性就越高，合法化的权威包含两个层次的承认：一是基于共同性利益的功能性承认，即输出合法性，主要来自政治权威的绩效；二是基于共同体背景下的共同信仰，

---

① Pieter De Wilde，"No Polity for Old Politics? A Framework for Analyzing the Politicization of European Integration"，Vournal of European Integration，Vol.33，No. 5,2011，pp.559-575。

即输入合法性，主要来自公民的民主参与。[1]由于两岸缺乏竞争的政治基础和共同的决策体制，权威的基础是认同和共识，但两岸合作议题往往是目标多元化、受众普遍化和方案多样化等，利益协调比较困难，难以达成共识，这些不同议题的权威要建构相应的合法性。两岸政治是割裂性政治，台湾内部的政治也是割裂性政治，两岸的政治体系是一个由多个层次和不同角色共同参与、平等协商和灵活互动所构成的复杂政治系统。[2]由于两岸合作的进度与增强民主参与的机制不同步，两岸某些议题过程存在"民主赤字"，需要说明的是"民主赤字"并不等于"代议机构赤字"，普通民众对一些议题的功能和目的不了解，这是一项议题成为争议性议题产生的根本原因。如果公权力机关在制定过程中没有充分听取各方主体的意见，没有均衡所波及主体利益，会引起部分民众的不满，在网络时代这种不满通过互联网可以迅速传播，而受到利益的人不发声，整个舆论环境随之改变，寒蝉效应随之产生。如果符合相应的法律，部分民众的不满便没有正当性媒介表达出来，一旦有法律瑕疵，部分政党或团体为了特定的政治目的，将这些争议性议题炒作成政治性议题，如果公众随之跟进，政治化就由此产生。

（三）为什么大众意见重要

虽然政党动机对两岸合作议题政治化进程的开启起着重要作用，往往是由政党将其纳入政治议程，但政治化持续发展的关键是大众意见，从权威—合法性的视角来看是合法性的问题。例如，两岸海运协议的签署很早已经成为岛内的主流民意，但民进党执政时将其政治化，最后在民意的压力下逐步推进，最终是国民党上台后很快可以签署。[3]政治化的强度和类型与两岸合作制度的合法性有关，两岸合作制度实施的权威越多，所需要的合法性就越高。两岸关系的和平发展是两岸人民的主流共识，这为两岸和平发展提供了最大的合法性，但并不等于所有议题的合法性，两岸合作议题要根据具体情况获取相应的合法性才能最终获得相应的权威性。当两岸协议在某个议题方面实施的权威超过了被认可的合法性，它的政治化进程将会产生消极的后果，当两岸协议实施的权

---

[1]　参见李明明：《论欧债危机的政治化与大众意见——基于权威—合法性关系的视角》，《德国研究》2013年第3期。

[2]　参见张鹏：《层次分析方法：演进、不足与启示——一种基于欧盟多层治理的反思》，《欧洲研究》2011年第5期。

[3]　参见包嘉源：《2008年海峡两岸海运通航协商之检讨》，《运输计划季刊》第38卷第4期，2009年12月。

威与它能被认可的合法性相符的时候，那么政治化进程的后果将是积极的。[1]两岸合作具体议题的治理需要相应的权威，而权威的有效实施需要相应的合法性，两岸合作议题所需要的权威越高，需要大众的承认、吸引的大众关注和需求就越多。当没有满足相应的合法性即大众的参与和认可时，两岸合作议题的政治化只能产生负面的后果。近年来，两岸在众多议题领域内决策权威不断提高，但两岸合作的合法性并没有随之提升，虽然在输出合法性方面具有一定的功能，但在输入合法性方面存在着不足，加上政党的杯葛和民众的抗议，两岸合作议题的政治化是两岸进一步交往的最大桎梏。两岸交往已经影响到普通民众的生活，但议题设定的机制却没有充分容纳公众参与机能，致使民众感觉无法控制政治权力和市场力量。全国政协主席俞正声在第六届海峡论坛上也提出："不断扩大两岸交流合作的参与面和受益面，不断增强两岸关系和平发展的民意基础。"[2]

三、两岸合作治理的趋向与生成

目前，两岸合作机制仍然面临着很多挑战，尤其是如何解决两岸长期分离的问题。治权的模糊性使得两岸合作的政治难题难以解决，但又要消解两岸合作的政治化，在这种背景下治理逐渐引入两岸合作实践。治理话语在全球的兴起是缘于新自由主义的政策影响力，主要特点是灵活性、多元性、弹性化和回应型的治理模式，是对政府管制和市场竞争的功能、边界和原则的重新界定，改变了政策议程和治理工具的变化。随着世界各国面临的共同问题增多，需要各个国家地区和国际组织合作解决，全球治理也随之兴起。关于治理的内涵，全球治理委员会的界定相对比较权威，其认为"治理是各种公共的或私人的个人和机构管理其共同事务的诸多方式的总和。它是使相互冲突的或不同的利益得以调和并且采取联合行动的持续的过程。这既包括有权迫使人们服从的正式

---

① 参见李明明：《论欧债危机的政治化与大众意见——基于权威—合法性关系的视角》，《德国研究》2013 年第 3 期。

② 参见赵婉仪：《俞正声：增强两岸关系与合作 大陆将广泛听取台社会各界意见》，联合早报网，http://www.zaobao.com/news/china/story20140616-355085，最后访问日期:2014-06-16。

制度和规则，也包括各种人们同意或以符合其利益的非正式的制度安排。"①

根据不同的理论和标准，人们对治理的理解不同，产生了不同的治理方式、治理目标和治理话语，如网络治理、互惠治理、协同治理和整体治理，等等。其中，合作治理（Collaborative Governance）是为解决跨区域跨部门公共问题而提出的一种新型治理模式，这主要是行政事务管辖边界越来越模糊，现代技术的发展使交通和信息等传递速度加快，传统基于地域和部门边界的单一管治模式不能解决问题，行政边界内的问题逐渐外溢。一般说来，合作治理是为了实现一个公共目的，各主体参与跨公共部门，跨不同层级政府，跨公共部门、社会组织和个人，共同参与公共政策制定和管理的过程和结构。② 整体上说，合作治理追求整体性治理和网络化治理，重视平等的集体协商，以追求共识为导向，避免因部门利益造成的管治实效底下的问题。③ 合作治理并不是一种正式制度，而是基于对多元性的认识和整合，将不同主体的行为及其过程，整合在一个共同的大过程中，通过不同主体间的协调进行持续的互动，最终实现治理的结果。换言之，合作治理所面对目标共存甚至目标存在冲突的情况，依赖于非同质的多元主体的作用的发挥；体现在治理网络所实现的整体均衡，要求每一个治理者本身具有较强的自治能力，能够自我约束和外向约束；合作治理是一种依循规则而实现的参与，以透明的、开放的、平等的和多元的沟通方式代替自上而下监管单项的、孤立的和封闭的沟通方式，趋向网络形态的合作秩序，其水平取决于整体的沟通、协调和包容能力。④ 合作治理的理论基础主要有制度分析和发展理论、交易费用理论与结构选择理论。其中结构选择理论是从政治因素的角度来看待制度安排的，该理论认为政治和分配因素会影响合作治理的产生和发展，如果基于政治和分配因素进行制度性安排，大部分政治问题是可以在

---

① 治理只能被描述而不能被定义，学界有很多对治理的界定。治理概念最早出现在 1989 年世界银行发表的《撒哈拉以南的非洲：从危机到可持续增长》，1999 年的《治理与发展》报告对治理概念进行了更为系统地阐述，认为治理是政府性和非政府性、私人企业和社会为了发展而在一个国家的经济与社会资源的管理中运用权力的方式。参见杨雪冬：《全球化：西方理论前沿》，社会科学文献出版社 2002 年版，第 199 页。

② Kirk Emerson. "An Integrative Framework for Collaborative Governance", Journal of Public Administration Research and Theory Advance Access 2011.5.

③ 参见蔡岚：《合作治理：现状和前景》，《武汉大学学报（哲学社会科学版）》2013 年第 3 期。

④ 参见敬乂嘉：《合作治理：再造公共服务的逻辑》，天津人民出版社 2009 年版，第 171 页。

合作治理中解决的,使各个政治团体获得更多利益。①

随着两岸关系不断深入发展,加之全球化和信息化的快速发展,两岸交往的模式逐渐改变。政治问题制约着两岸交往的深度和广度,在政治问题没有解决之前,可以通过治理来吸纳政治分歧,共同推进两岸交往的进程。②治理可以搁置两岸交往与合作过程中的政治争议,提高公众参与度,建立一种能够表达各自立场的结构,让各个社会阶层或群体都能够表达利益诉求,逐渐成为两岸学者分析和探讨两岸问题的主要理论工具。借此,所谓两岸合作治理是指两岸公权力部门、社会组织和个人共同参与的,基于共同利益通过平等协商,以共识为导向,旨在推动两岸公共事务的共同决策和执行的活动及其制度安排,也是在各个领域进行合作的治理模式。两岸合作治理并没有形成固定的制度模式或组织模式,而是两岸基于共同协商而形成的一种合作关系,包括公权力机制和非公权力机制,两岸中心治理和超两岸中心治理,二者处于一种平等的非对称关系中,与其说两岸治理是一种正面肯定,不如说是对传统两岸治权交往模式的反思。需要说明的是,两岸合作治理不仅仅是作为一种管理手段和机制,也是一种权力结构安排来化解两岸主权和治权之争,更是一种价值取向甚至是理念选择,融合了多元、平等、共治和参与等观念,符合现代社会的发展要求,很容易取得两岸民众的认同。因此,两岸合作治理是一种开放式多层复合治理模式,通过个人、各种组织、两岸公权力机关等多元主体以多形式、多维度和多层面在合法性框架下参与两岸议题的协商、制定和实施过程中的相互作用,进而形成的被共同接受的模式或结构,因应两岸治理具有复杂性产生的内在机理及其规律,从而形成以合作为方式的多层次、多结构、多要素的以目标为导向的治理体系。其中,"多层"既包括治理主体的多层次性,又包括治理结构的多层次,区分议题设定、决策和实施等阶段;复合则是指两岸合作治理机制和治理体系的交叠多样性。

两岸合作治理是一个结构和过程,核心是避免两岸陷入"主权-治权"纷争,在国家统一前两岸就可以共同合作,两岸民众即可经由共同参与,推动两岸的信任和互惠,实现民众根本利益的最大化,以及建构彼此的国家认同。③

---

① See Eliza lee. "The New Public Management Reform and Governance in Asian NICs: A Comparison of Hong Kong and Singa-pore", Governance 2006, 19(4), pp.531-689。

② 参见周叶中、祝捷:《两岸治理:一个形成中的结构》,《法学评论》2010年第6期。

③ 参见张亚中:《全球化与两岸统合》,联经出版事业股份有限公司2003年版,第233页。

这需要在两岸间配置治理权能，实现不同主体的共同参与，既包括两岸内各自不同主体之间的关系，也包括两岸间不同治理主体之间的关系，还包括国际环境与两岸内部治理的相互影响。因此，从根本上说两岸合作治理以"一个中国"为原则达成互惠的共识，通过正式和非正式制度安排协商不同主体之间的关系，参与处理共同事务，从而维护和实现两岸的共同利益。在这个过程中需要构建完善的民众意见表达和反馈机制，公众不仅是信息被动接受者，也是信息的主动提供者，由公权力机关和民众对共同关注问题进行协商。这些都需要两岸合作治理结构的完善，构建合作机构，明确合作目标，并将之实体化、具体化和制度化，建立多领域、多范围和多层次的治理结构。可以说，两岸治理结构是两岸治理的表现形式，两岸合作治理则是两岸治理结构的内容。[①]

第二节　形成中的两岸海洋事务合作治理

两岸可以将海洋事务合作纳入两岸合作治理的框架中，建构以法治为中心，以合作为方式的多层次、多结构、多要素的以目标为导向的治理结构，既避免政治问题的争议，又可以推进两岸海洋事务合作的发展。

一、海洋治理的提出及应用

海洋治理（ocean governance）早在 20 世纪 90 年代就开始被欧美学术界使用，随之很多学术刊物、学术会议和学术团体以此命名，如美国在 1991 年建立了"海洋治理研究会"（The Ocean Governance Study Group），目的是对美国海洋治理的现状进行研究并提出建议。海洋治理的提出主要是因为传统以政府部门政策和规划对海洋事务进行专业管理，但海洋事务具有整体性和不确定性，各个部门因为利益、观念和目的等经常产生政策、管辖权甚至利益冲突，而且各个团体之间对政府制定的政策产生不满而无处表达。

随着人类对陆地资源利用的枯竭，从 20 世纪 60 年代和 70 时代开始各国都将目光转向海洋，1994 年《国际海洋法公约》的生效引起了国际海洋资源的重新分配，不同国家和地区因为历史、文化和利益等在海洋事务领域也存在冲突。随着人类对海洋的逐渐深化开发，海运活动、海洋矿物勘探与开发、海洋肥沃

---

① 参见赵忠龙：《论公司治理的概念与实现》，《法学家》2013 年第 3 期。

化、海洋酸化、海底电缆管道铺设以及海洋废弃物、外来入侵物种、气候变迁与海洋噪音等问题不断凸显，这些问题都具有整体性，只有通过世界各国的协调与合作才能解决。虽然《联合国公约》对国际海洋秩序进行了规范，很多海洋问题具有跨国界、超国家和多层次等特征，但单一的国家和地区、部门、专业本身难以应对海洋全球性的危机和挑战，需要整个国际社会共同应对。在联合国体系和非国家行动者等多元主体的参与下，国际海洋事务逐渐呈现出全球治理的特质，很多海洋事务已经超越国界。这些促使各国在海洋事务上形成强化合作的共识，进而实现全球海洋治理（ocean governance）。所谓全球海洋治理是指通过国际海洋规则与实践平衡海洋资源等的使用和分配，解决海洋利益之间的冲突，缓解作为相互依赖的参与者的集体行为问题。[1] 全球海洋治理除了各个国家积极参与外，还需要发挥国际组织的作用，联合国是全球海洋治理的主要主体，联合国机制发挥着重要作用。[2] 当然，其他国际组织也在不断推进国际海洋治理，例如欧盟和 WTO 对全球海洋治理的作用也不可小觑。[3]

　　海洋治理或全球海洋治理也具有一定的法律依据，最为重要的是临时安排制度。一般来说，海洋事务可以分为领土主权性的海洋事务和其他海洋事务，在海洋领土主权争端一时难以解决的情况下，也可以先进行共同开发，即使在具有争端的国际海洋事务领域仍然可以根据划界前临时安排，对不同的海洋事务按照先易后难的原则分阶段处理，推进各个主体全方位务实合作，建立海洋事务信任措施，共同解决海洋问题，促进各国在海洋事务领域保持密切对话和沟通，最终形成良性互动、合作共赢局面。所谓海洋划界前临时安排是指有关争端方所达成的在海洋划界争议海域达成的冻结海洋资源开发或进行一定层次的合作和共同开发作为海洋划界问题解决前的过渡性安排。根据《联合国海洋法公约》第 74 条第 3 款、第 83 条第 3 款和第 123 条，缔约国有义务尽一切努

---

　　[1]　Robert L. Friedheim, "Ocean Governance at the millennium: where we have been-where we should go", Ocean and Coastal Management, Vol.42, No.9, 1999。

　　[2]　Elisabeth Mann Borgese. Ocean Governance and The United Nations. Halifx, N.S.. Centre for Foreign Policy Studies, Dalhousie University, 1995, p.246。

　　[3]　2007 年 10 月 10 日欧盟执委会发布了蓝皮书 "欧盟的整合性海洋政策"（An Integrated Maritime Policy for the European Union）及其附随的行动计划 "执委会职员工作文件"（Commission Staff Working Document）作为欧盟各成员国的海洋政策指导文件，欧盟在该政策的指导下陆续制定了一系列具有法律约束力的指令和法规，尤其是 2008 年 6 月 17 日公布的《海洋策略架构指令》要求欧盟各成员国于 2010 年 7 月 15 日前将其纳入国内法和 2011 年 11 月 30 日发布的第 1225/2011 号法规要求建立一个支持整合性海洋政策进一步发展的方案；在 2008 年将原来的 "渔业暨海洋事务总署" 改为 "海洋事务暨渔业总署"。

力做出实际性的安排，其并不危害或阻碍最后协议的达成，这一制度安排既可以缓和各个争端方的矛盾，又能为海洋划界问题的解决提供基础。① 俄罗斯和挪威之间的巴伦海案就是先例。

目前，在东海和南海领域不仅中国与各个争端方达成了临时安排，如 2010年越南与菲律宾的《南海渔业合作协定》、2005 年中国、越南和菲律宾的石油公司签署的《在南中国海协议区三方联合海洋地震工作协议》②；或者这些声索方之间也达成了一系列的临时安排，如 1992 年马来西亚和越南的《关于涉及两国大陆架的划定区域勘探和开发石油的谅解备忘录》③；或者共同达成的临时安排措施，如 2002 年中国与东盟签署的《南海行为宣言》以及 2011 年与有关国家达成的"落实《南海各方行为宣言》指导方针"，提出要在海洋环境保护、海洋科学研究、海洋航行安全、海洋探索与救援和打击跨国犯罪等领域加强合作。④近来，南海周边各国同意在海事部门间建立海上联合搜救热线平台，在外交部门间建立应对海上紧急事态高官热线。⑤ 在非传统安全领域，尤其在打击海盗和海洋灾害应对等方面，各个国家也积极推进海洋治理，例如 2011 年 9 月—10月间，中国、泰国、马来西亚等国的调查团参加了在南海南部进行的"西太平洋海洋灾害对气候变化的响应"项目联合调查。

二、两岸海洋事务合作治理的实践逻辑

两岸海洋政策和法律的变迁与两岸关系的发展之间存在很大关系，两岸海

---

① 参见叶泉、张湘兰：《海洋划界前临时安排在南海的适用》，《南洋问题研究》2014 年第 2期。

② 其他还有 2000 年生效的为期 5 年的《中日渔业协定》、2008 年 6 月 18 日中日双方达成了东海问题的原则共识作为临时安排、1995 年中菲《关于南海问题的声明》、2004 年《渔业合作备忘录》、2005 年《海事合作备忘录》，中越 2011 年达成的《关于指导解决中国和越南海上问题基本原则协议》、2013 年中国和文莱两国发表的《联合声明》、中国—印尼《关于发展海洋与气候中心的安排》、中国—马来西亚《海洋科技合作协议》、中泰《关于建立中泰气候与海洋生态联合实验室的安排》。2004 年亚洲 14 国签署了《亚洲打击海盗及武装抢劫船只的地区合作协定》，

③ 1982 年越南和柬埔寨签订《关于历史性水域的协议》。

④ 近年来，虽然南海局势不断变化，各方仍然积极落实宣言的框架，磋商制定"南海行为准则"。

⑤ 《外交部官员：建"海上丝路"需南海稳定》，中评网，http://www.crntt.com/doc/ 1036/1/4/3/103614381.html?coluid=202&kindid=11691&docid=103614381&mdate=0208093838，最后访问日期：2015-02-08。

洋治理是一个从隔绝甚至敌对走向合作与共融的过程。[①]两岸在海洋事务上存在着大量跨界的利益，面临着共同的问题、共同的风险、共同的利益和共同的责任，但都不愿意让渡"权力"，又希望加强政策协调，两岸海洋事务合作治理就应运而生。[②]台湾具有自身的优势，如果两岸能够在海洋事务上合作，很多海洋事务问题便可以迎刃而解，同时提高我国在国际海洋事务上的能力，在两岸政治关系定位问题没有解决前，两岸应充分发挥私人主体的优势，在不同议题上进行不同的安排，这对两岸来说是个双赢的过程。[③]所谓两岸海洋事务合作治理是指由两岸公权力机关、社会组织和个人共同参与两岸海洋事务合作的制度安排，把两岸对海洋事务的差异性意见汇集，通过相互沟通整合成新的解决方案，并由两岸内部程序或两岸间方式将其实施。两岸海洋事务合作治理是一个在形成的体系，通过不同主体在海洋事务领域交往，积累实践经验，逐渐形成了海洋治理的合作惯例和制度安排。[④]在一定程度上，两岸海洋事务合作治理是两岸在不断交往中产生的，以协议、各自规定与惯例为主要载体，即包括不同层次公权力机关及其委托组织的法律规章等规范性文件，也包括各种非公权力性机制。换句话说，两岸海洋事务合作治理既是两岸谈判协调的结果，也是私人主体以自己的手段实现其愿望和目标的产物。[⑤]

在两岸间海洋事务上，即使在台湾戒严时期，两岸海洋事务的民间交流也没有停止，1981 年中国水产学会发布《致台湾水产界同仁信》表达了与台湾地区水产界合作的意愿，台湾水产界积极回应，1988 年邀请台湾水产界专家和代表参加在广州举办的"畜牧水产饲料学术研讨会"，两岸至此建立了渔业合作交流平台，1990 年水产协会常务副理事长和台湾水产协会副理事长签署了《共同意向书》，双方就渔业管理和纠纷解决等事项达成共识。[⑥]此后，两岸渔业的交流层级不断提升，两岸渔业管理机关负责人以各个协会会长或副会长的身份进

---

① 参见徐铭谦：《两岸海洋治理六十年回顾与展望》，http://pal.csie.ntu.edu.tw/~xflash96/policy/sites/default/files/page/Retrospective60years.pdf，最后访问日期：2015-1-28。

② 参见 [德] 贝亚特·科勒 – 科赫：《对欧盟治理的批判性评价》，金铃译，《欧洲研究》2008年第 2 期。

③ 参见淡志隆：《我国参与国际海洋事务合作策略刍议》，《海军学术双月刊》第 45 卷第 6期，2011 年 12 月。

④ 参见徐铭谦：《从海洋治理的视角看两岸海洋事务之发展与合作》，《"海洋与国防"学术研讨会论文集》，台北，2009 年 12 月。

⑤ 参见吴志成：《治理创新——欧洲治理的历史、理论与实践》，天津人民出版社 2003 年版，第 40 页。

⑥ 参见王德芬：《海峡两岸渔业交流回顾与展望》，《中国渔业经济》2008 年第 6 期。

行互访就渔业管理等事项进行交流。① 随着两岸民间交往的开始，海上犯罪问题日益突出，两岸红十字组织签署《金门协议》，行业组织积极推进两岸海运直航，再到两岸经济合作框架协议的签署，两岸公权力机关在海上搜救、海上执法等方面合作逐渐完善。两岸公权力机关也制定一系列相关的法律法令和行政规则来实施相关协议。除了公权力机关外，其他主体也不断推动两岸海洋事务合作实践，例如 2014 年 5 月 29 日，在两岸渔业产业项目合作对接会上，两岸相关代表发表了《共同倡议》就双方共同努力推动现代渔业产业全面合作，并签署了相应的合作协议。② 两岸公权力机关设立了相关海洋事务协会，而公权力机关负责人在里面担任领导职务，负责与对方进行某一方面交流，如台湾的财团法人海峡两岸渔业交流基金会。除此之外，两岸各主体也通过海峡论坛、两岸经贸文化论坛、博鳌亚洲论坛甚至学术会议等方式探讨和推动两岸海洋事务合作事宜。

在两岸外海洋事务上，两岸可以通过合作治理的安排维护国家海洋主权，参与国际海洋事务。两岸在国际渔业组织等国际海洋事务中要遵循相关国际组织章程，在实践中已经有相关的实践，下文专门叙述。③ 这里只谈两岸在东海和南海问题上的合作治理，虽然台湾表态在主权事务上不和大陆合作，但在海洋资源开发和非传统安全等方面持积极态度，很多学者建议两岸联合维护海洋权益，可以实行"X+[1+1]"模式进行多轨对话，由官方和民间联合协助，两岸作为一个整体维护国家的海洋权益。④ 1993 年台湾地区的"南海政策纲领"主张中国在南海历史性水域内拥有主权前提下可以通过和平与合作方式，台湾当局基本遵循该主张，在政策层面台湾主张搁置争议，共同开发，推进海洋事务

---

① 例如，1996 年时任农业部渔业局局长卓友瞻以中国渔业协会会长的身份率团赴台考察访问；1998 年两岸水产协会在台北举办"海峡两岸渔业资源永续利用研讨会"；2001 年台湾"农业委员会渔业署署长"胡兴华以台湾水产协会会长的身份率团到大陆访问；2003 年农业部渔业局局长杨坚以中国渔业协会会长率团赴台考察和交流。

② 中国供销集团（宁波）海洋经济发展有限公司与台湾华伟国际集团签署《两岸渔业示范基地项目战略合作框架协议》；宁波市海洋与渔业局与台湾高雄渔会签订《宁波 – 高雄渔业交流与合作意向书》。参见吴向正：《2014 年两岸渔业产业项目合作对接会闭幕》，《宁波日报》2014 年 5 月 30 日，第 002 版。

③ 参见林瀚城：《1971 年以后台湾参与国际组织之研究——兼论加拿大的立场》，台湾海洋大学硕士学位论文，2010 年 6 月。

④ 《宋燕辉：民进党不太可能放弃南海 U 型线》，中评网，http: // www.crntt.com/doc /1037/2/6/1 /103726111_2.html?coluid=93&kindid=7950&docid=103726111&mdate=0426004618，最后访问日期：2015-4-28。

的多方协商。①因此，在法律层面，虽然台湾不是《联合国海洋法公约》的缔约方，但"中华民国专属经济海域及大陆礁层法"第4条第2项和第3项规定："前项协议未能达成前，得与相邻或相向国家基于谅解及合作之精神，作成过渡时期之临时安排。前项临时安排不妨碍最后分界线之划定。"大陆在东海和南海问题上一直坚持共同开发，邓小平指出："我们有个钓鱼岛问题，还有个南沙群岛问题……我们中国人是主张和平的，希望用和平方式解决争端。什么样的和平方式？'一国两制'，'共同开发'。"②大陆针对南海争端提出"双轨思路"，即"有关具体争议由直接当事国在尊重历史事实和国际法基础上，通过谈判协商和平解决，南海和平稳定由中国和东盟国家共同加以维护"③。除此之外，大陆在东海和南海与相关国家达成相应的合作治理，也取得了一定的成果，如在南海事务上海洋合作成为各国高层的共识、建立了机制化的合作机构和平台、实施了一批合作项目、开辟了发展"蓝色经济"的合作新领域。④因此，虽然台湾在海洋主权事务上不与大陆合作，但涉及的海洋领土争端是"整个中国"的领土，两岸并没有根本立场的分歧，大陆适当放宽台湾参与南海区域性对话合作机制的空间，台湾也应取得大陆的信任。⑤既然两岸都主张在海洋事务上合作治理，两岸需要在两岸框架上达成一致，照顾对方关切，创新两岸参与结构，可以先从海上非传统安全做起。⑥最后，两岸外海洋事务合作治理面临的问题比两岸间更为复杂，台湾当局相对来说比较被动，最终还是要提高台湾民众的意识和凝聚力，从而推动台湾当局与大陆合作。例如，2013年4月前很多台湾民众主张两岸合作保钓，捍卫渔权，甚至有保钓团体展出五星红旗，对台湾当局是产

---

① 最早是台湾"外交部"在1992年5月正式表示："以国际共同开发方式，充分运用南海资源，至于主权问题，则可避而不谈。"2003年"南海政策纲领"被废除。

② 邓小平：《在中央顾问委员会第三次全体会议上的讲话》，《邓小平文选》第3卷，人民出版社1993年版，第87—88页。

③ 《坚持以"双轨思路"处理南海问题》，人民网，http://world.people.com.cn/n/2014/1117/c1002-26035490.html，最后访问日期：2014-11-28。

《王毅：以"双轨思路"处理南海问题》，中国新闻网，http://www.chinanews.com/gn/2014/08-09/6477091.shtml，最后访问日期：2014-12-22。

④ 《中国与南海及周边海洋国家海洋合作取得四大成果》，中央政府网，http://www.gov.cn/gzdt/2012-12/27/content_2300677.htm，最后访问日期：2014-12-24.

⑤ 参见刘复国：《当前区域性南海问题对话合作机制》，《亚太研究论坛》第19期，2002年3月。

⑥ 参见周秋隆、张歆甜、洪惠芳：《台湾如何融入区域海上安全》，《海军学术双月刊》第44卷第5期，2010年10月。

生很大压力。

总体来说，两岸海洋事务合作治理是对两岸海洋事务合作实践的总结和展望，是两岸在海洋事务领域从共存、合作再到共同体的过程，是一个正在形成的结构。两岸海洋事务合作治理通过建构在海洋事务方面的资源依赖结构，扩大参与主体，运用各种治理工具，把不同的偏好纳入决策框架，提高决策信息的精确化和多样化，从而提高可接受性和化解政治歧异。在一定程度上，在海洋事务合作治理中全球治理、两岸治理和内部治理等多层次治理机制交织在一起，相互冲突与摩擦，同时相互促进和支撑。① 两岸应进一步推动海洋事务合作治理，为各主体的合作提供条件，发挥各自的比较优势，形成全方位和立体式的治理结构。

第三节　两岸海洋事务的合作治理结构

合作治理只是为两岸海洋事务领域的合作提供整体架构，两岸根据海洋事务领域的具体情况构建不同的治理结构。两岸海洋事务合作治理应该从传统海洋事务管理模式向复杂科学管理范式转变，必须以复杂性、系统性思维和方法关注两岸海洋事务合作治理的基础性、全局性和根本性问题，对其相关机理、组织和方式等问题进行创新性的思考和把握。复杂系统理论与两岸海洋事务合作治理具有内在契合性，有助于针对两岸海洋事务的复杂性问题提出相应的解决方案，可以将其作为两岸海洋事务合作治理的分析框架，从实践出发对其进行制度建构。② 相关的合作治理结构要能够对两岸海洋事务合作治理中的要求或子系统进行优化和整合，构建实现两岸海洋事务合作治理目的所需要的制度性安排。

一、合作治理模式的二元化

海洋事务的领域非常广泛、主体众多和事务繁杂，但最为核心的是从构建公权力机关的沟通联系机制和保护海洋权益的有效维护入手，区隔两岸间海洋事务和两岸外海洋事务。随着两岸经济合作和司法合作的进一步深化，两岸间

---

① 参见赵骏：《全球治理视野下的国际法治与国内法治》，《中国社会科学》2014 年第 10 期。

② See Luis A.Nunes Amaral and Brian Uzzi, Complex Systems-A New Paradigm for the Integrative Study of Management, Physical, and Technological Systems, Management Science,Vol.53,no.7,2007。

海洋事务合作治理势在必行，主要是事务性和功能性领域，合作治理受到的政治干预相对比较少，两岸各主体可以根据自身的需要构建合作治理共同体，在两岸法律框架下不断推动合作治理。然而，两岸外海洋事务涉及海洋主权和主权权利，多个国家的利益交织在一起，涉及的事务范围也受政治尤其是国际政治影响比较大，两岸外海洋事务合作治理结构相对复杂，形式也更为多样，在主权问题上在行动上可以各自捍卫，在涉及"U 型线"的性质等问题上可以由研究机构共同研究，这样可以避免"中华民国"等政治符号的争议。因此，两岸海洋事务合作治理应实行双轨制，在两岸间海洋事务上应坚持构建"面对面"的合作治理结构推动两岸关系和平发展，而在两岸外海洋事务上要"背靠背"和"肩并肩"的合作治理结构来维护国家海洋权益。[①]

二、合作治理进程的差序化

在两岸关系和平发展过程中，两岸所承担的权利和义务并不对称，在不同领域的速度也不一样，即两岸海洋事务合作呈现出差异性一体化的态势，如两岸海洋经济领域合作先行。差异性一体化的模式适应了两岸内部与两岸之间存在张力的现实。两岸海洋事务是两岸一体化的重要领域，虽然两岸海洋事务合作治理最终将走向整体性治理，但两岸关系是一个开放演化、结构耦合和动态博弈的复杂网络系统，海洋事务的复杂性和两岸关系的敏感性决定了两岸海洋事务合作治理是一个相互关联的多层次目标体系。有些海洋事务涉及两岸的政治关系或重大利益关系，推动起来可能会引起较大的负面影响，但一些海洋事务是亟需两岸共同解决的，是一种任务型或压力型的合作机制，如金厦海域的海洋观光和共同钻探石油工作。这就需要有强烈的问题意识，以解决问题为导向逐步推进，对两岸海洋事务合作治理的重难点进行全面掌握，采用阶段性和局部性的策略，明确优先顺序，抓住主攻方向，为一时不能解决的问题积累经验。近年来，民间合作和学术研究逐渐开始和深入，各种涉及海洋事务的研讨会在两岸不断召开，即使在民进党执政期间两岸民间的海洋事务交流也没有中断。[②] 两岸公权力机关的交往积极推动两岸海洋事务的合作治理，起初可以在民间性、功能性和事务性领域，随着时间的推移逐渐提高合作治理的领域和层

---

① 参见刘国深:《试论和平发展背景下的两岸共同治理》,《台湾研究集刊》2009 年第 4 期。

② 如 2000 年 11 月 8 日国家海洋局、中科院、卫生部、中国石油天然气集团公司和广东等部门和地方的专家和学者一行 35 人,赴台参加为期 5 天的海峡两岸海洋资源环境学术研讨会。

级，如可以在共享水文和气象信息、加强渔业资源合作，进而根据情势发展不断拓宽合作领域，逐步过渡到政治性问题和军事安全领域。两岸军事合作可以先从大陆海警、海监及台湾"海巡署"开始做起，从人道主义救援、防止海域污染、海上联合执法等，逐步扩展到海上反恐等领域；两岸还可以合作进行护渔护航，针对不同区域的具体情况，可由台湾方面或大陆方面为主，互为补充、互相支持。[①] 由于不同主体在海洋事务合作各层次、各领域的力道和向度不同，可以通过各自的能力持续地影响两岸海洋事务合作的范围、深度和方向。[②]

三、合作治理方式的多样化

两岸在实践中已经存在很多海洋事务合作的案例，显示两岸海洋事务合作治理的模式具有开放性和包容性，无论是协助还是缔结合作协议，只要能够推进两岸海洋事务合作的治理模式都能够为两岸所用。两岸海洋事务合作治理因权力、利益、信息和情感等各方面不同可以构建不同的合作治理模式，对于一些领域可以实行"半正式治理，或通过达成协议的方式，也可以通过内部制定法律或合作执法的模式。例如，海峡两岸航运交流协会（海航会）与财团法人台湾海峡两岸航运协会（台航会）在执行两岸海运协议的后续事宜上不断沟通创新，推动两岸海运合作的不断发展。[③] 两岸海洋事务合作可以先行在一定领域推行公私合作，可以授权对一些无关国家安全和重大利益关切的海洋事务由私人运营，对一些公共事务也可以通过购买服务等公私合作的方式达成，可以构建相应的行政私法手段。两岸海洋事务合作治理采用何种模式主要取决于海洋事务的类型与外部环境，在政治性海洋事务上，两岸应有默契，透过共同宣示主权、交错巡航海域彰显主权，或者不做损害对方利益的事情，如大陆从没有从敌对的眼光看待台湾对太平岛的占领；在民事海洋事务上，两岸应推动互助，尤其是海难救助；在经济发展海洋事务上，两岸能够合作，包括渔权的维护、矿产资源的共同开发。例如，非法开采海沙问题不仅要通过两岸后续协商

---

① 《两岸海洋军事合作前景可期》，华夏经纬网，http://www.huaxia.com/thpl/tdyh/mkz/2014/09/4083163.html，最后访问日期：2015-01-19。

② 参见王鹤亭、曹曦：《基于动力分析的两岸持续合作机制建构》，《世界经济与政治论坛》2012年第3期。

③ 《海峡两岸海运协议后续协商说明》，台湾"交通部"网站，http://www.motc.gov.tw/ch/home.jsp?id=14&parentpath=0,2&mcustomize=news_view.jsp&dataserno=201305030010，最后访问日期：2015-02-03。

签订协议进行合作与沟通，两岸各部门应该积极采取措施予以防范、整治和查处，两岸主管部门可以在厦金海域开展联合执法行动，也可以在《海峡两岸共同打击犯罪及司法互助协议》框架下共同打击犯罪。[①] 然而，在一些敏感问题上，两岸即使不能联手合作，但只要坚定维护海洋权益，各自采取行动实质上就是一种合作，这具体体现在南海和东海问题上。台湾由于受到内外政治环境的影响，不可能宣示与大陆联手保卫海洋安全，只要两岸在"九二共识"的基础上各自坚持维护海洋权益，实质上就可以达到部分合作的效果，大陆近年来在钓鱼岛领域展开强力的维权行动，在客观上促使日本与台湾签订"台日渔业协定"。

四、合作治理主体的网络化

两岸海洋事务合作治理是建立在协商谈判而非决策的基础上，不能由公权力机关及其委托组织独自担当，应包括广泛的社会参与，两岸公权力机关、政党、非政府组织、企业、个人等都是两岸合作治理的主体之一，他们在平等的基础上进行对话、谈判、协商和交流，交换信息、疏解顾虑和化解矛盾。虽然在不同的领域合作的主体不同，但都呈现出网络化，相互之间彼此依赖，缺少任何一方就可能导致达不成合作治理机制，这有助于两岸海洋事务合作的稳定性和可预期性。因此，两岸海洋事务合作治理不是以公权力机关为中心的结构，而是公权力机关与民间社会共同参与的多方行动主体参与的结构。例如，"中华搜救协会"在海难救助方面就发挥非常重要的作用，推动建立了"金厦小三通联合搜救演习"，并邀请大陆救难船"东海救113"赴台湾进行海难救助技术交流[②]。两岸各主体可以建立两岸海洋事务合作联席会议制度，作为一个双方、高层次和经常性的协调机制，轮流在大陆和台湾举办，与会主体各自选派，设立联络官、联络办公室、专责工作小组和专责工作机构，推动行政主导下的民间合作发展，充分发挥社会的活力和民间社会组织的作用，优化整合各方面的资

---

① 《国台办：大陆高度重视非法抽采海砂问题》，新华网，http://news.xinhuanet.com/tw/2014-10/29/c_127154208.htm，最后访问日期：2014-12-09。

② 这是两岸分离六十多年来，第一艘赴台的具有官方身份的救难船舰。参见《大陆救难船"东海救113"轮首航高雄港》，"中华民国交通部"网站，http://www.motc.gov.tw/ch/home.jsp?id=829&parentpath=0&mcustomize=news_view.jsp&dataserno=19110&aplistdn=ou=data,ou=news,ou=chinese,ou=ap_root,o=motc,c=tw&toolsflag=Y&imgfolder=img/standard，最后访问日期：2015-01-01。

源，从而形成一个多中心的网络型治理格局，实现海洋事务问题的协同治理，推动建立政府、行业协会与企业的互动模式。当然，两岸内现有各主体存在着一定的局限性，应该逐渐构建超越两岸内和跨越两岸间的独立组织，涉及公权力的需要法律和相关公权力机关授权。这是因为两岸海洋事务授权于独立组织可以提高相关政策的可信性，提高两岸民众对相关政策的支持，有助于海洋事务议题的信息提供、议程设置和去政治化。此外，这些主体的关系要通过相关规范如两岸协议保障，建立横向整合、纵向衔接、层次分明和职责明晰的基本框架体系，实现两岸公权力机关、社会组织和个人相结合，形成自上而下和自下而上治理的良性互动，完善两岸海洋事务的利益协调和决策执行机制。

第四节　两岸海洋事务合作治理与法律机制的互动融合

两岸关系走向制度化的标志性事件是从海洋事务开始的，其标志就是《金门协议》的签署。权力博弈是两岸交往的常量，制度化是两岸交往的主要目标。只有建立在制度基础上的两岸海洋事务合作治理才能进一步推进，法律是制度的核心，只有健全法律机制可以为两岸海洋事务合作提供解决问题的方案和累积互信，从而实现两岸海洋事务合作治理。

一、两岸海洋事务合作治理的制度地位——场域理论的视角

两岸海洋事务合作治理必须重视制度的问题，关于制度的理论可以说是纷繁众多，但每一种理论都有自身的理论预设，也就具有一定的局限性。[①] 加上本书以合作治理作为两岸海洋事务合作的方法、模式和框架，也要考虑制度理论和治理的契合性问题。

（一）场域理论及其适用

场域（field）理论是布迪厄社会学的核心范畴，以关系思维克服了传统结构化思维的局限性，认为"现实的就是关系的"，这里的关系是独立或超越主体

---

① 例如，新现实主义将制度建立的核心归结为权力；新自由主义认为制度的建立是合作的需要而不仅仅是权力，认为制度的变迁与权力结构并不是同步进行；新制度主义是对于传统制度主义的研究反思，关注的焦点从组织到规则、从正式到非正式的制度概念、从静态到动态的制度概念等；建构主义则认为对问题的认知和现实的界定最终决定对于合作的需要程度。

的主观因素而存在的客观关系。①所谓场域是一个在不同位置之间存在着客观关系的网络（network）或型构（configuration），具有类型的多样化、位置的客观定在、空间的相对独立、力量的竞争对抗和边界的潜在位移等特征，包含着主体、位置、策略、符号、惯习和资本等要素。②它和治理的过程性、协商性、多主体和持续交互性等具有一定的契合性，在一定程度上治理就是基于关系思维构建的，每一个治理体系或系统实际上就是一个场域。因此，可将场域理论作为分析工具来探讨两岸海洋事务合作治理的实践轨迹。

总体来说，两岸海洋事务合作治理的逻辑变量主要包括以下几种：一是主体，它们是特定位置上的行动者，可以是两岸公权力机关、民众、非官方组织甚至包括其他国家或国际组织，等等。这些主体在不同场域中扮演不同角色，他们行为的动机受到目的、价值、感情和传统因素影响。二是权能，即场域中"位置"的主要内容，这些权能是位置根据法律和伦理等赋予占据该位置的主体的客观定在，为其提供了交涉能力和话语权，是主体行动的基础。③三是利益，即场域中"资本"的化约，它既是两岸海洋事务合作的目标，也是两岸海洋事务合作的手段，尤其是公权力机关的自身利益影响着规则的实施。④四是规则，即场域中"符号"的具体化，两岸海洋事务合作治理中存在着各种正式规则，为两岸海洋事务合作提供了规范体系和行动框架。然而，这些制度之间存在着竞争，即使两岸周密设计的制度仍然有不确定性，这是有限理性决定的，也为惯习和策略的选择提供了制度空间。五是惯习，两岸海洋事务合作治理的任何主体都具有社会性，并不是制度实施的"传送带"，在过程中既要受到自身的目的理性、价值理性、感情因素和习惯行为的影响，也要受到各自的政治经济社会文化因素影响，它们共同形成了行动者的"惯习"，一旦形成就难以改变，是生成策略的内在驱动。六是策略，任何主体在两岸海洋事务合作治理中都会发挥主观能动性穷尽可以使用的所有手段为实现自身目的，这些手段就是策略。两岸海洋事务合作治理结构正是在这些变量的博弈下才最终形成，并可以分为

---

① 参见 [法] 布迪厄、[美] 华康德:《实践与反思——反思社会学导引》，李猛、李康译，中央编译出版社 1998 年版，第 133—134 页。

② 场域理论内涵丰富，体系庞大，限于选题和篇幅，无法一一展开。详情可参见 [法] 布迪厄、[美] 华康德:《实践与反思——反思社会学导引》，李猛、李康译，中央编译出版社 1998 年版。

③ 参见 [德] 罗伯特·阿列克西:《阿尔夫·罗斯的权能概念》，冯威译，《比较法研究》2013年第 5 期。

④ 参见 [德] 汉斯·J·沃尔夫等:《行政法》，高家伟译，商务印书馆 2002 年版，第 331 页。

不同海洋政治、海洋经济等不同子"场域"。这些子场域具有一定的自主性，但关系越是只直接涉及本场域其他主体的场域的自主性越高，反之则越低。因此，海洋科研等子场域的自主性越高，而海洋政治场域的自主性越低，这也符合两岸在海洋事务合作领域学术研讨会不断召开和科研交流日益密切的现实，但在政治领域甚至低位阶政治领域迄今仍没有突破的现实。

（二）制度地位的学理分析

制度是各个主体在追求利益过程中长期互动产生的运作规则，从而强化、指引和影响各个行为体的偏好和决策。制度可以抑制人们行为选择中的机会主义，并通过制度认同达成共识，形成共同价值和实现共同秩序，减少集体行动所需交换成本的行为规范。根据场域理论，规则只是作为正式制度的外在形式为各个海洋事务合作设定目标和主体的行动空间，但任何制度形式都具有模糊性，在实践中还存在着很多非正式制度，这些制度可能是实践中形成的惯例，也能来自抽象性的权利规范。[①] 因此，在两岸海洋事务合作治理过程既需要规则这样的正式制度形式，也需要在合作过程中形成新的制度，尤其是后者具有实践理性，能够为各个主体所接受，实效性非常强。同时，制度尤其是规则要加强体系化建设，否则制度超载或偏载可能带来制度的碎片化或交叉重叠，使得各个主体都可以为自身行动提出制度依据。如果这样，制度不但没有起到约束主体行为的作用，反倒成为主体策略的背书，这会使两岸海洋事务合作治理走向政治化，也降低其他子场域的自足性。

诺斯认为："制度是社会的游戏规则，更规范地讲，它们是为人们的相互关系而人为设定的一些制约。"[②] 而制度的有效性是两岸海洋事务合作治理的基础，也是两岸多层次的合作机制得以存续和发展的基石。由于两岸关系的结构性矛盾，尤其是台湾岛内政治生态的多变性，加上主体的多元化和方式的多样化，两岸海洋事务合作形成了复合治理结构，加大了合作的复杂性和不确定性，使两岸海洋事务合作治理的有效性和正当性都大打折扣。两岸海洋事务合作治理的能力提高关键在于制度安排，包括双方的正式协议、组织结构、规则和制度设计。因此，治理框架的运用使两岸海洋事务合作从对主体的名分争论到制度

① 参见 [美] 詹姆斯·马奇、约翰·奥尔森:《新制度主义详述》，允和译，《国外理论动态》2010 年第 7 期。

② [美] 道格拉斯·诺斯:《制度、制度变迁与经济绩效》，刘守英译，三联书店 1994 年版，第 3 页。

的形成上，从注重"由谁管制"转向凸出"如何治理"。

总体来说，制度是两岸产生互信的基础，而互信是两岸交往的前提。在两岸政治性问题没有解决前，两岸基于伦理和利益等约束并不坚实，开放式复合治理的主体多元和协商性要求建立制度性约束，即两岸基于制度规范作为中介的约束。在两岸海洋事务合作制度构建过程中，信任规范得以产生、扩散和内化，两岸基于交往理性取得理解和信任，交往逐渐摆脱自我中心化，从而进一步推进制度建构（图2-1）。

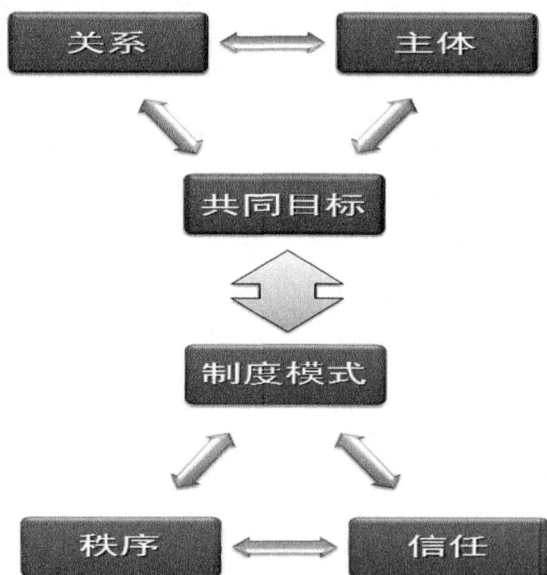

图 2-2. 两岸海洋事务合作治理结构

资料来源：作者自制

二、两岸海洋事务合作制度化的政策空间及其实践趋向

制度化协商是两岸的基本共识。2011年台湾当局提出"黄金十年 和平愿景"之七"和平两岸"政策纲领就提出建构长期、稳定和制度化的两岸关系，通过两岸制度化协商建构两岸良性互动的机制化模式，创造两岸永续和平的大局。[①] 此后这成为台湾当局大陆政策的主轴，法制化近来成为制度化的重要方向。例

---

① 台湾的"黄金十年 国家愿景"计划八大愿景、31项施政主轴部分于2011年9月29日至10月17日间经马英九召开5场记者会对外公布，后因情势变化，台湾"行政院会"2012年6月7日才经修正后通过"黄金十年 国家愿景"计划。

如，陆委会副主委林祖嘉在海基会"2015 大陆台商春节联谊活动"时表示要推动两岸官方互动和交流的正常化和常态化，健全两岸交流法制，建构制度化和建设性的两岸和平互利关系。十六大以来，大陆开始着力于实现两岸事务性商谈的制度化建设①，起初提出要提高两岸经济合作制度化水平，此后在中共十八大报告中才明确指出："我们要持续推进两岸交流合作……促进平等协商，加强制度建设。"这是首次在党和国家的政治报告中将制度的提法引入两岸关系中。十八届四中全会公报在此基础上进一步指出："运用法治方式巩固和深化两岸关系和平发展，完善涉台法律法规，依法规范和保障两岸人民关系、推进两岸交流合作。运用法律手段捍卫一个中国原则、反对"台独"，增进维护一个中国框架的共同认知，推进祖国和平统一。"这说明大陆已经将两岸交往和国家统一上升到法治化的高度（表 2–1）。至此，两岸在两岸交往制度化上达成了高度共识，制度化协商是两岸在"一个中国"的共同政治基础上交往的主要方式。

表 2–1：大陆关于两岸制度化协商的主要政策

时间	文件或讲话	内容表达
2015 年 5 月 3 日	习近平总书记会见中国国民党主席朱立伦讲话	"双方可以积极探讨构建维护两岸关系和平发展的制度框架。"
2015 年 3 月 4 日	习近平会见参加全国政协十二届三次会议的民革、台盟和台联委员谈话	"我们坚持对台工作大政方针和决策部署，两岸制度化协商取得新成果，两岸经济融合发展不断深入，各领域交流合作保持良好发展势头，台海局势总体稳定。"
2014 年 10 月 20 日 至 23 日	十八届四中全会报告	"运用法治方式巩固和深化两岸关系和平发展，完善涉台法律法规，依法规范和保障两岸人民关系、推进两岸交流合作。运用法律手段捍卫一个中国原则、反对"台独"，增进维护一个中国框架的共同认知，推进祖国和平统一。"
2015 年 1 月 27 日	俞正声在 2015 年对台工作会议讲话	"在坚持'九二共识'、反对'台独'的共同政治基础上，继续增进两岸政治互信、保持良性互动，巩固两岸关系和平发展制度化成果。积极推进两岸经济合作框架协议后续议题等制度化协商，深化协议执行成效，惠及更多民众。"

①　参见祝捷：《十六大以来中央对台工作的理论创新：回顾、成就与展望》，《"一国两制"研究》2013 年第 4 期。

2014 年 9 月 1 日	张志军在山东潍坊视察时讲话	"扩大和深化两岸经济合作是台湾经济合作发展需求,两岸经济合作,需要建立制度来巩固,需要建立制度来促进,需要建立制度来保护,所以制度化建设就是为两岸经济合作修路铺桥,有利于两岸经济互利双赢。"
2012 年 11 月 8 日至 14 日	十八大报告	"促进平等协商,加强制度建设。"

资料来源:作者自制

　　两岸在交往方式上达成制度化共识的主要原因有三:一是制度化可以为两岸关系发展增加稳定性和可预见性,是保持和促进两岸关系持续稳定发展的根本保障,以此减少或消除两岸关系和平发展的不确定性。马英九在 2011 年 5 月 12 日接受美国 CSIS 视讯谈话时指出:"台湾不会从事军备竞赛,接下来会力求两岸和解、发展的制度化,未来一旦要逆转、推翻制度,就要付出非常高的代价。"二是从台湾"反服贸运动"和九合一选举可以看出,台湾的政治生态更为复杂,政党轮替已经成为常态。为了避免政治生态对两岸交往的干扰,两岸应摆脱对外生力量的依赖,完善制度建设等内生机制克制政治的盲动。三是两岸在各个领域的制度化协商在台湾仍然获得大多数民众的支持,如陆委会在 2014 年 12 月 25 日公布的例行性民调显示有 70.8% 的民众支持制度化协商[①],民意的支持可以提高两岸海洋事务合作的权威性和可接受性。

　　虽然两岸海洋事务合作领域广泛、形式多样,但缺乏全面而系统的政策目标指引,造成了一定程度上手段和目标的混乱。目前,两岸仍然缺乏完善的法律机制来协调和解决两岸海洋事务合作过程中出现的问题。[②]随着两岸关系的和平发展,两岸海洋事务由功能性合作趋向制度性合作是无法阻挡的趋势。两岸海洋事务合作的制度化是两岸交流制度化的重要组成部分,为两岸海洋公共问题的解决提供了规范基础,有助于推动两岸海洋事务合作的持续推进。简言之,海洋事务合作是两岸关系和平发展的重要组成部分,统一的制度体系是两岸海

---

① 《台陆委会民调:8 成肯定两岸应持续各领域交流》,中国评论网,http://www.crntt.com/ doc/1035/4/4/ 6/103544602.html?coluid=3&kindid=12&docid=103544602&mdate=1226011316,最后访问日期:2015-01-1。

② 参见周叶中:《论两岸关系和平发展框架的法律机制构建》,《法学评论》2008 年第 3 期。

洋事务合作快速推进的重要保障。

由于两岸互信的缺失和台湾地区政治局势的不断变化，制度化建设仍然比较滞后。"制度的演进取决于行为体之间在共同利益的基础上所展开的各种类型的博弈。"[①] 两岸海洋事务合作治理的制度化最重要的是整合或融合两岸现有海洋事务管理体制，实现海洋事务处理最优化目标的一系列协调机制和保障措施，这需要构建相应的制度有机体，实现各个制度的互相协调。同时，合作治理是优化现有两岸海洋事务合作制度的手段，也是不断推进相关制度完善的动力，更是确保现有两岸海洋事务合作制度实效的机制保障。[②] 任何制度的生成都有其内在逻辑，既可以在个案实践中逐渐形成制度规则，也可以通过先前的设计推进形成，不过只有经过实践淬炼的制度才真正能实现两岸海洋事务合作的可控制性、可操作性与可预防性。制度是"为执行特定的社会任务而做的结构化的安排"[③]。总体来说，两岸海洋事务合作的制度可以分为构成性制度与调整性制度，前者是对实践中没有发生的两岸海洋事务合作进行制度上的设计，后者是根据两岸海洋事务合作的实践的制度化总结，二者相互促进和相互依存，但任何制度的建构必须考虑两岸各自的社会和政治条件。目前，两岸在渔业合作、共同打击犯罪、打击非法采砂和海上联合搜救等事务领域已经取得了一定的成果，在实践中形成了多元化的合作模式。

三、作为制度核心的法律机制：界定及构成

机制（mechanism）是制度化的形式之一，最初是指机械的构造和工作原理，随后被广泛使用，具有多种的含义与属性，在社会科学上具有了制度内涵，如社会机制、市场机制和管理机制，等等。机制强调事务的内在机理和规律，具体表现为事务各个部分之间的相互联系、相互作用和相互制约的方式，同时这种机理及其表现方式是以各种规则和制度作为载体的，所以机制可从原理和制度两个方面来阐述。因此，机制泛指为根据事物本身的机理来安排各个要素之间的结构和联系，从而最终实现某个目标，即具有某种规律性的模式，而机

---

① 参见 [美] 约翰·鲁尼主编：《多边主义》，苏长和等译，浙江人民出版社 2003 年版，第108 页。

② 参见唐亚林：《国家治理在中国的登场及其方法论价值》，《复旦学报（社会科学版）》2014年第 2 期。

③ 参见哈罗德·J·伯尔曼：《法律与革命——西方法律传统的形成》，贺卫方、高鸿钧等译，中国大百科全书出版社 1993 年版，第 6 页。

制化就是事物按照原理通过制度载体表现出来的方式。两岸海洋事务交往的机制化是指通过形式上的公开性、正式性和通案性来避免两岸海洋事务交往中的不确定性，建立和完成两岸海洋事务大交流、大合作和大发展的内在机理和制度安排。[①] 法律机制又是机制的主要形式之一。

理性是人作为高级物的标志，法治是人类价值理性最终的追求。法治决定了恣意和理性的区别，法治强调对社会关系进行普遍性调整。亚里士多德对法治概括最为精辟："法治应包括两重含义：已制定的法律获得普遍的服从，而大家所服从的法律本身应该是制定得良好的法律。"法治不仅是一项治理之道，更是一种文化思维方式，不仅受制于一个国家的政治、经济和社会，更是受制于这个国家的传统文化和民族性格。随着两岸关系的和平发展，"一个中国"框架下两岸各自的法律获得合法性，通过完善两岸海洋事务合作的法律规范和法律方式实现两岸海洋事务合作，推进"法治型"两岸关系的建构。[②] 法治是两岸海洋事务合作制度化的最高目标，而法律机制是两岸海洋事务合作法治化的表现形式。

根据以上分析，两岸海洋事务合作的法律机制就是两岸各主体实现利益诉求和政策协调的规范化，可以被描述为在两岸海洋事务合作的法理指导下构建的各种法律制度及其法律运行的总称，主要包含法律思维、法律方式、法律制度、法律规范和法律实践。简言之，两岸海洋事务合作的法律机制是为实现某项目而对法律间和法律与外在环境的联系和结构主动设计，以期通过法律方式来推进两岸海洋事务合作。[③] 其中，法制化是认同两岸议题的基础和两岸海洋事务合作深度的标志（表2–2）。

---

① 参见刘红：《两岸在和平发展中的共同责任》，《首届两岸和平论坛参会论文集》，上海，2013 年 10 月 11 日—12 日。

② 《周叶中语中评：应构建法治型的两岸关系》，中评网，http: // www.crntt.com /doc /1033 /6 /1 /2 / 103361

244.html?coluid=7&kindid=0&docid=103361244，最后访问日期：2014-12-29。

③ 参见周叶中：《论构建两岸关系和平发展框架的法律机制》，《法学评论》2008 年第 3 期。

表 2-2：两岸涉对方海洋事务主要立法一览表

类型	大陆	台湾
一般法律	反分裂国家法 中华人民共和国领海及毗连区法 中华人民共和国专属经济区和大陆架法 中华人民共和国政府关于领海的声明 中华人民共和国政府关于中华人民共和国领海基线的声明 中华人民共和国政府关于钓鱼岛及其附属岛屿领海基线的声明 中华人民共和国海域使用管理法 中华人民共和国海岛保护法 中华人民共和国海洋环境保护法 中华人民共和国海洋环境影响评价法 中华人民共和国渔业法	"台湾地区与大陆地区人民关系条例" "香港澳门关系条例" "领海及邻接区法" "专属经济海域及大陆礁层法" "国家安全法" "国家情报工作法" "入出国及移民法" "海岸巡防法" "海岸巡防机关器械使用条例" "海岸管理法" "渔业法" "渔港法" "船员法" "船舶登记法" "矿业法" "海洋污染防治法" "惩治走私条例" "发展观光条例" "离岛建设条例" "国家公园法" "文化资产保存法"
其他规范性文件	海洋行政处罚实施办法 海洋行政许可实施办法 海洋行政执法调查取证工作规则 海洋行政执法监督规定 海洋功能区划管理规定 台湾渔船停泊点边防治安管理办法 福建省台湾渔船停泊点边防治安管理办法 浙江省台湾船舶边防管理规定 浙江省沿海船舶边防治安管理规定 广东省沿海船舶边防治安管理办法 公安机关海上执法工作规定 中华人民共和国海关行政处罚实施条例 公安边防部门缉私工作规定 防治船舶污染海洋环境管理条例 海洋自然保护区管理办法	"台湾地区渔船船主境外雇用及接驳暂置大陆地区渔船船员许可及管理办法" "台湾地区渔船航行至大陆地区许可及管理办法" "渔船船主雇用大陆船员管理制度" "境外航运中心设置作业办法" "外国船舶无害通过'中华民国'领海管理办法" "试办金门马祖与大陆地区通航实施办法" "台湾地区与大陆地区海运直航许可办法"

其他规范性文件	中日渔业协定暂定措施水域管理暂行办法 中韩渔业协定暂定措施水域和过渡水域管理办法 中华人民共和国对外合作开采海洋石油资源条例 中华人民共和国涉外海洋科学研究管理规定 中华人民共和国防止船舶污染海域管理条例 国内水路运输管理条例 中华人民共和国船员服务管理规定 中华人民共和国国际海运条例 台湾海峡两岸间航运管理办法 台湾海峡两岸直航船舶监督管理暂行办法 福建省沿海船舶边防治安管理条例 上海市水路运输管理条例 关于外商参与打捞中国沿海水域沉船沉物管理办法 外商投资国际海运业管理规定 海南省实施《中华人民共和国渔业法》办法 远洋渔业管理规定	"审查大陆船舶进入我方限制或禁止水域拖救遇险船舶申请作业程序" "重大海洋污染紧急应变计划" "政府护渔标准作业程序" "连江县渔船航行至大陆地区许可规定" "交通部离岛两岸通航港口检查协调中心设置要点" "行政院海岸巡防署海洋巡防总局加强防制暨取缔大陆渔船越区捕鱼作业要点" "香港及大陆籍渔船越界捕鱼取缔原则函释" "在专属经济海域或大陆礁层从事海洋科学研究许可办法" "在大陆礁层铺设维护变更海底电缆或管道之路线划定许可办法" "外国船舶无害通过中华民国领海管理办法" "娱乐渔业管理办法" "第一批专属经济海域暂定执法线"

资料来源：作者自制

两岸海洋事务合作法律机制的法理基础、法律制度和法律实践之间存在着交互关系，法理指导着法制的建构，法制又反作用于法理的重塑，符合法理的法制将具有较强的生命力，没有法制载体的法理则没有经验依据。两岸海洋事务合作的实践与法律制度的建构具有共时性，为避免法律机制成为两岸公权力机关合法化的工具，必须超越法律实证主义的规则至上，为避免法律机制成为形而上的道德教条，必须缓解自然法学的价值多元冲突，而建构一种具有开放反思特性的法律机制。卢曼认为法律系统作为一个自创生系统，最基本的组成单元是沟通，这种沟通是一种合法/非法二元代码的沟通，从而形成规范上的封闭性和认知上的开放性。换句话说，法律系统自己可以创造构成该系统的诸要素而获得自治性，不受外界其他因素的直接干涉。目前，两岸关系比较复杂和脆弱，海洋事务合作治理置于不同法域合作的框架下，相互间存在着冲突，需要法律手段和法律思维来协调两岸间的法制关系，进一步推动两岸海洋事务合作的法制化，累积互信，达成共识，为逐渐解决政治难题提供经验。因此，两岸海洋事务合作的法律是一种规范性的制度事实，具有一定的自足性和相对独立性，应通过法律原则和法律目的等将其他因素导入规范化的轨道内。①

---

① 参见 [英] 尼尔·麦考密克、[奥] 奥塔·魏因贝格尔：《制度法论》，周叶谦译，中国政法大学出版社 2004 年版，第 13 页。

第三章 两岸海洋事务合作的法治建构

法治化是两岸海洋事务"合作治理－法律机制"框架的内在要义和目标追求，必须在合作治理实践中生成，也必须有助于推动合作治理的进程，确保在国家没有统一的情况下在海洋事务领域持续合作。这既不同国际法治，也不同于一般的国内法治，并没有现成的参考体系，只有基于实践理性和交往性通过两岸在一个中国原则基础上通过各个主体的理性沟通和协商进行建构。法治是理念、制度和技术的结合，两岸要以法治的理念和思维指导两岸海洋事务合作，以法治的制度建设推进两岸海洋事务合作的进程，以法治的方法和技术维护两岸海洋事务合作的成果。为此，两岸海洋事务合作法治化通过功能主义法治观、回应型法治模式和交涉性法治关系的进路实现，内在构造为一个中国的宪制基础、从权益到互信的目标路径、基于整合的内容要素、阶段化的路径策略和非对称均衡的结构面相，并能够均衡法律与政治、民意和政策的关系，这就需要建立和健全互嵌机制。

第一节 两岸海洋事务合作的法治化路径

两岸海洋事务合作法治化是法治国家建设在两岸海洋事务合作治理领域的要求和体现，也是构建法治型两岸关系的必由选择。法治是资源配置的最优化方案，可以逐渐吸纳两岸海洋事务交往秩序，从而简化两岸交往过程中的复杂问题，降低两岸交往的成本，拓宽两岸合作的空间。两岸海洋事务合作应该摆脱政治说辞和民族情感，回归到法治的框架与轨道，通过挖掘法律资源来构建适合两岸海洋事务合作实践的法治体系。两岸需要转换法治思维，摆脱主流法治模式对其他法治模式的系统性偏见。

一、功能主义法治观

两岸海洋事务合作法治化应当是使各方利益都得到表达和维护，并由此实现利益大体均衡的法治化创新，发现法律价值，消解实践与法治之间的张力。传统规范主义法治观过于追求权力分立和政府服从法律，注重司法的裁判和控制功能，关注规则和概念，认为法律具有一定的自洽性和自在性，反映了"法律自治"的愿景。规范主义主要有两层基本含义：一是按照一般规则处理具体问题；二是法律系统的自洽性，不受道德、宗教、政治以及掌权者意志等实质因素的左右。简而言之，这是法规范的国家性、法逻辑的自足性和法秩序的强制性、法过程的程序性、法实施的司法性。如果法律与两岸海洋事务合作治理措施不符，要么停止实施管理措施，要么改变法律。近来，功能主义法治观将法律视为政制机器的组成部分，重视法律的规制功能，更加关注法律的意图和目标，采取一种工具主义的社会政策路径。① 它认为法律的确定性只是人类追求的一个理想，在法律的实施过程中，社会的因素和规范的因素双重影响着法治的构筑，法律只是给定了一个框架，需要在特定情景下做出最具有可接受性的决定。

法律是服从规则治理的事业。两岸在交往过程中基于相互依赖、相互作用而形成的不同类型的关系和规则，反过来影响和制约两岸的进一步互动和相互作用，从而形成可持续性的两岸互动方式。换言之，两岸海洋事务合作的法是实践的智慧，是有说服力的意见，具有主体间性，在事实和法律的相互关照中生成规范。② 基于功能主义法治观，两岸海洋事务合作法治化是两岸政制或宪制机器的组成部分，法律机制作为工具是为持久稳定、常态开放和程序商谈将合作纳入规范的轨道，实现两岸海洋事务合作治理。③ 两岸海洋事务合作的合法化不能是"以合法律性作为合法性"，而必须转向"以合意性支撑合法性"，最终实现基于开放反思的合法。④ 这既能够满足两岸海洋事务合作治理对开放性、多样性、目的性、动态性、发展性和反思性的要求，又满足了法治的稳定性、普

---

① 参见 [英] 马丁·洛克林：《公法与政治理论》，郑戈译，商务印书馆 2002 年版，第 85 页。

② 参见郑永流：《实践法律观要义——以转型中的中国为出发点》，《中国法学》2010 年第 3 期。

③ 参见 [英] 马丁·洛克林：《公法与政治理论》，郑戈译，商务印书馆 2002 年版，第 188 页。

④ 参见沈岿：《因开放、反思而合法——探索中国公法变迁的规范性基础》，《中国社会科学》2004 年第 4 期。

遍性、一体化、明确性和预期性等形式理性的要件，关注法律推理的不确定性，为两岸海洋事务合作提供合法化的解释或评价框架。[①] 两岸具有不同的海洋利益，不同的价值冲突和法律规定的紧张关系必然存在，两岸海洋事务合作领域法律体系的不完备性和碎片化现象，各个协议成独立的法律秩序，并缺少相应的衔接机制，因此在进行"加法"的同时，也要做"减法"或"乘法"，进行法律解释和规范冲突解决机制的建构。因此，两岸海洋事务合作合法性的内涵是合法律性、最优性与可接受性，以提供规范性期待，着眼于"任务正确"，增进国家认同。

二、回应型法治模式

两岸海洋事务的复杂性和快速变化与法治建设的历时性和渐进性之间存在张力。两岸海洋事务合作依赖于双方的相互认同和共识，两岸按照各自的法律体系完成相应的法律程序，而两岸间只能基于软法或制度事实的履行，即必须遵从大陆和台湾在两岸关系和平发展过程中形成的规范和制度。[②] 两岸海洋事务合作法治化目的并不在于建构较强约束力的制度性安排，而是通过对话、沟通和增加透明度由低到高、由浅到深、由局部到整体逐渐在实践中形成的灵活、开放、动态的法律体系。它可以回应两岸在不同阶段、不同领域和不同主体之间的法律需求，区别于目前两岸海洋事务合作中的压力型模式（图 3–1），既是一种两岸交往变革的法律模式，又是一种法制变革的政策模式。[③] 回应型法治模式一方面要求两岸在立法层面主动因应海洋事务合作的需求，通过制定法的形式对迫切需要解决的海洋事务问题做出回应，另一方面在法律适用过程中在规范依据上是封闭的，但在价值认知上又是开放的，更加重视法律的目的和原则，政治也成为法律辩护的尺度，法律的权威和法律秩序的完整取决于设计更有能力的法律机构，各方在理性交谈和对话的平台上透过事实和规范之间的往返流盼把握规范的实质内涵，进而通过反思性均衡和整合达成共识。具而言之，第一，在两岸海洋事务合作治理法治化过程中，应坚持公私合作的发展策略，扩大公民有序参与公共事务，自下而上约束政府权力，调动所有社会资源，通过

---

① 参见何海波：《实质法治：寻求行政判决的合法性》，法律出版社 2009 年版，第 15、16 页。

② 参见祝捷：《论两岸法制的构建》，《学习与探索》2013 年第 7 期。

③ 参见季卫东：《＜转变中的法律与社会＞代译序》，载 [美] 诺内特、塞尔兹尼克：《转变中的法律与社会——迈向回应型法》（修订版），张志铭译，中国政法大学出版社 2004 年版，第 7 页。

多领域、多层次和多形式的合作推动行政法治的实现，这个过程是开放的、有序的、协商的，应该通过说明理由和双方之间的对话、沟通机制凝聚共识。第二，法治本身要求法律具有自洽性和自治性，理论基础是形式理性，法律与政治、宗教等其他社会制度相对分离，但并不是封闭的，而要通过一定的机制回应社会的复杂性和变迁，对政策、道德和风俗等保持适度的开放性，在立法过程中充分考虑政策，并且法律实施过程中政策可以通过原则和不确定概念等进入规范。当然，法律开放性并不是什么内容都可以往里面放，而需要遵循法定的机制和程序。第三，法律的制定需要为两岸海洋事务合作治理留下充分的空间，优先选择"框架性立法"，强调法律原则主义的治理，这样既有利于法律权威的形塑和法律功能的发挥，也可以为两岸海洋事务合作提供合法性的基础和依据，在法律追求的稳定性和两岸海洋事务合作治理要求的创造性之间保持均衡。第四，当两岸海洋事务合作治理与法律、法规发生冲突时，优先通过两岸协议的方式对相关问题进行处理，其次是法律解释和漏洞填补解决，尽快修改或者废止上述法律、法规。第五，在两岸海洋事务合作治理法治化建设过程中应该坚持预防性和统筹性的思维，决策做出前应该对各种信息进行集中和研判，协调各方主体的利益，鼓励进行组织化的话语表达和利益诉求。

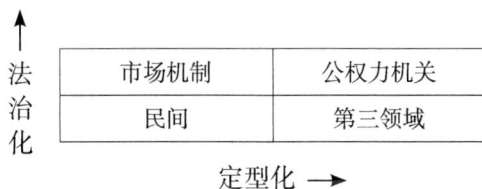

法治化 ↑

市场机制	公权力机关
民间	第三领域

定型化 →

图 3-1. 两岸海洋事务合作的法治需求

资料来源：作者自制

三、交涉性法治关系

由于政治和法律体制的原因，两岸海洋事务合作法制无法由经过人民授权的立法机构统一制定，这说明传统以公权力机关为中心的单向度立法不具备可行性。自台湾开放民间交往以来，尤其是 2008 年后，两岸在海洋事务上逐渐由对抗走向合作，应由基于"国家安全"构建的封闭性管制模式逐渐转换为基于公共理性的开放性规制模式。此外，两岸民众是海洋事务合作的主体，应改变传统公权力机关支配性方式，逐步构建各个主体在平等协商基础上共同参与的模式，发挥公民的主体性作用。基于此，两岸海洋事务合作的法治关系需在大陆－台湾、立法管制－公共规制、公权支配－公众参与三个维度上展开，其生成、运行和消灭不是取决于任何一方的强制性意愿，而是相关主体交互作用的结果，使相关主体在海洋事务"场域"最终实现非对称性均衡状态和共识性关系。换言之，这是一种交涉性法治关系，各个主体以两岸海洋权益和政治互信为目标，在平等协商的理性程序中以公共理由核心进行商谈论证，遵循比例原则和采用多样化的公共手段。[①] 法治关系的正当性由形式合法性与实质正确性构成，后者主要受社会共同价值系统和价值观念的支持，法律商谈是交涉性法治关系建构的主要方式。

具体来说，两岸各个主体在海洋事务合作方面存在价值分歧，尤其是台湾是价值多元异质的社会，在两岸交往事项上难以取得价值共识，只有通过两岸民众的法律商谈才能消弭价值分歧。共识、理由和程序是法律商谈的要素，每个参与者都要为自己的意见提供理由，进而在平等参与的理性程序基础上获得共识。[②] 共识对大多数民众来说都是合理的和可以接受的，获得的共识必须具有较强的公共理由作为支撑，需要受理由证成的规则约束。[③] 法律商谈不仅是在规则制定层面的建制化商谈，而且是在规则实施层面的实施性商谈，在开放反思基础上获得整个法律规范体系的一致性和融贯性，使两岸海洋事务合作法治最终成为一个"自创生系统"[④]。桑斯坦认为根本的方向性问题往往会造成社会的撕裂，但在下一步向何处去上比较容易达成共识。[⑤] 当然，两岸海洋事务合作的法治化基于交往理性先易后难，在累积共识的基础上逐渐推进，不断为两岸海洋事务合作提供预期和稳定性。此外，现代社会对权利日益重视，两岸海洋事务合作的法律机制建构既要坚持国家主义的立场，又要在具体制度设计上坚持权利本位，是为了维护两岸人民的权利，应充分发挥权利尤其是公法权

---

① 参见罗豪才、宋功德：《行政法的治理逻辑》，《中国法学》2011年第2期。

② 参见雷磊：《法律程序为什么重要？反思现代社会程序与法治的关系》，《中外法学》2014年第2期。

③ 参见［美］玛蒂尔德·柯恩：《作为理由之治的法治》，杨贝译，《中外法学》2010年第3期。

④ 参见［德］贡塔·托依布纳：《法律：一个自创生系统》，张琪译，北京大学出版社2004年版，第10页。

⑤ 参见田雷：《"差序格局"、反定型化与未完全理论化合意——中国宪政模式的一种叙述纲要》，《中外法学》2012年第5期。

利在两岸海洋事务合作中的价值导向、规范塑造、过程规控和权力制约等功能。

第二节　两岸海洋事务合作法治化的内在构造

随着两岸关系和平发展进入深水区，两岸在海洋事务合作中衍生出很多问题，既要在各自法律框架下进行制度设计，又要构建共同造法机制，以期能够更好地推动两岸海洋事务合作。"我们处于法学的双重任务中：一方面是解释，另一方面是构造和体系，它暴露了经验理论和实践目的的任务之间完全不可调和的纠缠混乱。"[①] 因此，两岸海洋事务合作法治化既要通过法律解释挖掘现有的制度资源，又要根据实践需要进行相应的法制建构。

一、宪制基础：两岸同属一个中国

宪制基础是两岸海洋事务合作的法理基石，一个中国原则就是两岸海洋事务合作原则的宪制基础。两岸的分离不代表国家的分裂，两岸的根本法是维系中国统一的保障，两岸合作治理仍然是"宪治"，是两岸在任何领域合作的起点。[②] 马英九 2008 年 9 月 3 日接受采访时指出："我们基本上认为双方的关系应该不是两个中国，而是海峡两岸的双方处于一种特别的关系。因为我们的宪法无法容许在我们的领土上还有另外一个国家，他们的宪法也不允许在他们宪法所定的领土上还有另外一个国家，所以我们双方是一种特别的关系，但不是国与国的关系。"[③] 马英九在 2015 年 4 月 29 日视察陆委会时在发表的重要谈话指出"九二共识"立足于"中华民国宪法"[④] "法理一中"是台湾对海洋权益和海洋安全主张的合法性与正当性所在，尤其是两岸外海洋事务中没有"法理一中"就没有台湾的"国际海洋空间"。两岸的根本法虽然不同，但都是围绕着"一个中国"展开的，两岸关系条款是两岸同属"一个中国"的法理基础，两岸都有实

[①]　[德] 拉德布鲁赫：《法学导论》，米健等译，中国大百科全书出版社 1997 年版，第 173 页。

[②]　参见黄闽：《两岸未来政治谈判与两岸宪法的博弈》，《中国评论》2013 年 3 月号。

[③]　《马"总统"接受墨西哥"太阳报"系集团董事长瓦斯盖兹（Mario Vázquez Raña）专访》，"行政院大陆委员会"网站，http://www.mac.gov.tw/ct.asp?xItem=52006&ctNode=5628&mp=1&xq_xCat=2008，最后访问日期：2014-10-11.

[④]　《马英九视导陆委会谈九二共识（全文）》，中评网，http://www.crntt.com/doc/1037/3/1/4/103731456.html?coluid=1&kindid=0&docid=103731456&mdate=0429120440，最后访问日期：2015-4-29。

现国家统一的宪法义务。①

目前，两岸在很大程度上是两岸根本法正统性之争，实质是正统之争，如何处理"中华民国宪法"成为两岸关系和平发展的关键。"'中华民国宪法'兼具台湾主体性与模糊一中的概念，具有整合台湾内部共识与奠定两岸互动基础的双重可能性，同时以'中华民国宪法'维持两岸现状应该可以被国际社会接受。"②虽然大陆1949年9月29日通过的《中国人民政治协商会议共同纲领》第17条规定："废除国民党反动政府一切压迫人民的法律、法令和司法制度，制定保护人民的法律、法令，建立人民司法制度。"③根据1949年2月22日中共中央发布的《中央关于废除<六法全书>和确定解放区司法原则的指示》认为国民政府制定的宪法等六法全书都是压迫人民的法律④，这表明新中国废止了"中华民国宪法"为代表的伪法统，但"中华民国宪法"在台湾经过七次增修仍然实行。由于两岸发生了重大的变迁，两岸宪制性法律关系没有"理想类型"进行参照，对两岸宪制性法律进行简单的形式逻辑解释，使两岸宪制性法律陷入非此即彼的二元对立中，必须做出单一选择，坚持经验到理论再到经验的思维模式，以既此且彼的"实用说辞主义"，兼容两者，争取平衡。这应该进入我国近代宪政史的语境进行分析，重视"道统""政统""革命"等。虽然"中华民国宪法"在当时不具有合法性，但经过历次政治运动后台湾经历了"宪政"重构，

————————
① 1949年《中国人民政治协商会议共同纲领》第2条规定中央人民政府必须负责将人民解放战争进行到底，解放全中国，完成祖国统一大业，台湾作为其中一部分。1978年宪法序言规定："台湾是中国的神圣领土。我们一定要解放台湾，完成祖国的统一大业。"1982年宪法序言规定："台湾是中华人民共和国的神圣领土的一部分。完成统一祖国的大业是包括台湾同胞在内的全中国人民的神圣职责。"第31条规定："国家在必要时得设立特别行政区"，"在特别行政区内实行的制度按照具体情况由全国人民代表大会以法律规定。"台湾地区的"宪法增修条文"明确规定增修"宪法"的目的是"为了因应国家统一前之需要"，具有临时性，对1946年宪法条文并不是永久废止，而大多以"不受限制""不适用""停止适用"暂时搁置。第11条将全中国划分为"自由地区"和"大陆地区"，任何选举只是在"自由地区"的选举，尤其是设有"全国不分区"代表，授权"立法院"另行规定"自由地区"和"大陆地区"人民的关系及其他事务。
② 参见童振源：《两岸政治关系的合情合理合宪安排》，《首届两岸和平论坛会议论文集》，上海，2013年10月11日—12日。
③ 此前，1949年2月中共中央发布《废除国民党的六法全书与确立解放区的司法原则的指示》和4月华北人民政府颁发了《废除国民党的六法全书及一切反动的法律的训令》也明确规定废除国民党政府的伪法统。
④ 《中央关于废除<六法全书>和确定解放区司法原则的指示》第2项规定："任何反动法律——国民党的《六法全书》也是一样……因此，不能因为国民党《六法全书》有某些似是而非的所谓保护全体人民利益的条款，便把它看作只是一部分而不是在基本上不合乎广大人民利益的法律，而应把它看作是在基本上不合乎广大人民利益的法律。"

"中华民国宪法"的已经发生了变迁。《反分裂国家法》规定如果台湾实行"法理台独"，则需要通过非和平的方式实现祖国统一，台湾的"两岸人民关系条例"则间接承认大陆的独立政治实体地位。两岸宪制性规定具有很多重叠共识，基本架构都是源自"人民主权"，"一个中国"是二者的连接点，等等。虽然两岸不能承认对方的根本法，但可以承认为宪制性法律，共同为构筑"一个中国"的制度设计，在此基础上探讨两岸共同"宪政体制"架构。

两岸必须在"一个中国"法理框架下化解两岸政治对立。两岸可以通过签署宪制性协议作为中华民族认同基础上的法理共识[①]，名称并不是最重要的，可以是"两岸和平发展基础协定"[②]"两岸和平协议"或其他。由于两岸关系的复杂性，可以通过签署系列两岸宪制性的方式进行，可以先行逆向达成双方法律所规定的不是"两国"，或者是实质意义上的"一个中国"，但不损害双方法律立场的共识，这就明确了两岸交往的原则性问题，又保留了各自的法律立场，为进一步的协商保留了空间。其次，两岸应该基于一个中国原则，在宽容、妥协和适时让步的基础上签署程序化的宪制性协议，明确达成共识的程序机制，从而容纳不同意见。[③] 随后两岸可以提取两岸根本法中的核心内容，如人民主权、保障人权、民主法治等等，签订基础性的宪制性协议，系统规范和框约国家统一过程中具有基础性、根本性和全局性的问题。在此基础上，两岸积累经验后可以明确根本法及其法律体系的法律地位。宪法框架下的国家最终体现为一种法权安排，两岸通过宪制性协议对彼此的法权安排实现融合，进而为两岸海洋事务合作提供法制安排。[④]

除此之外，两岸关于国家领土主权的规定等间接涉及海洋事务的合作，这需要两岸在海洋事务合作中挖掘法律资源，实现两岸海洋事务合作的法治化。

二、目标导向：从权益到互信

两岸在海洋事务上是一种连带关系，法律机制是对这种连带关系的调整和

---

① 参见祝捷：《海峡两岸和平协议研究》，香港社会科学出版社有限公司 2010 年版，第 87 页。

② 参见张亚中：《＜两岸和平发展基础协定＞刍议》，《中国评论》2008 年 10 月号。

③ 参见杜力夫：《"中国宪法"在哪里？——两岸和平协议法律性质再探讨》，《中国评论》2014 年 4 月号。

④ 参见翟志勇：《没有国家的爱国主义？——米勒与他的＜宪法爱国主义＞》，载高鸿钧、于兴中主编：《清华法治论衡》2009 年，第 12 辑，第 231—232 页。

确认，是为了实现合作理想而不是相互竞争的各自主张的理想，这不仅是理论阐述，更且有坚实的实定法基础。①随着新旧海洋问题的交织、海洋意识的提升和两岸关系的快速变化，两岸海洋事务不再只是管制有效性的问题，面对多元和动态的价值和利益，除打击犯罪和共同执法外还需要通过持续的沟通、协商和对话共同构建多样化的两岸海洋事务合作法律机制。法律机制在两岸海洋事务合作中扮演的角色既不是妥协者，也不是回避者，而是推动者和重建者，其目标是维护海洋权益与增进两岸互信。

具体来说，其一，以往的两岸海洋事务合作强调维护国家统一，实现中华民族整体利益，但这些话语多是政治话语，需要将其转换为法律话语，其强调权利思维、程序思维和规范思维。法律的权威和凝聚力在于确保两岸民众的合法权益，维护海洋权益可以避免两岸关于主权和治权之争，以中华民族的共同利益和两岸民众的切身权益为导向，实际上是一种权利本位的机制建构，尤其是两岸外海洋事务合作是为中华民族的主权及其主权权益的斗争，两岸负有相应的义务。因此，两岸海洋事务合作除了维护国家主权及其相关权益外，维护两岸人民的合法权利和公共利益也是两岸海洋事务合作的核心框架，只有立足于此，才能减少两岸海洋事务合作中不必要的政治干扰，并在此基础上进行相应的制度设计。在两岸外海洋事务领域内，通过在各领域合作化解法律层面的争议，共同维护我国的海洋主权和权益。

其二，两岸海洋事务合作法律机制为了避免两岸在政治关系没有解决前，能够在"一个中国"框架下解决在海洋事务领域的分歧，累积互信，化解冲突，共同维护台湾海洋的和平。由于两岸政治争议一时无以解决，两岸只有在具体问题上的合作，通过实践逐步建构两岸的信任与共识，两岸海洋事务合作的法律机制内容就是紧紧围绕信任展开。根据吉登斯的信任理论，积极信任中占主导地位的是纯粹关系，遵循平等、开放、对话和沟通等规则，用差异作为发展积极感情沟通的手段，最终信赖成为相互间的义务。②两岸海洋事务合作法律机制可以作为两岸"信心建立措施"（CBMs）的关键领域，积极信任的维系和增进是两岸海洋事务合作的基础，法律是两岸海洋事务合作的基石，法律机制和信任机制是两岸海洋事务合作得以推进的基石，二者保持着密切关系，法律作为一系列规则是遏制背信、激励守信的重要工具。[①] 两岸在海洋事务合作过程中的信任是各个主体对法律机制系统的信任，可以借助其运作建立和维护两岸之间的信任，因为法律机制可以为两岸海洋事务合作提供稳定的结构，使双方对彼此的行为更好预测，对违反法律的行为进行惩治，从而产生信任。

三、内容要素：整合机制

两岸海洋事务合作法律机制的构建既要运用法治思维和法治方式规范政治过程，又要用法律手段构建两岸海洋事务合作的架构；既要运用法律机制化解两岸在海洋事务方面的利益、价值和规范冲突，又要挖掘各自的法律资源进行合作共同维护中华民族的海洋主权和海洋权益；既要运用法律机制将两岸海洋事务合作规范化和程序化，又要构建未来两岸海洋事务合作的法律保障机制，因此两岸海洋事务合作治理具有双重结构，相应的法律机制也是双重的。这从两岸关系和平发展的现实出发，也是通过海洋事务合作累积信任和共识的必然阶段，需要对两岸海洋事务法律逐渐整合，最终实现两岸海洋事务法律的一体化。具体来说，两岸海洋事务合作法制建构的方法包括体制整合、平台整合和制度整合。

第一，主体整合。主体整合为两岸海洋事务合作提供组织保障，可以将两岸海洋事务合作组织化，将两岸涉及海洋事务的主体都将其纳入组织中，再由各个组织推动合作。两岸应对海洋事务的公权力机关的职责关系要逐步理顺，需要各个海洋管理机关协同合作，两岸海洋事务管理部门的职权比较分散，各个机关的职权协调非常重要，台湾有"行政院海洋事务推动小组"，未来将设"海洋委员会"，陆委会负责统筹。大陆也需要国台办和国家海洋局或国家委员会进行协调，需要构建相应的法律机制来协调。随着两岸关系的和平发展，两岸需要构建各自海洋事务组织的衔接机制，处理海洋事务上公私部门伙伴关系。[②]

第二，平台整合。两岸海洋事务合作需要借助各种平台才能逐渐推进，除了通过两会渠道和两岸事务机关的联系机制外，非正式机制最终促成了两岸海

---

① 参见叶金强：《信赖原理的私法结构》，元照出版公司 2006 年版，第 86 页。

② 参见《台"环保署"：两岸海洋环境合作是未来方向》，中国新闻网，http://www.chinanews.com/tw/tw-jjwh/news/2010/03-30/2197316.shtml，最后访问日期：2015-02-01。

洋事务合作，两岸举办的海洋事务合作论坛、海峡论坛、海上联合演习以及两岸经贸文化论坛等都是两岸海洋事务合作的重要平台，甚至国际渔业组织，等等。在这些两岸综合性论坛上，海洋事务是重要组成部分，通过两岸海洋领域的学术交流，促进两岸在海洋管理领域合作。平台整合是两岸海洋事务合作协商和达成共识，有很多公务人员参会，很多是官方主导的功能性平台。例如，在上海举行的第四届两岸经贸文化论坛提出"加强两岸渔业合作"。再如，2011年6月11日第三届海峡论坛主场活动之一第二届海峡两岸海洋论坛，时任国家海洋局局长刘赐贵指出两岸可以在以下几个方面展开合作：一是开展两岸海洋灾害观测预报预警合作；二是开展海洋生态领域保护和修复工作；三是开展海洋环境监测的合作；四是海洋领域科学考察的工作；五是重大课题的研究、探讨与合作。①

第三，制度整合。两岸通过海洋制度的双向互动逐渐消解两岸海洋事务间相互依赖的加深与两岸海洋法律制度间的分离性发展之间的张力，实现两岸海洋事务制度体系的内部协调，逐渐实现两岸海洋法律从共存与合作的法逐渐转向共同规范和标准的一体化法，主要在法律价值、规范和功能等各个层面推进。总体来说，两岸海洋事务制度可以分为核心性制度、支持性制度与技术性制度，三者的整合是由难到易的过程。制度整合虽然比较庞杂，但是两岸海洋事务合作制度相对来说非常重要，是对两岸海洋法律和政策进行重整，尤其是两岸在南海"U型线"上的政策、两岸合作打击非法采砂等领域。制度整合不一定要求两岸海洋事务制度完全一致，只要不相互冲突就好了，两岸可以制定相应冲突协议。制度整合是两岸海洋事务能够相向而行的重要条件。

四、路径策略：阶段化

两岸关系是一个中国内的关系，既不同于一国内普通地方之间的关系，也不同于国与国之间的关系。两岸海洋事务合作的法律机制建构也具有特殊性，根据两岸关系的发展和海洋事务的进展逐步完善两岸海洋事务合作治理的法治思维和法治方式。因此，两岸可以将海洋事务合作的法制进程分为三个阶段：

一是近程法制。在该阶段两岸之间由于政治关系仍然停滞不前，海洋事务合作的信任措施仍然没有建立起来，两岸海洋事务合作的法治化要用法治思维

---

① 参见张斌键、高悦：《促进两岸海洋领域的交流与合作》，《中国海洋报》2011年6月14日，第1版。

解决，并在实践中各主体尤其是民间组织之间达成的协议或合作惯例作为相应的法制形式。当然两岸内部的公权力机关可以单独制定相关的法律法规规范两岸海洋事务合作机制，包括对综合性法律中涉及两岸海洋事务合作的内容进行修改和制定专门领域的海洋事务合作法律，至少要达到两岸海洋事务的相关规定没有重大原则性的冲突，并对特定领域通过两会达成相应的协议，或者在其他协议下进行海洋事务合作，如 ECFA 和《两岸共同打击犯罪协议》下的合作。

二是进程法制。在近程法制的基础上两岸各自可以对两岸海洋事务立法进行总体规划，完善两岸内的海洋事务合作法制，同时进一步推进基础性两岸海洋事务合作协定的签订。在此基础上，两岸逐步制定针对特殊海洋事务合作的协定，并对两岸外海洋事务合作的法律难题进行初步梳理。此外，由于理性的有限性和地方性知识的存在，加上两岸的政治关系问题实质在于解决"中央政府"之间的正统性问题，地方公权力机关基于"一个中国"框架在法律层面没有太多的政治意涵，更多是功能性合作。这个阶段，两岸应大胆鼓励地方先行先试，在实践中逐步积累经验共识，自下而上循序渐进构建两岸海洋事务合作的法治机制。大陆沿海各省尤其是福建、浙江和海南等省份与台湾在海洋事务合作方面具有地缘优势，可以通过地方立法或相关协议推进海洋事务合作。

三是远程法制。在该阶段两岸内海洋事务合作法制建设任务逐渐走向一体化，可以由专门海洋事务组织根据两岸的海洋事务法律和两岸协议制定一体化适用的法律；在两岸外海洋事务上，两岸可以先行达成有关海洋事务合作"一个中国"的协议，在此基础上两岸在海洋争端、国际海洋条约和国际海洋组织等事务中构建合作机制，甚至可以制定特定海洋事务领域的"直接适用的法"。[①]

五、结构面相：非对称均衡

由于海洋事务的专业性、技术性和风险型以及海洋事务涉及重大公共利益，加上两岸关系的特殊性，两岸法律机制包含多个维度，以避免两岸的政治干扰。这主要包括以下几个方面的关系：一是公权力机关与私人主体的关系。一方面，两岸海洋事务涉及国家的重大公共利益，各项海洋事务之间存在着密切关联。一项法律规制需要对不同的价值目的进行协调，或为实现特定结果实现相应的监管，海洋经济事务涉及两岸的政治关切和公共秩序，两岸各自的法律规定政

---

① 参见刘仁山：《"直接适用的法"及其在中国大陆的实践》，《东海大学法学研究》2013 年第 4 期。

府在其中的地位和作用。两岸公权力机关通过设置准入、制定规划、颁布标准和信息披露等方式对海洋经济开发进行规制，涉及两岸之间的海洋产业合作、资源开发和能源勘测等方面更是如此，公权力部门可能通过这些手段限制私人主体的选择范围，也对私人主体的行事方式进行干预。另一方面，在现代社会，民主具有天然的合法性，两岸规制的合法性除了需要法律规定，还需要民众的积极参与，凡是涉及两岸民众海洋权益的政策都需要公众参与，在决策实施过程中也需要民众的积极参与。两岸的各种涉及海洋事务的非政府组织是公权力部门和社会的中介，在一定程度上参与了对海洋事务的管理和监督。

二是公权力机关之间的关系。两岸海洋事务合作不仅涉及两岸间公权力机关之间的关系，而且也涉及两岸内部的公权力机关之间的关系。对于前者来说，两岸公权力机关除了国台办和陆委会已经建立了直接的常态性沟通联系机制外，其他公权力机关还需要通过两会机制、两党机制或其他平台进行沟通，在两岸的法律规定中也对双方的关系含糊其词，未阐明如何通过委员会制度和联系制度建立两岸公权力机关之间的关系。对于后者来说，两岸海洋事务管理都是相对综合的管理模式，涉及众多机关，除了一般的司法、行政、立法之间的关系外，行政机关内部还要涉及渔业、农业、海事交通、警察等机关，有的海洋事务还要涉及地方政府，两岸涉海相关法律机制必须对其做出具体规定。

三是两岸与国际社会的关系。两岸同属一个中国，两岸关系是一国内的特殊关系。但海洋事务尤其是两岸外海洋事务与国际政治密切相关，涉及台湾的"国际空间"问题，钓鱼岛问题涉及在"台日渔业协议"中对二者的关系，南海问题涉及"六国七方"的关系，甚至台湾参与国际渔业组织问题也涉及两岸与该国际组织之间的关系问题。两岸可以先行签订一个参与两岸外海洋事务的基础协定，在"一个中国"的前提下共同对外交往，并在实践中进行合情合理的安排。

第三节　两岸海洋事务合作法治化的互嵌机制

由于两岸海洋事务合作不同于其他海洋事务合作，需要用一种新的概念体系和论述体系来描述和阐释。两岸海洋事务合作是在两岸分离的背景下构筑的，既要构建新的法律机制，又要解决两岸现有海洋立法的障碍。这要处理好法律与政治、民意和政策之间的关系。虽然三者存在关联性，但也具有一定的区隔。

一、法制构建的政治约束

法律与政治之间具有相关性，尤其是对于两岸法治的建构更是离不开政治，法律不仅是政治最主要的产物，而且也构成了政治本身。[①] 法制话语是两岸关系的主导话语，实质上法制话语为政治诉求提供合法性与正当性支持，背后是重重的政治思虑，政治化是两岸合作的真实逻辑。

两岸的合作包括海洋事务合作是以"九二共识"作为政治基础的。对大陆方面来说，两岸海洋事务合作过程中"一个中国"和反"台独"是底线，"国家统一"是最终目的，如习近平在看望参加全国政协会议的民革、台联台、盟代表时指出："坚定不移走和平发展道路，坚定不移坚持共同政治基础，坚定不移为两岸谋福祉，坚定不移携手实现民族复兴。"[②] 民进党执政时期，两岸海洋事务合作协商过程中因为政治问题分歧停滞不前。对台湾方面来说，两岸海洋事务合作是在"不统、不独、不武"和"互不承认主权，互不否认治权"的基础上进行"对等、互惠、尊严"的合作。台湾在法律上将两岸事务归为"国家安全"事项，以合作之名谋政治目的之实，如两岸渔事纠纷协商。马英九曾表示司法互助协议是政治协商和两会互设办事处等议题在广义上都是政治协商。[③]

虽然政治在影响着两岸海洋事务合作法律机制的创制，但法律一旦制定出来以后，就具有一定的自洽性，需充分考量两岸政治情势，并不完全以政治问题为导向，甚至可以将政治问题法律化、程序化和规范化，并通过法律方法融入政治考量。政治立场和民族大意间的张力以及社会系统与经济系统的博弈是决定两岸海洋事务合作进程的根本问题，而政治系统尤其是民主政治使其法律建构更为复杂。虽然两岸在宪制性规定上都有维护国家海洋主权的义务，存在主权宣示和权益主张重叠，合作可以维护两岸的政治经济利益，进而可以共同维护中华民族的祖产，在政治网络中台湾受双重利益驱动，保持中立和不作为是台湾最优的政治选择。因此，两岸海洋事务尤其是两岸外海洋事务合作的法律机制受两岸政治关系的影响，两岸的海洋战略因为立场不同，存在不确定性，主张两岸在国际海洋事务平台上对等和争端解决多边化，妄想将两岸外海洋事

---

① See Keith E. Whittington, R. Daniel Kelemen. The Oxford Handbook of law and Politics. Oxford University Press,2008, pp.3-12。

② 《习近平强调：坚持两岸关系和平发展道路 促进共同发展造福两岸同胞》，新华网，http://news.xinhuanet.com/2015-03/04/c_1114523248.htm，最后访问日期：2015-4-9。

③ 《马英九：广义来说 两岸已经开始政治协商》，中国新闻网，http://www.chinanews.com/tw/2013/06-04/4889037.shtml，最后访问日期：2015-04-09。

务合作复杂化和国际化。因此，两岸海洋事务合作法律机制的建构必须考虑两岸双轨政治的现实性，任何海洋事务合作事宜的达成和规范化必须经过持续的迭层博弈。首先是政治层面的博弈，包括台湾内部的政治博弈、两岸间的政治博弈和国际政治博弈，其次是合作机制的博弈，再次是法律机制建构过程中的博弈。一旦相关法律机制建立起来之后，两岸的政治博弈只能在法律框架下进行，两岸通过法律规则的选择和运行来维护两岸海洋事务合作的法律秩序。

二、民意整合的规范化

在现代社会，政府执政的合法性来源于人民的授权，两岸关系和平发展的最大动力来源于两岸民众，民众在两岸合作决策中的边缘地位正在发生改变。当民意与法治并轨时可以巩固法律实施的基础，但当民意与法律之间存在张力时必须通过法治方式对二者调和，尤其是台湾地区的民意直接决定政治走向，一个偶发事件可能引发民众大量讨论和传播，进而影响公权力机关的政策选择。因此，民意整合机制是两岸海洋事务合作议题达成和实施的重要条件，要广泛听取各界人士的意见，深入了解民众的现实需求，构建具体情景下的民意整合机制，推进两岸民众各层次的交流和互动，避免无谓的政治争论。当然，法治是两岸的共同价值，任何民意建构机制需要在法治轨道上运行，法治化是民意能否对两岸海洋事务合作议程产生影响的核心，也是民意表达规范化和有序化的关键。

两岸议题的最终受益主体是两岸民众。民意整合机制是两岸合作的利益聚合过程，是摆脱政治性争议拘束的主要机制之一，直接关系到两岸交往的输入合法性，避免正当的两岸合作被贴上"倒中卖台"的政治标签。然而，在这个过程中台湾内部的政治派系需要对台湾民众竞争性说服，任何举措只要得到民众的支持就可能持续下去，据陆委会民调，台湾民众有 7 成左右赞成两岸事务部门负责人定期互访。[①] 大陆也要贯彻"寄希望于台湾人民"政策，对台湾民众进行竞争性说服，尤其要重视"三中一青"的参与。随着两岸交往的常态化和制度化，两岸需要构建多体系的接触管道，扩大多元主体的参与，提出自身的利益诉求。民众和公民社会逐渐成为推动两岸治理的重要力量，应形成跨两

---

① 《陆委会民调：近 7 成支持两岸事务首长定期互访》，中评网，http://www.crntt.com/doc/1032/9/2/6/103292692.html?coluid=3&kindid=12&docid=103292692&mdate=0718011236，最后访问日期：2014-10-18。

岸的公民社会和公共舆论话语，进一步夯实两岸合作的稳定性和可持续性，使大部分民众都能获得两岸海洋事务合作的利益。具体来说，这有以下三个方面的机制：一是信息沟通。两岸交往中的信息沟通是指专业性、复杂性和保密性的议题，虽然不能直接参与，但也要根据情况及时进行信息沟通，构建高度发达的意见交换体系，负责信息的收集、加工、合议与沟通，这是一种自上而下的过程。两岸公权力机关应加强两岸海洋事务合作的舆论引导，尤其是探索网络时代的信息传播机制，设立网络问政平台，作为开放性、制度性和常态性的民意表达渠道，对两岸公权力机关正在进行协商的海洋事务合作议题提出政策建议，使相关法制建设能够反映民众的诉求和偏好。

二是公众参与。两岸海洋事务合作治理是一个开放性的公共议题，公众可以直接参与议题的形成和选择，是一种自下而上的过程，公众为该议题的选择和制定提供可选的议题选项，进而影响最终的实施效果。两岸海洋事务合作治理是一种开放的、多渠道的协商机制，双方应愿意妥协和懂得妥协艺术，公众应以理性、开放和弹性的态度积极参与，基于反思理性实现双方矛盾的动态平衡化，通过公开性与论辩性防止实质性价值争论的激化，维护多元格局的制度框架，容纳和适当处理双方的异议问题。未来两岸交往更加复杂多元，两岸内部公权力机关与民众的沟通也很重要，尤其是通过网络与年轻人沟通，两岸交往议题的选择实质上是利益选择、协调、综合和落实的过程，形成因认同而遵从的实施逻辑，否则公权力机关的共识可能受到质疑。公众参与不仅是行政手段，更是公众的权利。通过在决策形成和执行过程中发表意见、提供信息、表达利益诉求，与公权力机关形成互动、博弈与合作，从而实现两岸海洋事务合作的民主性、科学性、正当性和实效性。

三是提高社会组织的参与。涉海洋事务的社会组织是相关主体基于某种共同的目标而以一定方式自觉结成的群体集合，是两岸海洋事务合作的建构者和推动者。[①] 两岸海洋事务合作也要加强社会组织在民意整合中的地位和作用，一般的公民行动虽然可以聚集议题，但是缺乏明确的诉求和整体性的解决方案，很可能对两岸海洋事务合作产生负面影响，而社会组织参与是一种组织化的利益表达，可以集约而动态地表达意见，促使两岸公权力机关及时调整政策。台湾的社会组织比较发达，是传达民意和表达利益诉求的重要渠道，涉及海洋事

---

① 参见范如国：《复杂网络结构范型下的社会治理协同创新》，《中国社会科学》2014 年第 4 期。

务的组织时刻影响着政策的形成和法律的执行，如渔会在两岸船员劳务合作中起着非常重要的作用。两岸通过各种涉海洋的社会组织参与，充分发挥其在聚合利益、表达诉求和表达观点等方面的优势，从而可以降低合作成本，规避合作风险，构建最优合作治理机制。参与者有直接利益相关和非直接利益相关者。

三、政策与法律的交融互动

政策在一定程度上受政治的影响，是政治的外在表现形式，但政策尤其是具体政策一旦制定就有一定的稳定性和自在性，以解决问题为导向，相对于政治具有一定的独立性。随着现代社会国家任务的不断增多，政策成为施政的主要手段之一，政策立法或政策的法律化在各国的法律体系中占有重要地位。两岸关系的发展对政策也有很强的依赖性，加上海洋法自身的政策性，这使两岸海洋事务合作法治化必须恰当处理政策问题。总体来说，两岸海洋事务合作法治体系中政策和法律存在交互关系，一方面政策影响着相关法律的制定、修改和实施，很多法律中存在政策性条款，另一方面法律使政策更加规范和权威。

（一）两岸海洋事务法律与政策的发展概况

由于海洋事务的复杂性和多变性，加上两岸关系的政治现实，必须通过海洋政策尤其是整合性的海洋政策来协调两岸的海洋事务法律和组织。[①] 海洋政策是处理使用海洋有关事务的公共政策或国家政策，与国家的资源、安全、环境保护、航运、科学、经济等政策领域存在一定的交叉关系。[②] 两岸的海洋政策尤其是涉对方的海洋政策虽然在不同时期有所侧重，但总体上具有同质性，这也直接引导着两岸海洋事务立法、海洋国土规划、海洋教育和海洋意识，从政策规划到政策实施无不影响着两岸海洋事务合作的法律机制构建，同时政策也是两岸海洋事务法律实施的主要方式（表3—1）。

---

① 参见叶俊荣：《建构海洋台湾发展蓝图》，《研考双月刊》2005年第4期。
② 参见胡念祖：《海洋政策》，五南图书出版有限公司1997年版，第14页。

表 3-1：两岸海洋事务政策一览表

	大陆	台湾
纲领性文件	1. 直接 90 年代海洋政策和工作纲要（1991） 全国海洋开发规划（1995） 中国海洋二十一世纪议程（1996） 中国海洋二十一世纪议程行动计划（1996） 中国海洋事业白皮书（1998） 全国海洋事业发展规划纲要（2008） 国家海洋事务发展"十二五"规划（2013）	"国家海洋政策纲领"（2004） "海洋政策白皮书"（2004、2006） "台湾 21 世纪议程——国家永续发展愿景与策略纲领"（2004） 马萧竞选的海洋政策（2008） "黄金十年，国家愿景"（2012）
领导人讲话	江泽民："一定要从战略高度认识海洋"（1995年 10 月在青岛视察海军部队时讲话） 胡锦涛："要加强海洋意识，做好海洋规划，完善体制机制，加强各项基础工作，从政策和资金上扶持海洋经济的发展"（2007 年中央经济工作会议上讲话） 习近平："海洋强国是中国特色社会主义事业的重要组成部分"（2013 年 7 月 30 日在中央政治局第八次集体学习时讲话）	李登辉："立足台湾、胸怀大陆、放眼世界" 陈水扁："海洋立国" 马英九："蓝色革命，海洋兴国"
具体政策文件	1. 直接 十二年海洋科学远景规划（1956） 海洋技术政策要点（1992） "九五"和 2010 年全国科技兴海规划纲要（1993） 全国海洋环保"九五"（1996—2000）计划和2010 年长远规划 全国海洋经济发展规划纲要（2003） 海水利用专项规划（2004） 全国科技兴海规划纲要（2008—2015）（2008） 全国海洋功能区划（2011—2020） 全国海洋经济发展"十二五"规划（2012） 2. 相关 新东部经济区区划纲要（2005） "推动共建丝绸之路经济带和 21 世纪海上丝绸之路的愿景与行动"（2015） 中国（福建）自由贸易区总体方案（2015）	1. 直接 "海洋教育政策白皮书"（2007） "台湾沿海地区自然环境保护计划书"（1984） "重大海洋油污紧急应变计划"（2001） 2. 相关 南向政策（1994） 亚太营运中心（1995） 境外航运中心（1996）

资料来源：作者自制

　　20 世纪 50 年代大陆就开始制定涉及海洋事务的法律与政策，出发点主要是维护国家主权和国防安全。改革开放以来，大陆海洋进入大规模的发展时期，海洋渔业、交通安全、环境保护等各方面的立法体系逐渐完善，目的主要是发展海洋经济，为以经济建设为中心服务，立法主要是针对单一的海洋活动，缺少综合性立法。这一时期，大陆的海洋政策也集中体现为发展海洋经济，如 1991 年 1 月召开的第一次全国海洋工作会议，通过了《九十年代我国海洋政策和工作纲要》，提出海洋工作的指导思想是："以开发海洋资源、发展海洋经济为中心，围绕'权益、资源、环境和减灾'四个方面展开工作，保证海洋事业持续、稳定、协调发展，为繁荣沿海经济和整个国民经济，实现我国第二部战略目标做出贡献。"近年来，大陆的海洋政策开始不断调整，2008 年 2 月国务院批准了《国家海洋事业发展规划纲要》，这是我国第一个海洋领域总体规划，提出我国海洋管理的主要任务是维护国家海洋权益、规范海洋开发秩序、保护海洋生态环境、促进海洋科教发展和提供海洋公益服务。大陆海洋立法逐渐走向协调各个行业用海之间的矛盾，走向综合立法，并且逐渐重视程序法的完善，如 2011 年 12 月 31 日十一届全国人大常委会第二十四次会议指出制定海洋基本法有利于推进制定和实施国家海洋发展战略，建议进一步深入论证，条件成熟时启动相关立法工作。2012 年国务院批准《国家海洋事业发展"十二五"规划》指出："（我国海洋事业发展的目标是）海洋综合管理体制机制进一步完善，涉海法律法规和政策日益健全，海洋联合执法力度不断加大"，这对我国海洋立法也产生了重要影响。

　　由于高度威权的体制、陆权思维的禁锢和紧张的两岸关系，1949 年国民党败退到台湾后，封锁了海岸地区，台湾的海洋意识比较淡薄，随着戒严的解除和国际海洋事务的不断发展，台湾开重视海洋，整体性海洋政策开始提出，海洋立法逐步进行，自 1998 年"领海及其毗连区法"和"专属经济海域与大陆礁层法"公布后，台湾海洋事务立法开始加快。2001 年发布"海洋政策白皮书"，2004 年颁布"国家海洋政策纲领"，2008 年初"马萧竞选海洋政策"是现行台湾海洋政策的基石，提出"蓝色革命，海洋兴国"的政策理念，指出将来致力于统一海洋管理体制，提高民众海洋意识，加强海洋科研开发，合理利用海洋资源、发展海洋产业、保护海洋环境，主张成立"海洋部"统筹台湾海洋事务。①

---

　　① 由于涉及众多"部会"职权的调整，2010 年"海洋部"计划搁置，2012 年计划成立"海洋事务委员会"，但"海洋事务委员会组织法"仍然在"立法院"没有通过。

（二）法律与政策的交互机制

1949 年以后，两岸的海洋管理制度发展出了不同的道路，1987 年两岸关系逐渐从对立走向和解，涉及海洋的事务逐渐增多，两岸的海洋政策和法律等开始既各自发展又相互影响。两岸的海洋政策和各自的两岸政策在一定程度上规范两岸海洋事务合作的整体发展方向和基本原则，是两岸海洋事务合作法律机制构建的基础，例如两岸协议在一定程度上是两岸在平等协商基础上创制的以共同政策为基础的软法。[①]

两岸海洋事务合作的法律规制与政策选择存在着密切联系，法律作为制度事实是将一定政策更有效果地实现的手段或构造。[②] 两岸很多涉及海洋事务合作的法律都是在两岸政策的指导下推动的，目的在于实施政策和加强政策的规范性，相关法律机制的建构和实施要以问题解决为导向，关注法律规制的工具性和合立法目的性。这不仅要重视相关法律的形式合法性，更要重视实质合法性，挖掘其背后的政策意图。由于政治生态的变化，政策随之会发生改变，法律也就需要不断修改，政策的灵活性和法律的稳定性之间的张力一直存在。当然，两岸会对特定海洋事务发布专门的政策，解决具体的问题。同时，两岸在实践中形成共同海洋政策后可以逐渐影响两岸海洋事务立法甚至制定两岸协议，有的具体政策成为海洋立法的实施工具。

总之，政策和法律在两岸海洋事务合作中呈现特有的逻辑结构和功能互动，法律决定了两岸海洋事务合作的主要工具和方式，也决定了政策所要解决的问题和对象，政策是现有两岸法律制度下达致宏观目标的具体手段。由于两岸海洋事务合作的法律机制相对比较宏观和原则，两岸必须各自建立相应的政策措施来实施，政策是两岸海洋事务合作法律机制的运作保障。

[①]　参见周叶中、段磊:《论两岸协议的法理定位》,《江汉论坛》2014 年第 8 期。

[②]　参见刘宗德:《制度设计型行政法学》,北京大学出版社 2013 年版,自序。

第四章　两岸海洋事务合作的法制体系

两岸海洋事务合作的法制体系是法治化的制度载体，是两岸海洋事务合作进程的标志，以承载和实现两岸海洋事务合作内在价值为目的，维护法律手段和思维实现两岸海洋关系的和平、秩序和繁荣。目前，两岸海洋事务合作实践不断增多，但法制的供给远远跟不上，更不用说体系化的法制建构。随着逐渐合作治理转向和法治建构逻辑的多样性，两岸海洋事务合作的法制体系并不是要建构一个封闭的法规范载体，要确立一个原则性、宏观性和指导性的法规范体系与内容尚需具体化和明确化的价值体系组成的开放性、动态性和交互性的法律体系。这是一个规范体系和价值体系相互配合、相互型构、相互涵摄和相互限制的反复评价的过程，既重视法律适用的安定性也重视法律结果的妥适性。两岸应在一个中国原则基础上根据不同语境进行具体制度设计，主要包括法律原则、法律形式、法律规制、法律程序和争端法律解决机制。

第一节　两岸海洋事务合作的法律原则

法律原则不仅属于法律的内容，而且是维持法律一致性、整体性和灵活性的重要基准，不仅指导着法律规则的选择和适用，而且在特殊情况下可以直接适用。因此，法律原则是两岸海洋事务合作法制体系联结政治、政策和道德等因素的转介装置，为两岸海洋事务合作提供共同价值，促使两岸在海洋事务方面建立持久、深入而全面的合作关系。海洋法的基本原则和一般法律原则自然是两岸海洋事务合作必须遵守的，例如信赖原则或诚信原则两岸都必须遵守。[1]然而，由于两岸关系的特殊性，两岸海洋事务合作应建构相应的法律原则来指

---

[1]　由于两岸海洋事务的法治没有强制实施机制，必须依赖弱规范保持双方的互信，不管是单方允诺还是双方允诺都应该信守。

导两岸海洋事务的法制完善和法律实践。

一、平等互惠原则

两岸关系是内战遗留下来的，不管是根据国际法还是两岸各自的规定，两岸同属一个中国既是法律规定也是政治事实。虽然两岸的政治定位仍然没有明确，但"九二共识"是两岸交流与合作的根本政治基础，也是推动两岸海洋事务合作的重要诱因，所以海洋是中国的共同财产，海洋事务是"一个中国"内的事务，任何海洋事务的合作都必须遵从一个中国原则，尤其是在两岸外海洋事务合作中不能客观上造成"两个中国"或"一边一国"的事实，应该通过适当的制度安排来强化两岸同属一中。大陆主张两岸进行平等协商，而台湾则秉持"对等、互惠、尊严"的原则，根本目的是凸显"中华民国"。另外，对等是政治用语，但两岸作为一个国家内处于对立状态的两个部分，对等在客观上破坏了一个中国原则，而平等是法律用语，在两岸海洋事务合作中的地位和机会等都是平等的，尊重对方的海洋事务管辖权及相关海洋法律和政策，实现两岸在海洋上的利益最大化目标。因此，两岸海洋事务合作需要创建平等的机制和平台，重视双方的歧见，理解对方的重大关切，通过各自的努力，共同达成双方共赢的目标。

二、弹性透明原则

两岸关系的特殊性决定了两岸任何领域的合作都必须保持一定的弹性，在海洋事务上更是如此，弹性原则是两岸海洋事务合作的法律制度设计应以概括性立法为主，尤其相关海洋立法对海洋事务规定时应该充分授权行政机关和社会组织，这是由以下几方面原因决定的：一是两岸关系错综复杂，必须由行政机关和社会组织根据特定情况决定；二是海洋法的专业性和技术性比较强，行政机关和专业组织具有这方面的优势。两岸海洋合作中缺少代议机制，但通过保持适当的透明度来确保两岸人民的知情权和监督权，最好通过利益代表模式进行充分协商，这主要包括两个层面：一是在内部的透明，充分发挥立法机关的监督和进行民意整合；二是双方应先行协商或告知对方，增进互信。只有这样才能提高两岸海洋事务合作的合法性，增进民意支持，避免合法性危机。

三、预防风险原则

海洋环境和海洋事务的风险比较大，相关的投资规模也比较大，尤其是台湾海峡和南海特殊的地理环境，海难事故常有发生，海洋事务开发和风险相伴，因此要对风险进行充分的预防，对发生的紧急事件要充分合作。预防原则是要求两岸海洋事务合作的法制建构要有一定的预见性，不仅是对两岸海洋事务合作的总结，更是对两岸海洋事务中存在的问题进行系统的前瞻性观察，对两岸海洋事务合作中可能遇到的问题进行提前安排，即预防性合作。同时，应急原则是在发生危险情况时两岸各个主体应该通力合作以尽快消除危险为最大任务，这不同于常态下的海洋事务合作安排。

四、权益优位原则

两岸海洋事务不仅关系到两岸各自的"私益"，更是存在着两岸的公共利益。这里的"公共利益"不仅涉及维护国家主权和民族尊严的问题，更是关系到两岸经济社会发展，涉及中华民族的核心利益，也直接涉及两岸民众的合法权益。两岸由于政治关系不确定，一时无法解决政治定位问题，但不能因为政治和体制上的隔阂而在两岸海洋事务合作中停滞不前，因为维护海洋权益不仅对中华民族的海洋权益密切相关，直接关系两岸民众的切身利益，能够获得两岸民众的支持。只有以维护两岸民众合法权益和海洋权益作为法律机制建构的本位才能使两岸抛弃政治上的成见和利益，避免两岸的政治纷争，达成最大程度的共识，形成维护中华民族海洋权益问题上的合力。

第二节　两岸海洋事务合作的法律形式

两岸海洋事务合作法律化主要明确以下三个问题：一是两岸海洋事务管理的权力来源，只有基于两岸各自的法律规定；二是两岸在海洋事务合作中的权力如何法律化，即如何将其转入法治化的轨道中运行；三是两岸海洋事务合作的权力如何法律化运行。这些都以两岸各自法律和多层次的规范性文件为载体或法律渊源，为了行文方便和避免术语不同一的纷扰，特将其统一为法律形式。两岸关系的特殊性对规范手段提出了新的要求，这需要不同于传统以国家主权为中心的法权安排，重新审视法律形式的类型及其效力。

一、法律形式的多样化及其构成要件

显而易见，两岸涉海洋事务协议、各自涉对方海洋事务立法、相关海洋事务问题的国际条约、习惯国际法、国际强行法和国际法一般规则等共同构成了两岸海洋事务合作的法律体系。然而，法律多元论认为社会是由团体构成的，社会中的权力是多元的，权力的多元支持了秩序的多元，秩序的多元决定了法律的多元，法律的本质是秩序，作为社会团体之一的国家并不能垄断所有法律创制权，法律的表现形态多样化。"法律……只是一套'秩序'——一套具有某种特定保障措施从而有可能在经验上有效实施的'秩序'。"[①]因此，法律多元化论是对国家法中心主义观的扬弃，将法律分为一阶规范和二阶规范，社会自发秩序或社会团体内部秩序是一阶规范，而需要外部规制而产生的秩序是二阶规范。所谓两岸海洋事务合作的法律多元是指很多法律规范、法律体系和法律秩序等共存于两岸海洋事务合作的过程中，除了两岸各自涉对方海洋事务立法和两岸协议外，还有惯例、国际条约，等等。法律多元论将法律从两岸各自公权力机关解放出来，打破政治–法律理论体系中权力对法律的宰制，认为各个法律之间存在异质性，但又共同规范一体化的海洋事务，形成了两岸海洋事务合作中多种法律秩序共存的"居间法制"（inter-legality），以应对两岸海洋事务合作过程中产生的法律困境与危机。[②]

两岸在事实上形成了两个"治理实体"，各自规定了相应的海洋事务法律，并且受海洋事务的广泛性影响，两岸在海洋事务合作中并没有很好的参照系，必须从两岸海洋事务的实践出发，统合所有的国内外法律资源。由于两岸关系的特殊性和海洋事务的纷繁复杂，法律形式必须走法律多元化的路径，避免陷入实定法的窠臼，但也应该避免多重造法的动态性和法律渊源的多元化带来的法律的不确定性。法律使两岸海洋事务合作更加具有可预测性和可控制性，任何法律应对两岸海洋事务合作予以规制，但并不是任何规范都可以成为两岸海洋事务合作的法律，只有针对那些事项非常重要且符合法律构造的规范才属于法律。法律是实践之知，权力对于法律而言是非常重要和不可或缺的，权力和权威同时在不同程度体现，合法行为要具有最低程度的有效性，有效的行为随

---

① [德]马克斯·韦伯：《经济、诸社会领域及权利（1—5章）》，李强译，三联书店1998年版，第10页。

② 参见[葡]桑托斯：《迈向新法律常识——法律、全球化与解放》，刘坤轮、叶佳星译，中国人民大学出版社2009年版，第536页。

着时间的推移可能被认为是合法的。[①] 实践理性是政治制度和社会规范正当性的基础，两岸在海洋事务合作过程中已形成的规则体系是两岸海洋事务关系发展的动力，通过各个主体之间相互理解、协调与合作的行动，建构两岸海洋事务合作的基本规范。这不仅要从正式发布的文件来发现两岸海洋事务合作的法律机制，更应从实践着眼理解两岸海洋事务合作如何产生、如何推进、遵循何种界限，等等。

两岸海洋事务合作的法律形式的构成要件主要有以下三个方面（图4-1）：一、相关机构或组织具有一定的权威授权，这种授权可能来自法律，也可能来自有关公权力机关，也可能来自相关主体的同意。凯尔森："命令的约束力并不'来'自命令本身，而却来自发出命令的条件。""一个命令之是否有约束力要依命令人是否已'被授权'发出命令为根据，假定他已经被授权的话，那么他的意志表示便是有拘束力的，即使事实上他没有任何优越的权力，并且这种表示也不具有绝对必要的形式。"[②] 国台办发言人多次表示两会协议的权威性应该得到维护。二、任何法律形式都是一种规范载体，政策内容为两岸海洋事务合作提供了目标导向、工具指引和效果检验，但必须通过一定的规范载体表达出来，可以有立法、协议和惯例等。三、法律的实质要义是作为规制治理的事业，政策内容是法律的实质，在一定目标的引导下对相关主体的行为进行法律上的框范，可以说法律"是以某个别人的行为为其对象的意志行为"。[③] 两岸海洋事务合作的法律形式涉及不同主体，唯有达成共识才是形成法律机制的根本途径，因此两岸海洋事务合作的法律形式需要通过不断沟通达成的环行结构，并不同于两岸内部涉对方海洋事务立法的单向度，这个过程是从公权力机关经技术层、利益层最终到达两岸民众，再由民众逆向反馈，最终影响公权力机关的规制内容。

[①] 参见 W. 迈克尔·赖斯曼：《从政策角度理解法律的理论》，张仪译，载万鄂湘、王贵国、冯华健主编：《国际法：领悟与构建——W. 迈克尔·赖斯曼论文集》，法律出版社 2007 年版，第 12 页。

[②] [奥]凯尔森：《法与国家的一般理论》，沈宗灵译，中国大百科全书出版社 1996 年版，第 33—34 页。

[③] [奥]凯尔森：《法与国家的一般理论》，沈宗灵译，中国大百科全书出版社 1996 年版，第 33 页。

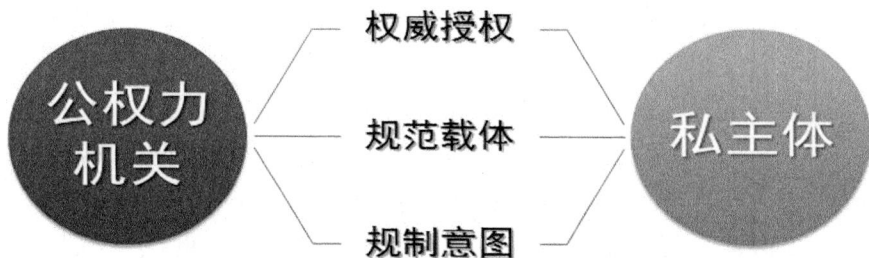

图 4-1. 两岸海洋事务合作的法律生成机制

资料来源：作者自制

二、硬法与软法的界分与互融

两岸海洋事务合作的法治化除了两岸公权力机关设立目标和构建相应的制度设计来推进两岸海洋事务合作，法律内生机制起着重要作用。任何法律都是一种关系的存在，两岸海洋事务的法律体系内部存在着张力，两岸关系的不断发展与法律的稳定性和明确性存在着张力。硬法对快速发展的两岸关系难以做出及时反应，往往滞后于社会发展，无以对两岸海洋事务合作做出及时回应，影响了法律的权威性、明确性与安定性。

两岸应通过硬法和软法同时推进来缓解或消解这种张力。硬法是可以由国家强制力予以实施的法律，主要有国际法条约、两岸内各自法律规定、两岸协议和规范性文件。这里需要说明的是两岸协议也是由两岸对涉及海洋事务问题的正式规定，最终成为两岸法律体系的一部分，故将其作为硬法。两岸海洋事务合作的硬法涉及三个层次：一是国际海洋法规范，这主要影响到两岸外海洋事务合作；二是两岸协议等两岸间法律；三是两岸涉对方事务立法等内部立法，但前两个法律体系最终通过转化和纳入等方式融入各自的法律体系中。可以说，虽然两岸海洋事务法律体系虽然多样，可能存在相关的法律障碍和冲突，但完全可以通过相关的法律技术达成相关立法的系统性和一致性。有些两岸关于海洋问题的政策，大多是有相关机关根据相应职权颁布的，具有坚实的法律基础，这些政策具有普遍性约束力，如 2012 年外交部颁布的《关于钓鱼岛及其附属岛屿领海基线的声明》，也可以归纳到硬法中。

具体来说，两岸的相关海洋立法体系并不完善，两岸海洋事务的法律规制仍然主要是各自的相关规定，也有个别涉及海洋事务合作的两岸协议，这说明法律形式仍然比较单一。两会已经签订了诸多涉及海洋事务合作的协议，但这些协议非常零散，两岸应该逐步推进直接相关海洋事务的两岸协议签订。两岸海洋事务立法应该做出以下两个方面的改变：一是两岸可以在制定两岸海洋事务合作的基本原则和基本制度的框架性法律，对两岸海洋事务合作制定原则性规范，采用基本法和单行法、全国立法和地方立法相结合的立法模式，形成一套全面规范与台湾海洋事务往来的综合性规范体系，以规范、指引和调整两岸海洋事务合作中的交往行为。二是两岸应该先签订海洋事务合作的基础协议，国家海洋局对台湾提出希望两岸能签署"海峡两岸海洋合作框架协议"（Maritime Cooperation Framework Agreement）。[①] 这可以是两岸间海洋事务合作的协议，也可以是包括两岸外的海洋事务合作协议，该协议可以就推动和平利用海上国际通道、有效开发与养护海洋生物与资源、和平解决海洋争端等海洋事务为主要内容和架构，推进两岸在海洋事务上进行全面性的互助与合作，就有关海洋权益的问题进行深入协商。

在现代社会，公意不仅仅是国家意志，社会组织的意志都是公意的一种，软法等法律形式主要是依靠组织和共同体自身的力量、自律、利益引导和社会舆论等柔性手段来实施。软法是指在两岸海洋事务中广泛存在的，规范相关主体行为的，产生社会实效的，不用国家强制力保证实施的法律规范，包括政法惯例、公共政策、行业自律规范、合作规范、专业标准等。[②] 换句话说，两岸海洋事务合作的软法是在两岸海洋事务合作的实践中逐渐形成的，只需要通过相关主体的组织适用，或相关主体的习惯性服从使其得以实施。任何规范性文件只有具有法律的特征，"是可以被称为'法律'的，具有稳定性的普遍规范，这些规范确立了个人在一段不确定的时间内所处的状态，并确定了在法律强制力保障之下的能力……它创设了这样的一类规则：它不仅适用于那些在协议签订之时隶属于这些团体的人，而同时也适用于那些后来隶属于这些团体的人，以及并不隶属这些团体的人。"[③] 在两岸海洋事务合作的软法体系中，两岸公权力

---

① 《中评论坛：两岸海洋事务能合作吗》，中评网，http:// www.crntt.com/doc /1022/5/ 1/ 2/102251208_28.html?coluid = 195&kindid=8771&docid=102251208&mdate=1023001800，最后访问日期：2015-01-12。

② 参加罗豪才、宋功德：《软法亦法——公共治理呼唤软法之治》，法律出版社 2009 年版，第 187 页。

③ ［法］莱昂·狄骥：《公法的变迁》，郑戈、冷静译，辽海出版社、春风文艺出版社 1999 年版，第 110 页。

机关颁布的标准、制定的海洋规划甚至进行的行政指导，或者两岸海洋事务组织的章程和规范，或者已经形成的合作惯例、海洋法的一般原则都可以作为两岸合作的法律渊源。这些软法具有一定的规范性和认受性，虽然不具有强制性的法律效力，却具有柔性的法律实效。它们可以提高硬法的正当性，降低两岸海洋事务合作的成本，推动两岸海洋事务合作的法治目标实现。

虽然两岸海洋事务合作法相对多样化，但是有序的和可协调的，既要重视硬法的使用，也要充分发挥软法的优势。硬法是为了避免两岸海洋事务合作超越两岸政治关系底线，而软法是推进两岸海洋事务合作的重要推动力。软法与硬法之间存在复杂关联性，二者只是在实质义务、规范具体性和机制授权等方面不同，有明确拘束力、高度具体和特定授权就属于硬法。[1] 软法的法律约束力比较弱，规范大多是模糊的原则，在实践中通过不断的补充和解释，可以使规则进一步精致化和增强机制的授权，可以逐步提高软法的实质拘束力，就会逐渐成为硬法。软法作为"法"除了具有"软约束力"之外，也能够借助于某种硬法保障方式或机制发挥"硬"的作用，如通过细化等方式以提高硬法的可操作性，而且还可以弥补硬法的法律漏洞。硬法不仅要采用构成性规范，还要多采用调整性规范，对在实践中行之有效的软法转为硬法。

三、法律效力的双重维度

两岸海洋事务合作的法律形式有效性的依据是什么，各种不同形式和位阶的法律有效性如何成为可能？这既与两岸海洋事务合作法律的性质、范围、结构和功能等相联系，又与两岸的政治经济社会制度密切相关。根据法律有效性的一般理论，两岸海洋事务合作法律的有效性主要来源于以下两个方面：一是实体有效性，主要是指法律产生了规范的实效。阿列克西从法律论证理论出发认为法律必须包含社会实效、权威颁布和内容的正当性，即事实有效性、规则有效性和价值有效性。[2] 二是程序有效性，就是法律产生的程序具有正当性。哈贝马斯基于交往理性认为法律的有效性是主体间通过公共论辩和理性审察达成理性共识的结果，强调法的合理可接受性作为法律的一种内在品格，认为"只是所有可能的相关者作为合理商谈的参与者有可能同意的那些行为规范才是有

---

① See Kenneth W. Abbott. The Concept of Legalization, International Organization,2000,P.17.

② 参见 [德] 阿列克西：《法律论证理论》，中国法制出版社 2002 年版，第 352—359 页。

效的。"①

　　法律有效性既包括法律效力，也包括法律实效，其中法律效力是关键。法律效力是法律的本质特征，是法律实效的基础，是评价法律实效的标准，确保法律实效是法律效力的目的。②一般而言，法律效力需要考虑权威性维度和正确性维度，这滥觞于凯尔森的静态规范体系和动态规范体系划分。③法律的权威性效力是法律因本身形式或地位获得，具有程度之分，应获得尊重，如《反分裂国家法》因是全国人大颁布的而获得的效力，正确性效力是因内容合法合理而获得，只有有无之别，应获得服从，如《反分裂国家法》因为符合宪法而获得的效力。④权威性效力和正确性效力并不成正相关或正比例关系，前者只是为法律提供了公定力、确定力和形成力，后者则为法律提供了拘束力和执行力，任何法律只有兼具二者才有真正的法律效力。权威性效力的来源非常广泛，社会存在着各种各样的具有权威性的制度或组织，要求相应的成员遵守相应的行为标准，这仅仅是因为它们是权威宣布的。⑤在两岸海洋事务合作中，这些制度或组织可以是正式制度或组织，也可以非正式制度或组织，但前者优位于后者，这就是说两岸海洋事务合作的非官方组织制定的规则基于一定权威可以获得权威性效力。

　　正确性效力则需要根据具体情况判断。就两岸海洋事务合作来说，法律的正确性效力主要来源于以下几个方面：一、取决于上位法。凯尔森认为基础规范是法律效力的最终依据。哈特认为一个规则只有通过承认规则的鉴别才能成为法律，在实践中一般是由官员承认的，包含一定程度的自然法。⑥两岸根本法规定的基本权利很多属于人权，虽然两岸并不承认对方宪制性规定的效力，但宪制性规定在各自地区仍然享有最高效力，这就需要两岸公权力机关认真对待公民的权利，约束自己的行为。例如，平等权要求两岸公权力平等对待两岸人

---

　　① ［德］哈贝马斯：《在事实与规范之间：关于法律和民主法治国的商谈理论》，童世骏译，生活·读书·新知三联书店 2003 年版，第 132 页。

　　② 参见叶必丰：《区域合作协议的法律效力》，《法学家》2014 年第 6 期。

　　③ 有关二者进行了详细论述参见［奥］凯尔森：《法与国家的一般理论》，沈宗灵译，中国大百科全书出版社 1995 年版，第 126—127 页。

　　④ 参见俞祺：《正确性抑或权威性：论规范效力的不同维度》，《中外法学》2014 年第 4 期。

　　⑤ 参见［英］约瑟夫·拉兹：《法律的权威——法律与道德论文集》，朱峰译，法律出版社 2005 年版，第 45 页。

　　⑥ 参见［英］哈特：《法律的概念》，许家馨、李冠宜译，法律出版社 2006 年版，第 95—108 页。

民，既要坚持名分上的形式平等，也要坚持过程中的实质平等。两岸通过各自的根本法来寻找法律依据推进两岸海洋事务合作，两岸都有维护海洋主权和权益的义务和维护公民基本权利的积极职责。此外，两岸海洋事务合作的惯例是公权力机关行使职权的实践，"之所以被称为'法律'，乃是因为某些人力主使这些规则和普遍的正当行为规则享有同样的尊严和尊重"。① 进言之，惯例经过长期实践可以为两岸海洋事务合作提供稳定性和可预期性。

二、取决于信赖保护和内部法。《两会联系与会谈制度协议》规定双方应遵守协议，协议的变更或终止应经双方协商同意②。两岸协议是根据合意达成的，并且通过书面文件确认，在两岸间层面法律效力来源于信赖保护的一般法理，这是基于合意本身的约束力，是一种法规范约束力和实质影响力，对两会产生直接规制力。但根据两会各自的协议章程两岸协议又是公务契约，实质上是一种公务委托或授权，类似于民法上的行纪合同，对两岸公权力机关有间接规制力。这是由两岸内部立法转轨的，"个别协议的效力或法律拘束力来源于实定法"。③ 这就是说对两岸公权力机关的约束力来源于内部立法，包括两岸各自的宪制性规定及单行法。此外，两岸协议只是提供了宽泛的目标指引，很少形成实体规范明确规制，只能通过授权公权力机关在实践中进行判断、权衡和裁量，尊重对方的关切，约束自己的行为，为能够实现相关目的，必需的规则对双方有一定的约束力。④

三、取决于同意或认同。"法律及其规条的拘束力的主要基础，并不在于人的外部，而存在于他的内部，特别是存在于他的精神生活内，这种精神生活表现在他的正义感和正义意识内。""法律的效力必须直接以共同的正义意识为基础。"⑤ 两岸海洋事务合作的法律形式具有形式合法性、正当性和合理性，坚持了民主的进路，两岸民众形成了基于认同而遵从的实施逻辑。齐佩利乌斯认为法律规范产生实效的可能性是这一规范本身为人们所认同，人们是"出于义务"将之作为法律行为的动因发生作用，并不是因为对外来强制的恐惧而行为。⑥

---

① ［英］冯·哈耶克：《法律、立法与自由》（第 1 卷），邓正来等译，中国大百科全书出版社 2000 年，第 210 页。

② 此后各个两会协议都在文本中规定了这类条款。

③ 参见卡尔·施米特：《宪法学说》，刘锋译，上海人民出版社 2005 年版，第 77 页。

④ 参见克拉勃：《近代国家观念》，王检译，商务印书馆 1957 年版，第 44 页。

⑤ 克拉勃：《近代国家观念》，王检译，商务印书馆 1957 年版，第 25、45 页。

⑥ ［德］齐佩利乌斯：《法哲学》，金振豹译，北京大学出版社 2013 年版，第 27—28 页。

其他的法律形式如第三部门达成的协议，对成员具有的约束力就是基于同意和认同。

第三节　两岸海洋事务合作的法律规制

法律规制是特定主体共同参与，选择特定的规定手段和方式实现法律规制目标，法律规制是共同体、工具和过程的集合。随着海洋的作用和地位不断提高，法律规制对于海洋秩序的维持和海洋权益的保障非常重要，两岸海洋事务的法律规制提高了两岸海洋事务合作的法治化、规范化和公开化水平，提高法律规制的效能和正当性。两岸海洋事务合作的法律规制不同于任何模式，法律规制既是渐进累积两岸共识的过程，也是建立两岸海洋事务合作的法理型权威过程。

一、法律规制共同体的扁平化

两岸在海洋事务上的合作是目标导向的交往，囿于两岸关系的现实，"制度－精英"模式仍然主导着两岸海洋事务的进程，但随着两岸的利益分化和意见分歧，公众、社会组织和企业等也逐渐成为法律规制共同体的成员。一般来说，两岸海洋事务合作的法律规制共同体可以做如下分类：一是决策层，其是两岸海洋事务法律提出、酝酿、构思、决定和执行的公权力组织和机构。两岸各自的公权力体系规定了不同公权力机构的职能分工和隶属关系，也决定了两岸海洋事务法律规制的做出、程序和方式。随着现代社会公共事务的复杂化和专业化，公权力已经渗透到社会的各个角落，公权力机关是两岸海洋事务合作的引擎，两岸海洋公权力机关的合作是两岸海洋事务合作的核心。鉴于两岸的政治体制和海洋管理体制，决策层是两岸的最高政权机构、海洋事务管理机关和执法机构以及两岸事务负责机关，在大陆包括党中央、国务院、海洋局和国台办等，在台湾包括"总统""行政院""海洋事务委员会"和陆委会，等等。目前，国台办和陆委会的常态性沟通联系机制已经建立，其他公权力机关的直接接触还存在一定的困难，仍然是在两会的框架内相互合作。随着两岸关系的进一步发展，台湾涉及海洋事务管理部门只要不涉及主权象征的部门，如"海巡署""环保署"等可以直接交往，主管官员可以直接称呼官衔，当然涉及"国防"和外事部门的名义应该采用技术化的方式处理。当然，这要分为权益主体和程序性主体，对前者的资格要求比较严，而对后者则只需有实质性利益的存在即可。

二是推动层，其是参与两岸海洋事务法律规制过程的主体，提供决策咨询、寻求共识、听取建议以及协商沟通，对议程设置、方案设计和贯彻执行起着重要作用，构成了法律规制的协商网络，主要包括两会、智库、专家甚至有些精英阶层等。社会组织在两岸海洋事务合作中占有重要地位，早在民进党执政时期，为解决两岸船员劳务合作的问题，台湾渔业协会直接与大陆相关协会联系。当年南台湾虱目鱼协会直接与国台办副主任龚清概会谈，直接影响到大陆的政策调整。可以说，虽然两岸的制度对两岸海洋事务合作的控制较为严苛，但技术层的关系是推动两岸海洋事务合作的重要驱动力。

三是影响层，民众是该层最基本的主体。公众在海洋事务方面的交往具有自发性和本源性，是两岸海洋事务合作的根本动力。现代社会"传统带"模式的合法性已经受到质疑，任何基于海洋事务合作的法律规制都会影响不同群体的利益，这就需要协调公益和私益，而公共利益只有在公众参与的程序中才能获得合法性与合理性的支持。① 合法性是法律规制的前提，为避免合法性危机，两岸海洋事务合作的法律规制应该确保所有受影响利益都获得代表，同时让没有受到利益损失的公众也参与整个法律规制过程。

二、法律规制工具的组合运用

任何法律规制最终都需要选择相应的规制工具或手段来实现相应的目标，可以说规制工具是法律规制的具体形式。② 法律规制工具的选择决定着法律规制实效的达成，应根据两岸关系现实和目标任务不断开发、创新和改革法律规制工具。两岸在海洋事务上的法律规制工具主要以两岸内各自法律、两岸协议等基本框架载体，其法律规制工具选择应该符合两岸关系的现状，与两岸民众的预期相符。此外，两岸海洋事务错综复杂，每一个领域可能需要不同的法律规制工具，在不同时期选择合适的规制工具。

随着两岸海洋事务合作的日益增多，由于两岸关系的复杂性，加上海洋事

---

① 参见廖珍珠：《利益衡量中的公众参与——以行政规划为例》，载胡建淼主编：《公法研究（第九辑）》，浙江大学出版社 2011 年版，第 116 页。

② 参见 [英] 安东尼·奥格斯：《规制：法律形式与经济学理论》，骆梅英译，中国人民大学出版社 2008 年版，第 4 页。

务的开放性和多样性，两岸海洋事务的法律规制必然是多种规制手段的组合，以发挥各自的比较优势。在现代社会国家与社会逐渐走向融合，传统立基于国家与社会二元分立的控权公法体系满足不了公共任务复杂化和人权发展的需要，国家需要积极作为，参与到社会的方方面面，这就需要公共规制工具的多样化，尤其是重视柔性工具的适用，社会也在不断扩大自我规制，二者呈现犬牙交错的状态。因此，两岸海洋事务法律规制一方面要丰富公权力机关规制的手段，同时也并不需要完全采用纯粹公法措施，特别是两岸关系的现实可以多适用私法工具或者公私协力，有些海洋事务决策可以由公权力机关做出，但可以通过私法方式实施。一般来说，两岸海洋事务合作的法律规制手段根据作用方式可以分为强制式规制工具、协商式规制工具、指导式规制工具和激励式规制工具；以形式为标准可以分为政策性手段、规范性手段和契约性手段；以主体为标准可以分为公共规制和民间规制，等等。当然，任何法律规制工具的选用既要受法律拘束，重视程序正当性的证成，又要在规制的拟定、形成和实施的各个阶段对影响和实效进行分析和评估，实现规制工具最佳化选择。①

综上分析，整体上两岸海洋事务合作法律规制的工具可以分为以下三种：一是自我规制工具。自我规制就是由两岸海洋事务团体自身的规制，即规制的形成和实施都是通过自我规制机构，并没有公权力机关的参与，或公权力机关制定相关规则，由这些自我规制机构实施。这些自我规制机构可以是公司、社会组织或其他主体，根据两岸的相关法律和政策制定自己团体的规则，要求各自的会员遵守，这些主体起着中间监督的作用，因为法律的有效性主要信息的获取，一个组织内部获得信息成本较低，而一个组织作为一个整体受声誉和利益考虑，实质上和成员具有连带责任，其就会敦促成员守法。例如，两岸船员合作的中介责任就发挥了自我规制的作用，在两岸外海洋事务合作中也要发挥国际仲裁等机制的作用。

二是市场规制工具。市场规制就是通过相关的法律制度安排充分发挥市场机制，消灭有些海洋违法犯罪存在的土壤，两岸可以委托相关主体通过合同规制相关海洋经济事务，通过合同实现两岸间海洋事务的治理。② 市场机制经常出现在国际海洋治理中，在两岸外海洋事务上也可以使用，两岸完全可以批准

---

① 参见高秦伟：《美国规制影响分析与行政法的发展》，《环球法律评论》2012 年第 6 期。

② 参见［英］休·柯林斯：《规制合同》，郭小莉译，中国人民大学出版社 2014 年版，第 303 页。

各自的公司在南海采用项目制和契约的方式进行石油勘探和开发。例如，世界海洋管理委员会（MSC）1997 年由联合利华和世界野生动物基金会创立，1999年独立，致力于整合国际上渔业标准和形成共识，先后确立了永续渔业的环保标准和渔业生态标签，前者即《海洋委员会永续渔业原则与标准》以联合国粮农组织的《责任渔业行为规范》作为基础，后者是世界上第一个符合联合国粮农组织公布的《海洋捕捞渔业鱼类及与鱼产品之生态标签指导方针》，得到了各个国家的认同和采用，通过市场规制来实现海洋环境可持续发展的目的，可以说 MSC 是企业与第三部门合作的典范。[①]

第三，公共规制工具。公共规制是两岸各自通过制定法律和政策来对涉及两岸海洋事务的事项进行规制，如面对台湾海峡海上走私、私渡和非法捕鱼等问题，这些违法犯罪行为侵犯的法益基本相同，两岸都应通过立法打击，如在两岸交往之初就不断打击海上走私和抢劫等犯罪活动[②]。或者由两岸公权力机关成立共同的机关或制定相应的法律等公共手段共同规制海洋事务，两岸所选择的法律规制工具大多是准入、标准和信息披露。例如，随着信息技术的发展，信息工具成为公共规制工具之一，可以广泛应用，充分发挥两岸现有的海洋事务管理体制的优势，可以建立两岸海洋信息公共平台，对两岸的海洋资源、海洋执法等信息进行共享。

三、法律规制过程的"制度 – 社会"模式

两岸海洋事务合作的法律规制过程是指合作的法律规制提上议程、制定目标、达成共识、创制法律、执行、评估、修改和废止等整个过程，目标在于规范各个主体在海洋事务上的关系。根据冲突管理理论，两岸在海洋事务上的冲突对两岸来说并不一定是坏事，法律规制过程就是化解冲突的过程。两岸海洋事务合作法律规制过程的核心是动态的两岸关系，法律规制压力决定着法律规制过程，两岸行为体之间的关系互动产生了两岸海洋事务合作的动力。例如，台湾对两岸海洋事务法律规制议题存在着"选择性回应"，这是由台湾的政治环境和两岸关系决定的。根据金登的多源流理论，两岸海洋事务合作法律规制的

---

① 参见林文谦：《企业与环境第三部门：海洋管理委员会之研究》，《政策研究学报》第 9 期，2009 年 7 月。

② 《王兆国就海峡两岸合作打击海上犯罪答记者问（1991. 07.21）》，国台办网站，http://www.gwytb. gov.cn/lhjl/la2008q/gaikuang/agree/201101/t20110108_1684743.htm，最后访问日期：2014-11-12。

议程设置受问题源流、政策源流和政治源流的影响，问题的存在是需要法律规制的根源，政策环境因素对议题的设置非常关键，政治源流对政策选择起着最后的影响，只有三个源流汇聚一起时才能开启议程。一般来说，两岸海洋事务合作的法律规制目标比较模糊，民众的关注领域呈现分散趋势，公权力机关的政策输出则较为集中。在法律规制目标达成上两岸公权力机关享有较大的裁量权，要考虑法律规制的政治、社会和经济效果，法律规制并不一定是最优的选择，而往往是经过综合考虑后的次优选择。在法律规制过程中两岸各个主体之间充满了协商谈判、讨价还价和寻求共识，只有当两岸双方的利益契合时才能最终达成共识。随着两岸海洋事务合作日益多样化，法律规制尤其是公共规制不断细化和再分界，越来越多领域的法规范允许行政自主决定的空间，行政机构承接了很多"准立法"的政策形成功能，这就需要在"法律拘束"和"行政自主"之间均衡，兼顾"合法性"和"正确性"，如制定裁量基准等内部规则和完善说明理由等外在程序。两岸各自法律规制在实践中也应该多考虑对方的现实需要和两岸关系的复杂性，唯有通过双方的相互理解最终增进互信，否则相互报复对两岸来说是一个双输的结局。

随着民众的参与程度不断提高，加上公权力机关开始重视程序正当性问题，两岸海洋事务法律规制过程已经逐渐从"制度 – 精英"模式转向"制度 – 社会"的双层模式。在制度层面两岸公权力机关往往是程序化的、正式的，并需要协调各个公权力机关之间的利益，对能否形成议程起着关键作用，为法律规制提供了权威性。然而，在社会层面协商为其提供潜在的动力和压力，通过社会各个主体之间的不断协商为两岸海洋事务法律规制提供民意基础，为法律规制提供了正当性。

第四节　两岸海洋事务合作的法律程序机制

程序具有中立性、自在性和交涉性等特征，是法律的基本表征，可以容纳两岸多样化的价值、确定的"真理"和各自坚持的意识形态。[①] 两岸海洋事务合作的法律机制在一定程度上就是程序机制，完善的法律程序机制是两岸理性选择的保证，通过将民主机制的程序化，限制两岸公权力机关的随意性，提高两

---

① 程序正义是社会正义的基石，哈贝马斯试图超越自由主义民主和共和主义民主，建构程序主义的协商民主，用理性的商谈和决策程序实现话语的协调。

岸海洋事务合作的合法性基础。[①]程序机制是两岸海洋事务合作的非契约基础，当两岸海洋事务合作的实体问题无以解决时，可以通过程序获得正当性或诉诸程序构建就可以解决。一般而言，两岸海洋事务合作的程序机制包括和两岸海洋事务公权力机关的合作程序两岸人民的公众参与机制。

一、公权力机关合作的程序机制

两会海洋事务合作法律的效力可以通过目的正当性获得证成，但更要通过程序的规范性获得证立。[②]从 1990 年《海峡两岸红十字组织在金门商谈达成有关海上遣返的协议》中遣返程序，到《两岸联系与会谈制度协议》，再到 2008 年以来签订的系列协议在一定程度上都是程序性协议，程序性问题是两岸海洋事务合作法律机制的重要内容。两岸公权力机关应在平等协商的基础上构建相应的程序机制推进两岸海洋事务的合作。具体说来，两岸海洋事务管理机关合作的程序机制主要包括以下几个方面：

（一）构建利益诉求的表达机制

由于两岸分隔六十多年，形成了两个"治理体"，在政治、经济、社会和文化等方面具有自身的利益。两岸只有建立在互利共赢基础上，厚植基础，才能形成一种利益和命运共同体的关系，进一步推进两岸海洋事务合作。两岸海洋事务合作在大多数情况下需要协调多元社会主体的利益关切，有的两岸海洋利益冲突一时不能解决，但可以通过一定的程序机制达成利益分享与补偿机制。各主体进入一种程序性的民主协商和交谈，表达各自的意见和利益，并通过程序澄清争议，这可以成为"利益代表模式"。

利益表达是两岸海洋事务合作的起点，尤其是根本利益是不能动摇的，对大陆来说，坚持一个中国原则是大陆的根本利益，是两岸海洋事务合作的政治基石，任何违背一个中国原则的合作都是不可行的。例如，两岸渔事纠纷一直没有签署协议的主要原因是"海基会要求明确划分双方管辖海域范围和管辖权限，以所谓'台湾海峡中线'为界，双方公务船只不得互相过线；最初提出按照'领海'及巡逻线范围的 24 海里进行划分，后来又提出双方管辖海域'互不重叠'，双方公务船只'互不越区'。海基会这些意见，显然违背一个中国原则，

---

① 参见季卫东：《程序比较论》，《比较法研究》1993 年第 1 期。

② 参见祝捷：《论两岸法制的构建》，《学习与实践》2013 年第 7 期。

遭到海协的明确反对。"① 两岸公权力机关的利益表达需要政党、社会组织的参与，构建以利益集团为单元的利益表达方式，而不能基于个人联系的非正式结构表达利益，先达成内部共识，然后通过负责相关海洋事务的机关直接向对方表达。换言之，两岸海洋事务合作的利益表达应该是整体性表达，因为海洋事务涉及各个部门，要重视内部的协商，先在内部缩小分歧，达成共识，特别是在签订协议事务上，相关海洋事务机关和陆委会应该事先征求其他行政机关的意见，也要做好与立法机构的沟通，避免被贴上"倒中卖台"的标签。例如，服务贸易协议在台湾"立法院"受阻的主要原因之一就是在于台湾内部各个公权力机关之间协商不足，尤其是行政机关和立法机关两岸协议的监督方式存在分歧。两岸公权力机关要以建设性的对话代替敌对性的抗衡，不能只考虑自身的利益，也需要以善意、诚意和同理心考虑对方的利益，推进良性互动，化解隔阂误会。在与往两岸公权力机关交往过程中，有时台湾在与大陆的交往过程中设置障碍，对台湾有利的就放开，不利的就要进行限制，两岸服贸协议的受阻就是例证。因此，两岸公权力机关应该提高自身获取和处理信息的能力，这样才能够在了解对方关切的情况下，根据自身情况提出恰当的诉求。需要说明的是，利益表达是双向、整体意义的表达，最终受益主体是两岸人民，大陆在制定政策时应该考量台湾基层民众的利益。

（二）通过协商谈判形成共识

协商谈判在本质上是一种沟通理性，是相互理解、相互说服、相互认同和达成共识的过程。两岸海洋事务合作法制的建构是一个沟通的过程，任何两岸海洋事务合作法治化都充满了审议式和协商性，实现理性共融与合作共识，从而实现两岸的权力意愿和控制意图的传达，通过规范方式表达支撑两岸的优先政策。两岸相关公权力机关秉持交往理性，根据自己的利益和观念展开对话和说服的过程，从多样性中重建同一性，在差异中形成价值和规范的普遍性。"利益冲突的存在并不排除全体一致的达成，而只是使讨论有必要一致进行到找到合适的妥协为止。"② 两岸在海洋事务上通过开放对话和平等协商，寻求利益契合点，在互动中消除误会和隔阂，最终达成共识性决议。这个过程需要透过反复

---

① 《两岸对话与商谈情况概述》，国台办网站，http://www.gwytb.gov.cn/lhjl/la2008q/ gaikuang/ 201101/ t20110108_1684748.htm，最后访问日期：2014-11-22。

② [美] 詹姆斯·M.布坎南、戈登·塔洛克：《同意的计算——立宪民主的逻辑基础》，中国社会科学出版社 2000 年版，第 279 页。

论辩的民主沟通程序构建理性、开放和弹性的协商机制，应愿意妥协和懂得妥协艺术，对彼此关切的问题进行交流，基于反思理性实现双方矛盾的动态平衡化，兼容多元价值，防止实质性价值争论的激化，容纳和适当处理双方的异议，维护多元利益格局。详言之，第一，两岸公权力机关对两岸关系中不同议题的争议进行明确、清楚的表达，双方能了解对方的利益、立场和观念所在，为双方的有效谈判建立前提；第二，两岸公权力机关应对各自的主张提出具体的理由，包括对作为理由的意识形态或价值偏好的合理性也应说明，不能为坚持而坚持，也不能为反对而反对，这一过程是包容性和公共性的，是信息、理由和观点之间的对撞，而不是力量和利益的较量；第三，两岸公权力机关可以对彼此的主张和相关理由给予反驳，对自己的主张进一步阐明，并在这一过程中审视和吸纳对方的合理意见；第四，两岸公权力机关在吸纳对方意见的基础上，修正自身的不足寻求两岸共同认可的解决方案，在差异中寻一致，在对立中求妥协，在分歧中找共识，如果暂时不能够取得共识，可以暂缓协商谈判，但可以随时补充证据和更新观念，重启谈判，并没有任何外界的强制。①

　　由于立场分歧、信息阻隔和利益的分割性等原因，两岸达成共识和妥协比较困难。这就需要构建多管道、多层次和多体系的沟通渠道，除保留两会协商外，应发挥两岸事务部门直接联系沟通机制的作用，就自己权限内的问题进行协商。如果两岸取得最终共识比较困难，可以提出各自关切的问题以及初步解决方案，在这一过程看是否存在重叠性共识，先从容易达成共识的问题上着手。如果部分问题没有取得整体或永久性共识，但可能存在部分或暂时性共识，先解决这方面的问题，在两岸交往过程中可以进一步消弭分歧，逐步取得共识。当然，两岸公权力机关的协商谈判是双方为追求共同利益，相互尊重对方，在平等的基础上形成共同的决策，所获得的结果至少比维持现状更好，符合帕累托最优。两岸即使有的问题在协商谈判过程中遇到一时难以解决的问题，可以暂时搁置起来，不去挑战对方的核心利益，一方面不断创造条件，另一方面增加接触交流的管道和方式，在谈判过程中累积互信，逐步克服内部的歧见和疑虑，为进一步的协商谈判做好铺垫。例如，当初两岸直航谈判，对于航线定位问题，最后双方共同接受"两岸航线"。此外，两岸海洋事务合作的共识形式并不仅仅是两岸协议，也可以是会议纪要、共同意见和备忘录等形式，在达成正

---

① 参见唐桦:《两岸关系中的交往理性》，九州出版社 2011 年版，第 102—105 页。

式协议之前，两岸也可以达成非正式共识，为正式协议的签订累积经验，如两会曾经就两岸共同防御自然灾害、陆资赴台投资等事项达成共识，为后来相关协议的签署起到了重要作用。两岸对具体领域的海洋事务进行具体的商谈合作，也可以由两岸海洋事务公权力部门直接组成"专责小组"，在解决具体问题的过程中累积共识和经验。

两岸应该明确达成共识的程序性问题，一旦完成相关程序就是达成了共识，对双方都有约束力，未有特殊情况和协商不能随便推翻共识。例如，1994年2月两会负责人会谈已经就"违反有关规定进入对方地区人员之遣返及相关问题协议""两岸劫机犯等遣返协议"和"协商两岸海上渔事纠纷处理协议"议题中的难点达成共识，但海基会在3月的两会工作性商谈中推翻大部分共识；8月两会负责人再次就解决三项议题的症结问题达成书面共识，海基会负责人在有海协会负责人在场情况下向记者宣布，但在11月的两会工作性商谈时又几乎逐条推翻。[①]1995年1月底两会负责人达成前两项协议，在草签前夕海基会再次予以否认，对此，海协会则认为"两会负责人……就该两项协议的内容与文字达成一致意见，随后即指定两会工作人员核对该两项协议文本，以备签署"，海基会认为这两项议题尚在"幕僚作业阶段，未经主谈代表商定"，而对后一项海基会认为"双方分歧较大之部分在于'自行或试行和解'，依以往共识为基础"，而海协会则认为"并未以以往共识为基础，反而重提已经撤回的表述"。[②]

（三）基于内部程序的实施机制

由于两岸没有进行政治性协商，两岸海洋事务合作多停留在功能性和事务性领域，两岸共识的实施需要内部机制。这在两岸外海洋事务合作中也是如此，目前两岸以跨两岸的方式参与两岸外海洋事务并不可能，只能是两岸在"一个中国"基础上依照相关国际规则以两岸名义共同参与。除两岸内各自立法外，两岸协议、会议纪要、备忘录和共同意见等都是两岸共识的形式。其中，两岸协议是两岸公权力机关共识的主要载体，但目前两岸协议大多是程序性协议，从生效到具体落实都与两岸内部程序紧密相关。如2009年5月《两岸共同打击犯罪及司法互助协议》签署后，台湾地区"法务部"的新闻稿声称："相关之合

---

① 《两会对话与商谈情况概述》，国台办网站，http://www.gwytb.gov.cn/lhjl/la2008q/gaikuang/201101/ t20110108_1684748.htm，最后访问日期：2014-12-11。

② 《海协会关于就"协商两岸海上渔事纠纷处理协议"》，国台办网站，http://www.gwytb.gov.cn/lhjl/la2008q/ job/8th/201101/t20110108_1684622.htm，最后访问日期：2014-12-11。

作内容，系在我方现行的法令架构及既有的合作基础上……同时律定合作之程序及相关细节，提升合作效率及质量。"因此，两岸共识实施也主要是基于两岸各自的内部程序，大多只是构建了两岸合作的具体程序机制。以两岸协议为例来说，第一，在两岸协议生效方面，从早期的"自双方签署之日起××日生效"，到"自签署之日起各自完成相关准备后生效，最迟不超过××日"，再到"本协议签署后，双方应各自完成相关程序并以书面通知另一方。本协议自双方均收到对方通知后次日起生效"。[①] 这说明协议从两岸间程序占主导逐渐转变为两岸内程序占主导，这也是两岸服务贸易协议生效受阻的主要原因之一，两岸尤其是台湾应完善各自的内部立法，争取在两岸海洋事务合作中将生效条款回归到原先实践中，避免不确定性。第二，在两岸协议的联系主体制度方面，在涉及对方事务上通过联系制度对有关问题进行协商，这种协商是运用性商谈，不同于在达成共识阶段的建制化商谈。一般来说，两岸协议的议定事项通过中介组织[②]、业务主管部门指定的联络人或其他单位、工作小组或会议机制联系等，其他协议相关事宜由两会进行联系。第三，在两岸协议内容的方面，很多事项是两岸公权力机关业务交流、信息共享和请求协助等程序性事项，很少涉及两岸各个公权力机关尤其是行政机构按照内部的程序履行。第五，在两岸协议的争端解决方面，很多两岸协议除规定协议实施中的争端通过协商方面解决，也授予私人主体相应的行政救济或其他争端解决机制。

二、公众参与的程序性机制

公众参与主要是在两岸公权力机关海洋事务合作的决策和实施过程中，允许和鼓励利害关系人和一般社会公众就相关问题以表达意见、提供信息等方式参与到相关决策的制定和实施过程中。两岸的协商谈判是政治和事务决策者层面的商谈，但现代政治已经逐渐社会化，民意尤其台湾民间社会的共识对两岸协商进程的影响非常大。作为重要的法律程序机制，公民参与具有天然的合法性，成为现代社会公共事务中不可缺少的一环，是两岸海洋事务合作的法律机

---

① 从 2009 年 4 月 26 日的《海峡两岸空运补充协议》开始变为"自签署之日起各自完成相关准备后生效，最迟不超过 XX 日"，2010 年 6 月 29 日《海峡两岸经济合作框架协议》后改为"本协议签署后，双方应各自完成相关程序并以书面通知另一方。本协议自双方均收到对方通知后次日起生效"。

② 例如，《海峡两岸海运协议》第 10 条第 1 项规定："本协议议定事项，由海峡两岸航运交流协会与台湾海峡两岸航运协会联系实施。必要时，经双方同意得指定其他单位进行联系。"

制得以运作的动力机制。现代公众参与的程序机制不仅可以控制公权力机关的恣意和提供合法性基础，而且还是信息收集和处理和调节公权力机关之间及其与私人主体关系的过程，通过各种灵活方式凝聚两岸海洋事务合作的规制目标和最佳化规制方法。①

具体来说，第一，在现代社会，公众参与是行使公民权利和履行公民义务的具体形式，两岸海洋事务合作涉及两岸民众的权利义务事项，需要两岸民众积极参与到两岸相关海洋事务的制定和执行中，以保障两岸民众的知情权、参与权、表达权和监督权。第二，程序正义是法治的核心要义，公民参与是程序正义的必然要求，不仅可以作为提供信息的机制，而且可以为法律机制提供程序正当性基础。例如，2014年"太阳花学运"的口号之一就是反对"黑箱服贸"。由于海洋事务的利益群体众多，加上海洋事务具有专业性，在相关决策制定和实施过程中扩大公民参与，不仅可以增进民众对海洋的认识，也可以均衡各个群体的利益诉求，从而提高决策的正当性与合理性，增进相关政策的可接受性。第三，两岸交往过程中存在着"民主赤字"，公众参与是民主的一种实现方式，是两岸政策合法性的基石，可以通过公众参与化解两岸相关政策的"合法化危机"，提高两岸海洋事务合作法律机制的正当性和可操作性，同时避免台湾内部的政党滋扰和公权力机关滥用权力，化解台湾"宪政体制"的结构性矛盾，避免《两岸服务贸易协议》受阻之类的事件再次发生。第四，在以往两岸协商谈判过程中，出现过虽然两会已经达成共识，但台湾当局不断出尔反尔的情况，如果公众参与到两岸谈判协商过程，就可以约束和监督两岸公权力机关，维持两岸海洋事务合作的稳定性和可预期性，有效实施和贯彻相关法律制度。第五，两岸民众通过各种渠道参与到两岸海洋事务合作过程，可以产生共同的经历、共同的价值和共同的利益，形塑两岸民众之间的互信，最终推进两岸海洋事务合作的进程。②

两岸的海洋立法和海洋政策都鼓励公众参与到海洋事务管理的过程中，但在以往两岸协商过程包括海洋事务的协商过程中并没有完善公众参与机制，两岸极少就两岸协商议题、内容和进程征询公民意见，更缺少制度化的动力，很多只是停留在事前通知和事后发布的程序。公众参与既包括两岸海洋事务合作的决策过程中的参与，也包括两岸海洋事务政策执行过程中的参与，在这两个

---

① 参见戚建刚：《"第三代"行政程序的学理解读》，《环球法律评论》2013年第5期。
② 参见沈惠平：《社会认知与两岸互信的形成》，《台湾研究集刊》2013年第1期。

过程中两岸民众在参与范围、参与事项和意见衡平等方面有一定的差别。例如，随着网络时代的到来，网络信息技术的发展使两岸民众的广泛参与成为可能，公众可以通过网络大范围参与两岸海洋事务合作治理，尤其是很多社会组织在两岸海洋事务合作过程中的作用应重视。在不同的两岸海洋事务合作机制中，公众参与程度应有一定的差别，如涉及两岸海洋事务的司法过程，为保障司法独立，司法机关只能参考而非依从民意，以避免民意的恣意。

两岸已经开始重视两岸协商过程中的公民参与及其制度化，例如台湾"行政院"版的"台湾地区与大陆地区订定协议处理及监督条例草案"第7条和第8条规定协议权责主管机关、陆委会和相关机关在协议议题形成阶段、议题业务沟通阶段、协议签署前阶段和协议签署后阶段，应该通过出席或办理各项说明会、座谈会、协调会或公听会等方式与社会大众进行沟通及咨询，依其获得的意见和资讯应作为协议协商、签署和执行的参考。①

第五节　两岸海洋事务合作的争端法律解决机制

两岸海洋事务合作是两岸关系发展的缩影，必然会受政治经济社会因素的影响。两岸各方主体因为身份、利益或价值等原因难免会发生各种各样的纠纷和争端。需要一套有效且权威的争端解决机制予以保障。争端法律解决机制的构建必须符合两岸关系的现状，不受现有争端解决机制类型的拘束，大胆创新现有的机制，化解两岸海洋事务合作过程的歧异，进一步推进两岸海洋事务合作的进程。

一、争端法律解决机制的界定

两岸海洋事务合作是建立在法律规则基础上的，不可避免会产生各种法律争端，两岸在涉海争端法律解决实践中也积累了很多经验，尤其是长期存在的渔事纠纷，如2008年时任基隆市市长张通荣为解决两岸渔事纠纷等议题访问大陆。由于两岸关系的复杂性，加上两岸涉及的海洋事务异常繁杂，主体相对多元化，迄今没有建立起一套完整的争端法律解决机制，从以往的解决争端的实

---

① "台湾地区与大陆地区订定协议处理及监督条例草案条文对照表"，"行政院大陆委员会"网站，http://www.mac.gov.tw/ct.asp?xItem=108534&ctNode=7596&mp=210，最后访问日期：2014-12-25。

践来看，涉海争端法律解决具有问题的多元化、方式的多样化和结果的个案性，只能在实践基础上根据海洋事务的类型甚至两岸关系的发展进行不同建构。需要说明的是，两岸海洋事务合作过程中产生的争端包括法律争端、事实争端和政治争端，其中事实争端是对相关海洋事务中存在的事实如海洋数据等争端，政治争端是两岸政治关系在两岸海洋事务领域的延伸，如两岸在南海和东海主张上存在的"国号争议"；法律争端是指两岸海洋事务合作中涉及两岸法律事务和可以通过法律途径解决的争端，可以分为程序性争端和实体性争端。有的政治争端涉及法律问题，但实质并不是一个法律问题，法律机制解决具有一定的局限性，最好由两岸通过沟通商谈的方式解决。当然，很多法律争端和政治争端之间的区分并不是绝对的，很多复杂的海洋事务争端可以分为政治侧面和法律层面。① 两岸海洋事务合作的法律争端虽然可以通过法律方式解决，并不否认其可以通过政治方法或其他方法来解决。因此，两岸海洋事务合作的争端法律解决机制是在两岸海洋事务合作过程中解决法律事务争端的总括性安排，是两岸各个主体共同完成的具有高度专业性、技术性和妥适性的程序机制。

二、类型化多元模式的构建

两岸海洋事务合作过程中涉及的法律争端非常复杂，可以"功能最适"作为两岸构建海洋事务争端法律解决机制的基本出发点。详言之，两岸以相关争端最终解决为出发点，在"一个中国"框架下尊重两岸各自的涉海洋事务争端解决机制，并根据两岸政治经济社会发展的需要、海洋事务争端的类型及两岸关系的发展，通过两岸都能够接受的方式创新和完善相关的争端法律解决机制。此外，两岸外海洋事务合作的法律争端主要是两岸官方的争端，即使是法律争端也具有一定的政治性，不同于两岸间海洋事务合作涉及诸多非官方机构和个人，做作适当的区隔。

一般来说，两岸外海洋事务争端中涉及国家领土和主权权益的事项，两岸的分歧主要是政治符号和参与身份等方面，这是两岸在"法统"或宪制层面的问题，既是政治争端也是法律争端，只有通过协商谈判的方式解决。至于其他的两岸海外海洋事务争端，台湾一般主张按照国际条约和国际组织的争端解决方式解决，而大陆主张虽然共同参与同一个国际组织和条约，但两岸同属一个

---

① 参见禾木:《国际裁判中的法律争端和政治争端》,《中外法学》2013 年第 6 期。

国家，两岸之间的争端是一个国家内的争端，不主张将其按照国际争端解决方式。以上主张都有其合理的地方，也存在一刀切的问题，涉及其他国家和地区的国际海商事纠纷可以按照国际争端解决机制进行，而其他的法律争端应按照协商的方式解决。① 此外，两岸外海洋事务本质上是国际海洋事务，有的两岸合作争端是因为涉及国际海洋争端解决，因为国际海洋事务的当事方一般是主权国家及其他国际法主体，两岸可能因为政治符号等名称发生争议。国际海洋法尤其《国际海洋法公约》是规范国际海洋秩序的基本法律，各方依据国际海洋法进行博弈，两岸共同面对的国际海洋事务具有综合性，这只能从构建国际海洋争端机制入手。和平解决国际争端是当今世界的主流，包括政治方法和法律方法，具体方式有谈判、协商、斡旋、调停、调查、和解、仲裁和司法等。② 法律方式在解决海洋争端尤其是海洋主权争端中存在着不确定性，涉国家海洋权益的事务应通过政治方式更容易解决。因此，两岸合作应构建多方涉事主体参与的海洋解决机制，对涉及海洋领土主权的争端通过双方协商解决，而对功能性或事务性的争端则多方协商。

　　两岸间海洋事务合作的法律争端比较多样，分为私人主体间的争端、私人主体与公权力机关之间的争端以及公权力机关之间的争端，甚至也涉及政治性争端，应对这些争端类型建构阶层式的争端解决方式，即先私后公、先内到外和先调解协商再法律解决。在这一原则下构建的争端法律解决模式是一种类型化多元模式。具体来说，有以下几种争端解决方式：一是责任条款，即两岸在事前的合作协议上订定相关归责原则和责任形式等问题，对违反相关协议的行为应承担相应的责任，责任承担方式主要包括协议履行和补偿损失。③ 二是协

---

　　① 随着国际法治不断发展，第三方解决争端机制逐渐成为国际法治的典型方式。近年来我国也开始参与国际组织的解决争端程序，如2001年中国接受世界贸易组织争端解决机制的强制管辖、2009年12月7日，我国首次在国际法院就科索沃咨询案做口头陈述，2010年8月18日，我国第一次参与国际海洋法庭的司法程序，向国际海洋法庭海底争端分庭提交"国家担保个人与实体在国际海底区域内活动的责任与义务问题咨询案"书面意见。

　　② 1899年《海牙和平解决国际争端公约》颁布以来，国际争端解决解决方法经历了一个由强制方法向和平方法转变的过程。《联合国宪章》第33条第1款规定："任何争端之当事国，于争端存在足以危及国际和平与安全之维持时，应尽先以谈判、调查、调停、和解、公断、司法解决、区域机关或区域办法之利用，或各国自行选择之其他和平方，求得解决。"联合国大会在1949年修改并更新了1928年《和平解决国际争端总议定书》后，又分别于1970年和1982年通过《国际法原则宣言》和《关于和平解决国际争端的马尼拉宣言》，进而确认和澄清了和平解决国际争端的具体法律义务。

　　③ 参见何渊：《区域性行政协议研究》，法律出版社2009年版，第131页。

商解决模式，目前这是很多两岸协议中采用的方式，对两岸海洋事务合作过程中存在的任何问题可以由双方进行具体的谈判协商解决，这种方式符合两岸关系发展的现状。三是调解模式，由当事主体之外的第三方居中劝说，寻找双方可以互相妥协的方案，涉海洋事务的社会组织也可以成为两岸海洋事务公权力机关之间的调停人。第四，内部程序模式，在以往很多两岸协议中规定了行政救济等内部救济机制，这主要涉及两岸内部的救济程序，但在管辖权和法律适用方面可以适当考虑对方立法，在明显对一方当事人不同时可以参考对方立法进行解释，对民商事法律甚至可以直接适用。第五，组织化模式，两岸经济合作委员就承担一定的争端解决职能，未来两岸渔事合作小组甚至海洋事务合作委员会可以参与争端解决，甚至可以成立专门的海洋事务争端解决机构。第六，仲裁解决，两岸私人主体的民商事争端可以在两岸协议或相关合同文本中引入仲裁条款，最先选择仲裁解决机制，因为海商法在全球具有高度的一致性，虽然台湾没有加入相应的条约，但只要和内部法律条款不矛盾，两岸可以允许在仲裁协议或仲裁条款中指定适用相关国际条约。目前，两岸海洋事务合作法律争端主要是通过协商谈判或司法裁判的方式解决的，只有在未来两岸海洋事务合作全面展开后，其他争端解决方式才能发展起来。

第五章　两岸间海洋事务合作的法律治理

两岸间海洋事务只涉及两岸关系，政治敏感性相对较小，加上很多海洋事务必须合作才能解决，这也推动了两岸间海洋事务的合作。近年来，两岸间海洋事务合作逐渐从非正式合作逐渐走向制度化合作，很多两岸协议都涉及海洋事务，加上两岸各自海洋立法中也有很多涉及对方，这在事实上已经形成了法律治理模式。虽然在实践中存在很多问题，离体系化仍然很远，两岸海洋事务合作的困顿和法律治理模式单一和僵化有很大关系。纵观两岸间海洋事务合作法律治理的实践轨迹，各自推动和协议衔接是主要形式，但受政策的影响非常大，并且突出私人主体的地位。背后的生成机理是海洋事务的复合依赖、制度环境的耦合、协商性的交换过程和制定者的选择空间，但仍然存在着"有组织的无序"的现实困境。因此，两岸应建立和健全基于"关系法"的公权合作、基于作用法的社会协同和基于组织法的内部协调的治理结构，在此基础上通过核心制度、支持性制度和技术性制度完善两岸各自海洋事务立法、健全两岸间海洋事务协议、创新两岸行政规制方式、审视两岸司法机关角色和建构两岸间海洋事务合作组织。

第一节　两岸间海洋事务合作的法律实践

与两岸外海洋事务合作相比，虽然两岸间海洋事务合作不涉及第三方，较少涉及政治性海洋事务，主要是事务性和功能性海洋事务的合作。两岸间海洋事务合作的法律治理主要由两岸各自推动，或通过相关协议对实践中需要合作的事项进行规定，实际上多是两岸间的联系和磋商机制。可以说，两岸间海洋事务合作法律治理的实践逻辑是压力型，在此实践逻辑下的法律模式也具有自身的特征，这主要是两岸关系的现状决定的。

一、两岸间海洋事务合作的法律进路

两岸交往产生了很多海洋事务上的问题，需要两岸共同解决，两岸法制的最初构建就是从海洋事务开始的。由于两岸的政治现状，两岸海洋事务合作的法律进路既不同于一国内地方之间的合作，也不同于国家间的合作机制。

（一）各自推动与协议衔接

随着两岸不断扩大的人员、资金和货物往来，各种衍生的海洋问题也不断出现，相关的法制需求也不断出现，但两岸的政治定位仍然没有解决，两岸海洋事务的联合立法并不可能，只能由两岸在各自法域内制定调整在本法域涉两岸间海洋事务及其适用的规范性文件，作为两岸涉对方事务法律体系的重要组成部分。1992 年 7 月台湾颁布的"台湾地区与大陆地区人民关系条例"作为台湾涉大陆事务综合程度最高的规范性文件，其中第 29 条、第 32 条对大陆船舶和其他运输工具未经许可进入"限制或禁止水域"可以由相关机关进行处罚。"台湾地区和大陆地区人民关系条例施行规则"第 42 条、第 43 条、第 44 条和第 45 条对其进行了明确规定。由于两岸在海洋事务上面对相同的问题，并不是任何一方可以完全解决的，只有合作才能更好解决问题。为了解决两岸民间交往衍生出来的问题，两岸签订涉及海洋事务的两岸协议，1990 年《金门协议》是两岸间海洋事务合作的肇始，2008 年以来台湾政治生态的转型，达成了更多涉及海洋事务合作的协议，构建一系列两岸海洋事务合作的两岸协议，有的是专门涉及海洋事务的，如《海峡两岸海运协议》，有的虽然是综合性协议，但海洋事务是重要组成部分，例如 ECFA 就涉及两岸海洋事务的合作。

表 5-1：两岸海运相互开放措施表

时间	开放措施
1995	1995 年 5 月，台湾公布"境外航运中心"方案，并订定"境外航运中心设置作业办法"，并在高雄设置"境外航运中心"。
1996	1996 年 8 月，交通部与外经贸部先后公布《台湾海峡两岸间航运管理办法》与《台湾海峡两岸间货物运输代理管理办法》，并指定厦门、福州两个港区作为两岸间船舶直航的试点口岸。 1996 年 10 月，交通部发布《关于实施 < 台湾海峡两岸间航运管理办法 > 有关问题的通知》，同意两岸权宜轮船舶经核准，可航行大陆试点口岸与台湾境外航运中心港口间。

1997	1997 年 1 月 17 日，台湾解除经第三地两岸定期航线的业务限制。 1997 年 1 月 22 日，"台湾海峡两岸航运协会"与"海峡两岸航运交流协会"在香港就"境外航运中心"之开航细节交换意见，达成共识，并签订会谈纪要。 1997 年 4 月大陆公布《关于加强台湾海峡两岸间接集装箱班轮运输管理的通知》。 1997 年 4 月 19 日，大陆"盛大轮"由厦门港首航高雄港，"境外航运中心"正式启动。 1997 年 5 月 2 日和 24 日，"海基会"与"香港船东协会"分别在香港与台北经过二次协商，就台港航运之维持达成共识，并签订《台港海运商谈纪要》。 1997 年 6 月 30 日，台湾解除陆资船赴台营运的限制。
2000	2000 年 3 月 21 日，台湾立法机构通过"离岛建设条例第十八条"，规定"为促进离岛发展，在台湾本岛与大陆地区全面通航之前，得先行试办金门、马祖、澎湖地区与大陆地区通航。" 2000 年 12 月 13 日，台湾行政机构通过"试办金门马祖与大陆地区通航实施办法"。
2001	2001 年 1 月 1 日，台湾依据"两岸'小三通'推动方案及执行计划"开放金门、马祖与福建沿海通航，两岸所登记之船舶得直航金门与厦门和马祖与福州间，这是第一次由两岸登记的船舶合法载运人货在两岸港口间直航。 2001 年 11 月，两岸先后加入 WTO，台湾扩大"境外航运中心"功能，允许大陆货物进入出口加工区、工业园区、科技园区及保税区加工后再出口。
2003	2003 年 8 月 13 日，台湾地区领导人陈水扁提出"两岸直航三阶段"，规划两岸通航分三阶段实施，即第一阶段是 2004 年 3 月 20 日台湾大选前先推动"两岸货运便捷化"措施，作为"准备"阶段；之后进入第二阶段，即"协商"阶段；2004 年底前进入第三阶段，即"实践"阶段。 2003 年 8 月 15 日，台湾陆委会公布"两岸直航之影响评估"报告 2003 年 10 月 9 日，台湾立法机构通过"两岸人民关系条例"修正条文，要求"交通部"于该法修正通过十八个月内，完成一项航行大陆地区的许可管理办法。 2003 年 12 月 17 日，国务院台湾事务办公室发表题为《以民为本，为民谋利，积极务实推进两岸"三通"》的政策说明书，提出对于两岸"三通"的基本立场与政策主张，主张由两岸民间行业组织协商"三通"问题。

2004	2004 年 3 月，大陆开放准许包括长荣海运、丹麦麦司克的国际班轮业者可以直航的方式在同一航次挂靠大陆及台湾港口，装运大陆与第三地的进出口货。 2004 年 5 月 7 日，台湾"交通部"与陆委会联合对外公布"两岸海运便捷化"措施，对国际定期航运做相对的开放。 （1）增加境外航运中心适用港口，又开放基隆港与台中港。 （2）将境外航运中心业务范围，从经营"转运货"，扩大至载运大陆与第三地"进出口货"的国际班轮也可以申请境外航运中心业务，直接航行大陆港口与境外航运中心港口间。
2006	2006 年 6 月 14 日，台湾行政机构修正"试办金门马祖与大陆地区通航实施办法"第 10 条部分条文，开放澎湖加入金门、马祖与福建沿海通航。在澎湖涉户籍六个月以上的台湾地区人民，可以申请许可从金门、马祖入出大陆地区。
2007	2007 年 4 月 29 日，大陆相关部门负责人在"第三届两岸经贸文化论坛"闭幕式上宣布台湾航运企业可直接在大陆设立独资船务、集装箱运输船务、货物仓储、集装箱场站、国际船舶管理、无船承运及合资国际船舶代理。
2008	2008 年 6 月 19 日，台湾行政机构通过"试办金门马祖与大陆地区通航实施办法"修正案，全面放开台湾地区人民、外国人、港澳居民经许可后由金门、马祖进入大陆地区。 2008 年 9 月 4 日，台湾行政机构进一步放宽金门、马祖与福建沿海通航的人员、航运和贸易等限制。 2008 年 10 月 15 日，台湾行政机构将澎湖加入金门、马祖与福建沿海通航行列。 2008 年 11 月 4 日，两会签署《海峡两岸海运协议》。

资料来源：作者根据资料重新整理。①

　　各自推动的主要形式是立法修改，它和协议衔接之间是一种交叉关系，有的两岸间海洋事务合作先通过内部立法的制定和修改，然后由两岸再签订相关的海洋事务协议，或者两岸先签订协议，如果和内部立法相违背，则应修改内部立法。例如，两岸"三通"的过程就是各自推动与协议衔接的典型。（表 5-1）当然，在签订了两岸协议后，两岸的海洋事务法律实施就建立起了联系沟通机制，两岸各自去实施，必要时协助。例如，非法或越界捕鱼是两岸间海洋事务合作的重要问题，两岸在《海峡两岸共同打击犯罪和司法协助协议》多次合作执法，2014 年 10 月台湾"海巡署"和大陆的海监总队在金门海域共同执法就

---

① 参见包嘉源、张志清、林光:《影响两岸海运通航之关键因素》,《航运季刊》第 17 卷第 1 期，2008 年 3 月。

是一例。①

当然，有的目前只有通过各自推动立法的方式进行合作。例如，1998 年公布了《中华人民共和国专属经济区和大陆架法》和《中华人民共和国领海和毗连区法》，1996 年 5 月 15 日公布了《中华人民共和国领海基线》，虽然将金马纳入，但并未规定台、澎、钓鱼岛和东沙、南沙等地方，只是表明另行公布。台湾在 1998 年 1 月 21 日公布"领海及邻接区法"和"专属经济海域及大陆礁层法"，1998 年 12 月 31 日也正式公布了第一批"领海基线"，也没有包括大陆沿岸和西沙。②两岸对涉及对方的部分采用模糊"一省略，一包含"的策略，避免了两岸之间的不一致，在公布"领海基线"时声明分批公布的方式，可以随两岸关系不断发展而动态调整地安排。这是两岸理性自制和友好体谅的表现，既回避了敏感的政治问题，又共同维护了国家的海洋权益。2012 年 12 月 24 日经由联合国秘书长向"大陆架界限委员会"提交"东海部分海域二百里以外大陆架外部界限划界案"，这是 2009 年向大陆架界限委员会提交《中华人民共和国关于确定二百海里以外大陆架外部界限的初步资讯》的后续动作，明确说明"中国政府提交划界案不妨害中国以后在东海或其他海域提交其他划界案"。这两次尤其是 2009 年不涉及台湾及其附属岛屿，向台湾表示出政治善意，由于台湾没有重视，在 2012 年文件二图中明白表明钓鱼岛、黄尾屿、赤尾屿和台湾岛，并说明台湾岛和钓鱼岛的地质连接关系，但向南并不涉及钓鱼岛列屿与台湾，表明了对两岸关系的善意考虑。③

（二）政策场域中的法制建构

两岸间海洋事务合作基本不涉及国家主权和政治符号的争议，两岸合作的压力相对比较小，一直以来都是两岸交往的重要议题，也取得了重大的发展。在以往很长时间内，两岸涉海洋事务的立法比较粗疏，但随着海洋的地位在一个国家发展中的地位越来越重要，两岸的海洋意识逐渐提高，特别是《国际海洋法条约》的生效，两岸都加速制定了各自的海洋政策，尤其是台湾将海洋提

---

① 《陆渔船越界，"海巡署"：以激烈手段抵抗，我取缔》，风传媒网，http://www.storm.mg/article/37213，最后访问日期：2015-4-2.

② 关于南沙群岛等海域的领海基线两岸没有宣布，台湾"行政院"公告的末段指出："传统 U 形线内之南沙群岛全部岛礁均为我国领土，其领海基线采直线基线及正常基线混合基线法划定，有关基点名称、地理坐标及海图，另案公布。"大陆的《专属经济区及大陆架法》第 14 条明文规定："本法的规定不影响中国享有的历史性权利。"

③ 参见胡念组：《中共启动东海新局》，《中国时报》2012 年 12 月 27 日。

高到"海洋兴国"或"海洋立国"的高度，先后颁布了一系列的海洋政策，这在一定程度上影响着海洋立法的进程和构造，很多海洋事务立法是两岸海洋政策的具体化、制度化和规范化（表5–2）。

由于两岸关系的特殊性，除海洋政策对两岸的海洋立法影响较大外，两岸政策尤其是台湾的大陆政策对涉两岸的海洋事务立法和两岸协议的关系更为密切，换句话说两岸的涉两岸海洋事务立法既受各自的海洋政策影响，又受两岸政策的影响。两岸间海洋事务合作受政治生态的影响比较大，陈水扁由于"台独"倾向，两岸间海洋事务合作并没有进展，甚至还出现倒退，如2003年废止了"南海政策"。直到国民党2008年重新执政，两岸在"九二共识"的政治基础上在共同打击海上犯罪、海洋运输、船员合作及海上联合搜救等领域取得了重要进展。同样因为台湾的"不统、不独、不武"和"互不承认主权、互不否认治权"的政策，使两岸间海洋事务合作的重要性和可行性毋庸置疑，但迟迟不能取得更大进展，大陆多次主张扩大两岸间海洋事务合作的领域，但台湾却一直踟蹰不前。台湾在整个大陆政策下制定了系统的涉及两岸间海洋事务合作的政策，并且根据两岸关系的发展不断调整，这些政策相对来说比较原则，在很大程度上由台湾的公权力机关在制定相关海洋立法实施。

大陆的台湾政策一直以来比较稳定，对两岸各个领域的交往持积极主动态度，在海洋事务合作领域也是极力推动。由于台湾的特殊战略地位和两岸关系的和平发展，两岸间海洋事务合作是大陆在制定海洋政策和规划时必须考虑的内容之一。近年，国家海洋政策不断出台和完善，中央和地方各级政府对海洋的重要性及其在两岸合作中地位的认识不断提高，这奠定两岸海洋事务合作的基础，提供了两岸间海洋事务合作的契机。在中央政府层面，包括专门的海洋规划和综合性经济社会规划，如《中华人民共和国国民经济和社会发展第十二个五年规划纲要》《国务院关于支持福建省加快建设海峡西岸经济区的若干意见》《海峡西岸经济区发展规划》。各个沿海省份也制定相关的规划，如《浙江省海洋经济发展示范区规划》《山东半岛蓝色经济区发展规划》《福建省人民政府关于支持和促进海洋经济发展九条措施》，尤其是在《福建省海洋矿产资源勘查开发实施方案》中明确指出要加大海峡两岸海洋矿产开发合作的力度，通过交流合作培养相应的技术人才，尤其是中国地质调查局台湾海峡地质研究中心与福建省台湾海峡地质研究所构建平台。

表 5-2：两岸主要海洋事务立法一览表

类型	大陆	台湾
海洋主权权益	1. 专门立法 中华人民共和国关于领海的声明（1958） 中华人民共和国领海及毗连区法（1992） 中华人民共和国专属经济区和大陆架法（1998）关于钓鱼岛及其附属岛屿领海基线的声明（2012） 中华人民共和国海域使用管理法（2001） 中华人民共和国海岛保护法（2010）	1. 专门立法 "领海及邻接区法"（1998） "专属经济海域及大陆礁层法"（1998） "第一批领海基线、领海及邻接区外界线"（1999） "海岸管理法"（2015）
海洋安全	1. 专门立法 中华人民共和国海上交通安全法（1983） 海洋观测预报管理条例（2012） 铺设海底电缆管道管理规定（1989） 中华人民共和国船舶和海上设施检验条例（1993） 中华人民共和国海上交通事故调查处理条例（1990） 中华人民共和国渔业法渔港水域交通安全管理条例（1989） 2. 相关立法 中华人民共和国海关法（1987）	1. 专门立法 "海上捕获条例"（1955） "海岸巡防法"（2000） "海关缉私条例"（2005） 2. 相关立法 "惩治走私条例"（1948） "国家安全法"（1996） "国家情报工作法"（2005） "灾害防救法"（2000）
海洋文化与科研	1. 专门立法 中华人民共和国水下文化保护管理条例（1989） 中华人民共和国涉外海洋科学研究管理规定（1996） 外商参与打捞中国沿海水域沉船沉物管理办法（1992） 中国极地科学战略研究基金项目管理办法（2005）	1. 相关立法 "文化资产保存法"（2005）

续表

海洋产业	1. 专门立法 中华人民共和国渔业法（1986） 中华人民共和国渔业法实施细则（1987） 中华人民共和国航道管理条例（1987） 中华人民共和国航标条例（1995） 中华人民共和国海商法（1992） 中华人民共和国海事诉讼特别程序法（2000） 中华人民共和国国际海运条例（2001） 中华人民共和国港口法（2004） 中华人民共和国渔业船舶检验条例（2003）	1. 专门立法 "船舶登记法"（1931） "渔业法"（2002） "渔港法及施行细则"（2006） "海商法"（2000） "航业法"（2002） "引水法"（2002） "商港法"（2005） "船员法"（2002） "船舶法"（2002） "航业法"（1981） "离岛建设条例"（2000） 2. 相关立法 "促进产业升级条例"（2003） "加工出口区设置管理条例"（2001） "发展观光条例"（2003） "农业发展条例"（2003）
海洋资源与环境保护	1. 专门立法 中华人民共和国海洋环境保护法（1982） 中华人民共和国海洋石油勘探开发环境保护条例（1983） 中华人民共和国海洋倾废管理条例（1985） 中华人民共和国防止船舶污染海域管理条例（1983） 中华人民共和国防止拆船污染环境管理条例（1998） 中华人民共和国防治海岸工程建设专案污染损害海洋环境管理条例（1990） 中华人民共和国防治陆源污染物污染损害海洋环境管理条例（1990） 防治海洋工程建设专案污染损害海洋环境管理条例（2006） 防治海岸工程建设项目污染损害海洋环境管理条例（1990） 防治陆源污染物污染损害海洋环境管理条例（1990） 中华人民共和国对外合作开采海洋石油资源条例（1982）	1. 专门立法 "海洋污染防治法"（2000） "海洋污染防治法施行细则"（2001） 2. 相关立法 "水土保持法"（2000） "水利法及施行细则"（2003） "国家公园法"（1998） "野生动物保育法"（1994） "森林法"（2000） "土壤及地下水污染整治法"（2000） "山坡地保育利用条例"（2003） "水污染防治法"（2002） "废弃物清理法"（2001） "环境影响评估法"（2003） "再生能源发展条例"（2009）

续表

| 海洋资源与环境保护 | 中华人民共和国水生野生动物保护实施条例（1993）
2. 相关立法
中华人民共和国自然保护区条例（1994）
中华人民共和国水法（2002）
中华人民共和国野生动物保护法（2004）
中华人民共和国矿产资源法（1986）
中华人民共和国可再生能源法（2005） | |

资料来源：作者自制

（三）私人主体逐渐走向前台

由于海洋事务对两岸来说都非常重要，民间推动是两岸间海洋事务合作的根本动力。在两岸间海洋事务合作的进程中，私人主体一直扮演着推动者和中介者的角色。例如正是台湾各界的呼吁才促使陈水扁无奈开放金、马地区与福建沿海的直接往来，也正是台湾的渔业协会的推动才促使两岸船员的合作顺利进行。很多合作的共识是在这些主体的斡旋下达成的，然后由两岸的公权力机关授权两会签署相关协议或者自行立法。然而，由于两岸互不承认"治权"，公权力机关直接交往的困境仍然没有完全破解，两岸公权力机关需要借助不同的私人主体进行规制，两岸协议实施过程需要不同私人主体的参与或作为中介，这也是两岸协议实施中特有的现象。例如，根据《海峡两岸渔船船员劳务合作协议》和相关规定，台湾渔船雇佣大陆船员需要通过台湾的中介机构向大陆经营公司要求外派，后者对船员经过筛选，然后中介机构与经营公司签订劳务合作合同，船主与船员签订劳务合同，经营主体也要负连带保证责任。①

目前，只要两岸相关规定没有禁止或限制交往，两岸私人主体就可以通过各种方式进行自我规制，这些规制是在两岸法律框架下。民间自我规制虽然是非正式制度性的，但在实践中也具有一定的约束力，也是广义上的一种制度事实，有利于维护两岸海洋秩序和增进海洋权益。两岸在内部要有社会组织的章程，在两岸间则主要有合同或契约规制。例如随着两岸交流的频繁，两岸话务

---

① 最近"行政院农委会"已经核准 16 家中介机构，包括渔业组织和公司，大陆目前也有 9 家经营公司，自 2010 年 3 月 21 日生效后，近海渔船主总共雇佣 14172 人。

量已经成为台湾对外通信的第一，在两岸关系和平发展框架下台湾公告了"固定通信业务管理规则部分条文修正"，允许在互不投资和不限区域的原则下开放两岸通信业者共同建造两岸海底电缆，台湾远传电信和大陆的中国联通签署了相关协议建设福州之淡水之间的线路。①虽然公权力机关是两岸间海洋事务合作的主体，但由于两岸关系的现实使公权力机关无法合作，或者由民间合作更好，这时只要不违反两岸的相关规定，两岸民间就会有自我规制的动力。民间规制可以积累共识，化解歧异，很多民间海洋事务合作的协议，虽然不涉及公权力运作，但背后具有公权力机关的参与或同意。例如 2009 年 9 月 21 日，两岸学界及海洋与渔业界人士举行第四次"台湾海峡渔业资源共同养护与管理研讨会"，并制定了三个相关协议：一是厦门市仲裁委与金门海洋事务中心签署了《推动海峡两岸渔事纠纷调解备忘录》。二是福建省水产所和台湾海洋大学签署《两岸共同制定台湾海峡渔业资源养护方案意向书》，双方制定了台湾海域渔业养护共同行动方案，开展海洋环境品质状况调查和评价。②三是福建省海洋学会、水产学会与台湾海洋大学签署《海峡两岸海洋与渔业学术交流与合作意向书》。

二、生成机理的四维面向

虽然两岸间海洋事务合作存在着很多实践惯例，但并不必然就会成为两岸间海洋事务合作的法律模式。这是一个动态对冲的过程，法律治理机制在不断去政治化和再政治化解放之间化约。"法律是什么、能够是什么，以及应该是什么，取决于制定、解释、和实施法律的过程的特性。这些过程之间的互动决定了法律的供给和需求。"③两岸间海洋事务合作法律治理机制的生成是一个交互的过程，这是由海洋事务的特性和两岸关系的现状所决定的。具体来说，两岸间海洋事务合作的法律治理是否能够顺利生成，主要取决于四个重要环节，即两岸海洋事务的复合依赖结构、制度环境的契合、协商性的交换过程和制定者的选择空间。这四个环节往往交织在一起，并不是截然分离的。

---

① 《开放两岸海底电缆建置政策新闻稿》，"行政院大陆委员会"网站，http://www.mac.gov.tw/ct.asp?xItem=88284&ctNode=5706&mp=2，最后访问日期：2015-02-01。

② 《海峡两岸共同制定台湾海峡渔业资源养护方案》，中国新闻网，http://www.chinanews.com/tw/tw-jjwh/news/2009/09-22/1878146.shtml，最后访问日期：2015-02-11。

③ [美] 尼尔·K. 考默萨：《法律的限度——法治、权利的供给与需求》，申卫星、王琦译，商务印书馆 2007 年版，第 2 页。

（一）两岸海洋事务的复合依赖

海洋是两岸交往的重要纽带，也是两岸面临的主要问题，但由于两岸分离状态的存在和利益的分立，任何一方都不能单方面解决这些问题，如台湾海峡之间的私渡、走私和非法捕鱼等，如果两岸没有分隔，实行同样的管理制度，并不会出现这个问题。因此，两岸存在的是"软权力"而不是"硬权力"，两岸在海洋事务方面合作是依靠彼此的吸引力而非强制力。[①]复合依赖是因为两岸在海洋事务上存在着互补性，海洋问题不可分割，只有合作才是唯一出路。早在 1991 年时任国台办主任王兆国就指出："要真正有效地打击和制止海上走私、抢劫等犯罪活动，没有两岸的合作是很困难的。"[②]两岸在海洋事务方面存在着自身的比较优势，合作可以增进各自的海洋权益，例如台湾的渔业产业链比较完善，但是缺少劳动力；[③]台湾的海洋装备制造业方面还需要大力发展，而大陆的则基本形成海洋装备制造产业集群；两岸的海洋科技发展都比较快，但侧重点不同，大陆侧重海洋资源开发技术，而台湾在海洋环保技术等方面比较领先。当然，有些海洋问题需要双方共同解决，任何一方单方面是不能解决的，例如台湾在"台湾人民与大陆人民关系条例"就授权防务部门划定了限制水域和禁止水域，除了打击走私、私渡等犯罪功能外，单方面禁止大陆渔船越界捕鱼，但这些问题迄今不但没有解决，反而日趋严重[④]，尤其是金门和马祖海域，台湾除不断修改"台湾人民与大陆人民关系条例"，提高处罚金额外，如 2015 年 3 月 12 日"立法院内政委员会"初审通过的第 32 条和第 80 条修正案将处罚力度大幅提高，并授权"海巡署"制定裁量标准[⑤]，此外"海巡署"还采用驱离或扣留渔船、没收和罚款等手段多管齐下，并且越来越多采用驱离手段（图 5-1）。

[①]　参见 [美] 罗伯特·基欧汉，约瑟夫·奈:《权力与相互依赖》，门洪华译，北京大学出版社 2002 年版，第 263 页。

[②]　《王兆国就海峡两岸合作打击海上犯罪答记者问（1991. 07.21）》，国台办网站，http://www.gwytb.gov.cn/lhjl /la2008q/gaikuang/agree/201101/t20110108_1684743.htm，最后访问日期：2014-11-12。

[③]　台湾的渔业尤其是远洋渔业比较发达，但由于劳动力资源不足，必须从外引进船员，而大陆的劳动力比较丰富，并且语言相通、风俗相近和吃苦耐劳，是台湾船东的不二选择。在两岸未接触之前就已经存在合作，后来台湾当局尤其是陈水扁时期对其予以限制，但在需求不断增大和台湾渔会的斡旋的情况下，也不得引进大陆船员。

[④]　据台湾"海巡署"统计，仅 2014 年 1 月到 9 月就驱离了 1183 艘渔船，带案处分 542 艘，裁罚 255 艘，罚款 3909.5 万元（新台币）。

[⑤]　《陆船越界重罚，绿委主导修法》，中时电子报网，http://www.chinatimes.com/newspapers/20150313000998 -260302，最后访问日期：2015-4-2。

2015 年 3 月 20 日更是在金门首次强制没收"越界"渔船并砸毁的方式提高威慑力①，这反而使大陆渔民不断报复，连台湾前任"海巡署署长"王进旺也表示这是治标不治本②。此外，海洋尤其是南海是我国国土安全的大门，海洋安全尤其是非传统安全对两岸来说都非常重要，两岸合作是唯一出路。

两岸间海洋事务合作是一种压力型合作或共赢性合作，这个过程中充满了博弈，双方都想获得自身利益的最大化。正如国际机制理论认为相互依赖会促使一些制度安排的形成，两岸在海洋事务上的相互依赖也会促使法律治理机制的建构。因为两岸在海洋事务方面存在复合依赖关系，需要资源共享和整合，这种需求需要相应的法律治理机制供给。

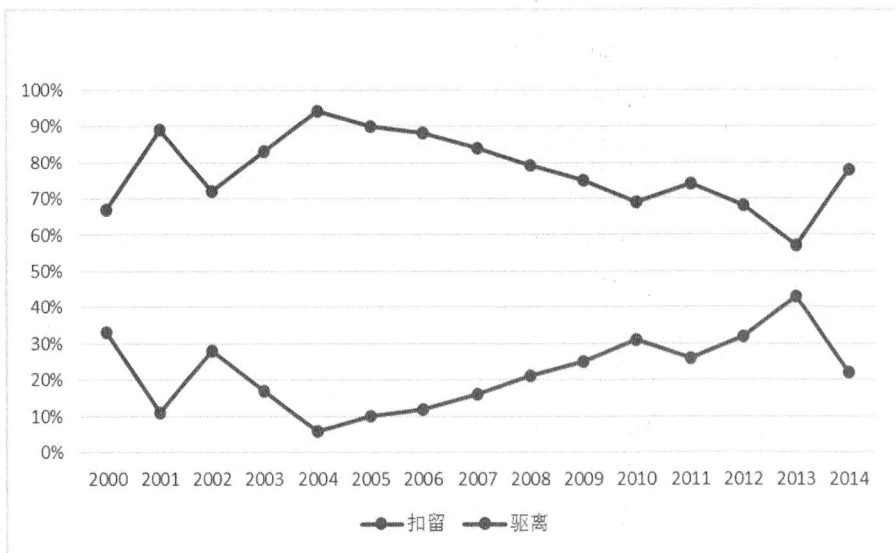

图 5-1. 台湾地区处置"非法越区"捕鱼大陆籍船只措施趋势图（2000—2014）

资料来源：作者自制

（二）制度环境的耦合

制度环境是两岸各自的法律制度、社会规范、政治生态和观念制度等为两

---

① 《台湾首次没收大陆"越界"渔船：出动挖掘机砸毁》，凤凰网，http://news.ifeng.com/a/20150322/43391580_0.shtml，最后访问日期：2015-4-2。

② 《"行政院"第 3421 次院会记录》，台湾"行政院"网，http://www.ey.gov.tw/News_Content.aspx?n= 4F2A6F26A44C68AC&sms=FF87AB3AC4507DE3&s=E63C4271F7246CAC，最后访问日期：2014-12-10。

岸人民所接受的社会事实。① 这是两岸间海洋事务合作的合法性基础,海洋事务合作措施与不同时期的制度环境相互渗透和影响。卢曼认为:"如果一个系统持续地以其环境中的特定属性为前提,并在结构上依赖于此,就应该说存在着结构耦合。"② 两岸海洋事务合作的目标、内容和方式都应该在两岸的法律体系内,争取获得整个社会的认可,提高两岸海洋事务合作法律机制的可接受性,降低海洋事务合作的政治风险成本。一般来说,两岸各自的法律制度对两岸交流和往来的规定主要有"禁止条款""限制条款""许可条款""激励条款"和"允许条款"等规范,其中台湾方面的规定多为禁止、限制和许可条款,将其牢牢控制在公权力机关手上,而大陆的多为激励性条款,如《反分裂国家法》第6条就规定国家"鼓励和推动"两岸人民往来等事项。在两岸协商制度上,台湾虽然法制化比较高,但对两岸协议的性质和监督等问题并不是很明确,大陆虽然立法相对比较简单,但将其上升到宪法性法律甚至宪法的高度,如《反分裂国家法》第7条规定主张通过两岸在平等基础上以灵活多样的方式有步骤、分阶段进行协商和谈判,实现国家统一。此外,两岸的政治生态和民意是两岸间海洋事务合作所需要考量的外部因素,如两岸服贸协议就没有考虑这些,最终导致合法性不足。

制度环境的变化决定了两岸间海洋事务合作的法律治理具有共时性和历时性的特性,不同时期和不同领域具有不同的需求必将带来法律治理机制的变迁。

（三）协商性的交换过程

任何两岸合作都需要进行协商,从而凝聚共识,这个过程实质是一个交换的过程,由于两岸缺少明确的共同制度,也缺少超越两岸的第三方裁决,并且很多两岸间海洋事务合作的正面效应在几年后才得以体现,存在着不可度量性、不确定性和不可预见性,因此协商对于两岸海洋事务合作法律治理机制的构建非常重要。正如时任国台办主任王兆国所说:"只要双方谈起来,总能解决一些问题;谈得越深入,解决的问题越多;谈的层次越高,越有利于问题的解决。"③ 任何法律治理机制都必须建立在两岸参与合作的多方主体共同接受、承认或认同的基础上,尤其是要形成共同的基本理念作为价值基础和原点。④ 这就需要

① 参见周雪光:《组织社会学十讲》,社会科学文献出版社2004年版,第123页。
② 转引自李忠夏:《基本权利的社会功能》,《法学家》2014年第5期。
③ 《王兆国会见陈长文一行的谈话(1991.05.04)》,国台办网站,http://www.gwytb.gov.cn/lhjl/la2008q/gaikuang/ agree/201101/t20110108_1684742.htm,最后访问日期:2014-11-15。
④ 参见周雪光:《制度是如何思维的》,《读书》2001年第5期。

两岸建立多渠道的协商机制，对两岸间海洋事务合作的交易进行全面分析和探讨，否则就可能遭遇挫折，两岸服贸协议和 M503 新航线的沟通就是正反两个方面的例子。除了两岸事务机关常态沟通联系机制和两会机制外，民间海洋事务合作和学术研讨可以累积经验和探讨方案，2008 年以后两岸各种涉两岸海洋事务学术研讨会不断召开，例如 2014 年 8 月 25 日在汕头举办海峡两岸海洋经济合作交流会，主题是加强海峡两岸海洋产业合作，共建 21 世纪海上丝绸之路，尤其是粤台海洋经济合作。①2015 年 1 月 20 日中华供销总社在福建平潭主办"海峡两岸农渔业交流座谈会暨第五届海峡两岸农民基层合作经济组织恳谈交流会"，国台办、农业部、财政部、台湾的部分渔会及养殖者代表等都参与。

（四）制定者的选择空间

两岸海洋事务合作规则的制定者也具有一定的主观能动性，不断利用自身的权力选择其他替代性方案，同时限制对方的选择范围，提高自身的不可替代性，这个过程是围绕规则形成而交互性行动权变的过程。② 两岸间海洋事务合作法律治理机制的形成与两岸公权力机关密切相关，尤其是台湾当局即时性、因变性的策略性选择，在一定程度上阻碍或推动了合作的进程，如两岸"三通"的可行性和必要性早在 20 世纪 90 年代就具备了，两岸的庞大需求使其成为一个亟须解决的问题，甚至陈水扁在 2004 年为选举的需要提出了"两岸直航三阶段"，但最终将该议题不断炒作和政治化，呈现高度的复杂性和不确定性。③ 直到 2008 年马英九上台后，两会就立即达成了"三通"协议，这背后都有明显的政治考量。法律规制着权力的运作，同时又是权力的工具之一。吉登斯认为："权力整合于任一个结构的存在之中……在权力与自主之间存在着制衡，权力关系根植于行动者的例行化行为之中，结构性特征制约着权力关系。"④ 两岸间海洋事务包含甚广，相关法律机制安排意愿最终取决于两岸的政治结构尤其是台湾地区的政治生态，大陆在国家统一的政治任务下积极推进两岸合作，而台湾当局也将其作为谋求政治利益的工具。两岸事务尤其是海洋事务在台湾当局的

---

① 参见施伟滨：《共建 21 世纪海上丝绸之路——海峡两岸海洋经济合作交流会在汕头举办》，《两岸关系》2014 年第 10 期。

② 参见埃哈尔·费埃德伯格：《权力与规则——组织行动的动力》，上海人民出版社 2005 年版，第 118 页。

③ 参见张志清、林光、包嘉源：《两岸海运通航协商之探讨》，《航运季刊》第 13 卷第 4 期。2004 年 12 月。

④ [美] 乔纳森·特纳：《社会学理论的结构（下）》，邱泽奇译，华夏出版社 2001 年版，第 171—172 页。

考量中一般将其作为"国家安全"事项，将其加以限制，例如台湾地区的"行政程序法"作为保障公民权利和限制行政权的重要措施，并没有明确限制涉两岸事务的适用，但台湾当局"法务部"在 2001 年 5 月 22 日的"函释（法令字第 0910019582 号）"进行了扩大解释，将大陆事务列入"国家安全保障"事项予以排除适用[①]，随后 2003 年"台湾地区与大陆地区人民关系条例"修改增订第 93-5 条明确规定大陆事务排除行政程序法的适用[②]。所以，两岸间海洋事务合作法律治理机制的进程最终取决于两岸尤其是台湾的政治秩序提供新的法律制度安排的能力和意愿。[③]

三、"有组织的无序"的现实困境

两岸间海洋事务合作是在经济激励、政治博弈、价值冲突等多重约束下形成的法律治理模式，具有特殊的治理结构和治理形态。在这种模式下，两岸间海洋事务合作存在着以下几方面的现实困境，这在某种程度上是"有组织的无序"[④]。

第一，法律治理是基于两岸共识的制度安排，但受制于台湾内部的宪政架构和政治生态，大陆主张进行全面海洋事务的合作，台湾则希望选择对自身非常重要的议题合作。两岸间海洋事务合作在以往的议题选择上，台湾掌握着主动权，对大陆提出的议题进行"选择性回应"，而大陆则基本满足台湾提出的议题，目前呈现的是一种"非合作治理－策略性应对"的倾斜性运作模式。按照目前两岸关系的现状，必须在两岸政治互信达到一定程度才能进一步推进两岸海洋事务合作，但两岸间海洋事务法律机制又是解决两岸间海洋事务问题的突破口，只有通过法律机制才能实现两岸海洋事务合作的制度信任，进而解决两岸间海洋事务中存在的问题，形成两岸海洋事务合作的共识，这使两岸海洋事务合作中存在着"二律悖反"的困境。

第二，法律障碍是两岸间海洋事务合作中的重要问题，这不仅包括两岸内

---

① "法务部"的"法令字第 0910019582 号函释"规定："行政程序法第三条第三项第一款所称'国家安全保障事项之行为'，系指具有高度机密性或必须急速因应，而直接以维护国家安全之生存、发展或免于威胁为目的，致不宜适用行政程序法所定程序规定之下列行为：……三、有关大陆事务之行为。"

② "台湾地区与大陆地区人民关系条例"第 93-5 条规定："依本条例处理台湾地区与大陆地区人民往来有关之事务，不适用行政程序法之规定。"

③ 参见金伯富：《机会利益：一个新的理论视角》，《中国社会科学》2000 年第 2 期。

④ 参见马伊里：《合作困境的组织社会学分析》，上海人民出版社 2008 年版，第 75 页。

各自立法的模糊性，如台湾涉及两岸协议的法律渊源主要有"台湾地区与大陆地区人民关系条例""立法院职权行使法"和"释字第 329 号"，这些法律在两岸协议的性质、法律效力和立法机构监督方式等方面的规定比较模糊，产生了很大争议，直到"两岸协议监督条例草案"才对这些问题有体系化的规定，但该草案仍然迟迟不能通过。两岸间存在的法律障碍既不同于一国内法律体系间的冲突，也不同于国际间的法律冲突，而是介于两者之间的区际法律冲突，很多问题涉及国际惯例和内部法律的规定。例如，两岸"三通"协商谈判过程中台湾提出的法律层面障碍就包括船舶的国籍或国旗问题、各种证件的相互承认问题、航线的法律定位及其相关法律适用问题。[①] 此外，两岸的法律手段和法律思维方面也不一样，大陆常常依据职权和相关法律规定采用政策手段来推进两岸海洋事务合作，比较灵活和快速，而台湾往往通过立法来推动两岸海洋事务合作的进程，但法律的出台缓慢而迟疑，这使两岸海洋事务合作的进程往往由台湾单方面以己方立法来主导，使两岸协议的实施存在一定的不确定性。[②]

第三，两岸间海洋事务合作中存在着"话语－实践"分离的现象。两岸都表示要推进两岸各个领域的交流，积极解决衍生的相关问题，但两岸在很多话语中的表述内涵并不一致，存在着较大歧异，各自为自己的实践辩白，尤其是台湾的态度比较反复。一般来说，两岸间海洋事务合作的问题或需求产生后需要两岸构建相应的法律机制解决，规范两岸在海洋事务方面的交往秩序、生成信任和强化认同。但在"话语－实践"逻辑下，两岸间海洋事务合作只能寻找解决方案再来谈问题，出现"解决方案－问题"的逆过程，这使得两岸海洋事务合作难以取得共识。

第四，台湾将两岸事务泛政治化，包括海洋事务。很多海洋事务只有两岸合作才能解决，但台湾总以"国家安全"之名阻碍海洋事务合作进程，单方面限制大陆的海洋活动空间，这对解决问题无济于事，只会激化两岸的冲突。其实，很多海洋事务问题存在的原因是利益之争或制度差异，根本并没有政治化的考虑，但台湾将其作为实现"对等政治实体"或"两个中国"的手段。最为显著的例子就是两岸在台湾海峡的渔事纠纷，自两岸恢复民间交往以来就存在，自始就是两岸海洋事务合作的议题，如早在 1991 年 11 月时任国务院副总理吴

---

① 参见邵宗海:《两岸关系》，五南图书出版股份有限公司 2006 年版，第 537 页。

② 参见周叶中、段磊:《论台湾立法机构审议监督两岸协议机制的发展及其影响——以"两岸协议监督条例草案"为对象》，《台湾研究集刊》2015 年第 1 期。

学谦在会见海基会副董事长陈长文时就指出:"今年台湾海峡确实不大平静,两岸渔民之间的纠纷不断。两岸渔民在同一海域作业,纠纷难免发生,还是应该提倡协商解决问题。"[①]1993 年 4 月的《汪辜会谈共同协议》也将其纳入协商议题:"协商两岸海上渔事纠纷之处理。"但迄今这个问题依然没有解决,反而越演越烈,台湾不断提高处罚金额和采用扣留措施(图 5-2)。因此,有些海洋事务问题必须由两岸公权力机关通过沟通协商解决,需要建立完善的协商机制,任何单方面的管制都解决不了问题。

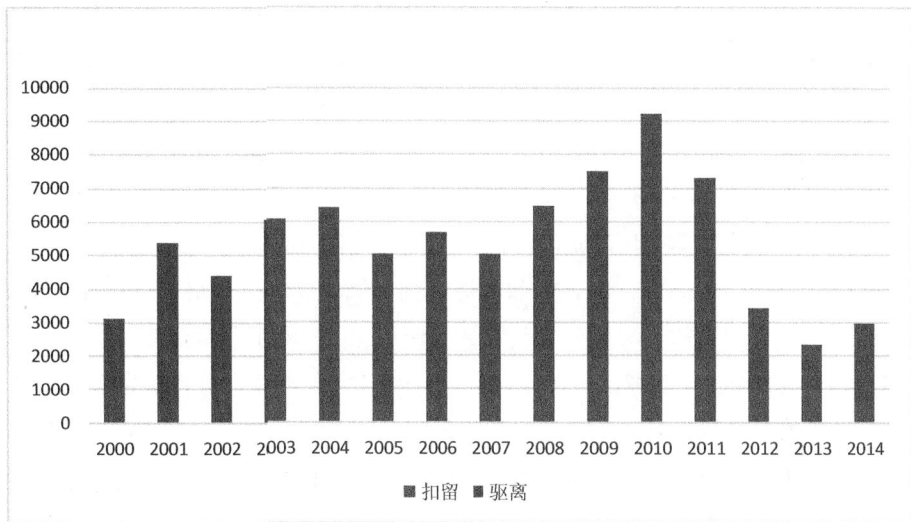

图 5-2. 台湾地区处置"非法越区"大陆籍船只措施对比图(2000-2014)

资料来源:作者自制

第五,两岸间海洋事务合作往往是两岸某一领域合作的组成部分,专门性的海洋事务协议缺乏。例如,在 ECFA 框架下推动两岸海洋经济的合作,是当前推进两岸关系发展的有效选择。两会可以在 ECFA 框架下探讨渔业管理与组织、海洋生物多样性、海洋环境保护,海洋和平公园,或是海洋保护区。此外,两岸间海洋事务合作的形式大于实质。时任国家海洋局副局长陈连增在"海峡两岸第七届海洋科学研讨会"上提出两岸要进一步加强海洋领域的合作,在海

①《吴学谦会见陈长文一行时的谈话》,国台办网站,http://www.gwytb.gov.cn/lhjl/la2008q/gaikuang/agree/ 201101/t20110108_1684745.htm,最后访问日期:2014-12-23。

洋科学研究包括同步水文调查等领域进行实质性合作，促进两岸海洋科学的共同发展。[①]

第二节　两岸间海洋事务合作的法律治理结构

两岸间海洋事务合作主要是事务性和功能性合作，主要是维护海洋管理秩序和开发海洋资源，具有较低的政治敏感型。在实践中两岸创造了两岸协议、两岸各自立法、行政规划、行政指导等模式，在"一个中国"框架下两岸海洋事务合作的法律治理框架已经逐渐成形，主要包括基于身份法的两岸框架、基于行为法的公权力机关与社会框架、基于组织法的内部公权力机关框架。

一、基于"关系法"的公权合作

公权力机关除具有政治属性外，更重要的是有一定的公共性，很多公共事务和政治是并无联系的，在配合和沟通过程中满足多元异质群体的利益诉求，最终实现公共利益的最大化和公共服务的最优化。[②] 由于两岸在是否承认对方根本法及据其建立的公权力机关存在争议，即"承认争议"，据此大陆对台湾的公权力机关尤其是"中央公权力"机关不承认，台湾也禁止公权力机关以"公"的名义与大陆公权力机关直接接触。[③] 两岸间海洋事务合作在一定程度上是大陆对台湾公权力的默认，是两岸在互信基础上的一种默契，相关公权力机关依照何种名义和身份与对方合作，是否适用对方的法律等都是两岸都是"承认争议"引申出来的问题。"关系法"是对两岸法律体系和两岸协议中两岸关系的规定以及两岸交往的模式的统称，前者在大陆包括 1982 年宪法、《反分裂国家法》《台湾同胞投资保护法》和最高人民法院解释等一系列规范性文件，在台湾包括"中华民国宪法"及其"增修条文""两岸人民关系条例""大法官解释"等法律法规，这些主要规定了两岸海洋事务合作的宏观框架和规定。涉海洋事务的两岸协议则对两岸海洋事务合作的模式等问题的体系化规定，涉及两岸海洋事务合作的法律定位、基本原则和合作方式等以及两岸协议的制定、执行和保障机

---

① 《两岸应加强海洋事务合作以维护海洋权益》，华夏经纬网，http://www.huaxia.com/tslj/lasq/2008/08/1137109.html，最后访问日期：2015-01-03。

② 参见 [美] 古德诺：《政治与行政》，王元译，华夏出版社 1987 年版，第 47 页。

③ 参见祝捷：《两岸关系定位与国际空间——台湾地区参与国际活动问题研究》，九州出版社 2013 年版，第 25 页。

制。一般来说，两岸协议可以分为实体性协议和程序性协议，后者是目前两岸协议的主要形式。[①] 两岸通过两岸协议不断地实践、反馈、整合，建立制度化、规范化和常态化的合作机制，推进两岸间海洋事务合作。两岸间海洋事务合作为两岸公权力部门的直接接触和互动创造空间，两岸框架必然是公权力机关的合作为主。两岸框架必须考虑两岸关系的现实，因相关的领域和问题不同而有所不同。总体来说，两岸间海洋事务合作的方式主要有以下几种：

一是明分暗合模式。即两岸海洋管理部门在不否认对方海洋事务主张、职权和行动的前提下，两岸没有联系机制，按照默示同意的方式各自完成相应的行动，在目标上具有一致性，这种模式实际上是默认对方的实际管辖海域，各自履行管理和执法职责即可实现两岸共同的任务，既不跨界，也不干预，在特殊情况下允许对方跨界。在两岸外海洋事务上就是两岸虽然由于政治关系和国际空间等问题不能明示合作，但两岸可以互为支持，基于共同立场和利益各自表述。当然，这种模式并不同于各自管理，虽然基于各种原因不能直接开展对话，但具有共同的目标和任务。目前，这种模式较为常见，例如大陆并没有承认台湾单方面划定的海峡分界线，但在实践中按照惯例各自行使管辖权，一般军舰和公务船只并不"越界"。[②]

二是协商互助模式。即两岸海洋事务管理机关在各自管辖范围内履行职责，但两岸可以通过联系机制或其他协商机制请求对方协助，互相交换信息和协助，就涉及两岸的海洋事务达成共识，由双方平行共同完成相应的任务。这种模式基于两岸各自的管辖权范围内，联系和协商主体既可以是经过授权的民间团体，也可以是公权力机关，实施主体主要是涉海洋事务的公权力机关。例如，2014年9月17—19日，两岸公务船首次在钓鱼岛海域合作救援四位遇险的大陆渔民，当时大陆通报了台湾"中华搜救协会"请求台湾方面派出力量搜救，由台湾渔船救出交给台湾军舰"基隆舰"，与后续赶来的大陆的"东海救112"交接。[③] 这种模式没有政治和法律上的诸多困境，也是两岸公权力机关在实践中形成的惯例，建立制度性的常态沟通联系机制，建立两岸海洋执法机构的协作机

① 参见周叶中、黄振：《论构建两岸关系和平发展框架的行政机关合作机制》，《武汉大学学报（哲学社会科学版）》2012年第2期。

② 参见陈朝怀：《台湾"海峡中线"之法律定位探讨》，《军法专刊》第51卷第5期，2005年5月。

③ 《两岸海洋军事合作前景可期》，华夏经纬网，http://www.huaxia.com/zk/thsd/wz /2014 /09/4088048.html，最后访问日期：2015-02-07。

制，信息共享和统一行动，实现海上执法效能的最大化。两岸间海洋事务合作已经逐渐形成这种模式，相关实例有"银鹭号"事件、"财富1号"事件和"闽蒲渔1089号"事件。

三是共同合作模式。即两岸在海洋事务领域构建常态性的共同维护、管理和发展海洋事务的合作机制，两岸海洋事务管理机关达成制度性协议，虽然主体分立，但在同一程序中完成相应合作项目。这种模式已经超越了个案和临时情况的合作，而具有制度性、规范性、程序性和全面性等特征，将两岸海洋事务管理机关作为一个整体予以考虑，在合作的框架内就相关合作事项如信息交换、日常训练和事务管理等进行联合。2013年6月时任国台办副主任孙亚夫提出："两岸实务部门公权力行使的问题可以讨论。"两岸事务主管机关建立了常态性和制度化的直接联系沟通机制为这种合作模式奠定了基础，未来还需要对其他公权力机关进行承认。当这种模式发展到一定程度时，会突破两岸现有的法律制度，需要对相关立法进行修改，但可以降低海洋治理成本，减少海洋事务的低水平重复、厘清两岸海洋事务管理边界。例如，两岸2010年开展的海上合作搜救训练是两岸海洋事务合作的里程碑，被马英九称为"两岸合作开启另一扇门"。目前，这种共同合作模式仅仅局限在一定的领域，并且处于初级阶段，在不断探索中，如两岸海运和共同打击海上犯罪和司法协助，尤其是在海难救助方面发展得较为快速。

四是共管模式。即对两岸的某些共同事务，由两岸建立共同的海洋事务合作组织进行决策和执行，或者进行共同的决策，而执行由两岸各自海洋事务管理机关进行，这种模式已经超越行为层面的合作，实现了组织层面的合作，是两岸海洋事务合作的最高级模式，目前这种合作模式并没有形成，但在大陆已经在为实现合作模式创造条件。例如，平潭综合实验区作为探索两岸合作新模式的示范区，按照"共同规划、共同开发、共同经营、共同管理、共同受益"的原则进行探索，并不排除在部分组织机构上进行建构。① 随着两岸海洋事务合作的不断深入，可以先行建立渔业共同管理委员会等专门性海洋事务委员会，在条件成熟时先建立两岸间海洋事务协商委员会，在这些基础上最后建立综合性的"两岸海洋事务合作委员会"并非不可能。

---

① 参见宋焱、王秉安、罗海成主编：《平潭综合实验区两岸合作共建模式研究》，社会科学文献出版社2011年版，第220页。

二、基于作用法的社会协同

海洋作为两岸民众生产和生活的主要空间，需要通过法律来进行规制。在两岸交往恢复初期，两岸公权力机关并没有接触，但两岸民间交往衍生出来的违法犯罪问题就亟待解决，因此两岸的制度性安排最终还是来规范和调整两岸民间的交往秩序。例如，两岸海洋环境污染和海洋科研的交流、合作以及秩序的维护都涉及两岸公权力机关和民间的关系。这既需要完善两岸各自的涉海洋事务立法，满足两岸人民交往产生的法律需求，规范两岸交往行为，维护两岸海洋交往秩序。这是作用法的范畴，规范两岸公权力机关和社会在海洋事务上的关系，这是两岸间海洋事务合作的最终体现。① 例如，"台湾人民与大陆人民关系条例"第28条、第29条和第30条是台湾规范两岸海洋事务的基本法，台湾的海洋事务管理机关制定了一系列涉及两岸间海洋事务的法令，如台湾的"行政院农委会"颁布了"台湾地区渔船航行至大陆地区许可及管理办法"；两岸签署涉海洋事务的协议需要通过两岸内的法律机制实施，如两岸海运协议签署后，台湾的"交通部"为落实该协议制定了"台湾地区与大陆地区海运直航许可管理办法"对两岸海运直航船只之申请、航道设定、通信导航和调度等问题进行了规定，并且随着海运形式的不断多元化和两岸关系的不断发展而在不断修改。一般来说，两岸间海洋事务可以分为公共海洋事务和私领域海洋事务，前者又可分为羁束性海洋事务和裁量性海洋事务，公共海洋事务只有公权力机关才能够处分，尤其是羁束性海洋事务，法律规定必须由公权力机关采用特定方式完成，在台湾的涉海洋事务立法中很多采用"禁止＋许可"的立法模式，或者采用完全禁止模式，一旦违反很多行为就被归为海上走私或私渡等，而私海洋事务则应该由私人主体通过适当的机制如市场机制来实现，尽量减少公权力机关的干预，尤其是对于一些经济性的海洋事务应充分发挥市场机制的作用。因此，两岸间海洋事务合作仍然是公权力机关主导的模式，阻断了其他组织与公权力机关的互动和博弈，可以说是通过法律控制的两岸间海洋事务合作。

两岸间海洋事务合作是通过两岸各个主体的既竞争又合作的自组织过程，

---

①　"作用法"在这里主要是"行政作用法"，因为主要是行政机构与公众打交道，司法机关和立法机构主要是通过制定和适用法律。之所以用"作用法"而不用"行为法"是因为在现代公共行政时代，有些行政措施可以归为"行政作用"的范畴，而并不能归为"行政行为"范畴。行政作用法是规范行政权行使方式的法律，行政作用是行政主体为达到行政目的所采取的手段措施的统称，具有外部性，包括公法手段和私法手段、权力行为与非权力行为、法律行为与事实行为等。参见李震山：《行政组织法与行政作用法之区别及其实益》，《月旦法学杂志》第85期，2002年6月。

把两岸在海洋事务中无秩序的各种要素在统一目标、内在动力和相对规范的结构形式中整合起来，最终实现两岸海洋事务合作的整体效应，从而构建两岸间海洋事务合作治理的复杂网络拓扑结构。① 显而易见，现有的两岸间海洋事务主要由公权力机关主导，台湾认为这是"国家安全"所必需的，其他机制在两岸间海洋事务合作中缺位或受限，可以说这是一种"非协同治理–策略性应对"的模式。在两岸间合作治理框架下应发挥公权力机关以外行动者的作用，克服了两岸海洋事务部门偏好的单一性，这就需要从公权力机关自上而下的单向度管制治理，逐步转变为以维护海洋秩序和增进海洋权益为导向的上下互动、纵横结合与弹缩自如的多向度协同治理。这是因为两岸间海洋事务合作的复杂性、高度的敏感性和较强的技术性的情况下，多元化的异质性主体由于在治理网络中的位置不同，发挥的作用也就不同，从而处理和解决了两岸海洋事务合作中的多元交错关系。应整合各层公权力机关、非营利组织和市场组织的资源，尊重多元价值理念、关心多样化利益诉求，加强多元主体之间的互动与合作，使多元化的社会力量多层次协同公权力机关进行海洋治理。各个主体在两岸间海洋事务合作中的动力来源是不同的，主要有业缘、地缘、血缘和公益等。然而，这就需要相应的法制建设必须加快，在两岸的海洋共同利益和共同价值指导下规范利益表达，克服各主体的负外部性和内部失灵问题，任何主体应该摒弃本位主义，认识到自身的有限理性，根据不同主体进行不同的制度设计和机制选择。例如，两岸海洋事务合作是两岸合作融入经济区域整合的必由之路，市场机制会推动两岸在海洋经济领域的合作，进而可以衍生到与海洋相关的社会领域。

三、基于组织法的内部共识

海洋事务非常复杂，各项海洋议题之间具有高度联结性，只有在组织层面协调沟通，理顺各个公权力机关的关系，达成内部共识，加上两岸关系的特殊性，组织关系更加庞杂，但却是两岸间海洋事务合作的基石。两岸内各自的组织法是两岸海洋事务职权配置的依据，两岸内各组织机关的职权配置影响到两岸间的海洋事务合作。两岸间海洋事务合作和其他两岸合作领域一样，受到两岸内部各自的政治体制的影响，宏观的海洋事务合作应在整个公权力机关架构

---

① 参见范如国：《复杂网络结构范型下的社会治理协同创新》，《中国社会科学》2014年第4期。

内寻求共识，这要受宪法和各个公权力机关的组织法影响，如台湾地区立法机构经济委员会曾决议两岸渔业资源合作作为会谈重点，这样的话行政机构在两岸渔业事务谈判上就会得到立法机构的支持。由于两岸间海洋事务合作基本不涉及政治性事务，主要是事务性合作，由行政机关负责推动，立法机关享有立法和监督职权，而司法机关则享有司法权，在此只探讨涉及海洋事务的行政机关内部关系。一般来说，海洋事务的组织法主要规定海洋事务的权限和海域行政辖区。

一般来说，海洋事务管理体制主要涉及海洋事务管理机关和其他涉及海洋事务的机关。大陆的海洋管理体制是分散管理型，即"中央与地方相结合，综合管理与部门管理相结合"的多头分割的海洋管理模式，主要包括海洋行业管理部门、公共管理部门、海洋行政管理部门和综合协调部门。国家海洋局是负责我国海洋事务的行业管理部门，直属于国土资源部；[①]军队、环保部门、文物部门、石油部门、旅游等则是公共管理部门；交通部海事局等则是海洋行政管理部门；国家海洋委员会则是议事协调部门，负责海洋事务的统筹规划与综合协调。[②]根据2013年通过的《国务院机构改革和职能调整方案》，成立国家海洋委员会，在原国家海洋局及其中国海监、农业部的中国渔政、海关总署的海上缉私警察和公安部边防海警基础上重组国家海洋局，负责国家海洋委员的具体工作，并成立海警局，但没有撤销交通部海事局的职能，这表明大陆的海洋体

---

① 1964年7月海洋局成立，主要原因是海上安全没有保障，海洋资源和能源没有充分勘测和合理利用，海洋水文等资料缺少，主要职能是负责海洋工作的组织、协调和平衡，海洋基础性和公益性事业的建设和管理工作，最初有海军代管。根据国家海洋局1979年向国务院报送的《关于国家海洋局职能、基本任务和管理体制的指示》，其职能调整为管理全国海洋事务的职能部门。中央1980年1月7日批转的《中央科学协调委员会会议纪要第一号》，9月29日国务院、中央军委批转了《国家科委、海军关于改变国家海洋局领导体制有关问题的报告》，将国家海洋局改为由国家科委代管。1983年3月国务院批准了国家海洋局的改革方案，明确其为国务院管理全国海洋工作的职能部门，直接隶属于国务院，负责协调有关海洋工作，组织实施海洋调查、海洋科研、海洋管理和海洋公益服务。1988年国务院批准的国家海洋局的三定方案，属于国务院直属局，进一步扩大了职能，这是我国海洋管理工作迈向综合管理的起步。1998年九届全国人大一次会议通过了国务院机构改革方案，逐步分散国家海洋管理体制，国家海洋局归入国土资源部下的国家局，仍是副部级单位，将部分权能移交国家环保总局和交通部海事局。

② 在历史上不同阶段有不同的综合协调部门，如1986年至1988年成立的"海洋资源研究开发保护领导小组"。

制逐步走向相对集中的海洋管理体制。① 国家海洋局在纵向上是"国家海洋局—海区分局—海洋管区—海洋监测站"四级体制②。我国总体的行政体制是"条块分割",很多沿海省市也有专门的海洋事务部门,主要有海洋与渔业厅(或局,如山东省),国土资源厅(如天津)、也有专职海洋局(如上海)等模式,地方海洋机构主要是负责海岛海岸带及其近岸海域的海洋工作,主要是由地方政府直接领导,国家海洋局地方分局则主要负责领海、大陆架、专属经济区的管理,以及该海区的海洋综合管理和公益服务等工作。③

台湾的海洋管理体制是分散管理型,涉及"海巡署"④ "交通部""外交部""国防部""农业委员会渔业署""环保署"等23个主管机构分别负责海洋执法、海洋资源、海洋环保、海洋文化和海洋科技研究等事务。这样的分散型海洋管理体制造成海洋事务政策缺乏整体规划,海洋管理机关缺少联系,海洋法令之间存在衔接和协调问题。根据2004年1月7日"行政院"通过的"行政院海洋事务推动委员会设置要点"成立"行政院海洋事务推动委员会"作为海洋事务专责机关成立前的协调推动相关海洋事务机制,由"行政院院长"作为召集人,"行政院研究发展考核委员会主委"为副召集人,成为跨部门、跨领域、多面向和总体性的海洋事务推动平台。2008年后根据台湾"中央行政机关组织基准法"改为"行政院海洋事务推动小组",并调整为"行政院副院长"作为召集人,"海巡署长"作为副召集人,其他委员由"行政院秘书长""内政

---

① 过去主要是实行以各部门的海上执法为主、部门协调为辅的执法体制,在横向上包括海监、渔政、海事、边防、海关缉私等,具体说来,交通部海事局负责海上交通安全,中国渔政承担海洋渔业的执法工作,海关负责缉私,公安部海警部队负责维护海上公共安全,打击犯罪;中国海监负责海域使用管理等事务。

② 1988年之前我国海洋管理工作是两层体制,即"国家海洋局—海区分局",1965年中央在青岛、宁波与广州设立分别负责黄渤海、东海和南海行政管理实务的北海分局、东海分局和南海分局,随后组建了海洋科技情报研究所及第一、第四、第七海洋调查大队和海洋调查队,三个海洋研究所和东北工作站,并接管建设了60多个沿海海洋观测站、海洋水文气象预报总台和海洋仪器研究所。

③ 1995年中央编制委员会经国务院批准下发了《国家海洋局北海、东海、南海分局机构改革方案》规定:"分局在转变职能的基础上,应理顺与地方海洋机构的关系,将海岛海岸带及其近岸海域的海洋工作下放给地方政府。分局主要负责领海、大陆架、专属经济区的管理,抓好本海区海洋综合管理和公益服务等工作。"

④ 台湾"海巡署"是"行政院"的直辖机关,"署长"为特任。1999年3月18日"国家安全会议"提案成立"海岸巡防专责机构",2000年1月28日根据刚通过的"海巡五法"将"海岸巡防司法部""内政部警政署海上警察局""财政部关税总局缉私队伍"整合,下设有"海岸巡防总局"和"海洋巡防总局"等十几个机构,负责海域和海岸巡防任务,维护台湾地区海域和海岸秩序。

部长""教育部长""经济部长""交通部长""文化部长""科技部长""环保署长""农委会主委"以及学者八到十人。[①]在"马萧竞选政策"原本要设立"海洋事务部",但由于海洋事务纷繁复杂,涉及面太广,准备先行成立"海洋委员会"。根据2010年2月3日颁布的"行政院组织法",设置"海洋委员会","海巡署"作为下属特设机构,以提升和统合海洋事务的决策和执行。目前"海洋委员会组织法"草案仍然在台湾立法机构审议,2014年12月18日"朝野"协商也通过了"海洋委员会"下设"海洋保育署"和三级研究机构,各方主要是对"海洋委员会"的定位和职权配置有争议,根据"行政院"2012年2月16日送审的"海洋委员会组织法"和"海洋委员会海巡署组织法"草案,"海洋委员会"的职权包括海洋总体政策和法令、海洋产业、海洋安全、海洋文化、海洋科学研究、海洋人力资源和海洋国际合作等事务的规划、协调和推动,"海巡署"作为"海洋委员会"下的海域与海岸巡防业务特设机关,"署长"由"副主委"兼任。[②]虽然台湾实行地方自治,但海洋事务按照现有的法律规定不属于地方的自治权限,多通过公告或解释的方式来规定地方政府的海域管辖范围与职权,如"海洋污染防治法"第2条第2项规定:"直辖市、县(市)主管机关之管辖范围,为领海海域范围内之行政辖区;海域行政辖区未划定前由中央主管机关会同'内政部',与本法公布一年内划定完成。"台湾地方政府是地方海洋事务的负责机关,如"渔业法"第2条规定:"本法所称主管机关:在'中央'为'行政院农业委员会',在'直辖市'为'直辖市政府',在县(市)为县(市)政府。"地方政府只有高雄市有'海洋局'作为专责的海洋事务机关,其他涉及海洋事务的机构多是渔业事务机关,正是因为海洋事务主要是"中央机关"的事权(表5–3)。

---

① 根据台湾"行政院"通过和修正的"行政院海洋事务推动小组设置要点"第一条和第二条规定,推动小组的主要目的是为协调各主管部门共同推动海洋事务,推动海洋资源开发、管理和永续利用,强化海域与海岸秩序维护,保护海洋生态环境,加强海洋科技研究发展,完善海洋人才培育体系,促进海洋文化发展,确保海洋权益;主要职能是关于海洋政策和重大措施的协调、咨询、审议和规划,督导海洋事务工作执行,以及关于其他海洋事务的协调及推动。

② 参见"海洋委员会组织法"和"海洋委员会海巡署组织法"草案,"行政院授研综字第1012260240号",2012年2月16日。

表 5-3：台湾地方政府海洋事务机关一览表

"直辖市"	涉海洋事务机关	县市	涉海洋事务机关	县市	涉海洋事务机关
新北市	农业局渔业科、环保局水质保护科	基隆市	产业发展处渔业行政科、渔农工程科、海洋事务科	嘉义县	农业处渔业科
桃园市	农业发展处渔牧科	宜兰县	农业处渔业管理所渔业行政股、渔港管理股、养殖资源股	屏东县	农业处渔业科、环境保护局水污染防治科
台中市	农务处自然保育科	新竹市	产业发展处渔业科	花莲县	农业发展处渔牧科
高雄市	海洋局	苗栗县	农业处渔业科	新竹县	农业处渔牧科
台南市	建设及产业管理处农渔产业科	云林县	农业处渔业科、水利处水利管理科	台东县	工务处深层海水科、农业处渔业科、农业处自然保育科、环保局水质保护科
		彰化县	农业处渔业科、自然保育科	金门县	环境保护局第二课、港务处
		澎湖县	农渔局渔业辅导科、渔业管理科、生态保育科	连江县	港务处、工务处水利资源科

注：台北市和南投县因为不靠海，无专门涉海洋事务机关。

资料来源：作者自制

因此，两岸各自的海洋事务管理体制逐渐由分散走向相对集中，在整个行政管理体制中的地位不断上升，这符合海洋的不断上升地位和两岸各自的海洋政策，同时地方海洋事务职权的配置也在不断完善，上下级主管机构之间涉海洋事务职权也逐渐清晰。两岸间海洋事务合作在本质上是通过组织的事务性合作，组织法在一定程度上影响了两岸间海洋事务合作的进程。换句话说，两岸涉海洋事务的行政组织法是两岸进行海洋事务合作组织的内部结构及其法律调整，最终在法律层面确定了合作行为的类型和责任归属，规范不同公权力机关权能的分配及其特殊运作方式，这是两岸间海洋事务合作法律治理的必要条件。^①由于海洋事务的复杂性和多面向，组织法对海洋事务的影响主要有以下几个方面：第一，虽然大陆和台湾对制定有涉及海洋事务的各个行政机关的"三定"方案或组织法，但权限划分并不是很明确，很多海洋事务需要不同机关间进行协调，一般都是通过行政协议的方式来协调，最高甚至需要国务院会议或"行政院院会"决定，例如国家海洋局和水利部签署了《关于加强水文海洋业务合作的协议》。台湾的"海岸巡防法"第11条规定："巡防机关与'国防'、警察、海关及其他相关机关应密切协调、联系；关于协助执行事项，并应通知有关主管机关协同处理。前项协调联系办法，由巡防机关会同有关机关定之。"随后"海巡署"分别与相关机关签署有关消防、交通防务、环保、财政、海上支援等办法与协定，但有的权限和协调程序等并没有规定清楚，在实践中仍然争议不断。

第二，海洋事务立法相对来说都比较原则和抽象，甚至有的是空白立法，这与海洋事务本身的风险性和复杂性有关，很多法律必须授权行政机关，各个涉海洋事务的行政机关都有一定的裁量权。例如台湾的"海洋污染防治法"第10条规定："为处理重大污染事件，'行政院'得设重大海洋污染事件处理专案小组；为处理一般海洋污染事件，'中央主管机关'得设海洋污染事件处理工作小组。为处理重大海洋油污染紧急事件，'中央主管机关'应拟定海洋油污染紧急应变计划，报请'行政院'核定之。前项紧急应变计划，应包含分工、通报系统、监测系统、训练、设施、处理措施及其他相关事项。"据此，台湾当局相关机关和地方政府先后制定了"重大海洋污染事件处理专案小组设置要点""重大海洋油污染紧急应变计划""执行重大海洋油污染紧急应变计划""宜兰县海洋油污染紧急应变计划""台中市政府海洋污染紧急应变计划"，等等。

第三，很多海洋事务管理机关根据组织法赋予的相应职权，在相关海洋立法没有明确规定的情况下制定相应的行政法规或行政措施。台湾地区的行政机构可以颁布相应的行政规则作为行政机关内部的规范，例如两岸船员合作协议签署后，"农委会渔业署"不仅颁布了一些法令，还制定了很多涉及大陆船员雇佣和安置的行政规则。

因此，两岸间海洋事务合作的共识形成关键是要厘清不同公权力机关的角色、职能以及各个主体间的合作关系，形成和巩固权力秩序。在两岸内各个海洋事务管理机关整合的基础上，两岸间海洋事务在大陆必须经过国台办，涉及

---

① 参见 [德] 汉斯·J.沃尔夫、奥拓·巴霍夫、罗尔夫·施托贝尔：《行政法》，高家伟译，商务印书馆2007年版，第1—3页。

到重大国家海洋事务还需要由国家海洋委员会协调,甚至国务院决定,台湾根据"大陆委员会组织条例"第1条规定:"为统筹处理有关大陆事务,特设大陆委员会。"陆委会对所有涉及大陆的事项都具有把关决策权。这涉及业务机关和主管机关不同阶段的协商,如2014年10月23日台湾地区陆委会副主委兼发言人吴美红表示:"台湾方面在今年2月两岸两会第十次会谈时,已跟陆方提出渔业养护资源合作作为协商议题,目前是由两边的农渔业机关先进行相关意见的交换,协议范围可以有主管机关来交换意见。"根据"海洋事务推动小组设置要点"涉及总体性的海洋政策规划和推动,还需由"海洋事务推动小组"协调,甚至"行政院"决定,例如针对两岸海上搜救合作,它核定了"推动海峡两岸海上搜救合作建议方案",然后由业务主管部门、两会或各种"小两会"协调沟通,最终由各自海洋事务管理机关修改相关法规命令和行政规则。

第三节　两岸间海洋事务合作的法律治理路径

目前,鉴于两岸的政治关系,两岸内海洋事务合作的法律治理机制主要有两岸协议、两岸海洋事务立法和两岸海洋事务规划。两岸间海洋事务合作的法律需求也在不断提高,但无论两岸内部还是跨两岸的协议对海洋事务合作的法律供给远远没有达到。两岸间海洋合作的法律治理机制仍然依托于两岸各自的法律体系,通过两岸协议形成勾连,两岸各自的海洋规划和行政指导等也逐渐成为两岸尤其是大陆推动两岸间海洋事务合作的重要法律治理机制。两岸间海洋事务合作的法律治理机制必须遵循两岸的政治逻辑,进而推动两岸关系的和平发展,两岸间海洋事务合作的法律治理必须走内造化的进路,即只有两岸在平等互惠的基础上不断通过海洋事务合作的实践进行建构。

一、完善各自域内海洋事务立法

涉两岸间海洋事务立法是两岸涉对方立法的重要组成部分,两岸通过内部立法的方式规制两岸间海洋事务,以维持海洋秩序和保护海洋环境,尤其是台湾地区对两岸涉海洋事务交往的立法相对比较完善,"台湾地区与大陆地区人民关系条例"第29条和第32条就涉及部分两岸间海洋事务的法律关系进行了总括性规定,以"国家安全"之名设置"禁止水域"和"限制水域",等等。这些法律虽然没有得到对方的明确承认,但在实践中双方不挑战对方的单方面立法。

（一）两岸间海洋事务立法存在的问题

由于两岸分隔已久，两岸公权力机关通过各自立法或协商立法，出台政策文件、规范性文件和协议、共识性宣言，构成了两岸海洋事务交往的规范依据，从而形成了不同的海洋事务管理制度，但制度基调和制度设计相差甚远。台湾涉及大陆海洋事务立法虽然相对完善，但也有很多立法存在着冲突，在实务中已经造成了困扰。大陆涉两岸间海洋事务立法比较零散，并且大多是通过部门规章的方式。目前，涉两岸间海洋事务立法主要存在以下几个方面问题：一、两岸相关海洋事务立法是分散在各个部门的法律、共同调整涉及两岸间海洋事务的规范性文件，并没有成为一个独立的法律系统，并没有将涉两岸海洋事务与其他海洋事务区隔开来。此外，两岸都没有制定统合整体性海洋事务的海洋基本法，立法中对上下级海洋事务的权限和范围并没有明确规定。二、两岸的海洋事务立法遵循的是各自的法律体系，与对方的法律体系并不存在关联，只是以自身的海洋政策来指导立法，并没有提前的沟通、协调和共识，属于独白型立法。虽然两岸在纵向上可以通过构建一体多元的法律体系解决法律障碍问题，但两岸海洋法律具有差异性、特殊性和复杂性等特点，双方的法律存在着不一致甚至冲突。三、虽然两岸在一定程度上默示了对方海洋政策和立法，但两岸立法只具有域内性，在法律适用过程中可能产生混乱。即使两岸各自的有关海洋事务的立法也会出现适用的混乱，例如两岸协议的性质和定位问题一直在台湾内部存在争议。四、由于两岸关系的快速发展，海洋事务合作的迫切性日益显现，目前两岸的涉对方海洋事务立法虽然数量不少，但已经不能满足两岸海洋事务发展的需要，不断修改成为常态。如台湾立法机构最新会期"内政委员会"已经初审通过了"两岸人民关系条例"提高大陆渔船"违法"进入台湾限制水域或禁止水域的处罚力度。[①]五、现在两岸海洋事务立法主要聚焦于管制问题，主要内容为确立管制目的、明确主管机关、界定管制对象和选择合适的管制工具，这一类立法可以称之为管制性立法。当海洋事务逐渐增多，越来越多样的海洋事务管制性立法必然会产生法律适用、组织分工和管制效率等方面的问题，整合成为管制立法最大的挑战。

---

① 《蓝委跑光"立院"初审通过重罚大陆渔船越界》，中评网，http://www.crntt.com/doc/1036/6/1/1/103661106.html?coluid=93&kindid=4030&docid=103661106&mdate=0312125211，最后访问日期：2015-03-13。

（二）两岸间海洋事务立法的转向及其转介

两岸海洋事务立法存在着体系性冲突与现实性冲突，两岸间海洋事务立法中存在的问题已经成为两岸海洋事务合作的法律障碍，也不适应两岸关系的发展和海洋事务的要求，需要对海洋事务立法进行调整。具体来说，两岸间海洋事务立法的向度有以下几个方面：第一，新兴的海洋事务议题不仅包括管制问题，立法需要规范整体的海洋政策方向、原则和基本制度，除了为海洋事务提供了总则性规定，更提供了海洋事务决策论辩的平台，为公民社会关于海洋事务议题的对话和检视提供了制度基础。这就是所谓的政策性立法，涉及国家整体的海洋政策导向和法律原则的问题，规范国家海洋法制中所需要的基础性制度。第二，两岸应对涉及海洋事务的立法进行梳理，协调统一内部涉对方海洋事务立法，避免产生冲突，制定各自的两岸间海洋事务合作的基本法，或者通过立法技术将涉台湾地区的事务进行特别处理，近年来有相关法律法规通过转介条款或授权立法等方式对其处理。① 全国人大常委会可以基于《反分裂国家法》等对两岸协议的法律性质等问题进行法律解释。同时，应该加强对涉及两岸海洋事务合作的问题进行特别立法，党的十八届四中全会公报也指出："完善涉台法律法规，依法规范和保障两岸人民关系、推进两岸交流合作。"此外，两岸地方政府的交往政治性比较淡化，两岸间海洋事务合作的地方性立法具有灵活性和局部性等优势，可以先行先试，为全国性两岸间海洋事务立法积累经验，为两岸间海洋事务合作提供具有针对性和实效性的法律依据。福建省涉台海洋事务的立法比较靠前，有35个台湾船舶停靠点，很多两岸贸易都需要通过海运完成，不仅在地方法规和政府规章中有涉及两岸海洋事务的条款，而且对专项事务进行单行立法，早在1994年福建省颁布的《福建省台湾船舶停泊点管理办法》（2011年修改），为2001年公安部制定《台湾渔船停泊点边防治安管理办法》（2014年修改）积累了经验。金、马地区与福建沿海的海洋事务合作需求程度高，尤其是靠近金、马地区的海域，如"非法越区"捕鱼的大陆船只几乎占到一半（图5-3），金、马可以先行在立法上和福建协调一致。第三，由于两岸关系的特殊性，两岸涉海洋事务法律在各自法律体系中的地位也应该进行

---

① 例如，《海南省沿海边防治安管理条例》第24条规定："需在本省港、岸停泊的香港、澳门特别行政区以及台湾地区的船舶及其员工，应当按照国家有关规定在指定的停泊点停泊，并依法接受公安边防机关的检查管理，办理有关证件与手续。未经有关部门批准，任何单位和个人不得将外国籍（含无国籍）和香港、澳门特别行政区以及台湾地区的船舶引航到非指定的或者未对上述船舶开放的港口、锚地停靠。"

特别处理。一般来说，法律地位可以分为规范位阶与效力位阶[1]，前者是指法律文件在具有层级性的法律体系中的定位[2]，后者是指特定法律规范与其他法律文件的相关法律规范发生冲突时如何确定优选顺序并选择适用的问题。两岸各自涉海洋事务的法律在规范位阶上是各自法律体系内部涉及两岸海洋事务法律规范，具有独立价值的特别法，具有客观性和静态性，而后者则需要根据相应的内部立法或行政命令确定。则往往呈现相对的动态性和情景性，需要在适用过程中根据具体冲突关系和相关条款来确定，这需要在立法中设置"例外条款"或"变通条款"来优先适用涉两岸海洋事务规范。2008 年两岸海运协议在台湾审查时曾有立委认为和其他法律冲突，"行政院"依据"两岸人民关系条例"第95 条关于两岸"三通"的特殊规定交由"立法院"决议，这就区隔了规范位阶和效力位阶。

两岸不可能以自身立法取代对方立法，也不可能共同创造新的规则，只能通过在各自立法中设置"协调规则的规则"来解决。换句话说，两岸法律体系的转介和衔接也是解决体系性冲突的基本方法。具体分为以下两个方面：一是两岸既可以制定专门的海洋事务冲突规范来整体解决，也可以通过两岸各自的法律规定转介条款、"但书"或空白规定等方式对两岸海洋法律链接。二是两岸间海洋事务合作法律规范的不完备性是必然的，两岸可以在立法中设计倡议性条款、激励型条款和授权跳转等弹性条款，以保持法律自身的开放性和灵活性。当然，这个过程不可避免扩大行政机关的立法权限，可以通过法律适用的程序机制对行政机关裁量权进行规制。

---

[1] 参见邓世豹：《规范位阶与法律效力等级应当区分开》，《法商研究》1999 年第 2 期。

[2] 参见 [奥地利] 凯尔森：《法与国家的一般理论》，沈宗灵译，中国大百科全书出版社 1996 年版，第 124 页。

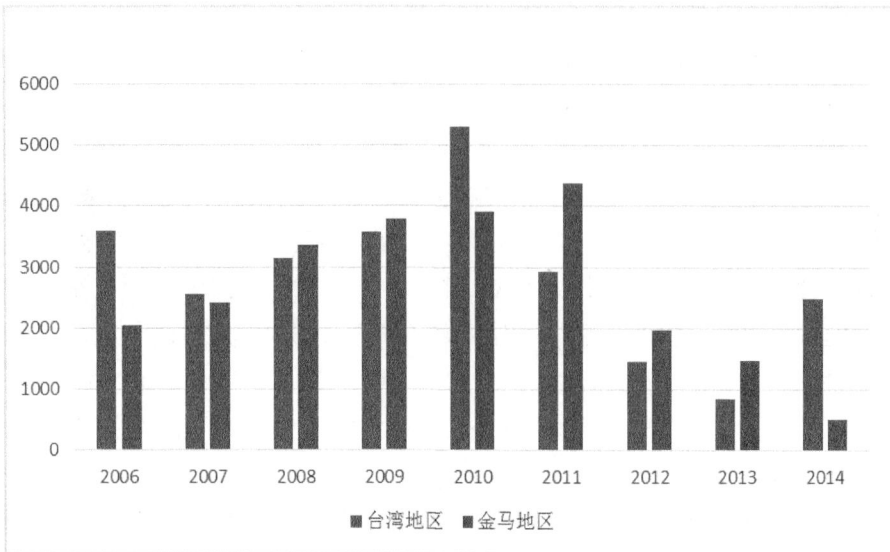

图 5-3. 台湾地区与金马地区"非法越区"捕捞大陆船只对比图（2006—2014）

　　资料来源：作者自制，根据台湾"海巡署"网站的数据。

（三）建立和健全两岸间海洋事务的立法协调机制

　　两岸间海洋事务具有一定的相通性和关联性，相关的立法与合作行为需要协调，可以基于合作导向进行海洋事务立法或为完成共同立法任务而进行合作。两岸可以适时在建立事先海洋事务立法协调机制，来协调两岸的利益需求和立法主张，尽可能避免和防止产生海洋事务法制冲突问题。海洋法具有专业性和国际性等特征，例如《联合国海洋法公约》是各个国家制定海洋事务法律的蓝本，这也是两岸在海洋事务领域构建协调机制的优势。鉴于两岸关系的现实，两岸间海洋事务的立法协调机制不同于欧盟、美国和大陆区域间的立法协调机制，没有现实的参照系，只能在借鉴的基础上不断摸索，进而建立具有实践理性的立法协调机制。具体来说，两岸间海洋事务立法协调机制可以有以下几种：第一，示范法是美国的一种重要区域法治协调机制，两岸也可以将其适用于两岸间海洋事务合作，这些示范法可以由大陆和台湾研究海洋法的学术团体和相关海洋事务管理机关的专家一道起草，这个过程中可以由各个相关主体充分参与、表达利益诉求，形成共识后成文，供两岸在制定海洋事务立法时为蓝本，分别按照两岸各自的程序完成立法。这可以避免两岸陷入"法统"之争，在形式上并没有共同行为或联合行为，但可以实现两岸海洋事务法制的协调统一。第二，在两岸政治互信积累到一定程度的基础上，两岸可以通过两会或两岸事务部门达成相关协议，或者建立海洋立法协调委员会，在海洋事务立法和修法过程中加强沟通。第三，两岸可以在"一个中国"框架下联合进行两岸间海洋事务立法规划，建立立法联席会议、立法调解和公众参与等制度，然后由两岸同步提案和送审。① 此外，在修改法律时可以采用包裹立法技术全面调整相关海洋事务法律。所谓包裹立法是指两岸立法机关基于共同的立法目的，将所有存在与两岸海洋事务合作明显不适应、不协调问题的不同法律文本，整合在一个法律案中进行小幅度变动的法律修改技术。②

二、健全两岸海洋事务协议体系

两岸海洋事务合作的一个网络化系统，两岸协议涉及两岸间海洋事务合作法律机制的创新形式，更是涉及两岸法制的法律性质、法律效力、法律渊源等根本问题，对两岸海洋事务合作的实践具有重要意义。两岸协议是两岸关系制度化的重要载体，但它由于有限理性、战略模糊和交易成本的影响在本质上是"不完全协定"。在合作治理框架下两岸海洋事务合作对法律的供给和运作需求更高，两岸协议应不断完善。

（一）两岸海洋事务合作协议的体系化

两岸协议建立在平等协商、双方法律规定的基础上和既有的合作经验上，通过书面协议强化两岸间海洋事务合作的意愿，规定合作的程序、方式和效力等，由两岸各自的法律保障机制予以推进。可以说，两岸协议是平等协商和意思表示一致的结果，代表公权力机关在两岸间海洋事务合作的共同意志，是两岸推进海洋事务合作的重要保障。2008 年以来，两会已经举行了 10 次高层会谈，已经签订的 21 项协议，多项两会协议涉及两岸间海洋事务合作，起到了固化与表达两岸共识、引导和框范两岸间海洋事务合作的重要作用。目前，两会签署的大部分协议多少都涉及海洋事务，有的直接规定两岸海洋事务合作，将两岸间海洋事务的相关事项链接起来，如《海峡两岸海运协议》。有的是综合性协议涉及海洋事务，如《海峡两岸经济合作的框架协议》《海峡两岸共同打击犯

---

① 参见陈光：《区域立法协调机制的理论建构》，人民出版社 2014 年版，第 195—275 页。

② 参见刘风景：《包裹立法的原理与技术——以＜关于修改部分法律的决定＞为主要素材》，《井冈山大学学报（社会科学版）》2012 年第 1 期。

罪及司法互助协议的协议》等。然而，目前两岸涉及海洋事务的协议远远没有形成完备的规范体系，虽然两岸协议的体系化是一个复杂的系统课题，两岸间海洋事务作为一个议题可以作为功能协议组团来进行体系化的尝试。具体来说，涉海洋事务的两岸协议体系化主要需要完善以下几个方面：一是两岸应该构建综合性两岸间海洋事务合作的基础性框架协议，主要包括标题性条款、介绍性条款（包括主体条款、目的条款、基本原则条款和授权条款）、合作安排条款、实施方式条款、纠纷解决机制条款等以及对涉及两岸间海洋事务合作协议的接受、效力、解释和变更等事项进行统筹规范，将其作为两岸间海洋事务合作的基础性协议。在两岸间海洋事务合作协议框架下，由后续协议来不断对具体海洋事务事项进行落实，最终形成体系化的协议群，如 ECFA 协议体系和两岸空运协议体系，或者可以在框架性协议上设定两岸海洋事务需要协商的议题，然后再由后续协议来落实这些议题，即预先设定议题的体系化方式，如早期《汪辜会谈共同协议》就有过尝试。① 二是可以针对特定的在两岸间海洋事务中经常发生的事项，并且两岸内部相关规定相同，可以通过实体性协议确定下来作为两岸间海洋事务合作的实体性规范。② 三是两岸海洋事务的程序性协议，现在很多涉及两岸间海洋事务的协议多是这种协议，是两岸海洋事务公权力机关合作、联系和共同处理某项海洋事务程序的协议，通过程序对两岸海洋事务立法和政策进行衔接，处理两岸相关海洋事务法律冲突，达成海洋事务合作共识。这主要是由于两岸有进行海洋事务交往的现实需要，但两岸暂时不能达成实体性共识，只能通过程序性方式相互联系来处理共同海洋事务。四是两岸应该构建涉海洋事务法律适用的协议，可以对涉及两岸间海洋事务的法律体系存在冲突的部分制定相应的协议明确法律选择问题。第五，两岸可以借鉴内地与港澳的项目制合作模式，制定部分海洋事务尤其是海洋建设的项目，两岸相关项目实施单位在两岸公权力机关批准后签订相关项目协议，共同完成这一项目。与一般性两岸协议相比，这种项目制协议具有个案性，只要不违背两岸现有的法

---

① 参见祝捷：《论两岸法制的构建》，《学习与实践》2013 年第 7 期。
② 参见周叶中、刘文戈：《论两会协议的体系化》，载《两会协议的理论与实务问题学术研讨会论文集》（2012 年）。

制就可以推进，阻力相对比较小。[1]

两岸协议的体系化是两岸在海洋事务方面通过协商形成制度，两会框架是目前两岸间最为可行的造法机制，已经初步具有了两岸间立法的规范特征，为两岸间海洋事务合作的规范和调整提供了法律依据，具有法理共识的特征。此外，应该重视出两会外其他主体签订的两岸协议。2008 年以前两会商谈一度中断，两岸很多行业组织包括海洋事务组织进行商谈，产生了各种"小两会"。目前，两岸事务主管机关建立了常态化的沟通机制，其他主管机关在两会平台等场合建立了沟通联系机制，有的海洋事务涉及政治性问题，有的两岸协议可以由公权力机关直接沟通和签署。

（二）健全两岸协议的实施机制

由于两岸协议在国内和国际上没有参照系，加上两岸内部的立法并没有明确规定，这使两岸协议的性质和地位比较模糊，两岸协议的实施机制日益混乱，这成为亟待解决的问题。一般来说，两岸协议一旦生效，就对两岸产生了法律效力，必须予以实施，其关键在于两岸协议与两岸内法律的关系及其适用方式。简言之，两岸协议的接受和适用决定着两岸协议实施的实效。[2] 两岸协议的接受是指两岸协议如何进入两岸各自法域并具有法律效力的转变过程，解决的是两岸协议与两岸内法律关系的问题；两岸协议的适用则是两岸协议如何在两岸内部执行的具体方式，解决的是能否拘束个案的问题。接受和适用是两岸不同层面的问题，二者是交叉关系，前者是后者的前提和条件，后者决定着前者的实效。

大陆没有法律明确规定两岸协议的接受程序，根据以往的实践，两岸协议一旦生效，就自动成为法律体系的一部分，属于涉台的特别立法。当然，根据实际情况，两岸协议有的以"印发""通知"等方式下达，或者根据两岸协议立法或者制定司法解释，但这只是根据需要对两岸协议的相关问题进行细化。两岸协议既可以直接适用又可以间接适用，前者是指两岸协议对所有公权力机关、公民、法人和其他组织的行为具有约束力，可以成为立法、行政或司法判决的法律依据；后者是指大陆根据相关立法和司法解释才能作为法律依据。这种接

---

① 项目制在大陆海洋事务中比较常见，最近几年各地也推出了一系列涉台海洋事务项目，如"厦门对台渔业基地项目"就属于 2015 年福建省海洋经济重大前期项目之一，具体参见福建省发展和改革委员会、福建省加快海洋经济发展领导小组办公室印发的《2015 年福建省海洋经济重大项目建设实施方案》。

② 参见周叶中、段磊：《论两岸协议的接受》，《法学评论》2014 年第 8 期。

受和适用制度虽然比较灵活，但也存在着一定的随意性和不确定性，甚至和现有的法律规定存在冲突。如《海峡两岸海运协议》第 3 条规定："两岸登记船舶自进入对方港口至出港期间，船舶悬挂公司旗，船艉及主桅暂不挂旗。"但根据交通部 1991 年公布的《船舶升挂国旗管理办法》明确规定除遇到恶劣天气外，总吨及以上的中国籍船舶应该每日悬挂中国国旗。直到交通部 2009 年《关于促进两岸海上直航政策措施的公告》第 6 条规定："允许两岸登记的非运输两岸间贸易货物的船舶，从两岸港口或第三地港口进入对方港口，挂旗方式按照《海峡两岸海运协议》规定的船舶识别方式执行。如上述船舶运送两岸之间的贸易货物或中转货物，应按照两岸主管部门对直航船舶的管理规定办理。"

台湾地区则将两岸协议区别于台湾内部的立法，二者属于不同的法律体系，即"模糊二元论"，并不对两岸内的主体产生法律效力，只有先转化为内部法律，然后成为司法裁判和行政处分的依据。目前，没有法律规定当两者发生冲突时优先适用两岸协议，在实践中也没有将其作为法律依据的情况，这是一种间接适用。虽然台湾相对来说接受和适用比较规范，但存在的最大问题是两岸协议的法律地位不明确，这与台湾的法治之间存在着某种张力。随着两岸协议越来越多，该问题越来越严重，从 ECFA 生效的重重困难到服务贸易协议的受阻就是例证。在某种程度上说，"两岸协议处理及监督条例"的出台可以消解这一张力，提高两岸协议实施的可预期性。

两岸海洋事务合作协议是两岸在海洋事务领域的法理共识和制度设计，为避免两岸间海洋事务合作的协议存在以上问题。两岸应该各自完善两岸协议的法律制度，首先，构建法制化的两岸协议接受制度，制定统一的两岸协议适用规则，并尽快开展相关法律法规的清理工作；[1] 其次，应对两岸协议的法律性质、规范位阶、效力位阶和法律适用等进行区隔处理，因为两岸协议一旦生效，成为各自法律体系的一部分，作为内部涉对方特别立法，其效力如果按照立法程序签署的则与法律具有同等效力，如果是行政机关职权内事项则与规范性文件具有同等效力。[2] 根据两岸协议规定的内容等决定两岸协议是否可以直接适用，相关立法如果不明确则可以参照两岸协议解释。最后，随着两岸间海洋事务合

---

[1] 　参见周叶中、段磊：《论两岸协议在大陆地区的适用——以立法适用为主要研究对象》，《学习与实践》2014 年第 5 期。

[2] 　台湾的"台湾地区与大陆地区订定协议处理及监督条例草案"第 20 条拟定："经立法院审议通过之协议，与法律具有同一效力；其他协议，不得与法律相抵触。"

作的不断深化，需要建立相应的跨两岸的组织来执行协议，既参与到两岸间海洋事务合作的重大决策过程中，又能够处理一些日常的事务性工作，两岸协议就是其直接的法律依据，两岸各自法律要赋予其权威性。

（三）两岸协议创制模式的转换

台湾在涉大陆事务立法中原来是行政主导型立法，根据"台湾人民与大陆人民关系条例"规定，陆委会统筹办理台湾地区与大陆地区订定协议事项，协议内容具有专门性、技术性，由各主管机关订定为宜者，经上级主管机关同意后会同陆委会共同办理，协议内容涉及法律修改或应由法律规定的在签署后30日内由"行政院"核转"立法院"审议，没有涉及的话只需在30日内送"行政院"核定和"立法院"备查，必要时可以按照机密程序办理。然而很多两岸协议被认为是行政命令，按照"立法院职权行使法"第60条和第61条规定予以审查。[①] 这种立法程序的制度模式是行政主导型，立法只能起到监督作用，但随着2014年"太阳花学运"后"立法院监督两岸协议条例"的送审，两岸协议的签署基本成为"双重主导型"，这对任何两岸协议的签署都非常不利，海洋事务合作的两岸协议也是如此。加上民进党在2016年上台执政并取得"立法院"多数，两岸协议程序应走出专家听证和公权力机关垄断的做法，逐渐从决定模式转向交涉模式，扩大两岸民众的参与，回应社会对两岸协议合法性的质疑。随着网络技术的不断发展，这样做的成本大大降低，并且可以凝聚不同阶层和年龄层的民意，以民意的支持获取合法性，这种可以成为"公众参与型模式"。

三、创新行政规制方式

行政规制是两岸间海洋事务合作最重要的手段和措施，即使立法和两岸协议也需要具体的制度设计来实现，行政规制就是重要手段。两岸在政治关系定位问题没有解决前，也可以签订相应的协议作为临时安排，通过公共规制探求两岸海洋事务合作的经验，最终提升到两岸立法中。所谓公共规制是公共主体为根据一定规则，采用一定的手段来实现公共目标的过程。一般来说，公共规

---

① "立法院职权行使法"第60条规定："各机关依其法定职权或基于法律授权订定之命令送达'立法院'后，应提报'立法院'会议。出席委员对于前项命令，认为有违反、变更或抵触法律者，或应以法律规定事项而以命令定之者，如有十五人以上联署或附议，即交付有关委员会审查。"第61条规定："各委员会审查行政命令，应于'院会'交付审查后三个月内完成之；逾期未完成者，视为已经审查。但有特殊情形者，得经院会同意后展延；展延以一次为限。前项期间，应扣除休会期日。"

制可以分为强制式规制和诱导式规制，鉴于两岸关系的现状，应以诱导式规制优先，尤其是私法手段，尽量少用强制式规制，如 BOT 模式。[①] 当然，各个主体尤其是公权力机关都是在两岸相关法律框架下选择相应的规制手段和措施。需要说明的是，只要法律没有明确规定采用特定手段，则可以采用各种手段，包括私法手段，这具有充分的法理依据。在一定期间内，两岸可以采取以下几种手段来推进两岸间海洋事务合作，并且可以组合使用。

其一，两岸可以按照行政法上的"双阶理论"[②] 做出决定时采用公法手段，而实现过程采用私法手段，或者完全通过私法手段来完成合作事项[③]。这个过程中虽然采用的是私法手段，但相关政策或公法可以通过成立要件或生效要件来实现国家强制。[④] 例如高雄港与日照港、宁波—舟山港分别签订合作意向书。厦金海域的垃圾处理成为两岸必须面对的问题，尤其是金门更为迫切，两地公权力机关先在内部形成决策，然后两岸达成联合处理垃圾的协议，然后采用私法手段如签订协议进行合作。[⑤] 或者由部分非官方组织作为"行政助手"承担部分执行责任，但两岸公权力机关应承担保障责任，在这个过程中私人承担了整个合作的部分环节，实现了任务委外或公私协力。[⑥] 此外，两岸对一些海洋事务做出决定后可以由管理或控制的私人主体履行，但仍然是公权力范围的事项。例如两岸石油资源开发就是由石油公司合作开发，按照台湾"国安会"规划，南海、东海及海外油气资源开发是两岸合作的重点，陆委会在第一次"江陈会"前已经正式授权海基会就"两岸海域油气共同合作探勘"等议题，两岸可以成立合资公司是最可能的模式。[⑦] 当然，这个过程除受具体法律约束外，还应受宪法和一般法律原则的约束。

其二，两岸还会通过行政规划和行政指导的方式推进两岸海洋事务合作，行政指导是近年来大陆在发展沿海省份涉及的海洋事务时发布的一系列指导意

---

① 参见 [日] 米丸恒治：《私人行政——法的统制的比较研究》，洪英、王丹红、凌维慈译，中国人民大学出版社 2010 年版，第 5 页。

② 参见严益州：《德国行政法上的双阶理论》，《环球法律评论》2015 年第 1 期。

③ 参见邹焕聪：《行政私法理论在合同制度中的展开——论行政私法合同的内涵、性质与界分》，《现代法学》2010 年第 3 期。

④ 参见苏永钦：《私法自治中的国家强制》，中国法制出版社 2005 年版，第 38 页。

⑤ 《金门垃圾厦门处理"立委"允协调》，中时电子报，http://www.chinatimes.com/realtimenews/20150108006326-260402，最后访问日期：2015-03-09。

⑥ 参见高秦伟：《私人主体的行政法义务》，《中国法学》2011 年第 1 期。

⑦ 参见白德华：《两岸携手前进南海东海探油》，台湾《中国时报》2008 年 10 月 28 日。

见，由各个地方制定相关政策，逐渐成为国务院在相关涉海事务中推动海峡两岸海洋事务合作的主要方式。行政规划和行政指导主要是国家针对海洋事务的相关政策意见，如2009年《国务院关于福建省加快建设海峡西岸经济区的意见》就明确指出："加快台湾海峡油气资源的合作勘探和联合开发"，随后国土资源部和福建省以省部合作的方式开始推动相关工作①。在推动两岸内海洋事务合作过程中，两岸可以先从共同行政指导和行政规划开始，可以将这种方式应用在海洋事务上，通过制定共同规划，各自发布和实施的方式相对比较可行，提升海洋事务合作的层次和效益（表5-4）。近来，陆委会和国台办正就"两岸共同参与区域经济整合共同研究"进行准备工作和联系，而海洋经济在区域经济中占有重要的地位。②以后，两岸可以先从两岸海洋经济合作事务开始，在海洋渔业、海洋交通运输、海洋油气、滨海旅游、海洋船舶与工程装备制造、海盐及海洋化工、海水利用、海洋生物医药，海洋服务业等项目上联合规划，进而联合实施。③

---

① 中国工程院院士金庆焕在"海峡两岸石油天然气资源学术研讨会"上表示仅在台湾海峡晋江凹陷、九龙江凹陷等地质层内油气资源储量可达2.75亿吨，约为全国常规油气资源总量2％。

② 《林中森语中评：没九二共识基础行吗？》，中评网，http://www.crntt.com/doc/1035/7/0/3/103570396.html?coluid=7&kindid=0&docid=103570396&mdate=0114101145，最后访问日期：2015-01-15。

③ 《确保主权利益 两岸应携手发展海洋经济》，中国台湾网，http://www.taiwan.cn/plzhx/hxshp/201409/t20140912_7304574.htm，最后访问日期：2015-01-19。

表5-4：近年大陆若干重要涉海行政规划对两岸海洋事务的规定

名称	发文机关、时间	内容表述
全国海洋经济发展"十二五"规划	国务院，2012	"福建沿岸及海域。该区域发展的功能定位是两岸交流合作先行先试区域……积极拓展闽台旅游合作，共同打造'海峡旅游'品牌。积极开展闽台渔业协作，建设生态型海水养殖和海产品精深加工基地，打造全国重要的海水养殖优质品种制种和遗传育种基地。加强厦门港集装箱干线港建设，加快建设连接两岸及港澳、服务中西部地区发展的海峡西岸港口群……积极推进海上风电等海洋可再生能源开发，推进闽台新能源合作。" "福建平潭综合实验区重点发展高新技术产业、海洋产业、旅游业和现代服务业，积极开展两岸产业合作，加强两岸关键产业领域与核心技术联合研究开发，建设海峡西岸高新技术产业基地、现代服务业集聚区、海洋经济示范基地和国际知名的海岛旅游休闲目的地，将其打造成为两岸交流合作的先行区、体制机制改革创新的示范区、两岸同胞共同生活的宜居区、海峡西岸科学发展的先导区。"
全国海洋功能区划（2011—2020）	国务院，2012	"本次区划将我国管辖海域划分为渤海、黄海、东海、南海和台湾以东海域共5大海区，29个重点海域。"
中国（福建）自由贸易区总体方案	国务院，2015	"充分发挥对台优势，率先推进与台湾地区投资贸易自由化进程，把自贸试验区建设成为深化两岸经济合作的示范区。" "允许自贸试验区试点海运快件国际和台港澳中转集拼业务。允许在自贸试验区内注册的大陆资本邮轮企业所属的'方便旗'邮轮，经批准从事两岸四地邮轮运输。" "按区域布局划分，平潭片区重点建设两岸共同家园和国际旅游岛，在投资贸易和资金人员往来方面实施更加自由便利的措施；厦门片区重点建设两岸新兴产业和现代服务业合作示范区、东南国际航运中心、两岸区域性金融服务中心和两岸贸易中心；福州片区重点建设先进制造业基地、21世纪海上丝绸之路沿线国家和地区交流合作的重要平台、两岸服务贸易与金融创新合作示范区。"
海峡西岸经济区总体规划	发改委2011	"第四章 构筑两岸交流合作的前沿平台……"
国家海洋事业发展"十二五"规划	国家海洋局，2013	"建设平潭综合实验区，建立两岸交流合作先行区。"

续表

福建省海洋环境保护规划（2011—2020）	福建省人民政府，2011	"加强海峡两岸在海洋环境保护领域的区域交流与合作。加强在厦金海域、两马海域海漂垃圾治理和环境综合整治合作，推进两岸共同关注区域的环境监测合作和资料共享。促进海峡两岸渔业资源养护合作机制及纠纷处理机制的建立，加强渔业资源的协调管理，统一休渔制度，促进台湾海峡渔业资源的养护与恢复。"

资料来源：作者自制

其三，"特区"是大陆未来两岸事务合作的重要模式之一，目前主要有福建自贸区、平潭综合实验区和昆山深化两岸产业合作试验区。这些实验区主要集中在沿海，利用与台湾链接的地缘优势，实行特殊的政策和机制，推动两岸海洋相关产业的集聚，起到两岸事务合作的杠杆作用，从而推进整个两岸间海洋事务合作。以平潭综合实验区为例，平潭是大陆最靠近台湾的地方，经过几年的发展平潭已经发挥了一定的桥头堡作用。2009 年颁布的《关于支持福建省加快建设海峡西岸经济区的若干意见》将海西建设提升为国家战略，成立平潭综合实验区作为对台工作的核心区域，2011 年 11 月国务院批复的《平潭综合实验区总体发展规划》，把平潭定位为两岸同胞共同家园。目前，除星期日外，每天均有航班从平潭往返台北、台中，运送旅客累计超过 31 万人。[①] 福建省海洋与渔业厅在项目用海、海洋渔业对台交流合作等 5 方面出台 18 个具体政策措施的部分，将重点支持平潭实验区海洋渔业对台交流合作，包括促进综合实验区对台远洋渔业合作，建立综合实验区对台渔业合作平台等。

实验园区模式应选择部分海洋领域先行突破。近年来两岸农渔业交流比较热络，大陆可以成立两岸农渔业示范园区，如"台湾渔民创业示范园区"，积累运行经验，形成稳定的模式后可以运用到其他领域。未来，两岸也可以建立共同的实验区联合管理，采用"共同规划、共同开发、共同经营、共同管理、共同受益"的管理模式，可以先农渔业交流做起，例如"厦金、福马、台湾浅滩渔业共同管理实验区"。

---

① 2011 年 11 月 30 日最高时速 54 节的高速客货滚装船"海峡号"从平潭首航台中，2012 年 5 月平潭开通台北航线，2013 年 10 月海峡号的姊妹号"丽娜轮"通航台北。《习近平在福建考察》，新华网，http://news. xinhuanet.com/politics/2014-11/01/c_1113073552.htm，最后访问日期：2014-11-12。

其四，由于两岸间海洋事务具有多面向与多价值观的特点，包含了政治、经济、社会和文化等领域，需要两岸通过大量的海洋政策来落实，这是由政策的灵活性决定的，有很多相关立法授权公权力机关制定相应的政策来落实。两岸海洋事务合作的相关政策是在一定期间内持续地对特定群体和海洋事务的巨大资源的配置，还涉及两岸内不同区域主体和行业的利益，应该全面考虑。例如，《海峡两岸海运协议》签订后，两岸公权力机关都制定了相应的政策和方案进行实施（表 5-5），台湾"交通部"制定了"台湾地区与大陆地区海运直航许可管理办法"。随着两岸海运事务的蓬勃发展，2015 年 2 月 17 日修改"台湾地区与大陆地区海运直航许可管理办法"规定有关船舶航经台湾限制水域的指定航道、申请许可、通信导航与指挥调度等规定。

表 5-5：大陆落实《海峡两岸海运协议》的相关政策

规范性文件名称	发文单位	文号	备注
《关于海峡两岸间集装箱班轮运价备案实施的公告》	交通运输部	[2012] 6 号	
《关于海峡两岸海上直航发展政策措施的公告》	交通运输部	[2012] 41 号	
《关于海峡两岸海上直航政策措施的公告》	交通运输部	[2011] 37 号	
《关于公布进一步促进海峡两岸海上直航政策措施的公告》	交通运输部	[2009] 54 号	
《关于促进两岸海上直航政策措施的公告》	交通运输部	[2009] 21 号	
《关于海峡两岸海上直航营业税和企业所得税政策的通知》	财政部、国家税务总局	[2009] 4 号	
《关于台湾海峡两岸间海上直航实施事项的公告》	交通运输部	[2008] 38 号	
《关于促进当前水运业平稳较快发展的通知》	交通运输部	[2008] 500 号	
《台湾海峡两岸直航船舶监督管理暂行办法》	国家海事局	[2008] 597 号	

资料来源：作者自制

其五，由于两岸海上违法犯罪较多，严重侵害了海洋秩序，两岸建立海洋执法协作模式，在证据调查和文书交换等方面全面合作。当然，有的海洋事务立法不健全，两岸海洋执法机关应在实践中逐渐总结经验，形成执法惯例或先例，对于相同或具有同一性事件，如果没有正当理由，根据公法上的平等原则和信赖保护原则应受先例或惯例约束。此外，两岸可以先行建立海上执法快速通报机制，在一方公权力机关担保的情况下完善船员和船只快速释放机制。

四、检视司法机关的角色

法律尤其刑法是维护两岸海洋秩序的重要保障，而司法是法律适用的主要机制。一般认为司法在两岸海洋事务合作中的作用非常有限，主要依法裁判和定纷止争，这是由于海洋事务具有专业性、政策性和复杂性，有的还涉及政治问题，司法不适宜介入。然而，在现代社会司法治理是当今国家治理的重要方式，在裁判过程中将外部性因素纳入，司法解释对海洋事务立法的适用非常重要。同时，司法具有中立性、终局性和处分性等特点，将政治性和事务性海洋问题转化为法律问题，有助于提高两岸海洋事务合作的权威性，推进两岸间海洋事务合作的进程。

（一）两岸间海洋事务合作的司法面相

随着 1987 年台湾开放探亲，两岸分隔产生的法律问题便随之而来，也产生了很多新的法律问题，除了海上犯罪问题，有的甚至还涉及公权力机关，如 1991 年台湾军方中断了厦门海关查缉"鹰王号"走私船，并介入渔事纠纷，还殴打、抓扣、枪击、炮击大陆沿海渔民、渔船。[①]对两岸的经济社会产生重要影响，司法必须对其有所因应，以解决两岸交往产生的争端，维持两岸交往秩序。早在 1988 年最高人民法院发布《关于人民法院处理涉台民事案件的几个法律问题》对涉及婚姻、财产和继承等问题进行了特别规定，1990 年两岸红十字会签署《海峡两岸红十字会组织有关海上遣返协议》对海上犯罪问题进行了规范。1991 年 11 月两岸开始就合作打击台湾海峡海上走私、抢劫犯罪活动的程序问题进行协商。1993 年《汪辜会谈共同协议》就将"有关共同打击海上走私、抢劫等犯罪活动问题"和"两岸司法机关之相互协助（两岸有关法院之间的联系与协助）"议题纳入当年协商议题。在一定程度上，正是两岸人员往来和交流产生的司法需求，促使两岸公权力机关开始通过各种途径接触，并且逐渐由个案的"特事特办"到制度化，由民间作为中介到专门机构或专人直接建立联系机制，由海上遣返到民事、刑事全面协助。

---

① 《王兆国会见台湾海基会访问团时的谈话》，国台办网站，http://www.gwytb.gov.cn/lhjl/la2008q/gaikuang/agree/201101/t20110108_1684744.htm，最后访问日期：2014-12-31。

虽然台湾地区往往以地区安全为由对两岸间海洋事务合作持消极态度，加上两岸政治关系地位没有明确，两岸间海洋事务合作势必会因为政治问题受到责难。立法机关的复杂生态不能很好推动两岸海洋事务立法，行政机关又陷入政治的张力中难以自拔，但司法是最后一道防线，很多两岸往来中涉及海洋事务的问题最后可能进入法院，这就需要法院通过正当程序和司法技艺来化解政治矛盾和纠纷。两岸的政治定位和安全在两岸间海洋事务合作中占有重要地位，但在权利话语逐渐成为主导政治话语形式的今天，司法是权利保障的最后一道防线，司法机关在两岸间海洋事务合作中占有非常重要的作用。详言之，司法在两岸海洋事务合作中的优势主要有以下几个方面：一、司法的技术性和程序性，有助于结果的可接受性，也可以缓解社会公众的情绪，提高对争议问题的接受度；二是司法机构的中立性，避免将两岸海洋事务功能性合作问题政治化，缓解两岸间海洋事务合作的政治负担，减少两岸海洋事务合作的阻力；三是司法适用的个案性，可以将两岸间海洋事务合作中涉及的政治问题逐步转化为法律问题，避免海洋事务争端的组织化、群体化和扩大化。

伴随着世界的民主化浪潮，司法权不断扩张，通过独立的司法体制和自在的司法审查不断重塑法院在整个宪政体制中的地位，最高法院逐渐已经演变成政治决策机构，这背后蕴含着统治权保持的内在逻辑。[①] 两岸的司法机关在一定程度上具有政策形成功能，台湾的"司法院"在解决复杂难缠的政治社会争端方面发挥着关键角色，"大法官会议"享有"违宪"审查权和统一法律解释权，具有较高的权威性，对台湾地区推动两岸海洋事务合作也具有较大的影响。最高人民法院享有司法解释和司法政策的制定权，各级法院享有司法审查权，对涉海诉讼制定了专门规定，这在一定程度上推进海洋法律的实施。

当然，司法的功能和作用既是司法自身的特性，更是政治环境的选择，并不是政治无涉，一旦超出限度，就可能因介入政治问题而损害自身权威。台湾"司法院大法官会议""释字第 329 号"考虑到政治争议，没有正面回应两岸协议的性质，而只是从反面做出两岸协议不是国际协定的解释。因此，司法在两岸间海洋事务合作应保持适度的谦抑与克制，尊重其他公权力机关的决定，符合自身在宪政架构的定位，适当考察政治生态，争取社会民众的支持。这个过程充满多方的博弈和妥协，最终提高司法在两岸海洋事务合作中的地位和作用，

---

① 参见扶摇：《司法治理与政治司法化——读赫希＜迈向司法治理：新宪政主义的起源与后果＞》，载高鸿均主编：《清华法治论衡（第 14 辑）》，清华大学出版社 2011 年版，第 486—490。

发挥两岸间海洋事务合作中的司法功能。

（二）两岸间海洋事务合作的司法向度

两岸间海洋事务的司法合作是随着两岸关系的不断发展而不断变化的，由于两岸的司法体制等并不相同，司法合作的向度具有阶段性和类型化等特色。由于海洋事务区别于一般事务，具有普适性和专业性，这也是海洋法在全球具有一定的通用性的原因所在，两岸涉海洋事务的法律尤其是私法和相关国际条约具有一致性，因此两岸海洋事务的司法合作具有一定的优势。具体来说，两岸海洋事务合作的司法向度主要有以下三个方面：

一是法律适用。司法权本质上是裁判权，司法机关依据两岸立法处理涉海洋事务案件的审判是其基本职责。两岸司法机关主要依据内部的法律体系进行审理，但很多海洋事务案件具有跨两岸性，两岸司法机关在法律适用过程中，可以借鉴、参考和依据对方的法律，可以基于实用主义引入"适当的法"（Proper Law）理论来调和两岸法律之间的冲突。一般来说，两岸只是有限度地承认了对方的民事法律，并没有承认其他法律，在台湾地区主要是由"台湾地区与大陆地区人民关系条例"转介规定，而大陆则通过司法规定的方式承认。大陆涉及台湾法律适用的法律主要有 2010 年颁布的《涉外民事关系法律适用法》和《最高人民法院关于审理涉台民商事案件法律适用问题的规定》规定只要根据法律和司法解释中选择适用法律的规则，确定适用台湾地区民事法律的，人民法院予以适用，但不能违背国家法律的基本原则和公共利益。"台湾地区与大陆地区人民关系条例"第 41 条至第 45 条规定了台湾适用大陆民事法律的主要规则和排除适用的规定。这是对民事法律适用问题的一般规定，在一些单行海洋事务法律中可以通过转介条款规定适用对方的法律，只要不违背基本法律原则、公共利益等就可以，即使不能适用，在法律解释过程中也可以作为证明材料。

此外，由于两岸间海洋事务犯罪大部分是行政犯，受行政刑法的规制，必然涉及行政过程，行政诉讼更是如此，两岸司法机关在审理刑事和行政案件时一定要综合考量海洋事务管理法规，进行整体性解释，保障法律适用的统一。例如，"台湾地区与大陆地区人民关系条例"第 29 条划定专门设计了禁止水域和限制水域制度，大陆船舶经许可才能进入，否则将强制驱离，这区别于外国船舶，授权台防务部门划定范围，其在 1992 年和 1998 年公布是自海岸线起十二海里是禁止水域，二十四海里是限制水域。1999 年"领海及邻接区法"第 7 条第 6 项则规定"领海"自"领海基线"起十二海里，基于特别法优于一般法的原则，"两岸人民关系条例"作为特别法优先于"领海及邻接区法"的规定，但台湾在实务上对行政取缔以前者为依据，而对刑事犯罪的认定则依据后者，这造成法律适用混乱，直到2004年台湾防务部门发布公告将禁止水域和限制水域的起点改为"领海基线"才初步解决这一问题。为避免这种现象再次出现，司法机关在法律适用中应从三个层次分析：首先在法律框架下以保障人民权益和维护海洋秩序为出发点，分析行政机关或相对人的性质；其次是从整体制度的内涵，探究两岸在海洋事务管理中的关系以及两岸公权力部门的权责配置和程序设计；最后是超越具体海洋事务的制度设计，探究两岸关系的现状等背景。

任何法律适用的过程都需要法律解释，这也是司法裁量的过程，司法机关应充分发挥司法技艺勾连两岸的海洋事务法律，考察整个两岸间海洋事务法律实践，立足当下情景和需要运用建构性解释对其做出最佳论证，从而促进两岸间海洋事务合作。[1] 司法机关在遇到疑难案件时应该着重选择合宪性解释、目的解释等法律方法，充分发挥平等互惠等法律原则的协调均衡作用，在法律体系内选择有利于推进两岸间海洋事务合作的价值判断为个案判决提供合理化论证。[2] 由于两岸关系和海洋事务都具有高度的政策性，政策均衡抑或政策性解释在司法机关审理涉对方海洋事务案件时也可以采用，可以为判决提供政策合理性支撑。所谓政策性解释是指其有比较强的政策思维，重视案件中具体的公共政策、社会目的和社会效果，适当将法律解释为政策允许范围内。[3]

二是司法互助。很多涉海洋事务的案件具有跨两岸性，必须由双方共同协助才能全面查清事实和适用法律。自两岸恢复交往以来，司法协助问题一直是两岸合作的重要议题，直到2009年4月签订《海峡两岸共同打击犯罪及司法互助协议》才初步构建起来。但两岸司法互助仍然存在很多问题，需要进一步完善，党的十八届四中全会公报指出："加强内地同香港和澳门、大陆同台湾的执法司法协作，共同打击跨境违法犯罪活动。"

在《海峡两岸共同打击犯罪及司法互助协议》签署前，两岸基于互惠原则已经开始承认对方的民事确定判决和仲裁决定。台湾的"台湾地区与大陆地区人民关系条例"第74条规定："在大陆地区做成之民事确定裁判、民事仲裁判

---

① 参见高鸿钧：《德沃金法律理论评析》，《清华法学》2015年第2期。
② 参见陈林林：《基于法律原则的裁判》，《法学研究》2006年第3期。
③ 参见王旭：《行政法解释学研究：基本原理、实践技术与中国问题》，中国法制出版社2010年版，第107页。

断，不违背台湾地区公共秩序或善良风俗者，得声请法院裁定认可。前项裁定经法院认可之裁判或判断，以给付为内容者，得为执行名义。前两项规定，以在台湾地区作成之民事确定裁判、民事仲裁判断，得声请大陆地区法院裁定认可或为执行名义者，始适用之。"前两项是初定条款，其立法理由为："两岸地区之民事诉讼制度及商务仲裁体制有异，为维护我法律制度，并兼顾当事人权益，爰规定因争议在大陆地区作成之民事确定裁判或仲裁判断，须不违背台湾地区公共秩序或善良风俗，始得声请法院裁定认可，又经声请法院裁定认可之裁判或判断，若系以给付为内容者，为实现其给付，并明定得为执行名义。"[①]第三项是 1997 年 5 月 14 日增订条款，其立法理由是"惟大陆方面却未能秉持互惠、对等之原则，承认在我方作成之民事确定裁判及民事仲裁判断，得声请大陆地区法院裁定认可，并得在大陆地区执行，显属不公，爰公平及互惠原则，增订第三项规定，期使中共当局正视两岸司法互助问题，能以诚意解决，俾维护两岸法律制度，并兼顾当事人权益。"[②]随后 1998 年《关于人民法院认可台湾地区有关法院民事判决的规定》、2009 年《关于人民法院认可台湾地区有关法院民事判决的补充规定》，其中第 2 条第 1 项规定："申请认可的台湾地区有关法院民事判决，包括对商事、知识产权、海事等民事纠纷案件作出的判决。"大陆明确规定经裁定认可的台湾法院的判决与大陆生效的判决具有同等效力，而"台湾地区与大陆地区人民关系条例"第 74 条规定相对模糊，起初台湾的法院裁定一般认为有既判力[③]，但台湾地区法院 2007 年"台上字 2531 号"民事判决则认为经裁定认可的大陆判决或仲裁只有执行力[④]，此后很多法院也采用这一意见[⑤]。因为裁定认可的对方判决也对其他机关具有约束力，未经裁定认可则不能约束其他机关，使大陆法院的判决处于不确定性状态，使相关法律关系也不稳定。因此，需要对该条款的进行解释或修正，明确大陆法院判决应与台湾法院判决具有同一效力，以促进两岸司法互助。[⑥]2013 年 6 月在第五届"海峡论坛"

---

① 《"立法院"公报》，"院会"记录，81 卷 51 期，第 161—162 页。

② 《"总统府"公报》，1997 年 5 月 14 日"华总"（一）义字第八六○○一○八二七○号。

③ 台湾"高等法院"2005 年度"家抗字第 188 号裁定"，"最高行政法院"2002 年度"判字第 2062 号判决。"

④ 有学者认为台湾"最高法院"这样判决的理由在于保护败诉的台湾人利益、"大陆的司法制度不健全"和有关民事诉讼法没有明确规定判决的既判力等原因。参见黄国昌：《一个美丽的错误：裁定认可之中国大陆判决有无既判力？》，《月旦法学杂志》第 167 期，2009 年 4 月。

⑤ "最高法院"第 2008 年度"台上字第 2376 号民事判决"。

⑥ 参见张文郁：《论大陆判决之承认》，台湾《月旦法学杂志》2010 年 3 月，第 178 期。

上张志军指出最高人民法院将对认可和执行台湾乡镇市调解委员会出具的民事调解书做出司法解释。此外,针对两岸的判决经常无法送达①或大陆的判决因送达问题没有被台湾的法院裁定认可的情况时有发生,最高人民法院在2008年4月23日实施《关于涉台民事诉讼文书送达的若干规定》,缓解两岸民事审判文书送达的困难,保障当事人的诉讼权利,推进两岸司法方面的交流与合作。

除各自推动外,两岸签署了一系列涉及海洋事务司法协助的两岸协议,并且将司法互助范围扩大到民事和刑事诉讼领域。1990年两岸在《海峡两岸红十字会组织有关海上遣返协议》就初步确定了涉海洋事务的司法协助机制。两会在1993年签订的《两岸公证书使用查证协议》和2009年签订的《海峡两岸共同打击犯罪及司法互助协议》基本构建了两岸司法互助制度,2011年台湾"法务部调查局"与大陆授权省份公安部门的直接联系窗口,同年最高人民法院为此公布《关于人民法院办理海峡两岸送达文书和调查取证司法互助案件的规定》,其中涉海洋事务的犯罪和司法协助是重点之一。例如,2014年台湾"海巡署"与福建省公安边防总队共同查获毒品731.845公斤和私烟100万包。②

三是司法治理。两岸尤其是台湾的行政机构和立法机构在推进两岸间海洋事务合作中背着较重的政治负担,由于其政党色彩很容易引发社会的非理性对抗,甚至产生事务性问题泛政治化、争端群体化和冲突组织化的困境。然而,司法机关可以通过技术性、程序性和理由性来淡化政治色彩,降低冲突激化的可能性和减少两岸合作的阻力,再个案处理将逐步推进两岸海洋事务合作进程。台湾"大法官解释"中涉及两岸问题的解释对两岸关系的发展起着重要作用,不仅涉及两岸关系定位,而且涉及两岸交往的相关问题。这主要是台湾地区的法律对两岸事务的规定有争议可能"违宪",虽然修改法律是最直接的方案,但因为政治利益的考量和立法修程序的缓慢,政党缺乏法律修改的动力,在这种情况下可以诉诸"司法院"进行"大法官解释",更为容易并且也不容易反弹。例如,可以对"台湾地区与大陆地区人民关系条例"第74条第2项中大陆民事判决和裁决的既判力问题和第93–5条中两岸事务排除行政程序法适用提请

---

① 在《关于涉台民事诉讼文书送达的若干规定》新闻发布会上,时任最高人民法院副院长黄松有指出:"大陆人民法院手里的涉台民事案件80%无法送达,台湾地区法院目前积压的需要向大陆当事人送达的诉讼文书也高达数千件。"

② 参见"行政院海洋事务推动小组"网:《严密海域巡护,维护岸海治安与海洋权益》,http://www.cga.gov.tw/ GipOpen/wSite/ct?xItem=69950&ctNode=7599&mp=cmaa, 最后访问日期:2015-03-03。

"释宪"①。此外,对两岸海洋事务合作过程中出现的新问题或法律适用争议的部分,也可以通过判例来约束下级法院。根据相关法律,台湾的"最高法院"和"最高行政法院"可以将相关案件作成判例,根据"大法官第 154 号解释",判例在没有变更前具有约束力,可为各级法院裁判之依据,如有"违宪"情形,可以声请"大法官会议""释宪"。不过,"大法官第 687 号解释"限缩了判例的效力,认为统一法令判例的法律见解与法律有所不同,不属于法官可以声请解释的客体。

最高人民法院根据有关法律可以发布司法解释、司法文件和指导性案例②,对全国人民法院具有一定的约束力和参照作用,可以对人民法院在审批工作中具体适用法律的问题进行司法解释,规范审判管理等司法行政事项,通过发布指导性案例统一法律适用,制定司法政策,指导全国法院的审判和执行工作。因此,最高人民法院根据两岸协议和两岸关系发展的情况,通过司法解释或指导性案例等形式统一涉海洋事务的法律适用,对在审判过程中是否能引用两岸协议等事项做出规定,鉴于海洋事务诉讼的特殊性制定专门的海事司法政策,等等。此外,大陆很多地方法院也具有审判管理权,在实践中也充分发挥主观能动性,创新涉台司法机制,将涉台案件司法关口前移,尤其是福建省,福建省高院在 2011 年设立具有独立建制的涉台司法事务办公室,很多中级法院和基层法院设立涉台审判厅,如厦门市海沧区成立涉台法庭,专门负责管辖厦门涉台案件③。由于涉海洋事务不断增多,福建、浙江等省份可以设立专门法院或法庭审理相关案件。

此外,还要健全涉两岸间海洋事务的诉讼制度,例如很多涉海案件如海洋污染或海难事故规模较大,受害人比较多,两岸民众都有受害人,可以由两岸受害人共同起诉,或者由检察机关提起共同公益诉讼。

---

① 2013 年以来台湾"大法官"作出的 3 个解释均与正当行政程序有关,都涉及"两岸人民关系条例"第 93–5 条,尤其是陈新民"大法官"的"部分不同意见书"对此论述更为详尽。

② 主要法律依据有《人民法院组织法》《全国人民代表大会常务委员会关于加强司法解释工作的决议》《最高人民法院关于司法解释工作的规定》和《最高人民法院关于案例指导工作的规定》,等等。

③ 《厦门海沧涉台法庭服务台胞 七成靠调解化纠纷》,国台办网站,http://www.gwytb.gov.cn/guide_rules/method/201305/t20130531_4265906.htm,最后访问日期：2014-12-20。

五、建构海洋事务合作组织

两岸间海洋事务合作的法律治理是一个系统的法律解释和建构的过程，任何承诺和行为都将嵌入两岸海洋事务合作的规范体系。"公法的基础不再是命令，而是组织。"[①]两岸间海洋事务合作最终会走向组织化的缔结协议和解决争端。随着两岸间海洋事务的不断增多，两岸各自立法和政策推动和两岸协议衔接存在一定的局限性，更需要完善和构建两岸间海洋事务合作的组织等问题。组织作为一种交往媒介会影响两岸事务处理过程及其决定，法律对权力的管制其实大部分是组织整合，即通过对组元之间的安排和组织结构的设计以实现两岸海洋事务合作之间较为稳定的关联过程或状态。[②]两岸海洋事务合作规范性文件对两岸各主体产生的实际约束是通过组织法机制实现，两岸协议大多是通过相关机关的发文或制定相关规范性文件使各级机关得以遵守，这里所依据的并不是协议文本的效力，其法律依据则在于相关组织法中所确立的下级服从上级的规定。可以说，很多两岸海洋事务交往的程序规则和海洋事务合作组织是相互依赖和紧密相连的，不仅两岸海洋事务合作治理的行为体塑造了两岸海洋事务合作组织，两岸海洋事务合作组织也可以塑造行为体的身份和利益。

目前，两会是供两岸公权力机关磋商、沟通或服务的组织，不仅为两岸提供了一个相对稳定的谈判平台，而且为两岸公权力机关构建了磋商平台和联系机制，在两岸持续互动和反复沟通，处理突发事件、传递信息和展开具体事务商谈等方面都起着重要作用，但并不是具有独立身份的组织。随着近年来两岸关系的和平发展，涉两岸海洋事务的相关组织也在不断建构和完善，这就需要两岸间海洋事务层次的多维化。换言之，两岸间海洋事务的组织合作层次可以分为平行合作与交叉合作。平行合作是两岸最高海洋事务部门及其职能部门、地方海洋事务公权力机关、非公权力的海洋事务组织等之间的合作，这是两岸海洋事务合作中最常见的模式；交叉合作是两岸不同级别的公权力机关之间的合作，或公权力机关与社会组织之间的合作，或不同行业、地区和部门之间的合作。例如，2014年12月8日海峡两岸经贸交流协会海洋经济合作委员会在青岛成立，主要以完善海峡两岸涉海合作的社会组织，依托海贸会对台经贸交流平台，实现两岸海洋的资源和技术合作，完善物流体系，强化海洋生态环境

---

① [英]莱昂·狄骥:《公法的变迁》，郑戈译，中国法制出版社2010年版。

② [德]施密特·阿斯曼:《秩序理念下的行政法体系建构》，林明锵等译，北京大学出版社2012年版，第223页。

保护的合作，建立常态沟通交流机制。①

　　因此，两岸间海洋事务合作必然走向内源型的合作组织架构，在开放式复合治理结构中两岸海洋事务团体在不同领域、不同层次、不同形式和不同阶段进行多元化、多层次和全方位的交往。两岸存在着非对称性的复合依赖关系，不能用传统权力理论阐释，即两岸存在着一种类结构性权力的权力，但不同的是，两岸公权力机关的交往建立在双方互信和自愿的基础上，没有一方能够单独决定交往方式的权力，只能够改变对方面临的选择范围，从而使对方做出某项选择，而不做出别的决定或选择。②总体来说，两岸间海洋事务合作的组织构建并非基于也不必纠缠于主权的统一性，应该建立在"治权"或功能性的基础上，通过自组织性达到自觉的统一，决定了交往方式的多样性和交往目的的多元化，即在两岸公权力交往需要以组织任务为导向的具有高度自组织性和自适应性的任务型组织，完成两岸间复杂而不确定的非常规任务，面临的任务环境不断变化，组织的结构随着任务环境不断变化。③基于此，符合两岸关系现状是核心问题，两岸应建构"一元双轨多层次"海洋事务合作组织模式，并明确其法律定位。

　　具体来说，第一，"一元"是指必须由一个共同机构推进两岸的交往协商。两岸海洋事务合作可以构建功能性和任务型的"第三体"，如两岸海洋事务合作委员会，或两岸海洋渔业共同管理委员会，或两岸海洋事务磋商协作机制，使两岸某些各自管理的海洋事务走向第三体的共同管理。马英九在2008年8月24日视察金门时，针对有学者向其提出："推展设立两岸海洋事务协调委员会"的建议，当场表示："此事涉及两岸渔业的纠纷解决，海峡的交通管制、污染管理和海难搜救等重要事务，设立两岸海洋事务协调单位，确有必要。"④这是一个阶段化的过程，即终极目标是实现两岸海洋事务的共同管理，构建统一的海洋事务管理；远程目标是构建海洋事务合作委员会，由两岸公权力机关授权建立，具有一定的权能，监督和管理海洋事务合作的活动，可以在两岸海洋事务

---

①　参见赵玥博：《海贸会首家分支机构落户青岛　构建两岸涉海企业合作平台》，《中国海洋报》2014年12月10日，第2版。

②　参见［英］苏珊·斯特兰奇：《国家与市场：国际政治经济学导论》，杨宇光译，经济科学出版社1999年版，第29、30页。

③　参见周雪梅：《任务型组织结构研究：生成、体系与建构》，首都师范大学出版社2012年版，第199—200页。

④　台湾的"研究发展考核委员会"于当日将此事项列入追踪列管项目。

合作协议和相关法律的框架下制定相应的规范性文件或政策，甚至签发海洋事务开发或保护的相关证件，等等；进程目标是建立双层合作机构，两岸海洋事务机关的决策功能和行政职能分离，决策可以由两岸公权力机关代表组织联席会议做出，但日常管理事务可以由两岸组成联合管理局负责；近程目标是联系式开发机构，按照 ECFA 经合会的模式，有两岸公权力机关通过论坛的方式进行，委员会由各自指派代表组成，负责相关海洋事务的协商和咨询，定期举行会议来决定两岸海洋事务合作的事项。第二，"双轨"是指两岸内部应按照各自的体制建立相应的负责机构，落实双方协商的海洋事务决策。两岸海洋事务管理机关目前采取的都是综合管理模式，存在着部门分割、职能交叉、多头管理和缺乏协调。我国的海洋委员会和国家海洋局等是我国海洋事务的主要负责机构，台湾涉及海洋事务的机关是多元架构，各个部门之间缺少明确的权责划分和有效率的整合机制，各个公权力机关依照其职权，分别负责功能性海洋事务的政策与执行，并无必要建立统一两岸海洋事务的机构。目前"张王会"和两岸事务机关的常态性沟通联系机制为其提供了重要的铺垫，进言之，双方在事务性问题的处理上可以通过核准海洋事务团体设立办事处[1]，作为两岸在对方的常驻代表。在台湾可以隶属于其陆委会，而在大陆则可以隶属于国台办，负责联络和协调以及处理日常行政事务。需要说明的是，办事处是功能性合作组织，即两岸针对具体事务共同组建的，以促进两岸相关执行部门沟通、协调为主要功能的组织。除此之外，也可以构建其他功能性组织，可由两岸通过两会事务性协议专条规定的方式实现，其成员可由两岸各自从己方与该事务相关的业务部门选出，为两岸存在体制差别的不同业务部门之间提供一个制度化的沟通平台，以免双方出现多头沟通，效率低下的现象，两岸共识执行过程中存在的体制冲突问题便可在两岸均不对各自行政组织体系进行调整的情况下得以消解。[2]第三，"多层次"是指两岸在各自领域和范围内的交往，包括两岸各个机关的交往，既包括国家公权力机关也包括社会公权力机关，国家公权力机关包括地方各级机关。此外，两岸公权力机关交往不仅要重视行政机关之间的合作，更要重视行政机关与司法机关、立法机关的合作，否则可能会产生后续的衔接问题。

---

[1] 台湾已经核准大陆的"中国机电产品进出口商会"和"海峡两岸经贸交流协会"在台设立办事处。

[2] 参见周叶中、段磊：《海峡两岸公权力机关交往的回顾、检视和展望》，《法制与社会发展》2014 年第 3 期。

也可以在一个海洋事务领域先行展开交往，两岸可以考虑设立渔业管理组织，通过渔业管理组织管理渔业作业，实现权利主张、渔业资源管理以及环境保护方面的善治，是维护海洋环境以及达到资源永续利用的最佳方式。

第四节　两岸间海洋事务合作的法律治理体系

海洋问题具有两岸连带的性格，两岸间海洋事务合作的政治敏感性相对较小，两岸应坚持务实的进路，构建相应的公共政策性机制，需要相应法律制度进一步构建共生性两岸海洋事务关系。因此，两岸应进一步建构整体的法律制度框架，完善关于两岸间海洋事务合作的法律法规体系，法律制度体系是法律治理体系的重要组成部分。可以说，治理体系的完善是两岸间海洋事务合作的法律治理能力提升的制度性保障，没有法律治理体系的完善，两岸间海洋事务合作法律治理能力的提升就无从谈起。一般来说，两岸间海洋事务合作的法律治理体系主要由核心制度、支持性制度和技术性制度构成。

一、核心制度

核心制度是指构建两岸间海洋事务合作的宏观架构的支撑性制度，是两岸间海洋事务合作的基石，没有核心制度就没有两岸间海洋事务的合作。目前，在两岸政治关系现状下，核心制度主要包括两岸间海洋事务合作的主体制度、程序机制、激励机制、动力机制、利益衡平机制、信息交互机制、责任机制和过程协同机制，最终建立系统有效的综合协调机制，等等。两岸海洋事务合作的激励机制是两岸海洋事务合作的激励相容制度，即设计一套良好的合作机制满足两岸各个主体的个体理性与法律的制度理性的激励相容。法律责任是两岸海洋事务合作治理是在一个强调责任的规范体系下产生的灵活高效的规制模式，两岸在海洋事务合作过程中要承担相应的责任。两岸间海洋事务合作中的信息资源合作尤其重要，两岸可以具体领域的信息交互机制进行构建，达到信息整合的目的。法律实效依赖于合作过程的可观测性与可验证性，信息机制不仅包括两岸间的信息能力、信息交流等信息共享机制，解决两岸公权力机关内部的信息不通畅问题，还必须构建外部信息的约束机制和外部的信息规制工具，改变两岸公权力机关合作的动力机制，提高不合作的成本。主要包括信息甄别与传播机制，对海洋信息进行分级别、分类别、按部门、标准化处理，构建海洋信息共享合作平台。

二、支持性制度

支持性制度是两岸间海洋事务合作的保障性制度，以确保和推动核心制度的运作，是落实两岸间海洋事务合作协议的关键。两岸合作的整体制度建构影响着两岸海洋事务合作的法律机制，很多其他领域的制度对两岸海洋事务合作起着重要作用。公众参与制度、环境影响评估制度、海上执法紧急通报程序、两岸海洋事务管理机关的联系制度以及涉海洋事务合作的两岸协议的制定、解释、变更等制度虽然并不直接与两岸海洋事务相关，但影响着海洋事务合作的进程，是两岸海洋事务合作的核心制度得以运行的基石。两会造法方法也比较软性，相应的执法和守法机制也是软性的，信息工具就非常重要，通过信息披露、收集和整合等方式尽量考虑两岸的不同情况，建立国家－社会的信息合作生产机制，完善相关的信息激励和威慑机制，如两岸共同设置海洋违法悬赏举报制度，提高两岸共同应对海洋事务的信息能力。此外，海洋是人类的风险领域，由于很多海洋事务具有较强的专业性和技术性，存在着较大的风险，更是涉及两岸的安全及重大海洋利益，应建立紧急状况联合应急机制。例如，两岸可以逐渐减少两岸海洋经济产品的关税，建立统一的共同市场，可以促进两岸海洋经济产品的贸易，直接推动两岸海洋经济产业的合作。联系主体制度是两岸在两会机制中具有特色的制度，两岸将相关具体业务交由被指定的联系主体办理，两岸间海洋事务错综复杂，很多海洋事务涉及多个管理部门，联系主体制度可以提高两岸海洋事务合作的效率。

三、技术性制度

技术性制度是两岸间海洋事务合作的具体制度设计，是落实核心制度的技术、工具和方法等规则体系。任何法律都必须通过明确的语言、集中的表述和正规的效力，以降低信息成本、协调预期和提供激励机制。技术性制度是两岸间海洋事务合作法制化的最终体现，是核心制度和支持性制度建构的具体化，可以通过明确的语言和集中的表述来实现最大效力，是两岸间海洋事务合作的法律机制得以运行的根本。两岸间海洋事务合作的技术性制度主要包括信息交流制度、海产品标准制度和科研成果合作制度，等等。例如公众参与就包括基础性制度如利益组织化制度、程序性制度如均衡的利益代表和保障性制度如诉讼制度，这些制度都是技术性制度，但却影响着公众参与制度的实效，从而提高了两岸海洋事务合作的可接受性。[①] 两岸可以对违法捕鱼和挖沙等行为体建立档案制度，对没有达成环保标准违法开采的海产品不予以进行标签认证，对违法犯罪的行为记录，可以降低彼此的监督成本。再如，两岸在海洋执法和相关产品标准上可以加强交流，标准的衔接对其他都非常重要。

---

① 参见徐以祥:《行政法学视野下的公法权利理论问题研究》，中国人民大学出版社 2014 年版，第 185 页。

第六章　两岸外海洋事务合作的法律协调

两岸外海洋事务是两岸在国际事务方面最迫切、最可行和最需要合作的领域，这也是两岸各界人士的共识。例如，台湾政治大学的张亚中教授认为："目前两岸在国际事务方面，最迫切也最需要合作的地方就是海洋。"[①] 两岸外海洋事务主要解决的是与其他国家的国家海洋主权争端及其海洋权益维护，涉及我国海洋资源与环境的合理开发与保护，关系到我国海洋产业和经济发展的大局，关涉到国家主权、主权权利和海洋权益的维护。由于两岸外海洋事务合作中两岸关系的特殊性，最重要的是通过法律来协调两岸的立场，构建相应的法律制度实现激励兼容和信息传递，这主要包括法律基础、法律关系和法律模式等。

第一节　多重复合结构下的两岸外海洋事务合作

虽然两岸在两岸外海洋事务上基本立场和政策一致，但是由于受国际政治的影响和两岸身份认知的歧异，存在着多重复合结构，两岸外海洋事务合作难度非常大，必须按照海洋事务类型进行分轨处理。两岸外海洋事务合作是两岸关系进一步发展的契机，具有很强的外溢效应，只有对台湾参与两岸外海洋事务合作做出合情合理的安排才能进一步深化两岸共同利益的政策空间，作为两岸在国际空间问题、军事安全互信和政治关系定位等问题的突破口。

一、多重复合博弈结构的提出及展开

二战以后，海洋是国际政治中最不稳定的地域之一，国际海洋事务错综复

[①] 参见张亚中：《论统合——张亚中自选集》，中国评论学术出版社 2014 年版，自序。

杂。除南海和东海争端外，两岸在极地事务①、远洋渔业、海上非传统安全和海洋运输等海洋事务以及在国际海洋组织和机构中的关系问题都属于两岸外海洋事务的范畴。其中，东海和南海问题是核心，东海问题涉及中日韩三国的海域划界和领土主权争端，中韩之间围绕苏岩礁的海洋争端在具体领域基本不涉及台湾，台湾也对中韩的海洋争端不甚积极主动。涉及台湾切身利益的东海问题主要是中日关于钓鱼岛主权归属问题、防空识别圈和飞航情报区的争议、大陆架与专属经济区的划分等，涉及领土主权争端、海洋运输、渔业和油气资源争端等方面。其中，钓鱼岛主权归属问题是东海划界的关键，是整个东海问题的核心。南海问题主要包括南海诸岛的领土主权归属争端和以海域划界为主要内容的海洋权益争端，领土主权、渔业资源、石油资源、通航自由和战略地位等因素交织在一起。②

两岸外海洋事务涉及各个不同的参与主体和不同的海洋事务，甚至在不同时期也不同，两岸在这些海洋事务上的态度呈现割据的逻辑，从而形成了两岸博弈的多元场域，这既是两岸合作的机会空间，也是两岸合作的障碍，这种博弈结构是由各个不同主体受政治经济社会等因素影响在不同场域中形成的，因此可以将这种博弈结构称为"多重复合博弈结构"。两岸在两岸外不同海洋事务上的合作意愿和合作程度受制于多重复合博弈结构，是该结构最终决定了两岸外海洋事务合作的领域和进度。由于大陆一直主张在一个中国原则下与台湾进行两岸外海洋事务合作，维护祖国的领土完整与主权，共同维护中华民族整体利益，立场具有一致性。③而台湾的立场和态度则更为多样化，因此多重复合博弈结构的分析框架将台湾当局确立为分析问题的基点，分别在不同海洋事务中以民众、大陆、其他国家和国际组织等主体为与台湾当局展开博弈的相对方。

多重复合博弈结构在东海和南海问题上表现得更为明显。海洋主权归属划定是东海和南海争端的本质，但背后涉及复杂的政治战略和经济利益，尤其是台湾的战略地位极其重要。东海和南海诸岛是中国的领土，是具有历史、地理和法律依据的，在二战后《开罗宣言》《波茨坦公告》等条约要求日本放弃东

---

① 《台湾研究员踏上南极长城站 两岸合作"破冰"》，中国新闻网，http://www.chinanews.com/tw/tw-jjwh/news/ 2009/11-15/1965382.shtml，最后访问日期：2015-01-02。

② 参见贾宇：《南海问题的国际法理》，《中国法学》2012 年第 6 期。

③ 《外交部：维护祖国领土完整是两岸共同意愿》，凤凰网，http://news.ifeng.com/mainland/special/diaoyudaozhengduan/content-3/detail_2012_07/05/15810797_0.shtml?_from_ralated，最后访问日期：2014-7-13。

海和南海岛屿，1947 年国民政府派遣军舰收复南海诸岛，1948 年内政部出版的《南海诸岛位置图》宣布南海诸岛为中国领土，以未定国界线的方式绘制了"十一段线"，线内水域为中国的历史性水域，并对南海进行了有效的管辖，当时各国予以默认。1949 年底周恩来召开政务院会议曾经研究过"十一段线"问题，决定保留历史原貌并且在新出版的地图上予以标明，这表明中华人民共和国基本承继了过去的立场。原本要在战后条约中明确归属中国，然而随着冷战的开始，世界分为东西两大阵营，两岸分属不同阵营，由于东海和南海重要的战略地位，钓鱼岛和南海诸岛的战后安排也随之发生变化。美国主导了西方世界的对日和谈，在没有中国和苏联代表出席的情况下签订了"旧金山合约"，擅自托管钓鱼岛，对此新中国 1951 年 8 月发布《关于美英对日和约草案及三藩市会议的声明》明确指出："西沙群岛和南威岛正如整个南沙群岛及东沙群岛、中沙群岛一样，向为中国领土……日本投降后已为当时中国政府全部接收。"1952年台湾当局与日本签订"台日条约"时据理力争，将"日本业已放弃对于台湾及澎湖以及南沙群岛及西沙群岛的一切权利、权利名誉与要求"写入条约。世界各国在很长一段时间内对这样的安排予以默认，但这种模糊的安排也为东海和南海问题的产生埋下了祸根。东海和南海争端的出现是在 20 世纪 70 年代，20 世纪 60 年代国际科学界认为东海和南海海域蕴藏有丰富的油气资源[1]，加上1982 年《国际海洋法条约》的制度设计，然而由于美国的地缘政治战略考虑，美国希望与中国一道对抗苏联，美日 1971 年签订的"归还冲绳协定"只是将钓鱼岛交由日本行使"管辖权"，1972 年中日建交时达成暂时搁置钓鱼岛问题的谅解和共识，同意搁置争议和维持现状。[2] 因此，这一段时间总体上东海和南海争端属于双边争端。然而，在冷战结束后，从 20 世纪 90 年代中期开始，在国际海洋法生效的背景下，海洋事务的法律依据逐渐多元化，东海和南海问题日益复杂化和国际化，各个国家基于不同利益改变了对东海和南海问题的立场，美国主要是为遏制中国崛起开始介入并偏离中立立场，日本则企图成为正常国

---

① 1968 年联合国南海油气资源调查报告以及 1968 年"艾默里报告"指出："台湾与日本之间的大陆架，很可能是世界上油气藏量最丰富的地区之一。"

② 《日媒说英国解密文件证实日中曾就钓鱼岛问题达成搁置争议的共识》，新华网，http://news.xinhuanet.com/world/ 2014-12/31/c_1113838140.htm，最后访问日期：2015-01-04。

家甚至政治军事大国[①]，菲律宾和越南等东南亚国家则主要想攫取经济利益。他们通过各种方式为自己的行为提供理由，尤其是美日不断扩大《美日安保条约》的适用范围，美国国防部长卡特提出其适用日本施政的所有范围。

为了对抗中国大陆，台湾在东海和南海争端中的角色逐渐重要起来，日美等国不断通过各种手段拉拢台湾，这也影响到台湾与其他国家博弈的筹码。例如，台湾一直希望与日本签订"渔业协议"，但16年仍然未果，随着2010年9月的中日撞船事件和2012年9月日本政府宣布对钓鱼岛实行"国有化"，大陆的反制手段也不断升级，并制定了东海防空识别区，实现了对钓鱼岛海域的常态化巡航，台湾也出现了合作保钓的呼声甚至行动，在这种情况下，2013年4月签订"台日渔业协议"。[②] 此外，"广大兴"案发生时菲律宾百般抵赖，最后在美国的劝说下才赔偿和道歉，避免大陆的介入。[③] 由于受美国亚太再平衡战略的影响，但同时又基于捍卫主权的职责，台湾在东海和南海争端中也倾向于维持现状，马英九就主张"东海和平倡议"也适用南海。[④] 台湾反对大陆实施相关政策"单方面破坏"东海和南海现状，例如2013年海南省修订《海南省实施<中华人民共和国渔业法>办法》，台湾率先表态反对，行政机构发言人更说这是大陆的"单方面行动"。[⑤] 然而，美国也必须考虑到中美关系的大局，并没有完全满足台湾的诉求，美国一方面在南海鼓动台湾扩建太平岛通信和救援措施，积极协助南海国际自由航行权的落实，但对台湾要求的将南海问题的五国会议

---

① 日本也声称中日之间不存在领土问题，并单方面在划定大陆架时选择"中间线"原则，并且划定了日本和台湾之间的"专属经济"区作为日本的"排他性经济水域"。参见郭震远：《钓鱼岛问题与中日关系》，《中国评论》2013年12月号。

② 台湾渔民可在距钓鱼岛的12—24海里海域的"经济区"内捕鱼，台湾渔业作业面积扩大约1400平方海里，设立官方协商机制"台日渔业委员会"，由台湾"亚东关系协会"与日本驻台机构"日本交流协会"合作成立，级别，2014年1月通过"台日渔业协议适用海域渔船作业规划"。

③ 此外，台湾与菲律宾在1991年曾签订"海道协定"来解决重叠海域的渔业纠纷，菲律宾允许台湾渔民经过它的海域，然而菲律宾1998年修订渔业法，限制外国渔船在其海域作业，导致该协定自动失效。

④ 《马英九：两岸非国际关系 主权争议暂搁置》，中国评论网，http://www.crntt.com/doc/1033/2/5/1/103325195.html?coluid=93&kindid=2910&docid=103325195&mdate=0806120212，最后访问日期：2014-08-08。

⑤ 《海南省实施<中华人民共和国渔业法>办法》第35条规定："外国人、外国渔船进入本省管辖水域进行渔业生产或者渔业资源调查活动应当经国务院有关主管部门批准。进入本省管辖水域的外国人、外国渔船进行渔业生产或者渔业资源调查活动，应当遵守国家有关渔业、环境保护、出境入境管理的法律、法规和本省有关规定。"

改为六方会议使台湾扮演更加重要的角色时不置可否。①台湾基于自身利益在东海和南海保持"不结盟、不对抗、不退让"的"三不政策",这种政策的选择正是多重复合博弈结构下的选择。②2013年1月24日,台湾保钓船"全家福"号在钓鱼岛海域遭8艘日本海上保安厅船只阻挡,当时在钓鱼岛海域巡航的大陆海监137、23、46执法船希望两岸联手共同应对,台湾方面怕引起两岸联手保钓的顾虑没有同意,反让海监执法船离开。③

然而,这并不是说台湾可以利用其地位待价而沽,国际政治局势日新月异,东海和南海的形势不断变化,这决定了台湾在东海和南海问题上的作用,而并不是自身势力决定的。大陆采用了系列手段来反制和阻止各国对东海和南海利益的侵害,并提出了很多措施与各个国家合作共赢,取得了重要成果,日本基于国内外现实考量在2014年11月份达成四项共识,逐渐承认中日钓鱼岛问题存在争议,于2015年1月22日举行了"中日高级工作级别海洋磋商",决定由中国海警局与日本海上保安厅分别设立对话窗口。④近年,南海议题的热点在东盟论坛和博鳌亚洲论坛等论坛中逐渐从争端解决转向合作共赢,周边国家积极与中国开展双边对话,如2015年3月26日中国和印尼发表《中印尼关于加强两国全面战略伙伴关系的联合声明》和4月8日中越发表联合公报,声明双方将逐渐通过协商谈判解决争议,积极推进海洋事务领域合作。除此之外,日美等国各怀心思,越南和菲律宾也是各有所图,其他东盟国家也不愿因海洋争端破坏与中国的关系。

除国际间的政治博弈外,台湾的立场和态度也受岛内政治生态的影响,这在南海上表现最为明显。在两岸分离初期,两岸之间是一个中国代表权之争,台湾当局一直维护南海主权。1991年台湾当局将两岸关系定位为"一国两区",1992年台湾在"内政部"下设"南海小组"专责南海政策,1993年台湾制定了

① 参见陈一新:《从我国立场看东海与南海争议》,两岸公评网,http://www.kpwan.com/news/viewNewsPost.do?id=497,最后访问日期:2014-10-18。
② 《林廷辉语中评:南海议题台勿排斥与大陆合作》,中评网,http://www.crntt.com/doc/1037/0/7/9/103707961.html?coluid=136&kindid=4711&docid=103707961&mdate=0414005043,最后访问日期:2015-04-18。
③ 参见胡思远:《两岸联手 保卫中华民族海洋权益》,《中国国防报》2013年5月14日,第11版。
④ 《快评:大陆保钓有成 台湾拒联手成局外人》,中评网,http://www.crntt.com/doc/1035/9/0/6/103590689.html?coluid=111&kindid=0&docid=103590689&mdate=0126000559,最后访问日期:2015-01-26。

"南海政策纲领"作为其南海政策的最高指导规则，核心目标是"坚决维护南海主权、加强南海开发管理、积极促进南海合作、和平处理南海争端、维护南海生态环境"，其中对两岸关系做了专门规定："（七）两岸关系：1.配合'国家统一纲领'研拟相关对策及计划。2.研究两岸涉及南海问题有关事项。"1993年台湾"行政院"核定了"南海政策纲领实施纲要分办表"和修正通过了"南海问题讨论会结论分办表"，1995年台湾成立"南海突发事件紧急处理小组"，作为南海问题的最高指导单位。在李登辉执政后期，南海政策有所改变，为了摆脱对大陆的过度依赖，推行"南进政策"，主张合作开发，"主权"诉求有所减弱，1995年大陆与菲律宾发生美济礁冲突时，台湾已经开始转变为不介入的态度；1998年公布的"领海及其毗连区法"不再提"历史性水域"，对南海的"主权"降为部分权利；1999年李登辉抛出"两国论"之后，2000年由"海巡署"代替军队驻扎南沙和东沙。陈水扁上台后，为实现"台独"，提出"一边一国论"，2003年废止了1993年的"南海政策纲领"，放弃宣布"U型线"，以"台湾"代替"中华民国"主张南海"主权"，将南海事务由"地政司"转至"国家安全委员会"，并在2008年2月提出"南海倡议"，主张台湾可以在"主权平等"基础上接受"南海各方行为宣言"，参与南海行为准则的制定。马英九上台后，两岸政策又回到"一国两区"，在南海问题上坚持"主权在我、搁置争议、和平互惠、共同开发"的南海政策，强调台湾在解决南海争端中的地位和作用。

二、按照海洋事务类型分轨处理

多重复合博弈结构下的两岸外海洋事务合作受到外部因素的影响非常大，尤其是美国的亚太"再平衡"战略影响着其他国家态度，奥巴马第一任期全面推进，直接促使东海和南海争端升级，但在第二任期的动力明显不足，只能降为保守的维持和等待，这可以为两岸在南海和东海的合作提供机会之窗。[1] 只有打造两岸海洋利益共同体，才能实现两岸外海洋利益最大化，但在复杂的政治经济因素和两岸政治互信缺失的情况下，台湾在海洋权益和海洋安全受到威胁时受大陆的保护，其他国家也有所顾忌。台湾在多重复合博弈结构中处于博弈的正中心，一方面是两岸外海洋事务合作涉及国家主权、国号等敏感的政治

---

① 参见潘亚玲：《美国亚太"再平衡"战略的动力变化以及中国之应对》，《现代国际关系》2015年第1期。

问题，大陆对"一个中国"采取"内外有别"的处理方法，在国际上奉行"台湾是中国的一部分，中华人民共和国政府是中国的唯一合法政府"，台湾参与不可避免会涉及国家统一前政治定位的结构性难题。然而，台湾认为大陆采取"内外有别"的方式在国际上坚持中华人民共和国政府是中国的唯一合法代表，与大陆合作，就让人感觉"台湾是中华人民共和国的一部分"。台湾一直将大陆视为假想敌，担心两岸外海洋事务合作会产生"国家安全"之虞。大陆在南海岛礁上的填海造陆引起台湾当局的疑虑，担心大陆会包围太平岛，适时发布"南海防空识别区"，影响军方的太平岛补给。① 另一方面海洋事务的国际参与对台湾来说非常重要，是台湾民众关切的要点，如果不积极参与可能会在两岸外海洋事务中被边缘化。台湾当局一再表示南海是"中华民国"的固有疆域，如 2009 年菲律宾参议院通过法案将南沙群岛及中沙群岛的黄岩岛列入菲律宾领土，台湾当局发表声明："无论就历史、地理、事实及国际法而言，南沙群岛、西沙群岛、中沙群岛、东沙群岛及其周遭海域系属'中华民国'固有'领土'及水域，其'主权'属于'中华民国'，不容置疑。"正是这种博弈结构，台湾的地位和作用非常重要，台湾的态度在一定程度上是国际政治和两岸关系的缩影，与危机事件存在密切关系，如钓鱼岛和"广大兴号事件"都是两岸合作的良好时机。② 目前，台湾当局缺乏合作的意愿，奉行"不沾锅"的态度，坚持不挑衅和重防御的消极政策，不断同大陆切割，如台湾"外交部亚东太平洋司司长"田中光说："我们是走一步看一步。"③ 因此，根据表达－实践理论，台湾虽然说不与大陆合作解决东海和南海问题，这种不合作是主权问题或军事问题上的不合作，一直主张搁置主权争议，共同开发资源，并没有说在其他方面不合作。④ 在多重复合博弈结构下一方面维护国家主权和海洋权益是大陆的政策底线，另一方面维护国际海洋局势稳定是当前的战略必需，大陆应该采取种种措施使两岸形成利益共同体来对抗第三方，拓宽台湾的"国际空间"，改变台湾

---

① 《台方担忧大陆大动作南海造陆"包围"太平岛》，凤凰网，http://news.ifeng.com/a/20141016/42217371_0.shtml，最后访问日期：2014-10-17。

② 《严峻：两岸海洋合作陷台湾于危机是假命题》，中国台湾网，http://www.taiwan.cn/plzhx/hxshp/201408/t20140801_6807897.htm，最后访问日期：2015-01-19。

③ 台"外交部"网站 2012 年 3 月 12 日新闻发布会。

④ 《马英九：两岸在九二共识基础稳中求进》，中评网，http://www.crntt.com/doc/1034/7/8/2/103478272.html?coluid=93&kindid=2910&docid=103478272&mdate=1115010732，最后访问日期：2014-12-22。

民众对大陆的刻板印象，增进国家认同，尤其应该重视实质参与。[1]

因此，两岸应该对两岸外海洋事务进行区隔处理，寻找两岸合作的机会之窗。两岸外海洋事务主要包括领土主权、海域划界、渔业和油气资源、海洋产业、环境保护等。领土主权是不可分割的，海域划界与领土主权紧密相关，但其他海洋事务是可以分割和共享的，因此可以根据不同领域，将两岸外海洋事务合作机制分轨构建。具体来说，将两岸外海洋事务分为海洋领土主权事务和非领土主权事务，在领土主权方面两岸囿于目前的政治现实，可以各自采取积极的措施，有效管控东海和南海争端，建立危机管控机制，适当建立两岸联系机制，如两岸海上危机管控热线，对突发事件等及时联系，而其他事务尤其是在国际护航、渔业合作和北极科考等非政治领域，可以构建海洋治理机制，台湾作为合作治理的一方。两岸应该签订专门协议，共同宣布两岸的合作是建立在"九二共识"的基础上，互相承认彼此作为独立当事方，但两岸关系不同于两岸和其他主体之间的关系。

三、合情合理安排的规范思路

两岸外海洋事务合作是一个多维度、多层次、多形式和多主体间的交互系统。在多重复合博弈结构下，大陆只有通过相关的制度安排强化两岸民众的认识，加强与台湾当局沟通，减少与美日等国的直接对抗，将国际博弈嵌入或连接两岸博弈，才能提高两岸在海洋事务上契合程度。[2]这意味着必须创新台湾参与两岸外海洋事务的安排，早在2005年国共的公报确认通过两岸协商的方式推进台湾参与国际活动。党的十八大报告提出："希望双方共同努力，探讨国家尚未统一特殊情况下的两岸政治关系，作出合情合理安排。"两岸外海洋事务合作是国家尚未统一情况下在涉外海洋事务上的暂时安排，可以为台湾的"国际空间"乃至国家尚未统一情况的两岸政治关系累积经验。在实践中大陆对台湾在国际海洋事务组织和活动中的空间问题进行个案化处理，但制度化协商是两岸关系和平发展的趋势之一，两岸外海洋事务合作也需要走规范化的路径，用法治思维和法律手段推动，提高双方的可预期性，避免因为台湾参与国际空间带来的情感割裂，从而增进国家认同。

---

① 参见马俊平：《钓鱼岛争端中的维权与维稳》，香港《中国评论》2013年第5期。

② 参见吴元元：《双重结构中的激励效应与运动式执法——以法律经济学为解释视角》，《法商研究》2015年第1期。

此外，国际法尤其国际海洋法是各国共同遵循的规则，然而国际法包括国际海洋法自身存在着机制复杂性、碎片化和重叠性等问题。国际海洋法规则的扩散和碎片化，产生了很多无法律位阶秩序的嵌套、重叠和平行的海洋法机制，加上国际海洋法冲突处理规则的模糊或缺失，基于规则的国际海洋治理结构逐渐逆回基于政治或权力的困局中。[①] 在这种背景下，各国名义上都以法律手段维护自己的诉求，但实质上是在为实现自身的政治目的，国际海洋法反而激化了国际海洋秩序，"法律战"是各国在国际海洋事务上博弈的重要手段。例如，南海问题既涉及传统国际海洋法、习惯国际海洋法和一般法律原则，又涉及《国际海洋条约》构筑的现代国际海洋法秩序，加上各个国家通过国内立法寻求佐证，各国都根据自身的法律依据将南海争议岛屿主权"合法化"，但这实质是一场国际政治博弈[②]。因此，两岸外海洋事务合作也需要克服两岸在国际海洋法方面的歧异。

因此，两岸在两岸外海洋事务方面合情合理的安排最终必然是法律制度安排，但由于两岸关系的现状和国际海洋事务的复杂性，相关法律制度的安排不能一蹴而就。两岸可以先确立基本共识，再在实践中不断细化，按照两岸关系的发展水平不断推进，逐渐形成两岸海洋命运共同体。具体来说，两岸外海洋事务合作的基本规范共识主要包括以下两个方面：

第一，"一个中国"框架是两岸外海洋事务合作的法理底线。2008 年以来，两岸关系的和平发展建立在"九二共识"、共同反对"台独"的政治基础上。两岸现有各自的法律和体制都用"一个中国"框架定位两岸关系，两岸外海洋事务的合作是建立在"一个中国"框架下，任何有关制度安排都不能在国际法上造成"两个中国"事实。两岸外海洋事务主要是高度政治化的领土主权和海域划界争端，具有高度敏感性，是维护中国国家主权利益的重大问题。尤其是政府间的国际参与是两岸关系和平发展的对外延伸，台湾不能够在国际参与中展示带有"主权"意涵的政治符号。例如台湾参与南海争端解决机制涉及敏感的"主权"和"法统"等问题，不能借机以"台湾"或"中华民国"名义搞"台

---

① 参见王明国：《机制复杂性及其对国际合作的影响》，《外交评论》2012 年第 3 期。

② 如 2013 年 1 月 21 日菲律宾单方面向国际海洋法庭提出仲裁申请，越南很多学者建议政府将南海争端提交国际法院，美国不断要求两岸说明"U 型线"的法律性质。菲律宾企图通过修宪将南沙群岛列为本国领土，2012 年 6 月越南政府通过新《海洋法》将西沙和南沙群岛纳入越南"主权管辖范围内"。

独"和"两个中国"。① "一个中国"框架是台湾参与两岸外海洋事务的前提和基础，也是两岸建构捍卫国际海洋共同利益的法律框架。

第二，合规性与可接受性是两岸外海洋事务合作的法理基础。国际法尤其是国际海洋法对国际海洋事务进行了规定，涉两岸海洋的海洋事务包括东海和南海争端都紧紧围绕着国际法产生和发展，多重复合博弈也是建立在国际法的基础上。例如，南海争端既是各国为了政治经济利益的政治争端，也是国际法意义上的争端，各个国家都认为其主张符合国际法，这就需要理清涉及南海问题的国际法渊源之间的关系和协调之间的冲突。② 可以说，只要两岸之间存在"一个中国"的政治互信，总能在国际法框架下找到契合点，对台湾来说既损害"尊严"，对大陆来说也不破坏一个中国原则。例如，国际民航组织（ICAO）相关章程规定正式成员与观察员都需以"国家"身份，大陆与其达成谅解，台湾得以主席观察员身份参加国际民航大会。最终，两岸外海洋事务合作既要符合相关的国际法和国际组织章程，又要达成两岸都可以接受的规范化安排。当然，这也要符合两岸的共同利益和愿望与现阶段两岸关系实际的发展水准，具有合理性。

第二节　两岸外海洋事务合作的法律基础

法律在两岸外海洋事务合作中起着重要作用。由于两岸关系的特殊性，两岸外海洋事务合作既涉及两岸的国际法人地位问题，又包括一系列相关国际文件的处理问题。两岸外海洋事务合作必须先解决这些问题，否则两岸海洋事务合作面临着诸多法律障碍。由于两岸政治关系定位问题一时不能解决，必须通过相应制度安排来化解两岸的法律障碍。

一、两岸外海洋事务合作的法律困境

两岸外海洋事务合作是两岸关系在国际海洋事务上的延伸，两岸关系带来的法律困境是两岸在海洋事务上停滞不前的主要原因之一。由于两岸关系的特

---

① 2012 年 7 月 28 日，贾庆林在第八届两岸经贸文化论坛开幕式上致辞时说："一个中国框架的核心是大陆和台湾同属一个国家，两岸关系不是国与国关系。两岸从各自现行规定出发，确认这一客观事实，形成共同认知，就确立、维护和巩固了一个中国框架。在此基础上，双方可以求同存异，增强彼此的包容性。"

② 《联合国宪章》框架下实体意义上的国际法律争端是指当事国之间围绕国际法上具体的权利、义务以及法律关系存在与否相关的对立。参见张新军：《权利对抗构造中的争端：东海大陆架法律问题研究》，法律出版社 2011 年版，第 76 页。

殊性,加上国内法和国际法的联结,面临着重重法律困境。

国际海洋事务既包括领土主权性海洋事务,又包括功能性的海洋事务。按照现行国际法,国家和国际组织才是国际法主体,一国的一个地区不能作为国际法主体参与国际海洋事务。1992 年以前,两岸在国际社会中争夺中国的代表性,如"光华寮案""两航公司案""永灏邮轮案""威尔斯法哥银行案"和"纽约运通银行存款案"。1972 年联合国 2758 号决议确定了一个中国原则,台湾参与联合国及其相关组织的主要法律阻拦就是 2758 号决议。世界上大多数国家承认中华人民共和国政府是中国的唯一合法代表,按照一般国际法理论,台湾作为中国的一个地区并不是国际法主体,一般不能参与国际海洋事务。对大陆来说,中华人民共和国政府取代"中华民国政府"是政府继承,如果台湾作为"独立主体"参与两岸外海洋事务,可能造成"一中一台"和"两个中国"的既成事实,这是大陆所不能接受的。因此,台湾参与国际海洋事务的主要法律障碍在于台湾不是国际法主体。这在实践中产生了很多问题,如 2013 年 5 月广大兴案,菲律宾射杀台湾渔民,以"一个中国"政策与台湾无外交关系为借口,不与台湾谈判。

台湾在国际海洋事务上主张作为"独立主体",以"台湾"或"中华民国"名义参与,认为"中华民国宪法"在台湾地区仍然实施,"中华民国""国号"仍然使用,在实践中与少数国家保持着"外交"关系,也参与了部分政府间国际组织。从两岸政治表态来看,台湾参与国际海洋事务法律障碍在于大陆的底线是"一个中国",决不允许造成"两个中国"和"一边一国",而台湾的主张是"对等、互惠、尊严",不能"矮化"台湾,与大陆拥有同等位阶的"治权",在国际上凸显"中华民国"的存在和地位。然而,两岸在法理上处于敌对状态,大陆不会允许台湾以"中华民国"的名义参与国际海洋事务,因此两岸在国际海洋事务上没有合作空间。① 由于台湾内部的政治环境,与大陆合作解决很容易被民进党和其他组织说成是"倒中卖台",引起不必要的政治口水,而作为独立方则相对比较超脱,也可以彰显"中华民国"和"中华民国宪法"的存在。因此,两岸的政治地位分歧及其相关的符号争端也成为台湾参与国际海洋事务的法律障碍之一。

---

① 《陆委会:南海主权两岸无法合作》,中评网,http://hk.crntt.com/doc/1031/8/8/5/103188541.html?coluid=46&kindid =0&docid=103188541&mdate=0515175609,最后访问日期:2014 年 6 月 29 日。

表 6-1：两岸参与主要海洋国际条约情况一览表

类型	大陆参与	台湾参与	备注
海洋主权权益	联合国海洋法公约 公海公约 大陆架公约 领海与邻接区公约 国际海道测量组织公约 南海各方行为宣言 中华人民共和国政府和文莱鲁萨兰国政府关于海上合作的谅解备忘录 中华人民共和国政府和东南亚国家联盟成员国政府关于海关合作的谅解备忘录 关于指导解决中华人民共和国和越南社会主义共和国海上问题基本原则协议 中华人民共和国和越南社会主义共和国关于两国在北部湾领海、专属经济区和大陆架的划界协定		
海洋安全	国际海上搜寻救助公约 国际海上人命安全公约 制止危及海上航行安全非法行为公约 国际安全货柜公约 国际海上避碰规则公约 便利国际海上运输公约 修正 1910 年统一海难援助和救助某些法律规定公约之 1967 年议定书 国际救助公约 中华人民共和国政府与大韩民国政府海上搜寻救助合作协定 亚洲地区反海盗及武装劫船合作协定 海上事故或海上事件安全调查国际标准和建议做法规则	"'北美事务协调委员会'与'美国在台协会'间相互实施 1974 年海上人命安全国际公约 1978 年议定书换文" "'北美事务协调委员会'与'美国在台协会'间相互实施一九七四年海上人命安全公约换函" "'亚东关系协会'与'公益财团法人交流协会'间关于海上航机搜索救难合作之协议书" "台湾与澳大利亚太地区海关缉私通报系统了解备忘录" "'中华民国（台湾）政府'与危地马拉共和国政府海运协议""台湾'交通部'与'加拿大驻台北贸易办事处'海事体系技术合作了解备忘录"	

| 海洋文化与科研 | 保护世界文化和自然遗产公约
水下文化遗产保护管理宪章
水下遗产保护协约 | "'行政院国家科学委员会'与法国海洋开发研究院海洋科学及资源领域合作协议书"
"'行政院国家科学委员会（国科会）'与澳大利亚海洋科学院（澳海科）了解备忘录"
"'驻美国台北经济文化代'表处与'美国在台协会'间海洋气象研究科学技术合作协议第三号执行办法"
"台北'交通部'与'加拿大驻台北贸易办事处'间海事体系技术合作计划了解备忘录"
"台北莫斯科经济文化协调委员会与莫斯科台北经济文化协调委员会间海运通航议事录""'亚东关系协会'与'财团法人交流协会'间关于双方国际海空运事业所得互免税捐协议扩大互免税捐适用范围换文" | |

海洋交通	国际海事组织公约 国际海运固体散货规则 中华人民共和国政府和欧洲共同体及其成员国关于修订海运协定的议定书 中华人民共和国政府和加拿大政府海运协定修改议定书 便利国际海上运输公约 1966 年国际船舶载重线公约	"驻海牙远东商务办事处与'荷中经济合作委'间互免海运事业所得税议定书" "'北美事务协调委员会'与'美国在台协会'间互免海空运所得税换文" "'台北经济文化办事处'与欧洲商会间互免海运事业所得税议定书" "驻特拉维夫台北经济文化办事处'与'驻台北以色列经济文化办事处'间互免海运事业所得税了解备忘录" "中斐航海互惠协定" "中斐互免海空运输事业所得税协定"	
海洋环保	国际防止海洋油污染公约 国际干预公海油污事故公约 伦敦海抛公约 国际防止船舶造成污染公约 国际防止船舶造成污染公约之 1978 年议定书 国际油污应变合作公约 干预公海非油类污染议定书 危险与有毒物质污染事件之防备、回应与合作议定书 联合国大会通过 46–215 号决议案 濒临绝种动植物国际贸易公约 生物多样性公约 卡塔赫生物安全议定书 拉萨姆国际湿地公约 《防止倾倒废物和其他物质污染海洋公约》及其《1996 年议定书》	"'北美事务协调委员会'与'美国在台协会'间相互实施 1973 年防止船舶污染国际公约 1978 年议定书暨其附件 I 与 II 之换文" "'驻美国台北经济文化代表处'与'美国在台协会'间有关建立以卫星监测海上油污染技术合作协议"	

| 国际渔业 | 联合国海洋法公约有关养护和管理跨界鱼类种群和高度洄游鱼类种群规定之执行协定
负责任渔业行为准则
促进公海渔船遵守国际保育与管理措施协议
FAO 有关预防、制止和消除非法、无报告和不受规范渔捞之港国措施协议
促进公海渔船遵守国际养护与管理措施协定
中华人民共和国和日本国渔业协定
中华人民共和国和大韩民国政府渔业协定
关于加强美利坚合众国与哥斯达黎加共和国 1949 年公约建立的美洲间热带金枪鱼委员会的公约
南极海洋生物资源养护公约
中华人民共和国政府和越南社会主义共和国政府北部湾渔业合作协定
南太平洋公海渔业资源养护与管理公约
美洲热带鲔鱼委员会之成立公约
安地瓜公约
大西洋鲔类保育国际公约
印度洋鲔类委员会创设协定
中西太平洋高度洄游鱼群养护与管理公约
养护大西洋金枪鱼国际公约 | "台日渔业协定"
"'北美事务协调委员会'与'美国在台协会'间关于北太平洋公海流网渔捕作业协议"
"'北美事务协调委员会'与'美国在台协会'间关于北太平洋公海流网渔业换文"
"与印度尼西亚海洋及渔业合作了解备忘录"
"驻印度尼西亚台北经济贸易代表处与印度尼西亚驻台北经济贸易办事处海洋及渔业合作了解备忘录" | 《南太平洋公海渔业资源养护与管理公约》《安地瓜公约》《南方黑鲔保育公约》和《南太平洋公海渔业资源养护与管理公约》,台湾通过换文、提交书面文件或文书的方式参与《联合国海洋法公约有关养护和管理跨界鱼类种群和高度洄游鱼类种群规定之执行协定》和《负责任渔业行为准则》中有关"捕鱼实体"规定"比照适用"于台湾。 |

资料来源:作者自制

国际法在国际海洋事务中的地位和作用不断提升。例如,在南海问题上,各声索方都宣称自己的主张符合国际法,但解读却千差万别,这是国际法碎片化的反映,各种国际法各自成为独立的体系,相互之间缺乏衔接,甚至存在着冲突。具体来说,《国际海洋法公约》、《开罗宣言》、《波茨坦公告》、"旧金山和约"、"台日合约"和国际习惯法等都是国际海洋事务的法律渊源。虽然两岸是一个国家,但由于众所周知的历史原因,两岸在国际海洋事务上所依据的国际法并不完全一样。就国际条约来说，有一部分是两岸都承认的，如《开罗宣言》和《波茨坦公告》；有一些是大陆签署和批准的，如《国际海洋法公约》、《中越北部湾划界协定》和《中日渔业协定》；有的是台湾缔结或承认的，如"台日和约"和"台日渔业协定"，而"台日条约"是以接受"旧金山和约"为前提的，而后者被大陆严正声明非法和无效。两岸要处理涉对方国际条约的法律效力问题，涉及到复杂的国际政治关系，这是两岸外海洋事务合作的阻碍之一（表6-1）。例如，马英九曾说两岸合作解决钓鱼岛问题障碍的第一条就是因为大陆不承认"台日合约"。

资料来源：维基百科

二、基于两岸互信的台湾对外交往权能——特别法理的视角

两岸在海洋事务上合作的法律依据必须先从二者的关系入手，而主权问题是出发点。主权是形成和表达政治意志的权力，是政治权力的形式渊源，主权应是一个层次性、开放性和延展性的观念体系。在国内法意义上主权是人民主权，在国际法意义上主权是国家主权，政府只是代表人民和国家行使主权。因此，在一个中国内部，中国的主权归属全中国人民所有，在国际社会中国作为整体享有国家主权，在主权事务上中华人民共和国政府是中国的合法代表，还有部分国家选择"中华民国政府"作为中国的代表。[①] 两岸同属一个中国，中国的主权归属两岸人民共同所有。这也是两岸交往的政治底线，一个中国原则经"九二共识"确认，是全世界认同两岸关系的核心原则，虽然两岸对其内涵理解有所不同，但对核心的反"台独"持相同立场。[②] 这不仅是政治事实，更是法律规定。目前，台湾以"中华民国宪法"和"宪法增修条文""两岸人民关系条例"等立法在法理上坚持一个中国原则，台湾"司法院大法官解释"也一直以"一国两区"立场来解释大陆的地位，明确"领土""包括大陆地区和台湾地区"。《中华人民共和国宪法》《反分裂国家法》和《台湾同胞投资保护法》等都是基于"一个中国"的制定的，反"法理台独"和"一个中国"框架在一定程度上是对台湾相关法律的默认，虽然两岸宪制性规定存在着规范竞争，但并不是零和游戏，而是一种互补关系。

---

① 参见祝捷：《海峡两岸和平协议研究》，香港社会科学出版社有限公司2010年版，第174-177页。

② 参见黄嘉树：《"一个中国"内涵与两岸关系》，《台湾研究》2001年第4期。

两岸在政治和法理上同属一个中国并无问题，但台湾的国际参与问题是两岸争议的焦点，两岸应当摆脱非此即彼的线性思维而以既此且彼的复合思维处理。按照传统国际法，一国只能由一个国际法主体，而一个国家只能由一个政府代表该国。[①] 照此逻辑，台湾不能参与的两岸外海洋事务原因在于台湾是中国的一部分，不是独立的国际法主体。这种观点的哲学框架和理论基础是建立在康德理性哲学和传统主权学说基础上的，也与威斯特伐利亚建立的国际秩序相对应，只重视了普遍性而忽略了差异性。任何国际法制度都是以承载和实现相应国际法内在价值为目的，随着社会发展，一些新价值被国际法所接受，国际法制度必须对其有所因应。在此，本书无意于对国际法主体等理论和制度进行重构，也并不将台湾"国际参与"的理论基础归结为台湾是"独立国际法主体"的证成。国际法主体只是对整个国际法秩序中不同主体法律地位的抽象和一般概括，没有考虑具体法律秩序中的特殊情况，加上国际法主体的多元化是现代国际法发展的趋势，未来台湾作为中国的一部分可以作为国际法主体并非没有可能，目前并不足以为台湾的国际参与提供理论和制度支撑。

如果转换视角，一个国家中央政府统一行使外交权是一般法理，但是各个国家存在特殊问题，有些国家的部分主体可以行使部分对外交往权能则是特别法理，特别法理是针对特殊问题而产生的，更具有密切联系，应按照"特别法理优于一般法理"的原则对台湾参与两岸外海洋事务的问题给予特别考虑。[②] 这里特殊法理的理论基础可以是国际法主体、国家主权的可分离性、国际合作理论、海洋法的自足性和"对一切义务"等，特殊法理必须从具体国际法律关系的法律规则中推导，在具体领域进行价值优位排序，进而对台湾的国际参与问题进行相应安排。

在现代国际法上，个人、企业、叛乱团体和争取独立的民族组织等非国家的政治实体独立行使和承担了部分国际法的权利和义务，并有能力维护权利和承担责任，如果将这些国际法主体严格排除在所有国际事务外，其合法权益是无法得到保障的。[③] 因此，这些主体虽然在一定国际事务领域是国际法主体，或者即使不是国际法主体仍然享有部分权利能力和行为能力。此外，可分离性逐

① 参见梁西主编：《国际法》（第二版），武汉大学出版社 2007 年版，第 333 页。

② 参见喻中：《论"特别法理优于一般法理"——以日本修宪作为切入点的分析》，《中外法学》2013 年第 5 期。

③ 参见 [英] 詹宁斯、瓦茨修订：《奥本海国际法》（第一卷第一分册），王铁崖等译，中国大百科全书出版社 1995 年版，第 10 页。

渐成为国家主权的一项属性，部分国家权能可以基于一定的法律事实分离，由几个主体共同行使。权能是权力构成的要素和子项，对外交往权能是国家外交权力的部分权能重组，体现了外交权力与其权能分离原理的运用，与外交权存在一定的交叉和区别，并且有一定的权限限制。例如，欧盟经由主权国家的授权享有部分共同对外交往的权能；国家也可以向部分区域授权，如俄罗斯联邦的鞑靼共和国和图门共和国就具有部分独立参与国际事务的权利，香港也参与一些政府间国际组织，坦桑尼亚的桑吉巴也有较为独立的外交权。[①] 因此，台湾的对外交往权能是台湾作为中国的一部分参与特定的一种或多种法律关系的资格，具有非全面性、差异性和情境性等特征。[②] 这在实践中已有立法例支持，如台湾也参与了一些政府间国际组织，但这是建立在两岸互信的基础上。换句话说，如果没有两岸的互信，台湾就不能享有对外交往的权能。

三、通过法律技术解决法律冲突问题

两岸在国际层面的法律冲突问题主要是相关国际条约不一致和一方"批准生效"的国际条约是否施用对方的问题，这关系各自条约的内部效力、法律位阶和适用方式，是高位阶的政治问题，通过签署协议一揽子解决可能造成制度僵化，最好的途径是"协议规定＋单行法立法＋情境裁量"模式。[③] 然而，鉴于两岸关系的现实，以上模式并不可行。只能在实践中根据具体条约提前通过法律技术来解决，主要包括创制规则技术和个案解释技术。

（一）通过创制规则解决法律冲突

两岸外海洋事务合作的国际法渊源包括国际条约、习惯国际法和一般国际法，这些是两岸海洋事务合作的规范性陈述，而相关规范需要基于法安定性原则选择相应的法律解释涵摄。通过创制规则解决法律冲突主要在国际法、两岸间和各自内部立法三个方面处理。第一，在国际层面有四种处理办法。具体来说，一是很多基础性的国际条约已经上升到习惯国际法或一般法律原则，自然对任何国际社会成员都有拘束力，台湾也不例外，如《联合国宪章》《维也纳条约法公约》《开罗宣言》和《波茨坦公告》等。二是有一些国际条约对台湾的适

---

① 参见王贞威：《联合共和国：坦桑尼亚模式与两岸统一模式初探》，《中国评论》2011年2月号。

② 参见刘召成：《部分权利能力制度的建构》，《法学研究》2012年第5期。

③ 参见彭岳：《国际条约在国内适用中的制度僵化及其解决》，《中国法学》2014年第4期。

用问题进行了特别规定，如根据联合国的《跨界鱼类种群协定》第17条第3款对捕鱼实体比照适用。[1] 三是两岸可以签订相应的民间协议，然后由立法机关转化。虽然如"台日渔业协议"是台湾和日本的民间协议，台湾地区"农业委员会渔业署"根据"渔业法"相关规定制定了"延绳钓渔船赴台日渔业协议适用海域作业管理办理办法"等行政命令来执行。四是两岸可以在签署条约时将其予以特殊规定，如《中日联合声明》中关于"坚持遵循《波茨坦公告》第八条的立场"[2]，不承认"旧金山合约"，或者争取在国际条约中加入"互不适用条款"，已经签署的可以争取通过"嗣后协定"对台湾的问题进行安排。

第二，在两岸间层面也有两种处理办法。具体来说，一是对涉及两岸海洋事务的条约，对涉及两岸各自签署的公约，双方在一个中国原则前提下可以通过签署备忘录或相关协议的方式达成谅解，大陆可以先行按照港澳条约模式完成内部法律程序，台湾也可以按照两岸协议的方式完成内部程序。如"台日渔业协定"和《中越北部湾划界协定》则可以协商解决，《南海各方行为宣言》也是符合台湾利益的，虽然没有实质性参加，但陈水扁曾表示接受。二是两岸签署的协议存在着根本分歧，或者一方面已经宣布不承认，两岸可以签署相关条约互不适用的协议，或在签署协议中规定转介条款或空白条款，即"尊重各自在相关条约中的立场"，如"中日合约"中就有涉及台湾放弃南海诸岛，这样两岸可以按照相关条约各自宣示，但在内部基本立场保持一致。

第三，在两岸内部立法层面将其法定化。除非与两岸的根本法相矛盾和做出声明不承认外，可以在两岸各自的法律体系中将其纳入域内法。[3] 有的国际条约虽然台湾没有资格签署，可以通过制定内部法将其称为内部法律体系的一部分，并且宣称遵守相关条约，如台湾一直以来积极将与台湾相关的国际法条约

---

① 《跨界鱼类种群协定》第17条第3款规定："分区域或区域性渔业组织的成员国或分区域或区域性渔业组织的参与国，应个别或共同要求第一条第三款所指，在有关地区有渔船的渔业实体，同该组织或安排充分合作，执行其订立的养护或管理措施，以期使这些措施尽可能广泛地实际适用于有关地区的捕鱼活动。这些捕鱼实体从参与捕鱼获得利益与其为遵守有关种群的养护与管理措施所作承诺相称。"

② 《波茨坦公告》第8条规定："开罗宣言之条件必将实施，而日本之主权必将限于本州、北海道、九州、四国及吾人所决定的其他小岛之内。"

③ 参见林合谧：《海峡两岸将海洋法公约内国法化之比较研究》，台湾海洋大学硕士学位论文，2013年8月。

转化为内部法，如《联合国海洋法公约》。① 国际海洋方面的条约相对来说专业性比较强，全世界各国立法相似度较高，这也为两岸内部立法提供了条件。虽然 1982 年宪法没有对条约与国内法的关系和位阶问题规定，但根据相关法律和实践，大陆一般对公法性国际条约采用转化的方式，而私法性国际条约则直接纳入的方式。② "中华民国宪法"虽然规定在"立法院"通过二读程序直接纳入，但现实中因为不是国际法主体常常通过制定"域内法"的方式进行。③

（二）通过法律选择在个案中化解冲突

任何法律都有不完备性，国际法更是如此。法律适用阶段有时面临着条约冲突，有时又缺少相应的国际法规则，需要进行法律解释甚至造法。这是台湾近年来参与国际组织的方法之一，如 WHO，主要包括以下两个方面：

第一，在国际层面选择具有普遍拘束性的国际法作为法律依据。《国际海洋法公约》不仅推动了国际海洋事务的基本秩序形成，同时也是国际海洋争端引发的导火索。例如以南海争端为例，根据时际法，对于以往发生的国际事件应以当时法律来判断其效力，而非适用争端发生时或审判时的国际法，南海领域的主权及其相关权利是历史性权利，受习惯国际法的规制。习惯国际法始终为多边规则，是国际关系中各种力量作用的结果，与国际条约具有同等的法律效力，国际法的领土主权原则、主权平等和有约必守依然受其支配，并且对国际条约提供解释性假定，影响条约规范的适用和条约体制的扩张。④ 两岸都认为根据国际法上的时际法，"U 型线"公布在前，并且在很长一段时间内得到国际社会的承认，所适用的法律是既定的，有些国际习惯法在《联合国海洋法公约》出现之前已经依据国际习惯而成立，且并没有被其否定和修改。⑤ 此外，《联合国海洋法公约》在序言中规定："妥为顾及所有国家主权的情形下，为海洋建立一种法律秩序……确认本公约未予规定的事项，应继续以一般国际法的规则和

---

① 它是两岸共同完成的，如 1971 年之前"中华民国"以"主权国家"先后于 1958 年和 1960 年加入《第一次联合国国际海洋法公约》和《第二次联合国海洋法公约》，1970 年批准了《1958 年的大陆架公约》，中华人民共和国在 1982 年签署和 1996 年批准《国际海洋法公约》。

② 参见赵建文：《国际条约在中国法律体系中的地位》，《法学研究》2010 年第 6 期。

③ 参见陈明堂、陈荔彤：《国家执法者执行国际法内国法化之法律制度》，《军法专刊》第 60 卷第 5 期，2014 年 10 月。

④ 参见 [美] 杰克·戈德史密斯、埃里克·波斯纳：《国际法的局限性》，龚宇译，法律出版社 2010 年版，第 17—18 页。

⑤ 参见罗国强：《东盟及其成员国关于＜南海行为准则＞之议案评析》，《世界经济与政治》2014 年第 7 期。

原则为准据。"因此，南海争端的核心是国际法上的岛屿主权争端，《联合国海洋法公约》并不规范各国的领土主权问题，也并不排斥之前形成并持续主张的历史性权利，历史性水域就应按照一般国际法规则或原则为准据。

第二是两岸公权力机关或仲裁机关在处理涉对方海洋事务争端时，如果涉及国际海洋事务方面的问题，尽量适用双方都"承认"的相关国际条约。法律是一项解释事业，任何法律都不是完全独立和逻辑自洽的规则体系，法律的含义和边界在实践中动态发展，公权力机关具有一定的裁量权。[①] 如果不能直接适用的话，可以在法律漏洞补充或填补法律空白时进行相关条约的解释和创制，尽量避免涉及国际法层面冲突。这主要涉及国际海商事条约。

第三节 两岸外海洋事务合作的法律关系

两岸法律关系是两岸政治定位关系在法制面的表述，两岸在两岸外海洋事务合作中的法律关系是两岸法律关系的具体化。两岸在主权层面的宣示基本一致，享有共同利益，主张具有高度重叠性，区别在于由"中国是什么"和双方的关系是什么，前者可以进行模糊处理，但后者则关系到相关制度安排，因此法律关系是两岸外海洋事务合作的基石，如果不能解决两岸在海洋事务合作中的身份、名义、地位等问题，双方就没有合作空间。

一、通过"两岸"模式吸纳政治思虑

两岸外海洋事务合作的核心难题在于台湾以什么身份和名义及其与大陆的关系是什么，即两岸的关系是什么。台湾作为中国的一部分，在国际上必须坚持一个中国原则，但两岸之间的法律关系是什么，这背后隐含着层层的政治思虑。这主要是因为两岸在两岸外海洋事务交往中不可避免会涉及两岸政治关系定位的问题，在所有涉外事务交往中所使用的名称和身份等是一种符号权力，可以达到国际承认的效果，提高自身的"外部合法性"。只要两岸还存在着政治对立，承认争议就一直存在，两岸政治关系及其相应的法律关系直接影响着两

---

① 参见 [美] 罗纳德·德沃金:《法律帝国》，李常青译，中国大百科全书出版社 1996 年版，第 46 页。

岸交往的深度和广度。①2012年4月，时任国台办主任王毅呼吁两岸"要在认同两岸同属一中、维护一个中国框架这一原则问题上形成更为清晰的共同认知和一致立场，从而为再创两岸关系新局面提供更加坚实的基础。"②两岸法律关系是两岸在法制层面合作的出发点。

纵观两岸各自在国际海洋事务上的表现，实质上是两岸政治关系定位在海洋事务中的缩影。两岸外海洋事务涉及台湾"国际空间"问题，民进党执政时期往往以参与两岸外海洋事务作为谋求"一边一国"的手段，如2000年民进党执政后，不断对南海政策偷梁换柱，并废除了"南海政策纲领"，以"台湾"代替"中华民国"，实质上是想通过参与两岸外海洋事务的国际协调框架来执行"台独"路线。2008年以来两岸"外交休兵"，台湾当局实行"活路外交"，但台湾则试图通过参与两岸外海洋事务强调台湾的"主体性"和两岸的"对等"，要求大陆正视"中华民国"，撇清与中华人民共和国的关系，竭力避免反衬出台湾的非国家身份。大陆则基于一个中国原则，为了国家领土主权利益和防止出现国家分裂，强调中华人民共和国政府是代表中国的唯一合法政府，台湾只能参与功能性的国际空间，尤其反对台湾参与政治性和安全性的国际组织，以保持可控性。早在1995年1月30日江泽民在《为促进祖国统一大业的完成而继续奋斗》的重要讲话中指出："我们反对台湾'两个中国'、'一中一台'为目的所谓'扩大国际活动空间'的活动。"台湾参与两岸外海洋事务的法律地位问题背后是如何安排的关系，这是两岸外海洋事务合作难题的症结。

根据法理和相关法律规定，台湾地区的公权力机关和个人都有权捍卫国家的海洋主权和权益，任何组织和个人都有义务维护国家的海洋权益，共同捍卫中华民族的海洋领土主权。"对遭受攻击的具体权利的保护，不但是权利人对自己的义务，而且是对社会的义务……权利人通过自己权利来维护法律，并通过法律来维护社会不可或缺的秩序。"③大陆认识到台湾以适当身份参与两岸外海洋事务，对国际社会和维护国家海洋主权都是有利的，有助于开拓两岸合作的空间和提高台湾民众的国家认同意识。台湾也应认识到只有与大陆合作才能从根本上维护国家主权完整和海洋权益，消极不作为只会让台湾在两岸外海洋事

---

① 参见祝捷：《两岸关系定位与国际空间——台湾地区参与国际活动问题研究》，九州出版社2013年版，第38页。

② 王毅：《巩固深化两岸关系，开创和平发展新局面》，《求是》2012年第4期。

③ [德]鲁道夫·冯·耶林：《为权利而斗争》，胡宝海译，中国法制出版社2005年版，第55页。

务上更加边缘化。

两岸外海洋事务合作是两岸关系的国际延伸，大陆和台湾在两岸外海洋事务上存在各自的利益，也存在着共同利益，必须以更加弹性和包容的思维来解决两岸的法律关系问题。[①] 两岸应走出零和博弈，将两岸关系的哲学框架从"主体－客体"转变为主体间性，两岸以交互的眼光看待对方的立场和确定对方的定位，大陆的地区主体思维台湾不会接受，台湾的"国家"主张大陆也断难接受，任何建基于此的理论建构注定行不通。[②] 因此，两岸在"九二共识"的基础上将彼此在"地区－国家"间进行区间定位，但地区和国家则分别不为两岸接受则可以排除，台湾的"国际参与"的部分权能则应在二者之间设置。[③] 两岸应走出"两党""中央对地方""合法政府对叛乱团体""一国两区"等两岸关系模式，承认争议，采用"两岸"模式来化解政治思虑，即"两岸"是两个依据不同根本法所产生的公权力机关进行有效管辖的区域。[④] 两岸原本作为地理概念来描述位于台湾海峡两边的大陆和台湾，1987 年后两岸民间交往开启，大陆和台湾需要处理衍生问题，需要一个代称既不涉及政治目的，又能促进双方交流，随着交流的深入，两岸逐渐具有了政治意涵，成为大陆和台湾各自地区的简称，同时也逐渐进入两岸各自的相关法律中和双方签订的相关协议中，"两岸"也就成为一个法律概念。罗尔斯认为抽象性越高，各方都能基于自身立场形成对抽象原则的想象及认同，从而形成相对的、交跌的共识。[⑤]"两岸"的词义相对中性，符号意义并不明显，具有一定的包容性，双方都可以接受，为两岸协商交往提供了条件。当然，"两岸"只是现阶段两岸对政治关系和法律关系定位的主张，先搁置政治争议，推动海洋事务合作，以后随着大陆和台湾关系的发展重

---

① 2008 年 12 月 31 日，在纪念《告台湾同胞书》发表 30 周年座谈会上，胡锦涛强调两岸在涉外事务上在不造成"两个中国""一中一台"的前提下，可以通过两岸的务实协商做出合情合理的安排。2012 年 11 月 26 日，时任国台办主任王毅对"合情合理安排"阐述时指出"合情"就是要照顾彼此关切，不搞"强加于人"；"合理"就是恪守法理基础，不搞"两个中国、一中一台"。

② 2008 年以来，两岸很多学者对台湾参与国际事务的地位问题提出了见解，例如有学者认为大陆可以将台湾在涉外事务中定位为"地区性单一理性行为体"。参见吴学阳：《台湾地区在中国涉外事务中的适用概念分析》，《台湾研究集刊》2013 年第 5 期。

③ 参见李义虎：《台湾定位问题：重要性及解决思路》，《北京大学学报（哲学社会科学版）》2014 年第 1 期。

④ 参见祝捷：《两岸关系定位与国际空间——台湾地区参与国际活动问题研究》，九州出版社 2013 年版，第 148 页。

⑤ See John Rawls, Political liberalism, Expanded Edition, Columbia University Press, 2005.

新寻找相应的法律关系。[①]

二、"两岸"模式适用的法理分析

在"两岸"模式下，大陆和台湾在部分两岸外海洋事务领域可以肩并肩地合作，共同维护国家的海洋权益。然而，大陆和台湾参与两岸外海洋事务的权利能力和行为能力并不完全相同，应对分别对待。[②]权利能力可以分为程序性权利能力与实体性权利能力，对于前者来说只要有相关利益就具有，而对后者来说一般只有具有国际法人格的主体，才能享有相应的国际权利和义务，台湾作为中国的一部分只有部分国际权利能力。[③]虽然台湾在部分国际海洋事务中具有相应的权利能力，但并不说明台湾有参与两岸外海洋事务的行为能力，能够独立承担相应后果。换句话说，台湾参与两岸外海洋事务的行为能力既受国际法的框范，更是两岸达成共识的结果，具体制度应更加灵活和创新，根据不同问题采取不同的措施。

两岸在主权性海洋事务合作方面，为避免国名和主权问题带来的困扰，两岸可以分阶段和策略性合作。在初级阶段，两岸即使不承认对方代表的地位，但也要在基本原则方面保持高度默契，可以采取一致性的政策立场捍卫国家海洋利益，政策表达可以各有宣示，有所区别，最低不损害国家主权利益，有可能的话，两岸应通过两岸事务负责部门不断交换意见，建立共同的话语体系。在积累一定政治互信后，两岸可以逐渐由"谁能代表中国"变为"共同代表中国"。在"一个中国"框架下两岸海洋主权重叠，中国是国际海洋领土主权争端的国际法主体，需要争议的是代表权的配置问题，可以选择一方作为中国的代表参与东海和南海主权争端解决。20世纪90年代，东盟各国都与中国建立了外交关系，2004年3月东盟首次就台湾问题发表"奉行一个中国政策"的声明，在南海问题上认为台湾不能以主权国家身份参与南沙主权争端谈判。[④]因此，根据《国际海洋法公约》和相关国际法，参与领土和海域划界争端法律解决机制的主体必须具有"国家"属性，台湾没有完整的主权地位，而中华人民共和国政府是联合国及相关声索国承认的合法政府，因此应享有中国的代表权。详

① 参见祝捷：《两岸和平协议研究》，香港社会科学出版有限公司2010年版，第163页。
② 也有学者从政府继承的角度对两岸的权利能力和行为能力进行分析，但与本文的观点不同。参见李秘：《两岸政治关系初探——政府继承的视角》，《台湾研究集刊》2010年第1期。
③ 参见丘宏达：《现代国际法》，台湾三民书局1995年版，第248页。
④ 参见王俊峰：《冷战后台湾地区与东盟各国关系研究》，九州出版社2014年版，第90页。

言之，鉴于目前世界各国在与中国建交时都承认中华人民共和国政府是中国的唯一合法代表，可以由其代表中国表达的诉求。这并不否认台湾具有权利能力，只不过没有独立的行为能力，不能独立行使相关诉求，只能与大陆共同享有作为程序性权利的参与权，即通过双层结构的安排由台湾海洋事务行政部门或其他相关部门的负责人参与决策，在履行阶段由大陆代表。在南海和东海各方签订相关临时安排时，台湾可以参与制度性讨论。最后，随着两岸政治互信的加强，可以借鉴欧盟在两岸海洋事务方面建立共同的"外交与安全委员会"，或者构建超两岸的两岸海洋事务合作共同体代表两岸，由其作为功能性与技术性的机构，将两岸相同的功能整合或统合，在不影响各自利益诉求的情况下共同代表中国参与两岸外海洋事务，双方对结果予以确认和实施模式。

近年来，以"中华台北"作为台湾参与国际交往的名义基本上双方都可以接受，例如在南海会议上"中华台北"就是其名称，最近台湾在关于参与亚投行问题上的底线是"中华台北"。台湾参与的具体身份可以根据相关国际组织章程等法律确定为会员、非主权实体等，在政府性组织或活动中，台湾必须作为"非主权实体"，或以各种实体、技术专家团或联系单位等身份参与，地位可以是准会员、观察员或邀请代表，在确实有必要的情况以及相关章程规定非主权实体可成为会员的情况台湾可以会员地位参与，如果没有可以通过"补充协议"的方式申明一个中国原则。

在参与国际会议或活动中，只要不涉及国家海洋领土主权完整，大陆应保持足够的善意，如果遇到有违"一个中国"底线的话，可以提前与该组织沟通，如果不能改变则发表声明抗议、退场或变更名称参加，始终避免正面冲突。两岸在国际组织的国际会员的代表，按照现行的惯例尽量由主管相关业务的首长代表（台湾的"外交部长"除外），如果需要台湾可以派前任领导人或其他有影响力的政治人物以"领袖代表"身份出席，尽力避免两岸现任高层领导人在国际场合会面。①

两岸涉及国际海洋事务的非政府组织，在非政府性国际组织中进行多方性海洋政策议题对话、协商与合作。在参与非政府组织活动时，大陆可以由相关外交协会或民间组织代表，而台湾则可以选派相关民间组织进行，或者两岸组成共同的非政府组织参与海洋事务，这些在台湾具有法律依据，如台湾地区的

---

① 参见黄志瑾：《我国台湾地区"国际空间"法律模式初探——以两岸法律关系为视角》，《法学评论》2012 年第 3 期。

"外交部组织法"第7条规定："'外交部'得委托特定团体处理涉外事务。"

三、两岸外海洋事务合作归因的二阶构造

虽然在国际上两岸同属一个中国，但二者的"权利能力""行为能力"和"责任能力"具有不对称性，在不同领域各有偏载。因此，两岸外海洋事务合作的责任承担问题也不同于前述的资格和行为问题，需要进行专门的阐述。两岸外海洋事务合作是通过一系列行动和举措实现，对合作的行为归属和责任承担与两岸的法律关系紧密相关。归因是国际法上决定行为国家属性和责任承担的重要制度，两岸合作的归因必须予以澄清。

（一）两岸合作的归因难题

归因（attribution）是国际法上的基本问题，是确定一个行为可否根据国际法界定为"国家行为"或其他国际法主体行为的法律过程。[①] 联合国国际法委员会2001年和2011年通过了《国家责任条款草案》和《国际组织责任条款草案》对国际法上的归因问题进行了明确规定，根据前者一般只有政府机关及其指挥、控制、教唆等主体的行为才能归因于国家，但经授权行使政府权力的个人或实体的行为，没有有效政府的情况下事实上行使了政府权力的个人或团体的行为，经一国认可和接受为该国行为的行为，等等。权力和责任紧密相关，责任是权力行使的后果。"法律责任是与法律义务相关的概念。一个人在法律上要对一定行为负责，或者他为此承担法律责任，意思就是，他作相反行为时，他应受制裁。"[②] 归因是为了确定某一不法行为是否属于国家，目的在于确定国际法责任的归属，但是。归因包括法律和技术层面，技术层面的归因并不赘述，在此主要探讨法律层面的归因，即法律归因。

两岸外海洋事务合作归因是确立相关措施是否属于国家行为的问题，但也涉及两岸关系定位。由于两岸仍然在政治上互不承认，这可能导致相关法律行为属性的认定得不到对方的认可而不予承认，自己为了维护主体地位也不愿意让对方来承担相应责任，但这个问题实质上关系到国家统一问题，如果不加以解决的话在事实上会造成国家的分裂。因此，由于两岸关系的特殊性，两岸外

---

① See Luigi Condorelli, Claus Kress. The Rules of Attribution: General Considersations, in James Crawford et al , The Law of International Responsibility, Oxford University Press,2010,P221.

② ［奥地利］凯尔森：《法与国家的一般理论》，沈宗灵译，中国大百科全书出版社1996年版，第73页。

海洋事务合作的归因不仅仅是国际法上的归因，也需要两岸对其进行相关制度安排，两岸的法律责任如何分担不仅是政治问题，更是一个法律问题，应考虑通过法律安排解决。

（二）基于责任分层的二阶构造

两岸海洋事务合作也面临着法律归因难题，这归根结底还是台湾法律地位问题的衍生。两岸海洋事务合作涉及多层次的关系，两岸合作法律归因也应该进行分层式建构。两岸应该在这个问题上达成共识，避免对方疑虑。一般来说，两岸应在"九二共识"基础上推动两岸海洋事务合作，对国际组织和条约中规定了相应的归因按照相关国际规定进行，这方面不涉及国家行为问题。这个过程也分为两岸阶段，包括决定阶段和履行阶段，分别适用不同性质的法规范。在"一个中国"框架下，如果在决定阶段海洋事务不涉及对方，则只需要按照各自内部的法律处理，但涉及对方和整个中国的主权和海洋权益事务则需要通过两岸构建的相关协议或进行共同决策。在履行阶段则根据两岸共同协商结果和国际法的规定，来承担相应的国家责任，对方一般不予协助。

在国家为主体的国际组织或国际活动中，两岸应通过相应的制度安排将各自行为在法律上归因为"中国"的国家行为后才能承担相应责任。如果没有特殊法的规定，应将两岸合作归因分为国际和国内两个阶段，按照《国家责任公约草案》，台湾作为属于中国的"治理实体"，即使在两岸对峙情况下，台湾的行为仍然可以被归属为"中国"的行为，无论是大陆还是台湾的措施一旦确定是公权力行为就是"国家行为"。一个完整的国家责任包括履行责任、保障责任和结果责任等不同责任，两岸在不同的两岸外海洋事务上承担着不同的责任，如在太平岛的守护上台湾需要承担履行责任，大陆只需要承担保障责任，但在太平岛一旦遭受外来袭击时两岸都要承担结果责任。

第四节　两岸外海洋事务合作的法律进路

在两岸合作治理框架下，两岸海外海洋事务合作可以采取灵活的方式。在"一个中国"框架内，两岸在平等基础上作为一个整体共同参与两岸外海洋事务。任何合作模式的建构必须防止台湾以参与两岸外海洋事务为名违背"九二共识"，这是我国两岸外海洋事务合作模式构建的底线。只有能够维护两岸互信，增进两岸"一个中国"的认同，维护中华民族的海洋权益，两岸应在法律框架内构建多样化的合作模式，推进两岸海洋事务合作的进程。

一、两岸合作方式的多样化

两岸外海洋事务合作关系着国家海洋主权完整和中华民族的伟大复兴，但涉及两岸的政治定位问题，加上国际法的约束，合作仍然面临着重重困境。这需要两岸在国际法框架下根据各自法律规定采取相应措施，避开政治难题，共同推进两岸外海洋事务合作进程。

（一）两岸各自采取措施共同维护国家海洋权益

目前，很多海洋事务尤其是政治性海洋事务在两岸政治定位问题没有解决前，以及两岸在国际政治中的立场歧异，两岸在"一个中国"框架内各自进行维护国家的海洋主权和主权权利，不公开支持或承认，但也不公开反对对方有利于国家海洋权益的举措。两岸既可以采用宣示性措施也可以采用行为性措施，如可以基于国家立场反对其他声索方的主张，进行主权维护方面的合作，也可以共同发表一个联合声明，等等。在东海和南海争端中，两岸共同作为南海争端当事方，虽然两岸没有明确宣示合作，对其他国家提出的"主权要求"都予以坚决的抗议和谴责，坚持主权不可分割和资源可以共享的立场，这可以理解为两岸具有内在默契，并没有根本的冲突。[1]大陆对西沙群岛和台湾对东沙群岛以"中华民国"的名义行使"主权"，仅2014年台湾"海巡署"通过"碧海专案"在东沙海域巡防11航次，南沙海域4航次，大陆也多次在南沙海域巡航，双方在一定程度上默示对方的行动。[2]两岸各自声援虽然可能存在一定程度上歧异，但总体上可以获得两岸民众的支持。例如，在台日渔业冲突中大陆的声援被台湾民众和官方认为是有所图，但台菲渔业冲突中大陆的援台和对菲律宾的施压却获得了岛内一致好评，甚至有绿营学者如郭正亮也主张两岸"明分暗合""分进合击"。

目前，这是两岸外海洋事务合作的主要模式，在很多两岸外海洋事务合作中都可以看到，最早可以追溯至保钓运动和中越西沙海战与南沙海战。两岸在

---

[1]　参见《中评论坛：国民党大陆政策面临挑战》，中评网，http://www.crntt.com/doc/1036/3/3/7/103633775_3.html?coluid=7&kindid=0&docid=103633775&mdate=0418235941，最后访问日期：2015-04-19。

[2]　《严密海域巡护，维护岸海治安与海洋权益》，"行政院海洋事务推动小组"网站，http://www.cga.gov.tw/ GipOpen/wSite/ct?xItem=69950&ctNode=7599&mp=cmaa，最后访问日期：2015-03-03。

东海和南海问题上产生一种默契，这主要表现在以下几个方面：一是两岸公权力机关都表明政策立场，对"九段线"内海域的权利主张大致相近；二是对外公布领海基线没有冲突；三是两岸都强调遵循主权在我、搁置争议、共同开发、协商解决的基本原则。这也体现在维护南海的行动中，如2011年3月台湾在太平岛炮击宣示主权，4月27日起台湾海巡人员上岛前由海军陆战队代训，这和大陆的模式形成呼应。在东海问题上，两岸共同维护东海的岛屿主权和海洋划界，虽然两岸的主张有一定的差异，但总体上是一致的。

台湾周边海域情况复杂，各方都制定了执法线。2006年5月20日，越南七艘渔船在东沙海域失踪，越南分别向大陆和台湾寻求帮助，两岸救援船艇在并无联络和对话的情况下共同完成了任务。[①] 在南海海洋争端中，中国大陆坚持填海造陆，建设飞机跑道，据报道永暑岛面积已经达到0.96平方公里，远超太平岛的0.49平方公里。[②] 台湾也在太平岛西南角填海造陆，建设新码头和扩展飞机跑道，并在考虑部署导弹的计划等增强岛上防卫装备。

（二）两岸共同参与两岸外海洋事务活动

国际海洋事务活动非常多，两岸可以共同参与国际海洋事务活动，一般性的海洋事务活动台湾可以参与，如近年来两岸共同出席联合国粮农组织渔业委员会、亚太经合组织海洋与渔业工作小组会议。[③] 大陆这几年积极筹备国际海洋事务活动，在亚太地区首先提出了发展蓝色经济的理念，举办了亚太经合组织蓝色经济论坛。有一些海洋事务不可避免或涉及政治性海洋事务，两岸须在"一个中国"框架下共同参与，大陆在参与相关国际海洋事务活动时应将与台湾相关的问题特别考虑。对于一些国际海洋事务合作平台，两岸在政治互信的基础上可以共同参与，可以邀请台湾的非政府组织和专家学者出席。例如，"南海会议"是印度尼西亚主办的一个解决南海问题的民间安全对话机制，大陆和作为主办方的印度尼西亚达成了台湾属于中国的组成部分的谅解，台湾可以参与"南海会议"和"南海技术工作小组会议"。在2009年11月举办的第19届"南

---

① 参见姜皇池：《论两岸南海上执法合作可能议题：现状与发展分析》，《海峡两岸海上执法的理论与实践学术研讨会论文集》，中国海洋法学会2008年刊行。

② 《日媒称中国将永暑岛变人工岛建3公里长跑道》，http://www.crntt.com/doc/1035/7/0/2/103570212.html? coluid=45&kindid=0&docid=103570212&mdate=0112155050，2015-01-19。

③ 参见"海洋事务推动小组"：《严密海域巡护，维护岸海治安与海洋权益》，http://www.cga.gov.tw/GipOpen/wSite/ct?xItem=69950&ctNode=7599&mp=cmaa，最后访问日期：2015-03-03。

海会议"上两岸第一次提出"东南亚教育与训练网络共同计划"并获得通过，标志着两岸在南海事务合作方面有了一定程度的进展。

此外，两岸外海洋事务合作涉及很多层面，从海洋科学研究到渔民安全保障，再到共同开发海洋资源，最后才上升到海洋主权的维护上，应采用灵活多样的方式类型化、分阶段和分步骤的推进两岸海洋事务合作。目前，两岸在两岸间海难救助方面已经形成非常完善的合作机制，在通过制定相关协议和修改内部法律为其提供规范依据。① 在国际上，海难搜救既是人道救援的要求，也是国际海洋治理的重要环节，两岸可以将两岸间海难搜救机制延伸到国际海难救助领域，加上两岸已经开展了部分海洋事务合作，有时必然会涉及其他国家。两岸在船员劳务方面已经签署了相关协议，很多大陆船员在台湾远洋渔船上工作，必然会发生相应的海难事故，例如 2015 年 2 月 26 日载 11 名大陆籍船员的"祥富春"号渔船在南大西洋（阿根廷以东 1300 海里）海域失联，两岸官方和阿根廷都积极搜救，海协会和海基会保持积极沟通联络。② 在台湾的"国际空间"问题一时难以解决的情况下，可以在官方授权下由非官方机构来实施，形成"官方主导、民间协商"或"官方协调、民间主导"等多种合作形式。

（三）两岸在涉海洋事务国际组织中的合作

在国际组织中，两岸可以通过两岸模式来实现合作，两岸作为一个双方都已经认同的概念，是一个中性、抽象和平等的名词，具有较大的弹性。③ 两岸模式在实践中已经被普遍适用，由国际组织声明或与中国签订相应的备忘录强调一个中国原则，可以将其他领域的经验纳入两岸外海洋事务合作治理，如台湾参与"世界卫生大会"（WHA）、"世界卫生组织"（WHO）和"国际民航组织"的模式纳入到涉国际海洋事务的国际组织，如"亚太安全合作委员会"（CSCAP）和"国际海事组织"（IMO）。两岸应签署相应的协议明确"九二共识"作为基

① 《海峡两岸海运协议》第 7 条规定："双方积极推动海上搜救、打捞机构的合作，建立搜救联系合作机制，共同保障海上航行和人身、财产、环境安全。发生海难事故，双方应及时通报，并按照就近、就便原则及时实施救助。"

② 《台海基金：王小兵专程来台处理祥富春号事件》，中评网，http://www.crntt.com/doc /1036/5/9/8/103659856.html?coluid=1&kindid=0&docid=103659856&mdate=0311172607，最后访问日期：2015-4-10。

③ 参见沈卫平：《两岸关系应该如何定位——兼评"一边一国"论》，《中国评论》2003 年 3 月号。

础，在不同的国际海洋组织中台湾享有会员、观察员、赞助会员①、准会员或延伸委员会会员资格，在国际海洋事务中共同合作。如，世界气象组织虽然作为联合国的专门机构，但根据《世界气象组织公约》第3条规定，国家以外的非国家实体也可以成为正式会员，香港和澳门也是该组织的会员，2008年陈江会即把"推动两岸气候变迁和气象研究的交流与合作"作为重要议题，并签署了《海峡两岸气象合作协议》，因此可以将其作为参与联合国涉国际海洋事务组织的起点。在积累互信后可以成为国际海事组织（IMO）的观察员或联系会员，但这些身份是不能自行承担责任的。近年来，台湾"海巡署"多次申请加入作为非政府组织的国际海上搜救协会（IMRF）致力于国际海上搜救合作，但还没有获得批准。②

目前，台湾参与的政府间国际组织及其下属机构总共有57个，在35个中拥有正式会籍，在22个中以"观察员"身份参与，其中渔业组织较多，但台湾一直推行"第二轨外交"，参与的国际非政府组织多达2861个，其中相对比较活跃的台湾NGO组织有405个。③纵观这些国际组织，台湾在实践中并没有形成通行的参与模式，但在实践中两岸在一定程度上形成了某种共识，"中华台北（Chinese Taipei）"逐渐成为两岸都能够接受的名称，但是身份则越来越多样化，沟通协调是国际组织与大陆就台湾参与问题探讨的主要方式，国际组织章程关于会员、观察员等规定是台湾能够参与的基本法律依据，"备忘录"是大陆和国际组织签署的规范台湾在国际组织中的法理地位及其权利义务的重要法律手段，如大陆曾与WTO、APEC与WHO等国际组织签署"谅解备忘录"等文件。

目前，两岸在共同参与涉海洋事务的国际组织中利用国际组织的协调机制，灵活处理海洋合作问题，主要包括APEC框架下的海洋合作机制，WTO框架下涉及海洋经济贸易等和两岸在国际渔业组织中的合作。海洋尤其是渔业问题是APEC框架下的重要议题，设有APEC海洋圆桌会议和海洋部长会议，是两岸外海洋事务合作的重要平台，近几年大陆积极在APEC框架下参与国际海洋事务合作，2014年5月9日APEC第三届海洋与渔业工作组会议在青岛召开，2014年8月28日在厦门举办APEC第四届海洋部长会议围绕"构建亚太

---

① 2007年"国际贸易资讯暨合作机构"（AITIC）作为政府间组织授予台湾为期两年的观察员地位，2009年以世界贸易组织（WTO）的名称"台澎金马个别关税领域"成为赞助会员。

② 《"立法院"公报》，第47期委员会记录，第103卷，第141—143页。

③ 根据台湾当局"外交部"网站资料整理。

海洋合作新型伙伴关系"的主题达成了一系列的共识，将 APEC 海洋可持续发展中心设置在厦门①。在 WTO 框架下两岸虽然作为 WTO 的会员具有平等地位，但由于两岸间是一国内的特殊贸易机制，两岸可以通过 WTO 争端解决机制或其他平台对关涉整个中国海洋资源或海洋产业的相关争端进行起诉或作为第三方，WTO 下专门的渔业合作组织中两岸也可以合作。在专门性涉及海洋事务组织中，在中西太平洋渔业委员会（WCPFC）、印度洋鲔鱼养护委员会（IOTC）、大西洋鲔鱼养护委员会（ICCAT）②中两岸共同参与，在南方黑鲔养护委员会（CCSBT）、美洲国家间热带鲔鱼养护委员会（IATTC）等组织中也按照一个中国原则进行了安排，台湾在"南方黑鲔保育委员会"成为延伸委员会的成员，延伸委员会纳入既有缔约方、其他实体和捕鱼实体为其成员，行使与委员会相同的工作，所做决定就是委员会的决定，除非委员会决定与延伸委员会决定相反（表6–2）。任何影响延伸委员会运作或个别会员的权利、义务和地位的决定，必须先经延伸委员会讨论。在台湾还举办过延伸委员会的年会。美洲热带鲔鱼委员会（IATTC）是国际多边政府间区域渔业组织，台湾也是以捕鱼实体的身份和中华台北的名义参与。2010 年两岸就曾经为了国旗、国歌和国名等政治符号引起纠纷。③

表6–2：台湾参与国际渔业组织情况一览表

组织名称	参与身份	参与地位	参与名称	权利	争端解决机制	参与年份	备注
南方黑鲔养护委员会（CCSBT）	捕鱼实体（Fishing Entity）	观察员/延伸委员会会员	台湾捕鱼实体（Fishing Entity of Taiwan）	决议权、出席权和建议权，无缔约权	无资格	1993	

①　这是我国在 APEC 框架下首次设立的海洋合作机制。

②　2005 年大西洋鲔类资源保护委员会年会上台湾 2006 年大西洋大目鲔鱼配额被削减近 7 成，在该案中大西洋鲔类资源保护委员会（ICCAT）、世界野生动物基金会（WWF）、国际运输劳工联盟（ITF）、英国海洋资源评估集团（MRAG）的相关决议和报告对台湾渔业发展影响非常大。

③　参见胡念祖：《台湾参与渔业组织 中共应释善意》，《中国时报》2010 年 10 月 12 日。

④　2003 年第七十届大会通过《安地瓜公约》台湾经过相关程序后由观察员变为委员会委员。

⑤　2003 年第七十届大会通过的《安地瓜公约》生效后，台湾将以"中华台北"取代"台湾"参与相关活动。

美洲国家间热带鲔鱼养护委员会（IATTC）	捕鱼实体（Fishing Entity）	委员会会员②	中华台北③（Chinese Taipei）	出席权和建议权，无缔约权和决议权	部分争端可以应用	1973	大陆参与
大西洋鲔鱼养护委员会（ICCAT）	实体/捕鱼实体（Entity or Fishing Entity）	合作非缔约方/观察员	中华台北（Chinese Taipei）	出席权和建议权，无缔约权和决议权	无资格	1972	大陆参与
印度洋鲔鱼养护委员会（IOTC）	专家经邀请参与（Invited Experts）	个人参与	受邀专家	出席权和建议权，无缔约权和决议权	无资格	2001	大陆参与
北太平洋鲔类国际科学委员会（ISC）	捕鱼实体（Fishing Entity）	会员	中华台北（Chinese Taipei）			2002	大陆参与
南太平洋区域渔业管理组织（SPRFMO）	捕鱼实体（Fishing Entity）	会员	中华台北（Chinese Taipei）	决议权、出席权和建议权，无缔约权	可以适用	2011	大陆参与
北太平洋渔业委员会（NPFC）（筹备中）	未定	会员	未定	未定	未定	2009	大陆参与
北太平洋溯河性鱼类委员会（NPAFC）	未知	观察员	未知	未知	未知	2005	大陆参与
中西太平洋高度洄游鱼类养护委员会（WCPFC）	捕鱼实体（Fishing Entity）	委员会会员	中华台北（Chinese Taipei）	决议权、出席权和建议权，无缔约权	部分争端可以应用	1997	大陆参与

资料来源：作者根据台湾当局"外交部"网站资料整理。

（四）两岸共同制定国际海洋事务合作规划

随着海洋事务越来越重要，两岸对海洋事务愈加重视，大陆开始逐渐掌握国际海洋事务的话语权，构建涉及国际海洋事务的合作机制，大陆适度考虑台湾的角色和地位，如大陆实施的"一带一路"倡议就涉及海洋经济①，2015 年 3 月 28 日国家发展改革委、外交部和商务部发布的《推动共建丝绸之路经济带和 21 世纪海上丝绸之路的愿景和行动》就指出："深化与港澳台合作……为台湾地区参与'一带一路'建设作出妥善安排。"随着两岸在国际海洋事务中的地位日益提高，两岸可以在各自制定国际海洋事务合作规划过程中保持沟通协调。联合国教科文组织政府间海洋学委员会太平洋海啸预警与减灾系统政府间协调组第 25 届大会近日批准我国提交的《南中国海海啸预警与减灾系统建设框架方案》，同意由中国海洋环境预报中心牵头建设联合国教科文组织政府间海洋学委员会南中国海区域海啸预警中心，作为预警信息发布、风险评估、应急减灾的技术支持平台，大陆应该邀请台湾参与，两岸在相关事务上保持密切合作，共同减少和应对海洋灾害。②2012 年 1 月国家海洋局制定并经国务院批准的《南海及其周边海洋国际合作框架计划（2011—2015）》，在该计划的支持下中国与相关国家签署了一批海洋合作协议，建立机制化的合作平台和机构，实施了一批合作项目，开辟了蓝色经济的合作领域，如签署了中印尼、中泰、中斯（斯里兰卡）和中马（马来西亚）等海洋合作文件，共建了中印尼海洋与气候中心以及与泰国建立中泰气候与海洋生态系统联合实验室。③2011 年出资 30 亿元设立中国－东盟海上合作基金，截至 2013 年，在该基金支持下共启动了 18 个务实合作项目，2013 年 9 月中国倡议建立"中国－东盟海洋伙伴关系"，2015 年是"中国－东盟海洋合作年"。这两年已经步入务实合作阶段，两岸可以在这些项目中的合作机制，构建两岸海洋事务合作的框架，促进台湾积极参与海洋事务。

台湾也积极制定相应的"国际海洋规划"，例如"东沙海洋研究中心"在 2014 年 11 月 6 日正式揭牌启用，由来自美、俄、法等国学者共同参与东沙环礁生物多样性及南海内波海洋环境研究。太平岛是南沙海域最大的岛，蕴含有丰富的生态资源，未来可以将其开发为具有环境保护、科学研究和生态旅游等功能的国际和平公园④，在两岸官方协调下，可以由两岸民间加强对南海海域地

---

① 2013 年 10 月习近平在印尼国会发表演讲提出"21 世纪海上丝绸之路"的构想。

② 参见罗沙：《我国将牵头建南中国海海啸预警中心》，《北京日报》2013 年 9 月 13 日。

③ 《中国与南海及周边海洋国家海洋合作取得四大成果》，中国政府网，http://www.gov.cn/gzdt/2012-12/27/content_2300677.htm，最后访问日期：2015-1-30。

④ 这也是 2008 年马萧竞选政见之一。

质、气候和资源等进行合作研究，并建立数据库，成果由两岸分享。①

二、策略性渐进的路径选择

两岸外海洋事务合作十分敏感，相关的合作模式并不是一蹴而就的，需要根据相应的策略渐进式选择路径实现两岸外海洋事务合作的模式。两岸外海洋事务合作的总体策略选择是"议题化""阶段化"和"共识化"，但需要在实践中选择具体路径和方法。

第一，两岸在主权立场基本保持一致，坚持主权在我，但共同开发等是两岸既有的海洋政策。在国际海洋事务上并不是二元对立的冲突方，非此即彼的话语结构应该逐渐让位于既此且彼的合作框架。两岸内海洋事务合作具有外溢效应，通过两岸内海洋事务合作累积政治互信，并将其扩展至区域海洋事务合作中，再将其扩展到全球海洋事务的共同参与。海洋事务合作的基石是互信，两岸内海洋事务合作可以积累互信，两岸外海洋事务的合作可以在此基础上进一步推进，遵循"由内而外"的路径。两岸在签订 ECFA 后很多国家就和台湾签订了自由贸易协议，如果两岸可以签订两岸海洋事务合作框架协议，就可以大大拓展台湾在"国际海洋事务"中的空间。两岸应就两岸海洋事务合作及参与国际海洋事务整合进行研究，两岸可以就相关问题进行沟通，建立共同研究的目标、平台和议题及其推动方式等进一步沟通。

第二，两岸在"保持默契，共创利益"下采用"建设性模糊"的战略，对两岸海洋事务合作及参与国际海洋事务整合的机制问题进行沟通，修改相关内部法律，减少法律障碍，建立双方的互信。两岸外海洋事务虽然涉及国际空间问题，但两岸可以通过合情合理的安排解决，突破台湾在海洋事务中的困境。菲律宾借口一个中国原则向大陆遣返台湾嫌犯和 2013 年"广大兴号事件"发生后不向台湾道歉。"台湾国际战略成败的关键还是在两岸关系的良性发展。"② 台湾在两岸外海洋事务领域扩展的关键还是在于两岸关系的发展。两岸在两岸外海洋事务中总体上利益和立场具有一致性，可以相向而行，所争执的多是政治符号，台湾要求"对等、尊严"而强调"中华民国"，大陆则坚持"内外有别"的政策，坚持中华人民共和国政府是代表中国的唯一合法政府。两岸内海洋事

---

① 参见陈先才：《当前两岸南海合作的机遇与路径》，两岸公评网，http://www.kpwan.com/news/ viewNewsPost.do?id=504，最后访问日期：2015-3-2。

② 参见朱云汉：《美中共管东亚，台湾如何避免选边》，《旺报》2011 年 12 月 10 日。

务问题上虽然在政治符号问题上处理相对比较灵活，但是两岸存在实质利益的冲突，但总体来说相对容易。两岸各自的海洋事务可以由各自在国际上解决，另外一方则可以提供协助，但两岸共同海洋事务则应合作解决，为了避免不必要的政治争议，两岸应考虑特殊的合作方式。例如，在中国大陆可以积极申请加入到国家间鲔鱼委员会等渔业组织，获得相应配额，然后以两岸渔业合作的形式将其转移到台湾。在南海事务上，两岸可以定期分析南海情势、交流相关信息、开展联合护渔和搜救行动，在达到一定程度后订立相互支持准则，甚至组成共同维护南海权益小组。

第三，两岸海洋事务合作以阶段化、议题化为主要内容，保持两岸持续沟通，总结实践经验，将其上升到模式，进而推广到其他领域。两岸外海洋事务合作可以先从具体的、低敏感和实现互惠的事务领域先行，例如海运及航行安全、海上犯罪、海洋资源和能源的开发、海洋水下文化遗产保护、海洋环境保护、海洋科技发展以及国际海洋争端解决等建立两岸外合作治理机制，这既可以解决相关问题也可以为解决难度更大的议题累积基础，逐渐转向高敏感度的海洋事务合作。台湾虽然在外交、军事和主权层面不与大陆合作，但可以在民间、低政治领域进行合作，相应的合作方式既可以是正式的也可以是非正式的。[1] 在 2014 年 9 月 17—19 日的两岸公务船合作救援大陆居民说明了"基隆舰"、"东海救 112"、054A 级的"益阳号"可以同时出现在同一海域进行救援工作，显示了两岸共同保卫领海，甚至建立军事互信机制的可行性。[2]

第四，随着海洋事务的国际化和区域化趋势，台湾参与国际海洋事务整合是海洋事务国际合作的必然要求，也是对台湾的国际空间进行合情合理安排的重要领域，这就需要创新两岸外海洋事务合作治理的结构。在一些功能性两岸外海洋事务合作中，只要不涉及比较敏感的海洋主权问题，在不侵害对方底线原则的基础上可以通过民间机构的方式进行合作，如台湾和日本之间签订的相关协议就是由台湾的亚东关系协会和日本的财团法人交流协会负责。在一些国际海洋事务组织中，大陆为避免台湾要求两岸对等的官方接触，大陆应该充分发挥话语权，尽量在参与相关国际组织时考虑台湾的参与问题。

---

① 《王伟男：从台菲冲突看两岸海洋合作形式》，环球网，http://opinion.huanqiu.com/opinion_world/2013-05/ 3984464.html，最后访问日期：2015-01-03。

② 《两岸海洋军事合作前景可期》，华夏经纬网，http:// www.huaxia.com/ zk / thsd /wz/2014/09/4088048.html，最后访问日期：2015-02-07。

第五，两岸外海洋事务相对比较复杂，可以在两岸间海洋事务合作的实践中逐渐积累经验，再将其延伸到两岸外海洋事务的过程中，如在金门厦门之间打击海盗、反恐和海洋污染合作的实践基础上逐渐向中沙转移再扩展至整个南海。两岸外海洋事务上具有国际性和开放性，如果专门的两岸外海洋事务合作机制比较困难，可由综合性国际事务中涉海洋事务的合作逐渐走向专门的海洋事务合作，如两岸在参与国际经济整合的过程中就涉及两岸外海洋事务合作。两岸在现有的 WTO 和亚太经济合作组织已经建立了涉及海洋事务的机制，在这些组织中不断积累经验，进而将其延伸到未来专门的海洋事务合作机制中。

三、构建先行制度化协商机制

台湾参与两岸外海洋事务需要根据两岸政治关系的发展而不断推进，在不同阶段以议题合作的形式达成共识，两岸可以先从民间性、局部性、功能性、低敏感性领域参与，不断累积政治互信和经验，最大程度地维护中华民族的整体利益。具体来说，两岸先从民间性质的合作入手，逐渐过渡到公权力的护渔、海洋开发、环境保护和反海盗等海洋权益方面，最终共同维护两岸海洋主权。例如，"U 型线"是南海问题争论的焦点，两岸都未明确"九段线"性质和"历史性权利"的内涵，民国文献史料的不完整是重要原因之一，如当年"中华民国政府"涉及南海政策的公文，两岸可以就南海问题的文献资料共享与合作研究，为南海争端解决提供强有力的证据。任何参与机制都要坚持内外有别的底线，区隔内部机制和外部机制，前者是后者的基础。因此，两岸通过各种渠道对各项议题先行沟通协商，尤其是制度化协商，构建正式的通报、对话与沟通机制，增进两岸在南海争端解决方面的互信，例如两岸可以签署南海合作协议进行具体制度安排，或两岸军事安全互信措施或行为准则，或仿照 ECFA 的模式构建两岸南海争端解决小组。两岸要相互理解与不断沟通，建立定期或不定期商谈合作机制，提高相关协商成果的可操作性，确保台湾参与两岸外海洋事务的制度化、规范化和程序化。如果两岸在正向合作方面达不成一致，可以逆向思维，考虑两岸共同反对什么，在此基础上逐步积累共识。马英九在 2012 年8 月 5 日提出"东海和平倡议"，于 9 月 7 日在彭佳屿提出"东海和平倡议推动纲领"，推动制定"东海各方行为规约"，提出透过和平与理性的对话达成协议，各方停止升高紧张情势，两岸及日本先进行三个双方的协商，适时再转为成三方的共同协商，之前没有和大陆进行沟通和协调，大陆对其冷处理。[①]

　　此外，两岸可以成立"两岸涉外海洋事务协调小组"，协调与两岸相关的国际海洋事务政策，待运行一段时间积累经验后，可以升格为"两岸涉外海洋事务协调委员会"，经过两岸授权后可以就两岸外海洋事务政策协商或决定。

---

　　① 《苏进强语中评：习马会本来无局谈何破局》，中评网，http: // www.crntt.com/doc /1034/3/1/9/103431932.html?coluid=93&kindid=10092&docid=103431932&mdate=1017002525，最后访问日期：2014-10-17。

结　论

虽然两岸有海洋事务合作的现实需要，近年来取得了较大的进展。在两岸关系和平发展的背景下，两岸应初步达成了"一个中国"框架的共识，并积极推进制度化协商，可以说"两岸关系和平发展 – '一个中国'框架 – 制度化协商"是两岸海洋事务合作面临前所未有的机遇，但由于两岸的政治关系定位问题和利益诉求的复杂化，受制于国内外因素的影响，两岸海洋事务合作仍然困难重重，法制化建设任重而道远。

两岸海洋事务合作的目的是整合两岸海洋事务合作的资源，提高两岸的海洋事务竞争力，推动两岸参与国际海洋事务的进程，维护国家的海洋主权和主权权益。两岸对相关海洋事务统筹安排，是追求共同利益的过程，是从功能到组织的过程，也是从"契约化"到一体化的过程，更是政治、经济、社会和文化等领域全面发展的过程。两岸海洋事务合作议题过程是多主体、全方位、多层次和立体式不断博弈的结果，但不同领域的方式亦有很大差异。两岸既要以建设性的对话代替敌对性的抗衡，以善意、诚意和同理心考虑对方的利益，实现良性互动，又要扩大公众参与到决策体系，发挥合作治理对两岸交往的民主性与合法性的增进效应，减少两岸合作的政治梗阻。两岸海洋事务合作的系统性、复杂性、整体性与协调性，只有从系统方法出发才提出具有现实性、前瞻性和说服力的分析框架。

在两岸政治定位问题没有解决前，两岸海洋事务合作必须走出传统"主权 – 治权"理论的窠臼，将治理作为其分析框架和理论资源，构建两岸海洋事务的合作治理机制，形成开放式多层复合的治理结构，并在此基础上构建相应的法律机制来实现两岸海洋事务的资源共享、利益往来和情感体恤的互惠式治理。虽然相关的法律制度纷繁复杂，但可以用"奥康剃刀"将其化繁为简，从整体上勾勒出相应的框架。具体来说，两岸海洋事务合作的法律机制构建包括以下几个方面的内容：一是推动两岸共同海洋利益的合作治理机制的构建，实践已经证明两岸在海洋事务层面存在共同利益，相应的海洋事务合作机制具有理论基础与实践可行性。二是推动以两岸公权力机关为主体的合作机制的建立，并根据两岸间海洋事务和两岸外海洋事务性质和环境的不同建构相应的合作治理机制。在两岸公权力机关主导下建立两岸公权力机关之间、公权力机关与社会团体、社会团体之间以及其他私人主体之间的多主体、多中心和多样式的合作机制。三是建构由两岸涉对方海洋事务立法、两岸协议、专门组织结构等为主要内容两岸海洋事务合作的法律机制，在制度与实践之间进行匹配性分析，在整体上构建两岸海洋事务合作的法制体系以及对两岸间海洋事务合作和两岸外海洋事务合作进行不同的具体法律制度设计。

　　两岸海洋事务合作法律机制的研究嵌套在两岸关系的大背景中，上述结论并不仅仅符合两岸海洋事务合作的法律逻辑，也能够对两岸其他领域的合作提供借鉴。同样，两岸海洋事务合作的意义也不局限于维护两岸海洋秩序，增进两岸海洋权益和维护国家海洋主权，更重要的是探寻两岸在具体领域合作及其制度化协商的路径，实现两岸交流与合作的常态化和法治化，并进而达成政治共识，累积政治互信，提高政治认同，最终实现国家统一和民族复兴。

参考文献

一、中文著作

（一）中文简体

[1] 周叶中、祝捷：《两岸关系的法学思考》，九州出版社 2014 年版。

[2] 武汉大学两岸及港澳法制研究中心编：《海峡两岸协议蓝皮书》，九州出版社 2014 年版。

[3] 陈光：《区域立法协调机制的理论建构》，人民出版社 2014 年版。

[4] 史晓东：《两岸军事安全互信机制研究》，九州出版社 2014 年版。

[5] 王俊峰：《冷战后台湾地区与东盟各国关系研究》，九州出版社 2014 年版。

[6] 徐以祥：《行政法学视野下的公法权利理论问题研究》，中国人民大学出版社 2014 年版。

[7] 冯学智：《中国海洋权益争端的国际法分析》，中国政法大学出版社 2013 年版。

[8] 李林、吕吉海等：《中国海上行政法学研究》，浙江大学出版社 2013 年版。

[9] 刘宗德：《制度设计型行政法学》，北京大学出版社 2013 年版。

[10] 许世铨、杨开煌：《"九二共识"文集》，九州出版社 2013 年版。

[11] 严安林：《两岸关系和平发展制度化理论研究》，九州出版社 2013 年版。

[12] 周叶中、祝捷主编：《构建两岸关系和平发展框架的法律机制研究》，九州出版社 2013 年版。

[13] 祝捷：《二战后对日媾和中的中国代表权问题研究》，载冯天瑜主编：《人文论丛》（2013 年卷），中国社会科学出版社 2013 年版。

[14] 祝捷：《两岸关系定位与国际空间——台湾地区参与国际活动问题研

究》，九州出版社 2013 年版。

[15] 周雪梅：《任务型组织结构研究：生成、体系与建构》，首都师范大学出版社 2012 年版。

[16] 扶摇：《司法治理与政治司法化——读赫希＜迈向司法治理：新宪政主义的起源与后果＞》，载高鸿均主编：《清华法治论衡（第 14 辑）》，清华大学出版社 2011 年版。

[17] 李明杰：《台湾地区海洋问题研究》，中国社会科学出版社 2011 年版。

[18] 宋焱、王秉安、罗海成主编：《平潭综合实验区两岸合作共建模式研究》，社会科学文献出版社 2011 年版。

[19] 唐桦：《两岸关系中的交往理性》，九州出版社 2011 年版。

[20] 张新军：《权利对抗构造中的争端：东海大陆架法律问题研究》，法律出版社 2011 年版。

[21] 南京大学台湾研究所编：《海峡两岸关系日志（1999—2008.5）》，九州出版社 2010 年版。

[22] 王旭：《行政法解释学研究：基本原理、实践技术与中国问题》，中国法制出版社 2010 年版。

[23] 何海波：《实质法治：寻求行政判决的合法性》，法律出版社 2009 年版。

[24] 何渊：《区域性行政协议研究》，法律出版社 2009 年版。

[25] 敬乂嘉：《合作治理：再造公共服务的逻辑》，天津人民出版社 2009 年版。

[26] 罗豪才、宋功德：《软法亦法——公共治理呼唤软法之治》，法律出版社 2009 年版。

[27] 徐祥民、梅宏、时军等：《中国海域有偿使用制度研究》，中国环境科学出版社 2009 年版。

[28] 马伊里：《合作困境的组织社会学分析》，上海人民出版社 2008 年版。

[29] 朱鸥：《两岸行政程序法制之比较研究》，中国人民大学出版社 2008 年版。

[30] 梁西：《国际法》（第二版），武汉大学出版社 2007 年版。

[31] 国务院台湾事务办公室编：《中国台湾问题外事人员读本》，九州出版社 2006 年版。

[32] 李金明：《南海波涛：东南亚国家与南海问题》，江西高校出版社 2005

年版。

[33] 苏永钦:《私法自治中的国家强制》,中国法制出版社 2005 年版。

[34] 傅琨成:《海洋法专题研究》,厦门大学出版社 2004 年版。

[35] 周雪光:《组织社会学十讲》,社会科学文献出版社 2004 年版。

[36] 吴志成:《治理创新——欧洲治理的历史、理论与实践》,天津人民出版社 2003 年版。

[37] 杨文鹤:《二十世纪中国海洋要事》,海洋出版社 2003 年版。

[38] 邓小平:《在中央顾问委员会第三次全体会议上的讲话》,《邓小平文选》第 3 卷,人民出版社 1993 年版。

（二）中文繁体

[1] 张亚中:《论统合——张亚中自选集》,中国评论学术出版社 2014 年版。

[2] 宋吉峰:《南海冲突下的台湾海军战略》,秀威信息科技股份有限公司 2012 年版。

[3] 王进旺:"海巡报告书·2013","海岸巡防署" 2012 年版。

[4] 王进旺:"海巡报告书·2012","海岸巡防署" 2011 年版。

[5] 王冠雄:《全球化、海洋生态与国际渔业法发展之新趋势》,秀威资讯科技股份有限公司 2011 年版。

[6] 王进旺:"海巡报告书·2011","海岸巡防署" 2010 年版。

[7] 张晏瑝:《海洋治理与海洋法》,五南图书出版股份有限公司 2010 年版。

[8] 祝捷:《海峡两岸和平协议研究》,香港社会科学出版社有限公司 2010 年版。

[9] 包宗和、吴玉山主编:《重新检视争辩中的两岸关系理论》,五南图书出版股份有限公司 2009 年版。

[10] 王进旺:"台湾海洋 2010","海岸巡防署" 2009 年版。

[11] 陈荔彤:《国际海洋法论》,元照出版有限公司 2008 年版。

[12] 王进旺:"海巡白皮书·2009","海岸巡防署" 2008 年版。

[13] 庄庆达、邱文彦等编:《海洋资源管理理论与实务》,五南图书出版股份有限公司 2008 年版。

[14] 吴全安:《海岸数据管理》,五南图书出版股份有限公司 2007 年版。

[15] 周叶中、祝捷:《台湾地区"宪政改革"研究》,香港社会科学出版社有限公司 2007 年版。

[16] 陈荔彤:《台湾参与东海大陆礁层与专属经济区的法制与共同开发制度研究》,台湾"内政部"2006年编印。

[17] 邵宗海:《两岸关系》,五南图书出版股份有限公司2006年版。

[18] 叶金强:《信赖原理的私法结构》,元照出版公司2006年版。

[19] 黄煌雄等:《海洋与台湾相关课题总体调查报告汇编》,"监察院"2005年编印。

[20] 周成瑜:《两岸走私及偷渡犯罪之研究》,学林文化事业有限公司2004年版。

[21] 黄异:《海洋秩序与国际法》,学林文化事业公司2003年版。

[22] 邱文彦:《海岸管理:理论与实务》,五南图书出版股份有限公司2003年版。

[23] 邱文彦:《海洋与台湾过去、现在、未来——海洋永续经营》,胡氏图书出版社2003年版。

[24] 王冠雄:《南海诸岛争端与渔业共同合作》,秀威资讯科技股份有限公司2003年版。

[25] 尹章华:《国家主权与海域执法》,文笙书局股份有限公司2003年版。

[26] 尹章华:《两岸海域法》,文笙书局股份有限公司2003年版。

[27] 张亚中:《全球化与两岸统合》,联经出版事业股份有限公司2003年版。

[28] 魏静芬:《海洋污染防治之国际法与国内法》,神州图书有限公司2002年版。

[29] 胡念祖:《海洋政策理论与实务研究》,五南图书出版有限公司1997年版。

[30] 许宗力,《两岸法律定位百年来之演变与最新发展》,月旦出版社1996年版。

[31] 包宗和:《台海两岸互动的理论与政策面向》,三民书局1991年版。

(三)中文译著

[32] [英] 休·柯林斯:《规制合同》,郭小莉译,中国人民大学出版社2014年版。

[33] [德] 齐佩利乌斯:《法哲学》,金振豹译,北京大学出版社2013年版。

[34] [德] 施密特·阿斯曼:《秩序理念下的行政法体系建构》,林明锵等译,北京大学出版社2012年版。

[35] [日] 米丸恒治:《私人行政——法的统制的比较研究》,洪英、王丹红、凌维慈译,中国人民大学出版社 2010 年版。

[36] [美] 杰克·戈德史密斯、埃里克·波斯纳:《国际法的局限性》,龚宇译,法律出版社 2010 年版。

[37] [英] 莱昂·狄骥:《公法的变迁》,郑戈译,中国法制出版社 2010 年版。

[38] [葡] 桑托斯:《迈向新法律常识——法律、全球化与解放》,刘坤轮、叶佳星译,中国人民大学出版社 2009 年版。

[39] [英] 安东尼·奥格斯:《规制:法律形式与经济学理论》,骆梅英译,中国人民大学出版社 2008 年版。

[40] [德] 汉斯·J. 沃尔夫、奥拓·巴霍夫、罗尔夫·施托贝尔:《行政法》,高家伟译,商务印书馆 2007 年版。

[41] [美] 尼尔·K. 考默萨:《法律的限度——法治、权利的供给与需求》,申卫星、王琦译,商务印书馆 2007 年版。

[42] [英] 哈特:《法律的概念》,许家馨、李冠宜译,法律出版社 2006 年版。

[43] [德] 卡尔·施米特:《宪法学说》,刘锋译,上海人民出版社 2005 年版。

[44] [德] 鲁道夫·冯·耶林:《为权利而斗争》,胡宝海译,中国法制出版社 2005 年版。

[45] [法] 埃哈尔·费埃德伯格:《权力与规则——组织行动的动力》,上海人民出版社 2005 年版。

[46] [英] 约瑟夫·拉兹:《法律的权威——法律与道德论文集》,朱峰译,法律出版社 2005 年版。

[47] [德] 贡塔·托依布纳:《法律:一个自创生系统》,张琪译,北京大学出版社 2004 年版。

[48] [法] 布迪厄、[美] 华康德:《实践与反思:反思社会学导引》,李猛、李康译,中央编译出版社 2004 年版。

[49] [法] 福柯:《知识考古学》,谢强、马月译,生活·读书·新知三联书店 2004 年版。

[50] [英] 尼尔·麦考密克、[奥] 奥塔·魏因贝格尔:《制度法论》,周叶谦译,中国政法大学出版社 2004 年版。

[51] [德] 哈贝马斯:《在事实与规范之间:关于法律和民主法治国的商谈

理论》，童世骏译，生活·读书·新知三联书店 2003 年版。

[52] [德] 卡尔·拉伦茨:《法学方法论》，陈爱娥译，商务印书馆 2003 年版。

[53] [德] 卡尔·施密特:《政治的概念》，刘宗坤等译，上海人民出版社 2003 年版。

[54] [美] 约翰·鲁尼主编:《多边主义》，苏长和等译，浙江人民出版社 2003 年版。

[55] [德] 汉斯·J. 沃尔夫等:《行政法》，高家伟译，商务印书馆 2002 年版

[56] [美] 罗伯特·基欧汉，约瑟夫·奈:《权力与相互依赖》，门洪华译，北京大学出版社 2002 年版。

[57] [英] 马丁·洛克林:《公法与政治理论》，郑戈译，商务印书馆 2002 年版。

[58] [美] 乔纳森·特纳:《社会学理论的结构（下）》，邱泽奇译，华夏出版社 2001 年版。

[59] [英] 冯·哈耶克:《法律、立法与自由》（第 1 卷），邓正来等译，中国大百科全书出版社 2000 年。

[60] [美] 詹姆斯·M. 布坎南、戈登·塔洛克:《同意的计算——立宪民主的逻辑基础》，中国社会科学出版社 2000 年版。

[61] [英] 苏珊·斯特兰奇:《国家与市场：国际政治经济学导论》，杨宇光译，经济科学出版社 1999 年版。

[62] [德] 马克斯·韦伯:《经济、诸社会领域及权利（1—5 章）》，李强译，三联书店 1998 年版。

[63] [德] 拉德布鲁赫:《法学导论》，米健等译，中国大百科全书出版社 1997 年版。

[64] [奥] 凯尔森:《法与国家的一般理论》，沈宗灵译，中国大百科全书出版社 1996 年版。

[65] [美] 罗纳德·德沃金:《法律帝国》，李常青译，中国大百科全书出版社 1996 年版。

[66] [英] 詹宁斯、瓦茨修订:《奥本海国际法》（第一卷第一分册），王铁崖等译，中国大百科全书出版社 1995 年版。

[67] [美] 道格拉斯·诺斯:《制度、制度变迁与经济绩效》，刘守英译，三

联书店 1994 年版。

[68] [美] 哈罗德·J·伯尔曼:《法律与革命——西方法律传统的形成》,贺卫方、高鸿钧等译,中国大百科全书出版社 1993 年版。

[69] [美] 古德诺:《政治与行政》,王元译,华夏出版社 1987 年版。

[70] [美] 罗·庞德:《通过法律的社会控制》,沈宗灵等译,商务印书馆 1984 年版。

[71] [德] 克拉勃:《近代国家观念》,王检译,商务印书馆 1957 年版。

二、期刊论文

（一）中文简体

[1] 高鸿钧:《德沃金法律理论评析》,《清华法学》2015 年第 2 期。

[2] 罗国强、陈昭瑾:《菲律宾诉中国南海仲裁案管辖权问题剖析——结合中国 < 立场文件 > 的分析》,《现代国际关系》2015 年第 1 期。

[3] 潘亚玲:《美国亚太"再平衡"战略的动力变化以及中国之应对》,《现代国际关系》2015 年第 1 期。

[4] 吴元元:《双重结构中的激励效应与运动式执法——以法律经济学为解释视角》,《法商研究》2015 年第 1 期。

[5] 严益州:《德国行政法上的双阶理论》,《环球法律评论》2015 年第 1 期。

[6] 周叶中、段磊:《论台湾立法机构审议监督两岸协议机制的发展及其影响——以"两岸协议监督条例草案"为对象》,《台湾研究集刊》2015 年第 1 期。

[7] 艾克:《海权视角下马江海战致败因素分析及其现实启示》,《学术界》2014 年第 10 期。

[8] 施伟滨:《共建 21 世纪海上丝绸之路——海峡两岸海洋经济合作交流会在汕头举办》,《两岸关系》2014 年第 10 期。

[9] 张辉:《南海问题与中国的应对策略》,《理论界》2014 年第 10 期。

[10] 赵骏:《全球治理视野下的国际法治与国内法治》,《中国社会科学》2014 年第 10 期。

[11] 王建文、孙清白:《论中菲南海争端强制仲裁管辖权及中国的应对方案》,《南京社会科学》2014 年第 8 期。

[12] 周叶中、段磊:《论两岸协议的法理定位》,《江汉论坛》2014 年第 8 期。

[13] 鞠海龙:《中美海洋与岛屿战略:对撞抑或相容？》,《人民论坛》2014

年 7 月。

[14] 罗国强:《东盟及其成员国关于＜南海行为准则＞之议案评析》,《世界经济与政治》2014 年第 7 期。

[15] 牟文富:《海洋元叙事:海权对海洋法律秩序的塑造》,《世界经济与政治》2014 年第 7 期。

[16] 杜婕、仇昊:《亚太论坛与亚太多边海上安全合作》,《国际问题研究》2014 年第 6 期。

[17] 李国强:《南海油气资源勘探开发的政策调适》,《国际问题研究》2014 年第 6 期。

[18] 叶必丰:《区域合作协议的法律效力》,《法学家》2014 年第 6 期。

[19] 周琪:《冷战后美国南海政策的演变及其根源》,《世界经济与政治》2014 年第 6 期。

[20] 周叶中:《关于适时修改我国现行宪法的七点建议》,《法学》2014 年第 6 期。

[21] 周叶中、段磊:《论两岸协议在大陆地区的适用——以立法适用为主要研究对象》,《学习与实践》2014 年第 5 期。

[22] 查雯:《菲律宾南海政策转变背后的国内政治因素》,《当代亚太》2014 年第 5 期。

[23] 曾勇:《从"黄岩岛模式"看中国南海政策走向》,《世界经济与政治论坛》2014 年第 5 期。

[24] 林晖、许珠华:《浅谈闽台海洋经济合作》,《海洋开发与管理》2014 年第 5 期。

[25] 竭仁贵:《认知、预期、互动与南海争端的解决进程——基于中国自我克制视角下的分析》,《当代亚太》2014 年第 5 期。

[26] 沈惠平:《两岸互信的巩固和深化:理论视角和现实路径》,《台湾研究集刊》2014 年第 5 期。

[27] 王子昌:《依照国际法院判例论证中国南海岛屿主权:方式与问题》,《东南亚研究》2014 年第 5 期。

[28] 张卫彬:《国际法上的"附属岛屿"与钓鱼岛问题》,《法学家》2014 年第 5 期。

[29] 吴国平、王飞:《拉美国家海洋争端及其解决途径》,《拉丁美洲研究》

2014 年第 5 期。

[30] 张晏玚:《透过海洋治理展现国家海洋权益保障软实力》,《国际学术动态》2014 年第 5 期。

[31] 赵卫华:《中越南海争端解决模式探索——基于区域外大国因素与国际法作用的分析》,《当代亚太》2014 年第 5 期。

[32] 屠凯:《单一制国家特别行政区研究:以苏格兰、加泰罗尼亚和香港为例》,《环球法律评论》2014 年第 5 期。

[33] 邢华:《我国区域合作治理困境与纵向嵌入式治理机制选择》,《政治学研究》2014 年第 5 期。

[34] 张宇权:《干预主义视角下的美国南海政策逻辑与中国的应对策略》,《国际安全研究》2014 年第 5 期。

[35] 赵晨:《并未反转的全球治理——论全球化与全球治理地域性的关系》,《欧洲研究》2014 年第 5 期。

[36] 范如国:《复杂网络结构范型下的社会治理协同创新》,《中国社会科学》2014 年第 4 期。

[37] 刘赐贵:《发展海洋合作伙伴关系——推进 21 世纪海上丝绸之路建设的若干思考》,《国际问题研究》2014 年第 4 期。

[38] 马建英:《海洋外交的兴起:内涵、机制与趋势》,《世界经济与政治》2014 年第 4 期。

[39] 毛启蒙:《从"主权"与"治权"的话语透视两岸关系》,《台湾研究集刊》2014 年第 4 期。

[40] 彭岳:《国际条约在国内适用中的制度僵化及其解决》,《中国法学》2014 年第 4 期。

[41] 俞祺:《正确性抑或权威性:论规范效力的不同维度》,《中外法学》2014 年第 4 期。

[42] 俞正梁:《美国亚太再平衡战略的再平衡》,《国际观察》2014 年第 4 期。

[43] 周怡、谢建新:《论东海渔业合作的国际法模式》,《法学评论》2014 年第 3 期。

[44] 许浩:《南海油气资源"共同开发"的现实困境与博弈破解》,《东南亚研究》2014 年第 4 期。

[45] 周叶中、段磊:《论两岸协议的接受》,《法学评论》2014 年第 4 期。

[46] 周叶中、段磊:《海峡两岸公权力机关交往的回顾、检视与展望》,《法律与社会发展》2014 年第 3 期。

[47] 刘文博、王丽霞:《钓鱼岛争端的战略态势与中国的应对方略》,《东北师大学报（哲学社会科学版）》2014 年第 3 期。

[48] 倪乐雄:《太平洋海权角逐的传统与现实》,《国际观察》2014 年第 3 期。

[49] 陈力:《南极治理机制的挑战与变革》,《国际观察》2014 年第 2 期。

[50] 雷磊:《法律程序为什么重要？反思现代社会程序与法治的关系》,《中外法学》2014 年第 2 期。

[51] 毛俊响:《菲律宾将南海争端提交国际仲裁的政治与法律分析》,《法学评论》2014 年第 2 期。

[52] 唐亚林:《国家治理在中国的登场及其方法论价值》,《复旦学报》（社会科学版）2014 年第 2 期。

[53] 王传剑:《南海问题与中美关系》,《当代亚太》2014 年第 2 期。

[54] 叶泉、张湘兰:《海洋划界前临时安排在南海的适用》,《南洋问题研究》2014 年第 2 期。

[55] 张尔升:《海洋话语弱势与中国海洋强国战略》,《世界经济与政治论坛》2014 年第 2 期。

[56] 张洁:《对南海断续线的认知与中国的战略选择》,《国际政治研究》2014 年第 2 期。

[57] 张晏瑲、赵月:《两岸海洋管理制度比较研究》,《中国海商法研究》2014 年第 2 期。

[58] 祝捷:《论大陆人民在台湾地区的法律地位——以"释字第 710 号解释"为中心》,《台湾研究集刊》2014 年第 2 期。

[59] 蔡拓:《中国如何参与全球治理》,《国际观察》2014 年第 1 期。

[60] 陈剑峰:《分而治之：南海问题管控路径研究》,《国际观察》2014 年第 1 期。

[61] 海民、张爱朱:《国际法框架下的南海合作》,《国际问题研究》2014 年第 1 期。

[62] 江河:《国际法框架下的现代海权与中国的海洋维权》,《法学评论》2014 年第 1 期。

[63] 刘千稳、邓启明:《海峡两岸海洋渔业资源联合开发与养护研究》,《科

技与管理》2014 年第 1 期。

[64] 李义虎:《台湾定位问题：重要性及解决思路》,《北京大学学报（哲学社会科学版）》2014 年第 1 期。

[65] 宋艳慧:《海峡两岸海上执法司法合作机制的完善》,《海峡法学》2014 年第 1 期。

[66] 王勇:《论＜联合国海洋法公约＞中"强制性仲裁"的限制条件——兼评菲律宾单方面就中菲南海争议提起仲裁》,《政治与法律》2014 年第 1 期。

[67] 张亚中:《"两岸统合"：和平发展时期政治安排的可行之路》,《北京大学学报（哲学社会科学版）》2014 年第 1 期。

[68] 郑永年:《中美关系和国际秩序的未来》,《国际政治研究》2014 年第 1 期。

[69] 杨继龙:《论南海争端中的日本因素》,《太平洋学报》2013 年第 12 期。

[70] 杜兰:《从"重返"到"再平衡"——奥巴马政府第二任期的东南亚政策》,《东南亚纵横》2013 年第 8 期。

[71] 王伟男:《"台日渔业协议"的背景、内容及可能影响》,《太平洋学报》2013 年第 7 期。

[72] 祝捷:《论两岸法制的构建》,《学习与实践》2013 年第 7 期。

[73] 禾木:《国际裁判中的法律争端和政治争端》,《中外法学》2013 年第 6 期。

[74] 邢广梅:《中国拥有南海诸岛主权考》,《比较法研究》2013 年第 6 期。

[75] 朱中博:《台日渔业谈判历程及其对钓鱼岛局势的影响》,《当代亚太》2013 年第 6 期。

[76] 吴学阳:《台湾地区在中国涉外事务中的适用概念分析》,《台湾研究集刊》2013 年第 5 期。

[77] 蒋利龙、安成日:《试论海峡两岸在南海问题上合作维护民族利益的可能性》,《东北亚学刊》2013 年第 5 期。

[78] 戚建刚:《"第三代"行政程序的学理解读》,《环球法律评论》2013 年第 5 期。

[79] 周叶中、祝捷:《论宪法资源在两岸政治关系定位中的运用》,《法商研究》2013 年第 5 期。

[80] 喻中:《论"特别法理优于一般法理"——以日本修宪作为切入点的分

析》,《中外法学》2013 年第 5 期。

[81] 陈朝宗、杨敏:《构建平潭两岸海洋经济合作先行区的战略构想》,《福建行政学院学报》2013 年第 4 期。

[82] 高兰:《亚太地区海洋合作的博弈互动分析》,《日本学刊》2013 年第 4 期。

[83] 祝捷:《十六大以来中央对台工作的理论创新:回顾、成就与展望》,澳门《"一国两制"研究》2013 年第 4 期。

[84] 李明明:《论欧债危机的政治化与大众意见——基于权威—合法性关系的视角》,《德国研究》2013 年第 3 期。

[85] 汤喆峰、司玉琢:《论中国海法体系及其构建》,《中国海商法研究》2013 年第 3 期。

[86] 蔡岚:《合作治理:现状和前景》,《武汉大学学报(哲学社会科学版)》2013 年第 3 期。

[87] 赵忠龙:《论公司治理的概念与实现》,《法学家》2013 年第 3 期。

[88] 祝捷:《论内地与澳门区域合作法律障碍及其解决机制》,《武汉大学学报(哲学社会科学版)》2013 年第 2 期。

[89] 蒋国学、江平原:《台湾的南海政策与两岸南海合作》,《新东方》2013 年第 1 期。

[90] 沈惠平:《社会认知与两岸互信的形成》,《台湾研究集刊》2013 年第 1 期。

[91] 葛红亮、鞠海龙:《南中国海地区渔业合作与管理机制分析——以功能主义为视角》,《昆明理工大学学报(社会科学版)》2013 年第 1 期。

[92] 张萌、刘相平:《马英九当局保钓策略述评》,《现代台湾研究》2013 年第 1 期。

[93] 周忠菲:《两岸海洋合作:理论与实践的探索》,《现代台湾研究》2013 年第 1 期。

[94] 管建强:《国际法视角下的中日钓鱼岛领土主权纷争》,《中国社会科学》2012 年第 12 期。

[95] 金永明:《日本"国有化"钓鱼岛行为之原因及中国的应对》,《太平洋学报》2012 年第 12 期。

[96] 吴士存:《南海问题面临的挑战与应对思考》,《行政管理改革》2012 年

第 7 期。

[97] 高秦伟：《美国规制影响分析与行政法的发展》，《环球法律评论》2012
年第 6 期。

[98] 贾宇：《南海问题的国际法理》，《中国法学》2012 年第 6 期。

[99] 金永明：《中国南海断续线的性质及线内水域的法律地位》，《中国法学》
2012 年第 6 期。

[100] 曲波：《南海周边有关国家在南沙群岛的策略及我国对策建议》，《中
国法学》2012 年第 6 期。

[101] 王秀卫：《我国海洋争端解决的法律思考：＜联合国海洋法公约＞座谈
会观点综述》，《中国法学》2012 年第 6 期。

[102] 刘召成：《部分权利能力制度的建构》，《法学研究》2012 年第 5 期。

[103] 田雷：《"差序格局"、反定型化与未完全理论化合意——中国宪政模
式的一种叙述纲要》，《中外法学》2012 年第 5 期。

[104] 吴慧、商韬：《两岸合作维护海洋权益研究》，《江淮论坛》2012 年第
5 期。

[105] 马明飞：《论海峡两岸海上共同执法合作机制》，《大连海事大学学报
（社会科学版）》2012 年第 4 期。

[106] 王毅：《巩固深化两岸关系，开创和平发展新局面》，《求是》2012 年
第 4 期。

[107] 熊勇先：《南海权益的行政法保护》，《中国海商法研究》2012 年第 4
期。

[108] 黄志瑾：《我国台湾地区"国际空间"法律模式初探——以两岸法律
关系为视角》，《法学评论》2012 年第 3 期。

[109] 江河：《南海争端的国际法研判及韬略筹划——以中菲南沙群岛主权
争端为视角》，《南京师大学报（社会科学版）》2012 年第 3 期。

[110] 王鹤亭、曹曦：《基于动力分析的两岸持续合作机制建构》，《世界经
济与政治论坛》2012 年第 3 期。

[111] 王明国：《机制复杂性及其对国际合作的影响》，《外交评论》2012 年
第 3 期。

[112] 颜钰：《两岸治理研究综述》，《广州社会主义学院学报》2012 年第 3
期。

[113] 褚晓琳、傅崑成:《两岸合作开发南海渔业资源规划研究》,《中国海洋法学评论》2012 年第 2 期。

[114] 杜德斌、范斐、马亚华:《南海主权争端的战略态势及中国的应对方略》,《世界地理研究》2012 年第 2 期。

[115] 宋燕辉:《南(中国)海主权与海域争端:中国与美国的潜在冲突》,《中国海洋法评论》2012 年第 2 期。

[116] 周叶中、黄振:《论构建两岸关系和平发展框架的行政机关合作机制》,《武汉大学学报(哲学社会科学版)》2012 年第 2 期。

[117] 刘风景:《包裹立法的原理与技术——以 <关于修改部分法律的决定>为主要素材》,《井冈山大学学报(社会科学版)》2012 年第 1 期。

[118] 周叶中、祝捷:《"一中宪法"与"宪法一中"——两岸根本法之"一中性"的比较研究》,载黄卫平、汪永成主编:《当代中国政治研究报告》社会科学文献出版社 2012 年版。

[119] 祝捷、周叶中:《论海峡两岸大交往机制的构建》,载黄卫平、汪永成主编:《当代中国政治研究报告》社会科学文献出版社 2012 年版。

[120] 向力:《海上行政执法的主体困境及其克服——海洋权益维护视角下的考察》,《武汉大学学报(哲学社会科学版)》2011 年第 5 期。

[121] 张鹏:《层次分析方法:演进、不足与启示——一种基于欧盟多层治理的反思》,《欧洲研究》2011 年第 5 期。

[122] 金永明:《论南海问题特质与海洋法制度》,《东方法学》2011 年第 4 期。

[123] 张瑶华:《日本在中国南海问题上扮演的角色》,《国际问题研究》2011 年第 3 期。

[124] 罗豪才、宋功德:《行政法的治理逻辑》,《中国法学》2011 年第 2 期。

[125] 高秦伟:《私人主体的行政法义务?》,《中国法学》2011 年第 1 期。

[126] 古小明:《"国家球体理论"与"一中三宪"之比较分析》,《世界经济与政治论坛》2011 年第 1 期。

[127] 黄硕林、董莉莉:《基于海峡两岸经济合作协议的两岸渔业经济合作》,《水产学报》2011 年第 1 期。

[128] 张相君:《区域合作保护南海海洋环境法律制度构建研究》,《中国海洋法学评论》2011 年第 1 期。

[129] 赵建文:《国际条约在中国法律体系中的地位》,《法学研究》2010 年第 6 期。

[130] 周叶中、祝捷:《两岸治理:一个形成中的结构》,《法学评论》2010 年第 6 期。

[131] 祝捷:《联邦德国基本法与德国的统一》,《武汉大学学报(哲学社会科学版)》2010 年第 5 期。

[132] 祝捷:《我国政府机构改革的回顾与反思》,《广东行政学院学报》2010 年第 5 期。

[133] 冯梁、王维、周亦民:《两岸南海政策:历史分析与合作基础》,《世界经济与政治论坛》2010 年第 4 期。

[134] 康仙鹏:《两岸治理——"两岸关系"思维的检视与突破》,《台湾研究集刊》2010 年第 4 期。

[135] 吴淞豫、祝捷:《"海洋入宪"模式比较研究》,《环球法律评论》2010 年第 4 期。

[136] 金永明:《论中国海洋安全与海洋法制》,《东方法学》2010 年第 3 期。

[137] 刘山鹰、祝捷:《四项基本原则入宪和中国政治发展》,《探索》2010 年第 3 期。

[138] 祝捷:《论两岸海域执法合作模式的构建》,《台湾研究集刊》2010 年第 3 期。

[139] 郑永流:《实践法律观要义——以转型中的中国为出发点》,《中国法学》2010 年第 3 期。

[140] 邹焕聪:《行政私法理论在合同制度中的展开——论行政私法合同的内涵、性质与界分》,《现代法学》2010 年第 3 期。

[141] 林守霖:《海峡两岸残骸强制打捞的法律问题》,《中国海商法年刊》2010 年第 2 期。

[142] 刘斌:《台湾海峡水下文物保护合作研讨会综述》,《中国海洋法学评论》2010 年第 2 期。

[143] 罗婷婷:《南海油气共同开发制度关键问题探讨——以其他海域共同开发经验为借鉴》,《中国海洋法学评论》2010 年第 2 期。

[144] 邱文彦:《台北港环境影响评估与水下文物保护——兼论海峡两岸合作的展望》,《中国海洋法学评论》2010 年第 2 期。

[145] 赵亚娟：《海峡两岸保护水下文化遗产的法律基础》，《中国海洋法学评论》2010 年第 2 期。

[146] 李秘：《两岸政治关系初探——政府继承的视角》，《台湾研究集刊》2010 年第 1 期。

[147] 李秘：《两岸治理：两岸和平发展的新动力机制》，《台湾研究》2010 年第 1 期。

[148] 林红：《论两岸在南海争端中的战略合作问题》，《台湾研究集刊》2010 年第 1 期。

[149] 艾明江：《当前南海危机中的两岸合作及其走向》，《理论导刊》2009 年第 11 期。

[150] 李明杰、丘君、王勇：《台湾地区的海洋政策发展及其特点》，《海洋开发与管理》2009 年第 11 期。

[151] 葛勇平：《南沙群岛主权争端及中国对策分析》，《太平洋学报》2009 年第 9 期。

[152] 陈泽浦、霍军：《海峡两岸南海资源合作开发机制探析》，《中国渔业经济》2009 年第 6 期。

[153] 刘国深：《试论和平发展背景下的两岸共同治理》，《台湾研究集刊》2009 年第 4 期。

[154] 周叶中、祝捷：《关于大陆和台湾政治关系定位的思考》，《河南省政法管理干部学院学报》2009 年第 3 期。

[155] 周叶中、祝捷：《论海峡两岸和平协议的性质——中华民族认同基础上的法理认同》，《法学评论》2009 年第 2 期。

[156] 金永明：《中日东海问题原则共识内涵与发展趋势》，《东方法学》2009 年第 2 期。

[157] 孙书贤、黄任望：《海峡两岸海上执法交流与合作前景初探》，《太平洋学报》2009 年第 1 期。

[158] 周叶中、祝捷：《论两岸关系和平发展框架的内涵——基于整合理论的思考》，《时代法学》2009 年第 1 期。

[159] 孔艳杰、隋舵：《海峡两岸合作开发东海、南海油气资源探析》，《学术交流》2008 年第 11 期。

[160] 王德芬：《海峡两岸渔业交流回顾与展望》，《中国渔业经济》2008 年

第 6 期。

[161] 周叶中:《论构建两岸关系和平发展框架的法律机制》,《法学评论》2008 年第 3 期。

[162] 周叶中、祝捷:《论我国台湾地区"司法院"大法官解释两岸关系的方法》,《现代法学》2008 年第 1 期。

[163] 罗婷婷:《九段线法律地位探析——以四种学术为中心》,《中国海洋法学评论》2008 年第 1 辑。

[164] 周叶中、张艳:《论发展和平稳定的两岸关系》,《学习与实践》2007 年第 9 期。

[165] 周叶中、祝捷:《我国台湾地区"违宪审查制度"改革评析——以"宪法诉讼法草案"为对象》,《法学评论》2007 年第 4 期。

[166] 赵玉榕:《台湾渔业产能与两岸整合》,《台湾研究集刊》2007 年第 4 期。

[167] 李佳丽:《海峡两岸在水下文化遗产保护方面的合作研究》,《中国海洋法学评论》2007 年第 2 辑。

[168] 林琬玲:《试论两岸对于台湾海峡海洋环保合作机制之构建——以闽台合作为中心》,《中国海洋法学评论》2007 年第 2 辑。

[169] 陈动:《论国名与国号》,《厦门大学学报(哲学社会科学版)》2006 年第 3 期。

[170] 陈林林:《基于法律原则的裁判》,《法学研究》2006 年第 3 期。

[171] 王淼、生万栋、董春梅、范玉珍:《我国现行海上执法体制的弊端与改革对象》,《软科学》2006 年第 1 期。

[172] 孙璐:《中国海权内涵探讨》,《太平洋学报》2005 年第 10 期。

[173] 沈岿:《因开放、反思而合法——探索中国公法变迁的规范性基础》,《中国社会科学》2004 年第 4 期。

[174] 周雪光:《制度是如何思维的》,《读书》2001 年第 5 期。

[175] 黄嘉树:《"一个中国"内涵与两岸关系》,《台湾研究》2001 年第 4 期。

[176] 曹小衡:《海峡两岸经济一体化的选择和定位》,《台湾研究》2001 年第 3 期。

[177] 金伯富:《机会利益:一个新的理论视角》,《中国社会科学》2000 年第 2 期。

[178] 邓世豹:《规范位阶与法律效力等级应当区分开》,《法商研究》1999年第2期。

[179] 季卫东:《程序比较论》,《比较法研究》1993年第1期。

[180] 王邦佐、王沪宁:《从"一国两制"看主权和治权的关系》,《政治学研究》1985年第2期。

〔二〕中文繁体

[1] 陈鸿惠:《邓小平关于主权与治权的重要观点》,《中国评论》2014年12月号。

[2] 刘海潮:《"台日渔业协议"及其对两岸东海合作的影响分析》,《中国评论》2014年12月号。

[3] 杜力夫:《也谈两岸关系中的主权和治权》,《中国评论》2014年11月号。

[4] 李明峻:《南海争端的未来发展与我国的因应之道》,《台湾思想坦克》2014年11月号。

[5] 曾建丰:《从"新安全观"视角看台海安全问题》,《中国评论》2014年10月号。

[6] 严安林、张建:《台湾在美国亚太再平衡战略中的角色——美国、台湾和中国大陆的不同认知》,《中国评论》2014年第10期。

[7] 蒋围:《中菲南(中国)海案仲裁法律问题研究》,《法令月刊》2014年10月。

[8] 陈贞如:《近期南海主权争议》,《月旦法学杂志》2014年8月。

[9] 葛洪亮:《东协对南海政策的建构主义解析》,《全球政治评论》2014年7月。

[10] 严峻:《两岸海洋战略合作与主权维护:争端法律解决机制的视角》,《中国评论》2014年7月号。

[11] 李秘:《"一个中国框架"的内涵》,《中国评论》2014年7月号。

[12] 王英津:《论两岸关系研究中"主权—治权"分析框架的缺陷及替代方案(上)》,香港《中国评论》2014年6月号。

[13] 孙国祥:《论东协对南海争端的共识与立场》,《问题与研究》2014年6月。

[14] 李秘:《台湾"治权"问题论析》,《中国评论》2014年5月号。

[15] 杜力夫:《"中国宪法"在哪里?——两岸和平协议法律性质再探讨》,

《中国评论》2014 年 4 月号。

[16] 沈惠平:《试析两岸在钓鱼岛问题上合作的动力和路径》,《现代台湾研究》2014 年第 3 期。

[17] 伍俐斌:《试析两岸关系中的"治权"概念》,《台湾研究》2014 年第 3 期。

[18] 高龙浩:《深化两岸搜救合作开创平安海峡新局》,《海巡双月刊》2014 年 2 月。

[19] 胡敏远:《从"广大兴 28 号"事件探讨"维护区域稳定"的"国防"政策》,《空军学术双月刊》2014 年 2 月。

[20] 弋胜:《台湾当局对中日东海争端的政策态度分析》,《东南亚之窗》2014 年第 1 期。

[21] 陈守煌:《从国际法观点检视我国海盗罪之构成要件及修法建议》,《法学丛刊》2014 年 1 月。

[22] 赵晞华、蔡浩志:《由"以警代戍"之行政组织法理析述海域执法与"国防"安全政策之实践》,《军法专刊》2014 年 1 月。

[23] 郭震远:《钓鱼岛问题与中日关系》,香港《中国评论》2013 年第 12 期。

[24] 周成瑜:《论刑法海盗罪之修正刍议——兼论船舶配备私人武装保全对抗海盗之法律规定》,《司法新声》2013 年 10 月。

[25] 姜皇池:《论广大兴号争端菲国所违反国际法与国家责任问题》,《月旦法学杂志》2013 年 10 月。

[26] 姜皇池:《从国际海洋法检视"冲之岛"法律地位》,《台湾大学法学论丛》2013 年 9 月。

[27] 姜皇池:《从广大兴看台菲专属经济海域重叠问题》,《台湾法学杂志》2013 年 7 月。

[28] 蔡翼:《从中菲渔业争端谈海疆维护》,《中国评论》2013 年 7 月号。

[29] 高少凡、李文堂:《黄岩岛争执与中国南海政策之转变》,《亚太研究通讯》2013 年 7 月。

[30] 高圣惕:《台湾与世界卫生组织》,《政大法学评论》2013 年 6 月。

[31] 高木兰:《中菲南海争议之国际仲裁——兼论台湾立场》,《铭传大学法学论丛》2013 年 6 月。

[32] 何姗、舒展:《成立闽台远洋渔业协会的思考与构想》,《台湾农业探索》

2013 年第 6 期。

[33] 谢奕旭：《美国 2013 年大陆军事与安全发展报告的解读与分析》，《展望与探索》2013 年 6 月。

[34] 徐青：《以史为鉴看"台日渔业协定"》，香港《中国评论》2013 年 6 月号。

[35] 马俊平：《钓鱼岛争端中的维权与维稳》，香港《中国评论》2013 年第 5 期。

[36] 刘仁山：《"直接适用的法"及其在中国大陆的实践》，台湾《东海大学法学研究》2013 年第 4 期。

[37] 黄闽：《两岸未来政治谈判与两岸根本法的博弈》，香港《中国评论》2013 年 3 月号。

[38] 陈桂清：《浅析"一个中国框架"》，香港《中国评论》2012 年第 12 号。

[39] 王伟男：《台湾当局在钓鱼岛问题上的立场演变》，《太平洋学报》2012 年第 12 期。

[40] 高木兰：《论黄岩岛事件对南海情势之冲击》，《铭传大学法学论丛》2012 年 12 月。

[41] 郭拥军：《试析马英九当局对日本"购岛"事件的反应》，《现代国际关系》2012 年第 11 期。

[42] 李凯真：《专访"2012 年海峡两岸海上联合搜救演练"总指挥官郑樟雄——以两岸搜救演练之大格局前瞻"海巡署"未来搜救部署》，《海巡双月刊》2012 年 10 月。

[43] 王立仁：《"创新求变、异中求同"——"2012 海峡两岸海上联合搜救演练"活动纪实》，《海巡双月刊》2012 年 10 月。

[44] 陈贞如：《论中国对于东海油气田投资开发之法律规范——兼论台湾可能因应之道》，《月旦法学杂志》2012 年 8 月。

[45] 范振中：《两岸司法互助——以 2009 年"两岸协议"为探讨》，《司法新声》2012 年 7 月。

[46] 林正义：《菲律宾处理黄岩岛冲突的策略》，《战略安全研析》2012 年 5 月。

[47] 罗骧：《信任危机与积极信任措施的重构——吉登斯信任理论探析》，《天府新论》2012 年第 4 期。

[48] 胡森荣、张致远：《海岸巡防机关执行救生救难案例分析》，《海巡双月

刊》2012 年 2 月。

[49] 淡志隆:《我国参与国际海洋事务合作策略刍议》,《海军学术双月刊》2011 年 12 月。

[50] 林德华:《两岸跨境合作共同打击犯罪的挑战与策略》,《刑事双月刊》2011 年 12 月。

[51] 俞剑鸿:《海洋四次被分割脉络下的南海》,《中国评论》2011 年 11 月号。

[52] 赖怡忠:《中共十八大后美中竞合关系之观察》,《战略安全研析》2011 年 11 月。

[53] 林文程:《中国全球布局中的海洋战略》,《全球政治评论》2011 年 10 月。

[54] 谢台喜:《两岸如何维护南海主权和海洋权益》,《海军学术双月刊》2011 年 10 月。

[55] 林若雩:《东协与中国达成 < 南海行动宣言 > 的意涵与台湾的因应之道》,《新世纪智库论坛》2011 年 9 月。

[56] 陈文琪:《两岸司法互助协议之沿革与实践》,《月旦法学杂志》2011 年 8 月。

[57] 熊玠:《南海风云诡谲及中国因应之道》,《中国评论》2011 年 8 月号。

[58] 郭震远:《在和平发展进程中有效维护中国海疆完整》,《中国评论》2011 年 8 月号。

[59] 张子扬:《后 ECFA 时代两岸海洋事务合作之展望》,《亚太研究通讯》2011 年 7 月。

[60] 朱镇明、徐筱婷:《欧洲行政空间之初探——兼论对两岸行政互动启示》,《政策研究学报》2011 年 7 月。

[61] 周成瑜:《论海洋污染立法中船舶污染之状态责任与刑事责任》,《台湾海洋法学报》2011 年 6 月。

[62] 黄锡璋:《从冲突管理理论分析两岸协商历程——以两岸海上执法机关共同打击犯罪为例》,《台湾"中央警察大学"学报》2011 年 6 月。

[63] 赵国材:《论中越陆地边界与北部湾水域划界争端之法律解决及尚未解决之南海议题》,《军法专刊》2011 年 4 月。

[64] 姜皇池:《从管辖权竞合检视台菲有关台嫌遣中之争议》,《台湾法学杂

志》2011 年 3 月。

[65] 王贞威:《联合共和国:坦桑尼亚模式与两岸统一模式初探》,香港《中国评论》2011 年 2 月号。

[66] 赵国材:《论中越陆地边界与北部湾水域划界争端之法律解决及尚未解决之南海议题》,《军法专刊》2011 年 2 月。

[67] 陈鸿瑜:《美国、中国和东盟三方在南海之角力战》,《远景基金会季刊》,2011 年 1 月。

[68] 高圣惕:《以"实体"作为国际海洋法条约规范主体的理论与实践:以台湾参与区域性渔业管理组织之实践为中心》,《台湾海洋法学报》2010 年 12 月。

[69] 林志勇:《海盗罪之研究——以国际法与两岸刑法为例》,《警大法学论集》2010 年 10 月。

[70] 赵国材:《从国际法观点论海峡两岸共同合作开发南海油气资源》,《军法专刊》2010 年 10 月。

[71] 张文郁:《论大陆判决之承认》,《月旦法学杂志》2010 年 3 月。

[72] 姜皇池:《论台湾对东海争端之政策与立场:法律叙述与解构》,《台湾大学法学论丛》2010 年 3 月。

[73] 郭俊良、林彬、翁顺泰:《两岸海上搜救体系通力合作之研议》,《台湾海事安全与保安研究学刊》2010 年 2 月。

[74] 周成瑜:《两岸渔船船员权益保障与中介责任》,《刑事法杂志》2010 年 1 月。

[75] 周怡:《沿海国拒绝他国入渔专属经济区之研究》,《育达科大学报》2009 年 12 月。

[76] 包嘉源:《2008 年海峡两岸海运通航协商之检讨》,《运输计划季刊》2009 年 12 月。

[77] 黄异:《两岸协议的缔结与适用》,《台湾法学杂志》2009 年 12 月。

[78] 游乾赐:《海洋事务行政组织套装模式之研究》,《法学丛刊》2009 年 10 月。

[79] 周成瑜:《论＜海峡两岸共同打击犯罪及司法互助协议＞之法律定位及其适用》,《台湾法学杂志》2009 年 9 月。

[80] 林红:《两岸如何共同面对南海争端:和平发展与合作开发》,《中国评

论》2009 年 8 月号。

[81] 林文谦:《企业与环境第三部门:海洋管理委员会之研究》,《政策研究学报》2009 年 7 月。

[82] 黄异:《台湾在中西太平洋高度洄游鱼类种群养护与管理公约范畴内的海域执法》,《台湾海洋法学报》2009 年 6 月。

[83] 许金彦:《"非官方模式"在台日关系中的问题与盲点——兼论台日两地的海权争议》,《东亚论坛季刊》2009 年 6 月。

[84] 胡念祖:《对"海洋部"之总体观》,《海洋及水下科技季刊》2009 年 4 月。

[85] 黄国昌:《一个美丽的错误:裁定认可之大陆判决有无既判力?》,《月旦法学杂志》2009 年 4 月。

[86] 林浊水:《从"胡六点"看大陆的对台战略》,《中国评论》2009 年 2 月。

[87] 陈荔彤:《海洋事务管理机制——以"海洋部"之设立为中心》,《台湾海洋法学报》2008 年 12 月。

[88] 张亚中:《<两岸和平发展基础协定>刍议》,《中国评论》2008 年 10 月号。

[89] 许金彦:《从海权争议看台日关系:以东海暂定执法线为例》,《东亚论坛季刊》2008 年 9 月。

[90] 陈荣传、周成瑜等:《"观光产业开放直航后法律制度的因应"议题讨论》,《台湾法学杂志》2008 年 7 月。

[91] 包嘉源、张志清、林光:《影响两岸海运通航之关键因素》,《航运季刊》2008 年 3 月。

[92] 许文彦:《论岛屿在海域划界的定位与盲点:以中、日海权争议为例》,《兴国学报》2008 年 1 月。

[93] 许金彦:《论岛屿在海域划界的定位与盲点:以中日海权争议为例》,《兴国学报》2008 年 1 月。

[94] 高圣惕:《台湾参与区域性渔业管理组织——论大西洋鲔类保育委员会对台湾动用贸易制裁之 05-02 号前置性决议的合法性》,《政大法学评论》2007 年 10 月。

[95] 胡念祖:《海洋事务之内涵与范畴》,台湾《海洋及水下科技季刊》2007 年第 10 期。

[96] 郭祥荣:《论台湾在东海权益的争取空间》,《东亚论坛季刊》2007 年 9 月。

[97] 宋燕辉:《迅速释放被扣押的渔船:国际海洋法庭审理富丸号与兴进丸号案例（日本诉俄罗斯）暨其对台湾的意涵》,《台湾国际法季刊》2007 年 9 月。

[98] 黄异:《鱼在法制上的意义》,《台湾海洋法学报》2007 年 6 月。

[99] 孙国祥:《再探东北亚安全:东海海洋争端的和平解决》,《全球政治评论》2007 年 4 月。

[100] 高圣惕:《论国际渔业法中涉及捕鱼实体的争端解决机制（下）》,《政大法学评论》2007 年 4 月。

[101] 廖文章:《海洋法上共同开发法律制度的形成和国家实践》,《人文暨社会科学期刊》2007 年 2 月。

[102] 蔡东杰:《关于当前中国"大战略"讨论的辩证问题》,《全球政治评论》2007 年 1 月。

[103] 陈荔彤:《从台湾海域争端检视暂定执法线的定位与功能》,《台湾海洋法学学报》2006 年 12 月。

[104] 黄异:《解决台日渔业纠纷的可能方案》,《台湾海洋法学报》2006 年 12 月。

[105] 高莉芬:《蓬莱神话的海洋思维及其宇宙观》,《政大中文学报》2006 年 12 月。

[106] 王冠雄:《析论国际海洋法中之岛屿制度——以日本"冲之岛"礁为例》,《律师杂志》2006 年 12 月。

[107] 徐克铭:《"海峡中线"的意义与台湾海域的经营擘划》,《律师杂志》2006 年 12 月。

[108] 林建志:《暂订执法线法律性质初探》,《海洋事务论丛》2006 年 7 月。

[109] 俞剑鸿:《从两岸一中僵局构建南海与台湾周边"利积睦"（Regimes）》,《中华战略学刊》2006 年夏。

[110] 陈荔彤:《东海护渔争端解决与海洋划界（下）》,《台湾海洋法学学报》2006 年 6 月。

[111] 胡念祖:《我国海洋政策或海洋事务教育之现况与展望》,《教育资料与研究双月刊》2006 年 6 月。

[112] 黄文吉、林展义:《海峡两岸海洋科学园区比较之研究》,《公共事务

评论》2006 年 6 月。

[113] 宋燕辉：《析论美国加入 UNCLOS 后与中共就公约所作附加声明之解释与适用可能发生的法律争议问题》，《中华国际法与超国界法评论》2006 年 6 月。

[114] 龙村倪：《东海警戒：合作之海还是对抗之海？》，《中国评论》2006 年 1 月号。

[115] 宋燕辉：《台湾在"WCPFC"及"CCSBT"启动争端解决机制可能性之研究》，《律师杂志》2006 年 1 月。

[116] 熊玠：《中日东海之争与海权海洋法》，《中国评论》2006 年 1 月号。

[117] 陈荔彤：《东海护渔争端解决与海洋划界（上）》，《台湾海洋法学学报》2005 年 12 月。

[118] 包淳亮：《中日东海划界：谈判与妥协之道》，《中国评论》2005 年 11 月号。

[119] 邱文彦：《海岸管理的挑战、体制与对策》，《研考双月刊》2005 年 8 月。

[120] 包嘉源、张志清、林光：《两岸海运通航谈判之结构分析》，《航运季刊》2005 年 6 月。

[121] 宋燕辉：《国际海洋法法庭与涉台渔业纠纷司法解决可行性之研究——以 CCSBT 为例》，《中华国际法与超国界法评论》2005 年 6 月。

[122] 王冠雄：《全球化对于国际渔业发展之影响》，《中华国际法与超国界法评论》2005 年 6 月。

[123] 陈朝怀：《台湾"海峡中线"之法律定位探讨》，《军法专刊》2005 年 5 月。

[124] 叶俊荣：《建构海洋台湾发展蓝图》，《研考双月刊》2005 年第 4 期。

[125] 姜皇池：《国际海洋法法庭对涉及台湾之争端有无管辖权》，《台湾国际法季刊》2005 年 3 月。

[126] 姜皇池：《台湾参与国际渔业组织》，《台湾国际法季刊》2005 年 3 月。

[127] 周成瑜：《两岸海上犯罪问题与对策》，《军法专刊》2005 年 3 月。

[128] 詹启明译：《从国际法分析台湾的海洋主张》，《台湾国际法季刊》2005 年 3 月。

[129] 李明峻：《台湾参加南极条约的可能性》，《台湾海洋法学报》2005 年 2 月。

[130] 邓韦克:《台湾参与发展中的国际渔业法律制度:对台湾官方和渔民的影响》,《台湾海洋法学报》2004 年 12 月。

[131] 张志清、林光、包嘉源:《两岸海运通航协商之探讨》,《航运季刊》2004 年 12 月。

[132] 宋燕辉:《亚太国家接受与海事安全相关国际规范现况之研究》,《台湾国际法季刊》2004 年 10 月。

[133] 蒲国庆:《台湾向国际海洋法法庭申诉之研究》,《台湾国际法季刊》2004 年 10 月。

[134] 张晏瑲:《由海洋事务内涵析论中央与地方权限划分》,《辅仁法学》2004 年 6 月。

[135] 李明峻:《"台湾"的"领土"纷争问题——在假设性前提下的探讨》,《台湾国际法季刊》2004 年 4 月。

[136] 陈荔彤:《台湾之海域纷争》,《台湾国际法季刊》2004 年 4 月。

[137] 李泽民、郑光伦:《海洋污染防治政策与立法》,《环境工程会刊》2004 年 3 月。

[138] 戎振华、邹珲:《现实困境与未来调整:台湾南海政策评析》,《台湾了望》2004 年第 1 期。

[139] 张亚中:《论两岸治理》,《问题与研究》2003 年 11、12 月。

[140] 张晏瑲、林财生:《WTO 架构下技术性贸易障碍协定在渔业议题上之适用》,《军法专刊》2003 年 10 月。

[141] 王敏华、张志清:《海洋油污染损害赔偿责任之探讨》,《航运季刊》2003 年 9 月。

[142] 尹章华:《两岸共同海域资源共享之探讨》,《法令月刊》2003 年 5 月。

[143] 张介耀:《台湾的海洋永续管理政策》,《辅仁学志》2003 年 4 月。

[144] 游乾赐:《"释字第五三五号解释"对岸海临检勤务之影响》,《警学丛刊》2003 年 1 月。

[145] 张介耀、闵志伟:《台湾的海洋永续管理政策》,《辅仁学志》2003 年 1 月。

[146] 周成瑜:《大陆渔船船员入出境相关问题研究》,《台湾海洋法学报》2002 年 12 月。

[147] 周怡良:《海峡两岸共同海域资源协调共享之研究》,《台湾海洋法学

报》2002 年 12 月。

[148] 姜皇池:《论联合国 < 跨界鱼类种群协定 >——台湾参与国际渔业组织之突破? 或困境之加深? 》,《台大法学论丛》2002 年 11 月。

[149] 黄忠诚:《台湾海峡之航行制度》,《军法专刊》2002 年 10 月。

[150] 周怡:《从国际法论台湾海峡的法律地位》,《中正大学法学集刊》2002 年 7 月。

[151] 周成瑜:《大陆渔船船员陆上安置规定（草案）之检讨与评估》,《台湾海洋法学报》2002 年 6 月。

[152] 尹章华:《金门外岛及澎湖"离岛"法律地位之探讨》,《台湾海洋法学报》2002 年 6 月。

[153] 尹章华:《两岸间接通航"二段式提单"法律关系之探讨》,《全国律师》2002 年 4 月。

[154] 尹章华:《台湾海峡水域两岸资源共享协调合作之研讨》,《全国律师》2002 年 4 月。

[155] 刘复国:《当前区域性南海问题对话合作机制》,《亚太研究论坛》2002 年 3 月。

[156] 方力行:《海洋与台湾》,《科学月刊》2002 年 2 月。

[157] 周成瑜:《两岸海事纠纷法律问题研究》,《法学丛刊》2001 年 2 月。

[158] 尹章华:《两岸通航海上旅客运送法律问题之探讨》,《全国律师》2001 年 11 月。

[159] 柯泽东:《希腊籍阿玛斯号货轮污染事件——战争与和平》,《月旦法学杂志》2001 年 11 月。

[160] 魏静芬:《海洋污染的国内法化》,《中央警察大学景学丛刊》2001 年 7 月。

[161] 杨秀娟:《从"海洋白皮书"之编纂,谈海洋政策规划》,《研考双月刊》2000 年 12 月。

[162] 黄异:《海域入出境管制的法律制度》,《中正大学法学集刊》2000 年 7 月。

[163] 宋燕辉:《东盟与中共协商南海区域行为准则及对我可能影响》,《问题与研究》2000 年 4 月。

[164] 黄异:《限制水域及禁止水域的意义》,《军法专刊》2000 年 2 月。

[165] 黄异:《评我国对钓鱼岛列域领土主权的主张》,《法令月刊》1999 年 9 月。

[166] 朱景鹏:《区域主义、区域整合与两岸整合问题之探讨》,《中国大陆问题研究》1999 年 8 月。

[167] 孙光民:《"亚太安全合作理事会"下的海事安全合作》,《问题与研究》1999 年 3 月。

[168] 王秉宏,《国家海洋政策之定位与未来趋向》,《海军学术月刊》1999 年 3 月。

[169] 邱文彦:《响应联合国 1998 年国际海洋年专辑》,《海军学术月刊》1998 年 12 月。

[170] 宋燕辉:《美国对南海周边国家历史性水域主张之反应》,《问题与研究》1998 年 10、11 月。

[171] 陈荔彤:《国际渔业法律制度之研究》,《中兴法学》1997 年 12 月。

[172] 黄异:《论福明轮事件的管辖归属》,《月旦法学杂志》1996 年 11 月。

[173] 黄异:《西沙及南沙群岛领土主张之国际法适用问题》,《法学丛刊》1996 年 4 月。

[174] 俞宽赐:《比较两岸对南海主权问题之立场与对策》,《理论与政策》1995 年 9 月。

[175] 俞宽赐:《从"历史性水域"角度论我国南海 U 型线之法律地位》,《理论与政策》1993 年 11 月。

[176] 沈君山:《坚持原则,回避对立——建立两岸过渡关系》,《远见杂志》1992 年 9 月。

[177] 刘复国:《国家安全定位、海事安全与台湾南海政策方案之研究》,《问题与研究》1990 年 4 月。

[178] 胡念祖:《台湾"海洋事务部"之设立:理念与设计》,《国家政策季刊》创刊号。

（三）中文译文

[1] [德] 罗伯特·阿列克西:《阿尔夫·罗斯的权能概念》,冯威译,《比较法研究》2013 年第 5 期。

[2] [美] 詹姆斯·马奇、约翰·奥尔森:《新制度主义详述》,允和译,《国外理论动态》2010 年第 7 期。

[3] [美] 玛蒂尔德·柯恩:《作为理由之治的法治》, 杨贝译,《中外法学》2010 年第 3 期。

[4] [德] 贝亚特·科勒——科赫:《对欧盟治理的批判性评价》, 金铃译,《欧洲研究》2008 年第 2 期。

三、学位论文

（一）中文简体

[1] 刘光远:《我国海疆行政管理体制改革研究》, 大连海事大学硕士学位论文, 2014。

[2] 曾勇:《中美关系视角下的南海问题研究》, 中共中央党校博士学位论文, 2013。

[3] 洪艳星:《从法律视角看海峡两岸维护钓鱼岛主权的合作前景》, 外交学院硕士学位论文, 2013.

[4] 任女:《两岸经济合作视角下北部湾经济区海洋经济发展研究》, 广西师范大学硕士学位论文, 2013。

[5] 宋海霞:《后结构主义下的台湾外事政策——基于海洋领土争端的分析》, 浙江大学硕士学位论文, 2013。

[6] 于思浩:《中国海洋强国战略下的政府海洋管理体制研究》, 吉林大学博士学位论文, 2013。

[7] 于思浩:《中国海洋强国战略下的政府海洋管理体制研究》, 吉林大学博士学位论文, 2013。

[8] 朱文强:《宪法视角下的我国海洋管理体制研究》, 中国海洋大学硕士学位论文, 2013。

[9] 李毅龙:《南海搜救合作法律机制研究》, 海南大学硕士学位论文, 2012。

[10] 熊靖:《论我国海事行政救济存在的问题及完善》, 湖南师范大学硕士学位论文, 2012。

[11] 洪艳星:《从法律视角看海峡两岸维护钓鱼岛主权的合作前景》, 外交学院硕士学位论文, 2011。

[12] 刘集众:《中国海洋管理体制改革模式研究》, 广东海洋大学硕士学位论文, 2011。

[13] 张锦峰:《南海渔业资源合作开发法律机制研究》, 海南大学硕士学位

论文，2011。

[14] 周怡：《渔业资源保育与可持续发展原则之研究——以贸易措施为手段》武汉大学博士学位论文，2011。

[15] 何秋竺：《争议区域石油资源共同开发法律问题研究》，武汉大学博士学位论文，2010。

[16] 欧金狮：《南海问题与台湾——兼论两岸南海合作可能性与意义》，暨南大学硕士学位论文，2010。

[17] 王大燕：《南海区域渔业合作问题探讨》，中国海洋大学硕士学位论文，2010。

[18] 胡婧：《论我国现行海事行政管理体制的改革》，大连海事大学硕士学位论文，2008。

[19] 史春林：《中国共产党与中国海权问题研究》，东北师范大学博士学位论文，2006。

[20] 黄绍臻：《建设海峡经济区的战略构想——21 世纪初海峡两岸经济关系走向与对策》，福建师范大学博士学位论文，2005。

（二）中文繁体

[1] 黄奕玲：《美国欧巴马政府的南海政策（2009—2012）》，东吴大学硕士学位论文，2013。

[2] 林合谊：《海峡两岸将海洋法公约内国法化之比较研究》，台湾海洋大学硕士学位论文，2013。

[3] 吴瑞源：《台湾"国家主权"地位演变之研究》，台湾海洋大学硕士学位论文，2013。

[4] 许绩陵：《两岸于南海地区建构联合搜救机制之可行性探究》，政治大学硕士论文，2013。

[5] 许哲理：《论未来"海洋委员会"之军职人员任用管理制度》，台湾海洋大学硕士学位论文，2013。

[6] 林淑芬：《中美建构新型大国关系对南海争端情势影响之研究》，政治大学硕士论文，2012。

[7] 曾焕升：《中日渔业协定对台湾渔业之影响与台湾之因应对策研究》，台湾海洋大学博士学位论文，2011。

[8] 李佳人：《从全球化的观点论两岸海洋事务合作策略之研究》，中山大学

海洋事务研究所硕士论文，2011。

[9] 廖敏毅：《建构两岸联合海难救助机制——以金门、厦门地区为例》，中山大学硕士学位论文，2011。

[10] 吕志强：《就海域执法论我国渔业资源维护之研究》，台湾中山大学硕士学位论文，2011。

[11] 邵明仁：《从个案研究论两岸合作共同打击经济犯罪》，台湾中山大学硕士学位论文，2011。

[12] 余政毅：《我国海上行政检查与刑事侦查相关问题之研究》，台湾海洋大学硕士学位论文，2011。

[13] 曾乃正：《两岸海运直航与港口经营策略、绩效分析——以基隆港为例》，政治大学硕士论文，2010。

[14] 陈伟恩：《由美国在国际公约之参与论其国家利益之形成与实践》，台湾中山大学硕士学位论文，2010。

[15] 唐文彬：《台湾海洋事务及组织架构之探讨分析》，台湾中山大学硕士学位论文，2010。

[16] 曾庆兴：《对大陆渔船船员管理法制之研究——兼论海巡机关因应对策》，台湾海洋大学硕士学位论文，2009。

[17] 林炽琦：《论海洋保护区之国际法律制度与国家实践》，台湾海洋大学硕士学位论文，2009。

[18] 林建璋：《从国际法观点论钓鱼台列屿主权争端——兼论台湾法律地位适格性》，台湾海洋大学硕士学位论文，2009。

[19] 林建志：《两岸在海域执法有关共同打击犯罪及司法互助之研究》，台湾海洋大学硕士论文，2009。

[20] 吕建良：《日本的南海政策》，政治大学博士学位论文，2008。

[21] 杨琦君：《由国际合作论海洋生物资源养护管理机制》，台湾海洋大学硕士学位论文，2008。

[22] 李佳燕：《由"大西洋鲔类资源保育委员会"二零零五年05–02号建议论高度洄游鱼类种群之养护与管理》，政治大学硕士学位论文，2007。

[23] 林育鸿：《台湾参与国际渔业组织的法人资格与地位之研究》，台湾海洋大学硕士学位论文，2007。

[24] 王治平：《中共南海政策演进与实践》，政治大学硕士论文，2007.

[25] 杨可欣:《东海海域石油资源勘探与开采问题之研究》,台湾海洋大学硕士学位论文,2007。

[26] 陈胜业:《从海洋法规范论台湾海域资源争议法制》,台湾海洋大学硕士学位论文,2006。

[27] 董显惠:《台湾海洋政策之反思与前瞻》,台湾海洋大学硕士论文,2006。

[28] 柯继明:《两岸打击海上犯罪之研究》,政治大学硕士论文,2006。

[29] 李建民:《船舶油污染防治相关法制之实践与研究》,台湾海洋大学硕士论文,2006。

[30] 林永泰:《台湾地区受雇大陆渔船船员安置办法相关问题之探讨》,台湾海洋大学硕士学位论文,2006。

[31] 阮淑君:《捕鱼实体在国际渔业组织中法律地位之研究》,台湾海洋大学硕士学位论文,2006。

[32] 吴宝农:《海岸巡防机关海上地域管辖之研究》,台湾海洋大学硕士学位论文,2006。

[33] 殷维伟:《南海海洋资源共同开发之研究》,台湾海洋大学硕士学位论文,2006。

[34] 黄文斌:《海岸巡防机关事务管辖之研究》,台湾海洋大学硕士学位论文,2005。

[35] 林鸿钧:《"行政院海岸巡防署"执法策略运用之研究》,台湾海洋大学硕士学位论文,2005。

[36] 林稜雁:《民间搜救资源整合规划之研究》,中山大学硕士学位论文,2005。

[37] 陈贞如:《世界贸易组织架构下渔业资源保育法制之研究——兼论台湾因应对策》,台湾海洋大学硕士学位论文,2004。

[38] 钱忠直:《国际海洋法上岛屿制度之研究——以金门法律地位为中心》,台湾海洋大学硕士学位论文,2004。

[39] 李志刚:《大陆处理南海争端的模式之研究》,中山大学硕士论文,2003。

[40] 银柳生:《建立两岸三地海难搜救合作之研究》,台湾海洋大学硕士学位论文,2003。

[41] 朱明聪:《从世界贸易组织法律规范论美国渔业资源保育法贸易制裁条款——兼论台湾对该条款之因应》,台湾海洋大学硕士学位论文,2003。

[42] 丁树兰:《两岸共同打击犯罪问题之研究》,政治大学硕士论文,2002。

[43] 钟德勋:《两岸刑事司法互助与共同打击犯罪之研究》,东华大学硕士论文,2002 年。

[44] 李明峰:《两岸渔业民事纠纷司法解决之研究》,台湾海洋大学硕士论文,1999。

[45] 林珊如:《从国际海洋法论当前台海两岸海域竞合之划分》,台湾海洋大学硕士论文,1994。

[46] 谢立功:《两岸合作共同防制海上犯罪之研究》,台湾海洋大学硕士论文,1993。

[47] 朱书莹:《共同开发南海资源法律与政策问题之研究》,台湾海洋大学硕士论文,1992。

四、会议论文

（一）中文简体

[1] 毛启蒙:《两岸关系研究中"治权"译法的法政治学考辨》,"两岸关系与法治思维"学术年会论文集,北京,2015 年 1 月。

[2] 刘复国:《两岸海事安全合作之探讨》,"首届两岸和平论坛"会议论文集,上海,2013 年 10 月。

[3] 刘红:《两岸在和平发展中的共同责任》,"首届两岸和平论坛"会议论文集,上海,2013 年 10 月。

[4] 童振源:《两岸政治关系的合情合理合宪安排》,"首届两岸和平论坛"会议论文集,上海,2013 年 10 月。

[5] 王高成:《两岸军事互信机制推动之探讨》,"首届两岸和平论坛"会议论文集,上海,2013 年 10 月。

[6] 王卫星:《建立两岸军事安全互信机制共同维护中华民族领土主权完整》,"首届两岸和平论坛"会议论文集,上海,2013 年 10 月。

[7] 严安林:《如何推动与构建台海两岸之间的持久和平》,《"首届两岸和平论坛"会议论文集》,上海,2013 年 10 月。

[8] 尹宝虎:《两岸政治分歧之解在于两岸合作》,"首届两岸和平论坛"会

议论文集，上海，2013 年 10 月。

[9] 姜皇池：《论两岸南海海上执法合作可能议题：现状与发展分析》，"海峡两岸海上执法的理论与实践"学术研讨会论文集，中国海洋法学会 2008 年刊行。

（二）中文繁体

[1] 郑文华等：《落实东海和平倡议：台湾视角》，"落实东海和平倡议——创新作为探讨"国际研讨会论文集，台北，2014 年 11 月。

[2] 孙国祥：《中国对南海争端的外交与军事作为》，"南海安全形势与两岸关系"学术座谈会成果报告书，台中，2014 年 10 月。

[3] 杨念祖：《台海两岸对于海洋与国家安全利益认知的比较》，"第三届海洋与台湾学术研讨会"论文集，台北，2014 年 2 月。

[4] 赖恒德：《我国海洋政策的现状与评估：如何促进国际海洋合作？》，"第十届海洋事务论坛：永续蓝海——国际共同合作·守护蓝色家园"学术研讨会成果报告书，台中，2013 年 6 月。

[5] 苏青雄：《中国大陆海洋经济发展现况浅析与心得建议》，"第三届海洋事务论坛——海洋政策与管理"学术研讨会成果报告书，高雄，2013 年 6 月。

[6] 高世明：《南海与非传统安全合作》，"海洋法实践与南海争端解决"学术研讨会论文集，台北，2012。

[7] 王志鹏、连弘宜：《台湾面对南海冲突之困境、挑战与机会》，"第四届海洋与国防"学术研讨会论文集，台北，2012 年 12 月。

[8] 胡念祖：《两岸海域执法机关之组织对两岸海域执法合作之影响》，"第十七届水上警察"学术论文集，2010 年 11 月。

[9] 庞建国：《两岸共同打击犯罪的社会意涵》，"2010 两岸司法合作与两岸共同打击犯罪"学术研讨会成果报告书，台北，2010 年 6 月。

[10] 许耀明：《海洋事务的范围与概念：国际海洋法观点与台湾海洋法发展》，"立足中台湾、航向新未来：'海洋部'应具备的使命与任务"学术研讨会论文集，台中，2008 年 10 月

[11] 张国圣：《全球化与海洋治理：从海权到海洋政治的发展》，"全球化与行政治理国际"学术研讨会成果报告书，2006 年 5 月。

五、研究报告

[1] 陈立刚：《因应"行政院"组织改造地方行政机关功能业务及组织调整

之研究》，东吴大学政治系，"研究发展考核委员会"编印，2012。

[2] 廖达琪：《两岸协议推动过程行政与立法机关权限及角色之研究》，台湾中山大学，"研究发展考核委员会"编印，2012。

[3] 宋燕辉：《海洋委员会业务规划与发展》，"中央研究院"欧美研究所，"研究发展考核委员会"编印，2012。

[4] 黄朝盟：《行政院组织改造回顾研究》，"财团法人国家政策研究基金会"，"研究发展考核委员会"编印，2011。

[5] 周育仁：《强化行政与立法部门协调沟通机制之研究》，"财团法人国家政策研究基金会"，"研究发展考核委员会"编印，2011。

[6] 姜皇池：《海洋事务统合法制之研究》，台湾大学，"研究发展考核委员会"编印，2009。

[7] 林彬：《海岸巡防机关在海事安全应扮演的角色》，台湾海洋大学，"海岸巡防署"委托研究，2009。

[8] 江启臣：《海洋法政暨海洋发展指标调查资料库规划》，台湾经济研究院，"研究发展考核委员会"编印，2008。

[9] 宋燕辉：《"日本海洋政策发展与对策"政策建议书》，"中央研究院"欧美研究所，"研究发展考核委员会"编印，2007。

[10] 江启臣：《海洋涉外事务规划研究》，"财团法人台湾经济研究院"，"海岸巡防署"委托研究，2006。

[11] 詹满容：《WTO 架构下两岸互动研究》，台湾经济研究院，"研究发展考核委员会"编印，2003。

[12] 章光明：《海巡工作与民众互动情形之研究》，警察大学，"海岸海巡署"委托研究，2002。

六、中文报纸

（一）中文简体

[1] 张丹：《积极推进大洋立法完善海洋法律体系》，《中国海洋报》2015 年1 月6 日，第 003 版。

[2] 申孟哲：《海峡两岸经贸交流协会海经委成立青岛与台湾的"深蓝"合作》，《人民日报·海外版》2014 年 12 月 11 日，第 002 版。

[3] 赵玥博：《海贸会首家分支机构落户青岛搭建两岸涉海企业平台》，《中

国海洋报》2014 年 12 月 10 日，第 002 版。

[4] 梁媚:《新形势下我国海洋权益维护策略》,《光明日报》2014 年 10 月 8 日，第 15 版。

[5] 潘锡堂:《推动两岸经济合作》,《海峡导报》2014 年 9 月 1 日，第 25 版。

[6] 陈静莹:《打造两岸多领域交流合作新高地》,《汕头日报》2014 年 8 月 25 日，第 001 版。

[7] 罗沙:《我国将牵头建南中国海海啸预警中心》,《北京日报》2013 年 9 月 13 日。

[8] 高杨:《作"渔权"让步，美日意在离间两岸》,《人民日报》2013 年 4 月 13 日，第 B01 版。

[9] 余建斌:《国家海洋局局长刘赐贵——海洋事务上升到前所未有高度》,《人民日报》2013 年 4 月 1 日，第 017 版。

[10] 张斌键:《沿海多省对台经济合作打出海洋牌海洋成为对台合作主题》,《中国海洋报》2012 年 10 月 15 日，第 004 版。

[11] 孙湫词:《推动海峡两岸海洋科技合作》,《中国海洋报》2008 年 8 月 26 日，第 001 版。

（二）中文繁体

[12] 黄琼萩:《南海争议摇摇摆摆的越南》,《联合报》2014 年 5 月 24 日，第 A22 版。

[13] 田思怡、赖锦宏:《南海风云起陆船冲撞越南船菲抓陆渔民》,《联合报》2014 年 5 月 8 日，第 A18 版。

[14] 汪莉绢、李春、林则宏:《陆海军少将吁建南海搜救基地》,《联合报》2014 年 3 月 13 日，第 A13 版。

[15] 蔡东杰:《人道救援和平倡议扩及南海》,《联合报》2014 年 3 月 11 日，第 A15 版。

[16] 朱建陵:《美批南海九段线 陆斥渲染紧张》,《中国时报》2014 年 2 月 10 日，第 A13 版。

[17] 廖雅欣、谢龙田:《远洋渔船失联疑遭挟持往印度尼西亚》,《联合报》2013 年 7 月 21 日，第 A8 版。

[18]《联合报》社论:《从钓岛南海渔权冲突谈两岸主立场》,《联合报》2013 年 5 月 14 日，第 A2 版。

[19] 胡思远:《两岸联手保卫中华民族海洋权益》,《中国国防报》2013 年 5 月 14 日,第 11 版。

[20] 王光慈:《台菲谈渔权比日更难更复杂》,《联合报》2013 年 5 月 13 日,第 A3 版。

[21] 赖锦宏:《突破深水区开两岸新格局》,《联合报》2013 年 2 月 25 日,第 A2 版。

[22] 朱云汉:《美中共管东亚,台湾如何避免选边》,《旺报》2011 年 12 月 10 日。

[23] 胡念祖:《台湾参与渔业组织 中共应释善意》,《中国时报》2010 年 10 月 12 日。

[24] 齐乐义:《金厦海上搜救 两岸高挂演习旗》,《中国时报》2008 年 10 月 23 日,第 A17 版。

[25] 胡念祖:《"马政府"的海洋格局在哪?》,《中国时报》2008 年 9 月 23 日,第 A10 版。

[26] 罗正明:《三千公顷油污染染 黑金山外海》,《自由时报》2008 年 4 月 19 日,第 5 版。

[27] 锺莲芳:《海洋主权争夺战暗潮汹涌》,《民生报》2003 年 9 月 4 日,第 A3 版。

七、网络资源

[1]《海峡两岸学者:反思甲午战争之痛 共促两岸海洋合作》,新华网,http://news.xinhuanet.com/tw/2014-08/15/c_1112098392.htm。

[2]《习近平在福建考察》,新华网,http: // news. xinhuanet.com / politics /2014-11/01 / c_1113073552.htm。

[3]《日媒说英国解密文件证实日中曾就钓鱼岛问题达成搁置争议的共识》,新华网,http://news.xinhuanet.com/world/ 2014-12/31/c_1113838140.htm。

[4]《习近平强调:坚持两岸关系和平发展道路 促进共同发展 造福两岸同胞》,新华网,http://news.xinhuanet. com/2015-03/04/c_1114523248.htm。

[5]《国台办:大陆高度重视非法抽采海砂问题》,新华网,http://news.xinhuanet.com/tw/2014- 10/29/c_ 127154208.htm。

[6]《贾庆林:增进政治互信就是要维护和巩固一个中国的框架》,新华网,

http://news.xinhuanet.com/politics/2012-07/28/c_112558468.htm。

[7]《两岸三地首次举行南海联合搜救桌面演练》，新华网，http://news.xinhuanet.com/ politics/2013-08/30/c_117164602.htm。

[8]《中国面临的五大海上安全挑战及对策》，新华网，http://news.xinhuanet.com/world/ 2010-12/06/c_12851486.htm。

[9]《张志军就解决两岸政治问题提出三点看法》，新华网，http://news.xinhuanet.com/politics/2013-03/22/c_115120340.htm。

[10]《中国与南海及周边海洋国家海洋合作取得四大成果》，中国政府网，http://www.gov.cn/gzdt/2012-12/27/content_2300677.htm。

[11]《2012年海峡两岸海上联合搜救演练成功举行》，中华人民共和国交通部网，http:// www.moc.gov.cn/zhuzhan/jiaotongxinwen/xinwenredian/201208xinwen/201208/t20120831_1293490.html。

[12]《王建民：海峡两岸海洋合作面临的主要障碍》，山东省商务厅网，http://www. shandongbusiness.gov.cn/public/html/news/201409/323410.html。

[13]《坚持以"双轨思路"处理南海问题》，人民网，http://world.people.com.cn/n/2014/1117/c1002-26035490.html。

[14]《两岸对话与商谈情况概述》，国台办网站，http://www.gwytb.gov.cn/lhjl/la2008q/ gaikuang/ 201101/ t20110108_1684748.htm。

[15]《海协会关于就"协商两岸海上渔事纠纷处理协议"》，国台办网站，http://www.gwytb.gov.cn/lhjl/la2008q/ job/8th/201101/t20110108_1684622.htm。

[16]《两会对话与商谈情况概述》，国台办网站，http://www.gwytb.gov.cn/lhjl/la2008q/gaikuang/201101/ t20110108_1684748.htm。

[17]《王兆国会见陈长文一行的谈话（1991.05.04）》，国台办网站，http://www.gwytb.gov.cn/lhjl/la2008q/gaikuang/ agree/201101/t20110108_1684742.htm。

[18]《王兆国会见台湾海基会访问团时的谈话》，国台办网站，http://www.gwytb.gov.cn/lhjl/la2008q/ gaikuang/agree/201101/t20110108_1684744.htm。

[19]《王兆国就海峡两岸合作打击海上犯罪答记者问（1991.07.21）》，国台办网站，http: // www.gwytb. gov.cn/lhjl / la2008q / gaikuang / agree / 201101 / t20110108_1684743.htm。

[20]《唐树备接受<望>周刊记者采访时的谈话》，国台办网站，http://www.gwytb.gov.cn/lhjl/la2008q/ job/6th/201101/t20110108_1684624.htm。

[21]《吴学谦会见陈长文一行时的谈话》，国台办网站，http://www.gwytb. gov.cn/lhjl/la2008q/gaikuang/agree/ 201101/t20110108_1684745.htm。

[22]《厦门海沧涉台法庭服务台胞七成靠调解化纠纷》，国台办网站，http:// www.gwytb.gov.cn/guide_rules/method/201305/t20130531_4265906.htm。

[23]《确保主权利益 两岸应携手发展海洋经济》，中国台湾网，http://www. taiwan.cn/plzhx/hxshp/201409/t20140912_7304574.htm。

[24]《严峻：两岸海洋合作陷台湾于危机是假命题》，中国台湾网，http:// www.taiwan.cn/ plzhx/hxshp/201408/t20140801_6807897.htm。

[25]《解析两岸南海合作的性质、空间和路径》，中国台湾网，http://www. taiwan.cn/plzhx/ zhjzhl/zhjlw/201404/t20140415_6017775.htm。

[26]《曾遭索马里海盗挟持台湾渔船船长谈大陆军舰接护》，中国新闻网， http://www.chinanews.com/tw/ tw-mswx/ news/2010/03-06/2155362.shtml。

[27]《台专家：台海两岸应对南海东海问题看法一致》，中国新闻网，http:// www.chinanews. com/mil/2013/03-26/4676783.shtml。

[28]《台湾研究员踏上南极长城站 两岸合作"破冰"》，中国新闻网，http:// www.chinanews.com/tw/tw-jjwh/news/ 2009/11-15/1965382.shtml。

[29]《王毅：以"双轨思路"处理南海问题》，中国新闻网，http://www. chinanews.com/gn/2014/08-09/6477091.shtml.

[30]《海峡两岸共同制定台湾海峡渔业资源养护方案》，中国新闻网，http:// www.chinanews.com/tw/tw-jjwh/news/ 2009/ 09-22/1878146.shtml。

[31]《马英九：广义来说两岸已经开始政治协商》，中国新闻网，http:// www.chinanews.com/tw /2013/06- 04/4889037.shtml。

[32]《两岸联手保护南海钓鱼岛呼声迭起有何可行内容》，中国新闻网， http://www. Chinanews.com/tw/2012/07-20/4046843.shtml。

[33]《台"环保署"：两岸海洋环境合作是未来方向》，中国新闻网，http:// www.chinanews.com/tw/tw- jjwh/news/2010/03-30/2197316.shtml。

[34]《"闽平渔 5540 号"事件》，华夏经纬网，http://www.huaxia.com/lasd/ twzlk/zzsj/2003/06/475150.html。

[35]《ECFA 后续阶段两岸海洋合作意义重大！》，华夏经纬网，http://www. huaxia. com/thpl /wyps/3127179.html。

[36]《展望今年南海局势：冲突不会断，谋取维权维稳平衡》，华夏经纬网，

http://www.huaxia. com/xw/dlxw/2015/01/4223204.html。

[37]《两岸海洋军事合作前景可期》，华夏经纬网，http://www.huaxia.com/thpl/tdyh/mkzz/ 2014/09/4083163.html。

[38]《两岸海洋联手成台湾最大筹码》，华夏经纬网，http://www.huaxia.com/sy2013/thsp/ 4037494.html。

[39]《两岸应加强海洋事务合作以维护海洋权益》，华夏经纬网，http://www.huaxia.com/tslj/lasq/2008/08/1137109.html。

[40]《陆委会：南海问题不单独与美国、大陆合作》，凤凰网，http://news.ifeng.com/taiwan/3/detail_2012_05/04/14315890_0.shtml?_from_ralated。

[41]《传台湾南海部署导弹，菲律宾担忧两岸联手》，凤凰网，http://news.ifeng.com/taiwan/5/detail_2011_10/24/10090403_0.shtml。

[42]《台湾首次没收大陆"越界"渔船：出动挖掘机砸毁》，凤凰网，http://news.ifeng.com/a/20150322 /43391580_0.shtml。

[43]《如何开启两岸海洋战略合作？》，凤凰网，http://news.ifeng.com/gundong/detail_ 2013_08/09/28448156_0.shtml。

[44]《台"防长"登太平岛宣示"主权"，"立委"吁导弹军舰驻岛》，凤凰网，http://news.ifeng.com/a/20141106/ 42394581_0.shtml。

[45]《台方担忧大陆大动作南海造陆"包围"太平岛》，凤凰网，http://news.ifeng.com/a/20141016/42217371_0.shtml。

[46]《台媒：数十大陆渔船靠近澎湖避风遭台海巡队驱离》，凤凰网，http://news.ifeng.com/ a/20141119/42514902_0.shtml。

[47]《外交部：维护祖国领土完整是两岸共同意愿》，凤凰网，http://news.ifeng.com/mainland/special/diaoyudaozhengduan/content-3/detail_2012_07/05/15810797_0.shtml?_from_ralated。

[48]《马英九视导陆委会谈九二共识（全文）》，中评网，http://www.crntt.com/doc/1037/3/1/4/103731456.html?coluid=1&kindid=0&docid=103731456&mdate=0429120440.

[49]《中评论坛：两岸海洋事务能合作吗》，中评网，http://www.crntt.com/doc/1022/5/1/2/102251208_28.html?coluid =195&kindid=8771&docid=102251208&mdate=1023001800.

[50]《胡伟星：两岸进行南海合作的五项建议》，中评网，http://www.crntt.

com/doc/1034/5/ 7/2/103457208.html?coluid=1&kindid=0&docid=103457208&md ate=1104152919。

[51]《张蜀诚：两岸解决南海主权冲突的三点建议》，中评网，http://www.crntt.com/doc/ 1033/0/0/2/103300249.html?coluid=229&kindid=11978&docid=103300249。

[52]《台学者：两岸宜思考订南海和平与合作协议》，中评网，http://www.crntt.com /doc/1033/5/4/8/103354885_4.html?coluid=93&kindid=8010&docid=103354885&mdate=0826003305。

[53]《谢必震：海洋文化资源可成两岸合作突破口》，中评网，http://www.crntt. com/doc/1034/4/6/7/103446708.html?coluid=93&kindid=7492&docid=103446708&mdate=1028174308。

[54]《日媒称中国将永暑礁变人工岛建 3 公里长跑道》，中评网，http://www.crntt.com /doc/1035/7/0/2/103570212.html?coluid=45&kindid=0&docid=103570212&mdate=0112155050。

[55]《缅甸副外长答中评：南海问题前路漫长》，中评网，http://www.crntt.com/doc/1034/7/6/9/ 103476970.html?coluid=1&kindid=0&docid=103476970&md ate=1114001628。

[56]《快评：大陆保钓有成　台湾拒联手成局外人》，中评网，http://www.crntt.com/doc/1035/9/0/6/103590689.html?coluid=111&kindid=0&docid=103590689&mdate=0126000559。

[57]《国民政府宣示南海群岛主权 历史档案看从前》，中评网，http://www.crntt.com/doc/ 1034/9/6/2/103496216.html?coluid=7&kindid=0&docid=103496216&mdate=1126012346。

[58]《美专家：菲提南海仲裁适得其反 解决争端更难》，中评网，http://www.crntt.com/doc /1035/2/5/4/103525461.html?coluid=7&kindid=0&docid=103525461&mdate=1212171400。

[59]《蓝委跑光"立院"初审通过重罚大陆渔船越界》，中评网，http: //www.crntt.com /doc / 1036/6/1/1/103661106.html?coluid =93&kindid= 4030&doc\id =103661106&mdate=0312125211。

[60]《两岸海洋合作需构建机制》，中评网，http:// www.crntt.com/doc /1034/4/ 6/1/ 103446175.html？coluid=93&kindid=7492&docid=103446175&md

ate=1028005038。

[61]《"立委"考察太平岛兴建码头　严明：非战备扩张》，中评网，http://www.crntt.com/doc/ 1034/6/3/5/103463538.html?coluid=93&kindid=4030&docid=103463538&mdate=1106010050。

[62]《两岸南海合作应有紧迫感》，中评网，http://www.crntt. com/doc/1030/3/5/2/ 103035244.html?coluid=229&kindid=11973&docid=103035244。

[63]《马：钓鱼台被日窃占120年　能无感慨？》，中评网，http://www.crntt.com/doc/1035/ 7/4/5/103574593.html?coluid=46&kindid=0&docid=103574593&mdate=0115005905。

[64]《陆委会：南海主权两岸无法合作》，中评网，http://hk.crntt.com/doc/1031/8/8/5/103188541.html?coluid=46&kindid =0&docid=103188541&mdate=0515175609。

[65]《美国打造全面竞逐亚太"前沿部署外交"》，中评网,http://www.crntt. com/crn- webap[66] p/doc/docDetailCreate.jsp?coluid=148&kindid=0&docid=101526418&mdate=1203001516。

[67]《南中国海地区海盗增多　今年已发生十起》，中评网，http://hk.crntt. com/doc/ 1011/8/1/6/101181665.html?coluid=4&kindid=16&docid=101181665&mdate=1228104001。

[68]《李庆功：两岸联手两海维权维安建议》，中评网，http://www.crntt.com/doc/1034/ 5/7/2/103457204.html?coluid=93&kindid=12331&docid=103457204&mdate=1106005005。

[69]《社评：两岸南海合作适逢其时》，中评网，http://www.crntt.com/crn-webapp/doc/ docDetailCreate.jsp?coluid=35&kindid=604&docid=101281568&mdate=0410001228。

[70]《宋燕辉：美版南海行为准则意在冻结中国作为》，中评网，http://www.crntt.com/doc/1033 /5/4/8/103354884.html?coluid=93&kindid=8010&docid=103354884&mdate=0826002948。

[71]《外交部官员：建"海上丝路"需南海稳定》，中评网，http://www.crntt.com/doc/1036/1/4/3/103614381.html?coluid= 202&kindid=11691&docid=103614381&mdate=0208093838。

[72]《美军司令号召东盟国家在南海巡航　中方回应》，中评网，http://

www.crntt.com/doc/1036/7/4/1/103674103.html?coluid=202&kindid=11694&docid=103674103&mdate=0320190304。

[73]《苏进强语中评》，中评网，http://www.crntt.com/doc/1034/3/1/9/103431932.html?coluid=93&kindid=10092&docid=103431932&mdate=1017002525。

[74]《台海基会：王小兵专程来台处理祥富春号事件》，中评网，http://www.crntt.com/doc/1036/5/9/8/103659856.html?coluid=1&kindid=0&docid=103659856&mdate=0311172607。

[75]《台加强经略南海、东沙海洋中心启用》，中评网，http://www.crntt.com/doc/1034/6/5/5/103465523.html?coluid=7&kindid=0&docid=103465523&mdate=1107004008。

[76]《台军方："绿委"有意见，太平岛码头工程暂缓》，中评网，http://www.crntt.com/doc/1035/6/9/9/103569943.html?coluid=46&kindid=0&docid=103569943&mdate=0112124714。

[77]《台陆委会民调：8成肯定两岸应持续各领域交流》，中评网，http://www.crntt.com/doc/1035/4/4/6/103544602.html?coluid=3&kindid=12&docid=103544602&mdate=1226011316。

[78]《两岸学者：形构两岸海洋合作安全新思维》，中评网，http://www.crntt.com/crn-web\app/touch/detail.jsp?coluid=136&kindid=0&docid=102952901。

[79]《林廷辉语中评：南海议题台勿排斥与大陆合作》，中评网，http://www.crntt.com/doc/1037/0/7/9/103707961.html?coluid=136&kindid=4711&docid=103707961&mdate=0414005043。

[80]《马英九：两岸非国际关系主权争议暂搁置》，中评网，http://www.crntt.com/doc/1033/2/5/1/103325195.html?coluid=93&kindid=2910&docid=103325195&mdate=0806120212。

[81]《马英九：两岸在九二共识基础稳中求进》，中评网，http://www.crntt.com/doc/1034/7/8/2/103478272.html?coluid=93&kindid=2910&docid=103478272&mdate=1115010732。

[82]《陆委会民调：近7成支持两岸事务首长定期互访》，中评网，http://www.crntt.com/doc/1032/9/2/6/103292692.html?coluid=3&kindid=12&docid=103292692&mdate=0718011236。

[83]《刘亭：两岸民间参与南海合作空间广阔》，中评网，http://www.crntt. com/doc/1034/ 6/0/5/103460592.html?coluid=93&kindid=11470&docid=103460592 &mdate=1105004520。

[84]《刘必荣：中国须速推南海准则才挡得住美国》，中评网，http://www. crntt.com/doc/ 1032/9/0/2/103290294.html?coluid=7&kindid=0&docid=103290294& mdate=0717002333。

[85]《郑端耀：两岸在南海议题立场应该一致！》，中评网，http://www. crntt.com/doc/ 1032/2/2/7/103222759.html?coluid=93&kindid=4030&docid=103222 759&mdate=0607003546。

[86]《中美关系的战略折冲与台湾的选择》，中评网，http://www.crntt.com/ doc/1034/0/7/4/ 103407468.html? coluid= 7&kindid=0&docid=10340468&mdate =1031000541。

[87]《中评论坛：国民党大陆政策面临挑战》，中评网，http://www.crntt. com/doc/1036/3 /3/7/103633775_3.html?coluid=7&kindid=0&docid=103633775&m date=0418235941。

[88]《周叶中语中评：应构建法治型的两岸关系》，中评网，http://www. crntt.com/doc/ 1033/6/1/2/ 103361244.html?coluid=7&kindid=0&docid=1033 61244。

[89]《缅甸副外长答中评：南海问题前路漫长》，中评网，http://www.crntt. com/doc/1034/7/6/9/ 103476970.html?coluid=1&kindid=0&docid=103476970&md ate=1114001628。

[90]《林中森语中评：没九二共识基础行吗？》，中评网，http://www.crntt. com/doc/1035/7/0/3/ 103570396 .html?coluid= 7&kindid=0&docid=103570396&md ate=0114101145。

[91]《开放两岸海底电缆建置政策新闻稿》，"行政院大陆委员会"网站， http://www.mac.gov. tw/ct.asp?xItem =88284&ctNode=5706&mp=2.

[92]《台湾地区与大陆地区订定协议处理及监督条例草案条文对照表》，陆 委会网站，http://www.mac.gov.tw/ct.asp?xItem=108534&ctNode=7596&mp=210.

[93]《1 月 17 日中国大陆籍"浙洞机 156 号"货轮于金门搁浅救援案》， "行政院海岸巡防署海岸巡防总局"网，http://www.cga.gov.tw/GipOpen/wSite/ ct?xItem=24349&ctNode =5955&mp =9996。

[94]《"小三通"交通船"同安号"失火救援案》,"行政院海岸巡防署海岸巡防总局"网,http://www. cga.gov.tw/GipOpen/wSite/ct?xItem=4116&ctNode=5955&mp=9996。

[95]《大陆籍渔船"闽晋渔○○号"船舱进水救援案》,"行政院海岸巡防署海岸巡防总局"网,http://www.cga.gov.tw/GipOpen/wSite/ct?xItem=4115&ctNode=5955&mp=9996。

[96]《大陆籍渔船触礁搁浅,岸巡一○大队人道驰援》,"行政院海岸巡防署海岸巡防总局"网,http://www.cga.gov.tw/GipOpen/wSite/ct?xItem=7289&ctNode=2189&mp=9996/。

[97]《巴拿马籍"Silver Sea(银海号)"货轮遭遇海难案》,"行政院海岸巡防署海岸巡防总局"网,http://www.cga.gov.tw/GipOpen/wSite/ct?xItem=4087&ctNode= 5955&mp =9996。

[98]《海峡两岸海运协议后续协商说明》,"中华民国交通部"网站,http://www.motc.gov.tw/ch/home.jsp?id=14&parentpath=0,2&mcustomize=news_view.jsp&dataserno=201305030010。

[99]《大陆救难船"东海救113"轮首航高雄港》,"中华民国交通部"网站,http://www.motc.gov.tw/ch/home.jsp?id=829&parentpath=0&mcustomize=news_view.jsp&dataserno=19110&aplistdn=ou=data,ou=news,ou=chinese,ou=ap_root,o=motc,c=tw&toolsflag=Y&imgfolder=img/standard。

[100]《积极推动组织改造,工程活化政府行政效率》,"行政院研究发展考核委员会"网,http://archive.rdec.gov.tw/ct.asp?xItem=4151762&ctNode=14604&mp=100。

[101]《撞船丹鼎轮沉没船员获救》,"金门县政府"网,http://www.kinmen.gov. tw/layout/main_ch/News_NewsContent.aspx?NewsID=112555&frame=&DepartmentID=13&LanguageType=1。

[102]《陆籍货轮触礁,船上轻柴油外泄,民众质疑生态将遭污染》,"金门县政府"网,http://www.kinmen.gov.tw/Layout/subB/News_NewsContent.aspx?NewsID=67118&frame=47&DepartmentID=13&LanguageType=1。

[103]《当前两岸南海合作的机遇与路径》,两岸公评网,http://www.kpwan.com/news/ viewNewsPost.do?id=504。

[104]《海峡两岸在南海问题合作之分析》,"财团法人国家政策研究基金"

会网，http://www.npf. org.tw/post/1/6923。

[105]《2010 年海峡两岸海上联合搜救演练纪实》，中华搜救协会网，http://www.csara.org.tw /index.php/2009-10-09-10-36-42/38-2010-01-10-14-44-51。

[106]《春盈号救生筏找到 2 尸 15 船员生死未卜》，自由时报网，http://news.ltn.com.tw/ news/society/paper/692381。

[107]《苏澳渔船 7 人跳海求生》，自由时报网，http://news.ltn.com.tw/news/local/paper/448551/print。

[108]《金龙轮触礁，148 台客获救》，苹果日报网，http://www.appledaily.com.tw/ appledaily/ article/headline/20120516/34231144/。

[109]《马祖火烧渔船寻获三浮尸》，苹果日报网，http://www.appledaily.com.tw/appledaily/ article/headline/20101117/32967335/。

[110]《林郁方：两岸在钓鱼岛与南海合作是弊多于利》，环球网，http://taiwan.huanqiu.com/taiwan_opinion/ 2013-03/3699258.html.

[111]《王伟男：从台菲冲突看两岸海洋合作形式》，环球网，http://opinion.huanqiu.com/opinion_world/2013-05/ 3984464.html。

[112]《陆船相撞人落水，马祖船艇赴援》，"中央通讯社"网，http://www.cna.com.tw/news /acn/201311110296-1.aspx。

[113]《海峡两岸海上联合搜救演练登场首次以"海巡署"巡防舰担任观礼船》，"中央通讯社"网，http://www.cna.com.tw/postwrite/Detail/111347.aspx。

[114]《陆船越界重罚，绿委主导修法》，中时电子报，http://www.china-times. com/ newspapers/ 20150313000998 -260302。

[115]《金门垃圾厦门处理"立委"允协调》，中时电子版，http://www.chinatimes.com/ realtimenews/20150108006326-260402。

[116]《陆渔船"越界"，"海巡署"：以激烈手段抵抗我取缔》，风传媒网，http:// www.storm.mg/article/37213。

[117]《陆运砂船陷危，海巡驰援救人》，政府入口网，http://neddra7.rssing.com/ chan- 5037073/all_p72.html。

[118]《南沙冲突，官兵吓破胆，越舰开火挑衅，海巡鸣枪反呛》，旺 e 报 ,http://www.want-daily. com/portal.php?mod=view&aid=19008。

[119]《不合作争南海？"监院"：话别说死军事不和大陆合作但可携手人道救援、油气探勘、资源调查》，旺 e 报网，http://www.want-daily.com/portal.

php?mod=view&aid=32526。

[120]《俞正声：增强两岸关系与合作，大陆将广泛听取台社会各界意见》，联合早报网，http://www.zaobao.com/news/china/story20140616-355085。

八、重要文件

〔一〕大陆地区文件

[1] 十五大报告

[2] 十六大报告

[3] 十七大报告

[4] 十八大报告

[5]《中华人民共和国政府关于菲律宾共和国所提南海仲裁案管辖权问题的立场文件》

[6]《中国（福建）自由贸易实验区总体方案》

[7]《推动共建丝绸之路经济带和21世纪海上丝绸之路的愿景与行动》

[8]《国务院关于促进海洋渔业持续健康发展的若干意见》

[9]《国务院关于浙江海洋经济发展示范区规划的批复》

[10]《国务院关于支持福建省加快建设海峡西岸经济区的若干意见》

[11]《海峡西岸经济区发展规划》

[12]《海洋可再生能源发展规划纲要（2013—2016）》

[13]《南海及其周边海洋国际合作框架计划（2011—2015）》

[14]《福建生态省建设总体规划纲要》

[15]《福建省国民经济与社会发展第十二个五年规划纲要》

[16]《福建省海洋功能区划（修编）》

[17]《福建省海洋环境保护规划》（2011—2020）

[18]《福建省海洋矿产资源勘查开发实施方案》

[19]《福建省人民政府关于加强当前海洋管理的意见》

[20]《福建省人民政府关于进一步加强我省近岸海域海洋环境保护的实施意见》

[21]《海南省实施＜中华人民共和国渔业法＞办法》

[22]《浙江省海洋新兴产业发展规划（2010—2015）》

[23]《浙江省科技兴海规划（2011—2015）》

（二）台湾地区文件

[1] "立法院公报"

[2] "行政院公报"

[3] "总统府公报"

[4] "黄金十年 国家愿景"

[5] "马萧竞选的海洋政策"

[6] "总统政见六周年执行成效检讨报告"

[7] "推动海峡两岸海上搜救合作建议方案"

[8] "（海巡署）常用业务执行标准作业程序汇编"

[9] "（海巡署）海洋事务法典"

[10] "行政院国家搜救指挥中心作业手册"

九、外文资料

[1] Bill Hayton,*The South China Sea——The Struggle for Power in Asia*, Yale University Press ,2014.

[2] Robert D. Kaplan, Asia's Cauldron: *The South China Sea and the End of a Stable Pacific*, Random House,2014.

[3] Richard Pearson, *East China Sea Tensions Perspectives and Implications*,The Maureen and Mike Mansfield Foundation, 2014.

[4] Ying-Ting Chen, *Fishing Entity Enforcementin High Seas Fisheries*,Cambridge Scholars Publishing,2014.

[5] Luigi Condorelli, Claus Kress. *The Rules of Attribution: General Considersations*, in James Crawford et al.(eds.), *The Law of International Responsibility,* Oxford University Press,2010.

[6] Wu Shicun, Zou Keyuan, *Maritime Security in the South China Sea:Regional Implication and International Cooperation*，Lancashire Ashgate,2009.

[7] Bonnie Glast, Brad Glosserman, Promoting Confidence Building across the Taiwan Strait, CSIS Press,2008.

[8] Keith E. Whittington, R. Daniel Kelemen. *The Oxford Handbook of law*

and Politics. Oxford University Press,2008.

[9] Daniel Owen, *Practice of RFMOs Regarding Non-members,* Chatham House,2007.

[10] Post - Cold War Era, *Chronologyof Conflict and Cooperation in Southeast Asia*, Area Study Centre,2006.

[11] Eliza lee.*The New Public Management Reform and Governance in Asian NICs: A Comparison of Hong Kong and Singa-pore* , Governance ,2006.

[12] Dr Warwick Gullett, *Taiwan's Engagement in the Developing International Legal Regime for Fishing: Implications for Taiwanese Officials and fishers,Law of the Sea and the Fishery Development in Taiwan,*Kaoshiung City, 2004.

[13] Burnett,John S. *Dangerous Waters: Modern Piracy and Terror on the High Seas,*Penguin Group (USA) Incorporated,2003.

[14] HansDieter-Evers,*Understanding the South China Sea: An Explorative Cultural Analysis,*IJAPS Vol.1 No.1, 2014.

[15] Florian Dupuy and Pierre-Marie Dupuy, *A Legal Analysisof China's Historic Rights Claim inthe South China Sea*, The American Journal of International Law,Vol 107 No1,2013.

[16] Feiock Richard C. ,*The Institutional Collective Action Framework,*The Policy Studies Journal,Vol.41,No.3,2013.

[17] Robert Beckman, *The Unconvention on the Law of the Sea and the Maritime Disputes in the South China Sea,*The American Journal of International Law,Vol 107 No1,2013.

[18] Erik Franckx, *Fisheries in the South ChinaSea: A Centrifugal or Centripetal Force?*Chinese JIL ,Vol11 No4,2012.

[19] Masahiro Miyoshi, *China's U-Shaped Line Claim in the South China Sea: Any Validity Under International Law?* Ocean Development & International Law.Vol 43,No1,2012.

[20] Zou Keyuan, *China's U-Shaped Line in the South China Sea Revisited,*

Ocean Development & International Law.Vol 43,No1,2012.

[21] Michael Sheng-ti Gau, *Problems and Practices in Maritime Delimitation in East Asia: With Special Reference to Taiwan,* IV JEAI L 2,2011.

[22] M. Taylor Fravel, *China's Strategy in the South China Sea*, Contemporary Southeast Asia, Vol 33,No3,2011.

[23] Pieter De Wilde, *No Polity for Old Politics? A Framework for Analyzing the Politicization of European Integration*, Journal of European Integration, Vol.33, No5,2011.

[24] Nien-Tsu Alfred Hu,*South China Sea: Troubled Waters or a Sea of Opportunity?* Ocean Development & International Law, Vol 41,No3, 2010.

[25] Robert W.Smith. *Maritime Delimitation in the South China Sea: potentiality and Challenges*, Ocean Development & International Law. Vol41,No3,2010.

[26] Yann-Huei Song, *The South China Sea Workshop Process and Taiwan's Participation*, Ocean Development & International Law, Vol41,No3, 2010.

[27] Chi Chung, *Conflictof Law Rules Between Chinaand TaiwanandTheir Significance*, Stjohn's Journalof Legal Commentary,Vol 22,No3,2008.

[28] Yang-ChiLan,Ming-AnLee,Cheng-Hsin Liao,Wen-Yu Chen, Ding-An Lee, Deng-ChengLiu, Wei-Cheng Su. *Copepod Community Changes in the Southern East China Sea between the Early and Late Northeasterly Monsoon*, Zoological Studies,Vol 47,No1,2008.

[29] Mark J. Valencia. *The East China Sea Dispute:Context, Claims, Issues,And Possible Solutions,*Asian Perspective, Vol. 31, No. 1, 2007.

[30] Pasha L.Hsieh, *An Unrecognized State in foreign and International Courts: The Case of the Republic of Chinaon Taiwan*, Michigan Journal of International Law,Vol 28,2007.

[31] Luis A.Nunes Amaral, Brian Uzzi, *Complex Systems-A New Paradigm for the Integrative Study of Management, Physical, and Technological Systems,* Management Science,Vol.53,No7,2007.

[32] Zou Keyuan, *South China Sea Studies in China: Achievements,Constraints and Prospects*, Singapore Year Book of International Law and Contributors,Vol 11,2007.

[33] Dustin Kuan-Hsiung Wang,*Taiwan's Participation in Regional Fisheries Management Organizations and the ConceptualRevolution on Fishing Entity: The Case of the IATTC*,Ocean Development & International Law, Vol37 No 2, 2006.

[34] Sen Jan, Joe Wang, Ching-Sheng Chern,Shenn-Yu Chao.*Seasonal variation of the circulation in the Taiwan Strait*,Journal of Ocean Systems ,Vol 35 No 3,2002.

[35] Hiramatsu, Shigeo, *China's Advance in the South China Sea: Strategies and Objectives,* Asia-Pacfic Review, Vol.8, No.1,2001.

[36] Jonathan I. Charney, J R. V Prescott, *Resolving Cross-strait Relations Between China and Taiwan*, The American Journal of International Law,Vol 94,No 3,2000.

[37] Jinyu Hu, Hiroshi Kawamura, Huasheng Hongand,Yiquan Qi. *A Review on the Currents in the South China Sea:Seasonal Circulation, South China Sea Warm Current and Kuroshio Intrusion*,Journal of Oceanography, Vol 56, No6, 2000.

[38] Robert L. Friedheim,*Ocean Governance at the millennium: where we have been-where we should go*,Ocean and Coastal Management,Vol.42,No.9,1999.

[39] Keyuan,*Zou. Issues of Public International Law Relating to the Crackdown of Piracy in the South China Sea and Prospects for Regional Cooperation,* the Conference on Piracy Seminar, 1999/10/22.

[40] York W. Chen, *The Dispute in the South China Sea and Taiwan's Approach*, Taiwan and the world: Political, Economical and Social Dynamism,2011/12/9.

[41] Hillary Clinton, *America's Pacific Century*, Foreign Policy, November, 2011.